全国学前教育专业"十二五"系列规划教材

中外学前教育简史

崔聚兴　主编

南开大学出版社

天　津

图书在版编目(CIP)数据

中外学前教育简史 / 崔聚兴主编. —天津：南开大学出版社，2014.12

全国学前教育专业"十二五"系列规划教材

ISBN 978-7-310-04718-5

Ⅰ.①中… Ⅱ.①崔… Ⅲ.①学前教育－教育史－世界－幼儿师范学校－教材 Ⅳ.①G619.1

中国版本图书馆 CIP 数据核字(2014)第 276930 号

版权所有　侵权必究

南开大学出版社出版发行
出版人：孙克强
地址：天津市南开区卫津路 94 号　邮政编码：300071
营销部电话：(022)23508339　23500755
营销部传真：(022)23508542　邮购部电话：(022)23502200

*

北京楠海印刷厂印刷
全国各地新华书店经销

*

2014 年 12 月第 1 版　2014 年 12 月第 1 次印刷
260×185 毫米　16 开本　19.25 印张　336 千字
定价:33.80 元

如遇图书印装质量问题，请与本社营销部联系调换，电话：(022)23507125

前　言

随着当代社会的不断发展，教育研究的不断深入，学前教育的重要性日益凸显出来，愈发受到人们的重视。目前我国幼儿园数量难以满足有入园需求的幼儿，因此，国家在大力发展学前教育，相伴而来的幼儿教师师资培养问题也成为人们关注的一个焦点。

要培养全面发展的幼儿教师，就要对高等学校学前教育专业学生进行广泛而深刻的技能与理论训练。学前教育史作为学前教育专业的主要课程之一，旨在使学生通过对古今中外学前教育发展历史的学习，初步了解学前教育发展的历史进程和相关教育家的学前教育思想。"欲通今者必先知古"，今天的教育科学不是个别人的发明创造，而是古今中外教育实践的总结和许多先行者教育理论思维的结晶。当代教育改革与发展要能够科学、健康地运行，离不开对教育历史经验与教训的充分借鉴。因此，掌握学前教育史可以为学习学前教育基本理论打下良好的基础。

本书的编写遵循史论结合的原则，以辩证唯物主义和历史唯物主义为指导，力图简要而全面地勾画出中外学前教育的历史，在此基础上进行实事求是的分析和评论，探讨学前教育发展的一般规律。坚持理论与实践相结合，在介绍教育家思想的同时不忘其为学前教育实践所做出的努力与贡献。

全书分为上下两篇，按照时间顺序分别对中国学前教育的发展历史、教育家思想和外国学前教育的发展历史、教育家思想进行论述。本书在编写过程中尽可能地贴近生活，贴近现实，书中穿插有相关的小故事，与传统的学前教育史教材相比更加活泼，既保证了知识的学习，又增加了阅读的趣味性。

在编写过程中，本书广泛参考了各类相关学术著作，借鉴和引用了许多文献资料，在此向有关作者致以真诚的感谢。

由于编者知识和能力有限，书中难免存在疏漏之处，恳请专家和读者批评指正。

目 录

上篇　中国学前教育史 1
第一章　中国古代学前教育的实施 3
　　第一节　原始社会的学前儿童教育 3
　　第二节　奴隶社会的学前儿童教育 5
　　第三节　封建社会的学前儿童教育 9
　　思考题 24
第二章　中国古代学前教育的教学思想 25
　　第一节　贾谊的早期教育思想 25
　　第二节　颜之推的家庭教育思想 28
　　第三节　朱熹的儿童教育思想 33
　　第四节　王守仁的儿童教育思想 38
　　思考题 42
第三章　中国近代学前教育 43
　　第一节　近代学前教育产生的背景 43
　　第二节　蒙养院制度的确立和实施 44
　　第三节　中华民国时期的学前教育 49
　　第四节　帝国主义国家在中国的学前教育活动 63
　　第五节　老解放区的学前教育 70
　　思考题 77
第四章　中国近现代的学前教育思想 78
　　第一节　陶行知的学前教育思想 78
　　第二节　张雪门的学前教育思想 87
　　第三节　陈鹤琴的学前教育思想 101
　　第四节　张宗麟的学前教育思想 123
　　思考题 134

第五章　中华人民共和国学前教育的发展 135
第一节　学前教育的稳步发展 135
第二节　学前教育的大起大落 140
第三节　学前教育的拨乱反正与改革发展 144
第四节　近二十年的学前教育 150

下篇　外国学前教育史 157

第六章　古代东方国家的学前教育 159
第一节　古代埃及的学前教育 159
第二节　古代印度的学前教育 162
第三节　古代希伯来的学前教育 165
思考题 169

第七章　古代希腊和罗马的学前教育 170
第一节　古希腊的学前教育 170
第二节　古罗马的学前教育 173
第三节　古希腊和古罗马的学前教育思想 176
思考题 187

第八章　西欧中世纪和文艺复兴时期的学前教育 188
第一节　中世纪的学前教育 188
第二节　文艺复兴时期的学前教育 192
思考题 197

第九章　近现代欧美和日本的学前教育 198
第一节　英国的学前教育 198
第二节　法国的学前教育 206
第三节　德国的学前教育 210
第四节　俄国的学前教育 215
第五节　美国的学前教育 220
第六节　日本的学前教育 226
思考题 232

第十章　外国近现代学前教育思想 233
第一节　洛克的学前教育思想 233
第二节　卢梭的学前教育思想 238
第三节　福禄培尔的学前教育思想 247

第四节　蒙台梭利的学前教育理论..................................257
　第五节　杜威的学前教育理论......................................268
　第六节　罗素的学前教育理论......................................276
　思考题..284
第十一章　当代西方学前教育的发展................................285
　第一节　当代西方学前教育的现状..................................285
　第二节　当代西方的学前教育模式..................................289
　第三节　当代西方学前教育研究的主要趋势..........................294
　思考题..297

上篇 中国学前教育史

上篇　中國學術敎育史

第一章　中国古代学前教育的实施

【学习目标】
1. 了解我国原始社会儿童公育的内容及其特征。
2. 知道奴隶社会宫廷学前教育的主要形式。
3. 了解古代胎教的目的、内容及方法。
4. 了解封建社会家庭教育的主要内容和形式，理解家庭教育的原则。

中华文明源远流长，最新的考古发现表明，距今约 200 万年前，中国境内就有人类活动的足迹。先人在这块广袤的土地上劳动、繁衍、生息，经过世代努力，创造了优秀灿烂的历史文化，为人类文明的发展做出了不可磨灭的贡献。

在中国古代历史文化的发展过程中，教育作为人类社会生活不可缺少的重要组成部分也逐步发展起来。原始社会的儿童教育伴随着人类社会的产生而产生，并不断发展，奴隶社会产生了独立的教育形态——学校教育，学前教育随之产生。在中国学前教育发展史上，原始社会和奴隶社会的学前教育属于萌芽和开创阶段，具有重要意义。

第一节　原始社会的学前儿童教育

学前教育是相对学校教育而言的，在学校未产生之前当然不可能有学前教育，但是这并不意味着没有对年幼儿童实施教育。在原始社会中一直存在着以社会公育形式进行的儿童教育。

一、原始社会儿童社会公育的实施

在原始社会，生产资料公有，没有阶级，以血缘关系为纽带组成的氏族成员之间平等互助，进行集体的生产和生活活动，对儿童的教育由整个群落承担。所以，对儿童的社会公育是原始社会儿童教育的基本形式。

原始社会的儿童公育，其教育内容是与儿童将要从事的社会生产和生活活动密切相关的。

生产劳动教育是重要的儿童教育内容。由于当时生产力水平极为低下，每个有劳动能力的人都必须从事生产劳动，才能维持生存，每个儿童自幼年起就要向年长一代学习劳动技能。

据中国古籍《尸子》记载，远古时期，有巢氏构木为巢，教民巢居；燧人氏钻木取火，教民熟食；伏羲氏教民渔猎；神农氏做耒耜，教民农耕。教民，当然包括教儿童。现代对出土的文物和遗址的研究表明，古籍中的上述记载并非面壁虚构，它基本上反映了原始社会人类生产生活和教育的实际状况。原始社会阶段，为了使儿童能够参加社会生产生活，就必须把劳动技能和社会生活经验传授给他们。

除了生活和劳动教育外，原始社会对儿童的公育内容还包括思想教育，主要是道德教育和宗教教育。通过道德教育，可以使儿童自幼学会遵守氏族公社成员之间交往的规范，养成照顾、赡养老人的观念。通过宗教教育，不仅能使新生的一代养成宗教意识和情感，还能使儿童在参加的宗教祭祀活动中学到一些生产知识、历史传说、自然常识。如让儿童参加自然崇拜性质的祭祀活动，无形中把太阳与万物生长的关系，以及靠太阳定时间、定方向等知识传授给下一代。

原始社会，人类已经开始形成审美意识，如他们把原始歌舞视为宗教祭祀活动中的重要组成部分，因此，在对儿童实施的教育中，美育（包括歌舞、音乐、绘画等）也成为一项不可缺少的内容。甚至到了氏族公社后期，还设有专门负责这方面事务的官职。

此外，原始社会后期，部落之间经常发生战争，所以军事教育，如学习和使用武器及作战方法，锻炼强健的体魄，也成为一项重要的教育内容。

二、原始社会后期儿童公育机构的产生

原始社会后期，确切地说大约在五帝时期（公元前2700年左右），中国原始社会进入了部落联盟与军事民主制阶段，历史即将跨入阶级社会的门槛，这时候产生了名为"庠"的教育机构。据史籍记载，"庠"是虞舜时代的学校名称。但从严格意义上来讲，"庠"只能说是学校的雏形，是原始社会养老和实施儿童公育的机构或场所。

"庠"这种机构的形成有一定的过程。首先，从文字结构看，"庠"从广羊声，

"广"是房舍的意思,可见"庠"的原意就是养羊的地方。另据《礼记·明堂位》中说:"米廪,有虞氏之庠也。"这里的"庠"又由家畜饲养场所变成了粮食仓库。然而,不论是储藏粮食的仓库还是畜养牲畜的场所,在当时都要由经验丰富、劳动力较弱、难以再去狩猎的老年人看管,于是"庠"又具有了养老的功能,故《孟子》中说:"庠者养也。"《说文》中也说:"庠,礼官养老。"《礼记·王制》中也有记载:"有虞氏养国老于上庠,养庶老于下庠。"

在原始社会,教养新生一代的任务通常主要由老年人承担,因此,"庠"后来又具有对儿童实行保育和教养的功能。并且随着社会发展,这种功能越来越占据主导地位,使它成为学校的萌芽,或对儿童实施社会公育的专门机构。

原始社会是中国儿童教育发展的初期,这个时期儿童教育的特点主要是:①对儿童实施社会公育;②原始群落的老人是原始社会儿童教育的主要承担者;③原始社会儿童教育的内容是多方面的,与儿童日后将要进行的生产、生活实际密切相关的;④原始社会教育的方法主要是观察模仿、口传身授,在实际活动中进行教育。

第二节 奴隶社会的学前儿童教育

大约在公元前21世纪,中国开始进入阶级社会,也就是奴隶社会,包括夏、商、西周这三个朝代。这一历史时期,由于生产力的发展,国家机构的建立,文字的出现,学校开始产生。在古籍中,关于夏朝的学校有着明确的记载,而商朝的学校则不仅在大量的历史文献中有记载,而且有较多出土的文物可资佐证。有关西周学校教育的记载,无论在典籍之中还是出土文物之中,都较前代更加丰富和翔实。

学校教育的产生,意味着与之相对应的学前教育也开始出现。

一、奴隶社会学前教育计划的制定

公元前11世纪的西周时期,是奴隶社会发展的鼎盛时期,也是奴隶社会学前教育实施的较为成熟的时期。在当时,人们甚至能够按照儿童年龄大小来制定循序渐进的学前教育计划。

《礼记·内则》中记载:"子能食食,教以右手。能言,男唯女俞,男鞶革,女鞶丝。六年,教之数与方名。七年,男女不同席,不共食。八年,出入门户及即席饮食，必后长者，始教之让。九年，教之数日。十年，出就外傅……"

《礼记·内则》中记载的是西周王公贵族在家庭中对儿童实施的学前教育计划。由此计划可见在奴隶主贵族的家庭中，对儿童实施的学前教育的内容是贴近贵族子弟日常生活的，涵盖面也较为广泛，既有生活自理能力和日常礼仪的训练，也有初步的文化知识启蒙，而且这种教育已经注意顾及儿童身心发展特点，并随着儿童的年龄增长逐步提高要求。在教育内容方面，也已经出现男女之别。

《礼记·内则》中记载的学前教育计划作为中国教育史上最早的关于学前教育的记录，不仅是当时学前教育发展的一个标志，而且对中国封建社会的学前教育实施产生过一定影响，如宋代的司马光就曾以此为蓝本，制定过自己家庭的学前教育计划。

二、奴隶社会的宫廷学前教育

宫廷学前教育是家庭教育的一种特殊形式，它是以学龄前的世子为教养的对象，由朝廷委任德高望重的官员担任教师，在宫廷内实施的教育。从广义上讲，它包括实施于天子宫廷内的学前教育和实施于各诸侯王宫内的学前教育。

（一）宫廷学前教育的目的和意义

中国奴隶社会实行的是家天下的宗法制和贵族专政。在这种政治制度之下，天子拥有至高无上的权威，天下的命运操纵于专制君主一人之手，如果在位者是如商汤、周成王一样的明主，则可以使天下兴盛，国祚绵延。反之，在位者若是夏桀、商纣王之流的暴君昏君，就将导致生灵涂炭、国破家亡。但一方面由于奴隶社会的王位实行嫡嗣继承制度，嫡长子无论其智与愚、贤与不贤，都在出生时乃至在母体内就决定了他将成为未来的统治者；另一方面，当时人们已经认识到，明主和暴君昏君并不是天生就存在着本质的差异，而是后天的教育与环境使然，尤其是幼时接受的教育，对他的成长起着重要的作用。在这种情形下，由朝廷委派人员加强对未来王权继承人太子的早期教育，使其德性趋向完善，就成为至关重要的大事了。由此可见，加强宫廷学前教育具有政治与教育两方面的意义。

（二）保傅之教与乳保之教

为了加强对太子实施有效的教育，在奴隶社会时建立了保傅教育制度与乳保教育制度。

所谓保傅教育制度，是指朝廷内设有专门的师、保、傅官以对君主、太子进行教育的制度。

据史料记载，早在殷商时期就建立了保傅教育制度，如《尚书·太甲》中记载，太甲曾自称"既往背师保之训"，说明在太甲时已有保傅官的设置。《尚书·泰誓》中也有周武王曾称纣王因"放黜师保"，才成昏君的记载。此外，据说伊尹曾是汤王的太傅，巫贤也曾对祖乙进行过师保之教。可见，殷商的师、保、傅的设置是一贯的。

西周继承了殷商的传统，也建立了保傅教育制度，据《尚书·君》中记载，西周初期，曾以"召公为保，周公为傅，相成王为左右"。《大戴礼记·保傅》中也说："昔者周成王幼在襁褓之中，召公为太保，周公为太傅，太公为太师。"太保、太傅、太师合称"三公"，"三公"对太子实施教育时有着明确的分工，其中，"保，保其身体；傅，傅之德义；师，道之教训。"保其身体，即负责身体的保育；傅之德义，即负责培养道德；道之教训，即进行文化知识及统治经验的传授。可见，师保之教的内容是较全面的，包括了德、智、体三方面的内容。

西周除设"三公"外，还置有副职"三少"，即少师、少傅、少保，他们时常相伴太子左右，以影响和指导太子。

奴隶社会建立的保傅教育制度，由于它能在太子周围形成良好的教育环境，使太子自幼熏习善良，对培养未来的君主十分有利，常被后人视为殷商、西周社稷长久的重要原因，并为封建社会的统治者所继承，把它作为君主教育的有效制度。

所谓乳保教育制度，是指在后宫挑选女子担任乳母、保母等，以承担保育、教导太子、世子事务的制度。

据《礼记·内则》中记载，太子、世子出生后不久，即"异为孺子室于宫中，择于诸母与可者，必求其宽裕、慈惠、温良、恭敬、慎而寡言者，使为子师，其次为慈母，其次为保母，皆居子室。他人无事不往。"子师、慈母、保母合称"三母"，她们分别承担母后的部分职责，其中，"师，教以善道者；慈母，审其欲恶者；保母，安其寝处者。"总之，由她们共同负责太子、世子德性的培养与日常起居的料理。

除"三母"外，当时的宫廷内还置有乳母，名义上是以乳汁哺育幼小的太子、世子，但实际上由于乳母与幼儿朝夕相伴，无形中其自身的道德、知识等素养对幼小的太子、世子们也具有很大的影响，故当时对乳母的选择也非常慎重，均择于大夫之妾或士之妻中。

西周时期行于宫廷内的乳保之教，也影响到当时一般大夫的家庭教育，如《礼记·内则》中说："大夫之子有食母。"食母，即是乳母。此后封建社会时期，一些富贵人家也大都为幼儿雇有乳母。

三、奴隶社会胎教的实施

胎教，是指通过对孕妇实施外界影响，或通过孕妇自我调节达到作用于体内胎儿，使其能良好地发育、生长的教育过程。我国是世界上最早提出并实施胎教的国家。

据史料记载，我国实施胎教的历史可以上溯到距今三千多年的西周时期。最早实施胎教的是西周文王的母亲太任。据《列女传》记载：太任自妊娠后，"目不视恶色，耳不听淫声，口不出敖言，能以胎教。"正因为太任在怀文王时，不瞧丑恶的东西，不听邪恶的声音，不说傲慢不逊的话语，自觉地实施胎教，故文王天资极高，聪慧明圣，智力超群，最终成为历史上著名的贤明之君。

不仅文王的母亲实施胎教，而且文王之孙成王的母亲在怀成王时也实施过胎教，汉代学者贾谊在《新书·胎教》中曾说："周妃后妊成王于身，立而不跛，坐而不差，笑而不喧，独处不倨，虽怒不骂，胎教之谓也。"意思是说成王的母亲在怀孕时，不把重心偏倚一足而立，不半倚半躺而坐，不高声大笑，一人独处不呈张狂态，发怒时也不骂人。《大戴礼记·保傅》中亦有类似记载。古人认为，成王正是由于与文王一样在母体内即"气禀贤妣之胎教"，故终亦成为贤明君主。

太任与周妃后被后人誉为"贤妣"，主要是因为她们为了太子的教育，能够自觉地对自己的视听言动和思想情感进行约束。其他人不容易做到这样，因此，为了保证胎教的实施，西周社会还建立了胎教制度，以加强从外部对孕妇进行的约束。北齐学者颜之推曾说："古者，圣王有胎教之法：怀子三月，出居别宫，目不邪视，耳不妄听，音声滋味，以礼节之。"意思是说，古代圣王的后妃在怀孕三个月后，即居住在专门的宫室内，一切行动均须循礼而动，受礼节制。古史《青史氏之记》中则有更详细的记载："古者胎教之道，王后有身，七月而就蒌室，太师持铜而御户左，太宰持斗而御户右，太卜持蓍龟而御堂下，诸官皆以其职御于门内。比三月者，王后所求声音非礼乐，则太师抚乐而称不习。所求滋味者非正味，则太宰荷斗而不敢煎调，而曰："不敢以待王太子。……此正礼服教也。"意思是说，王后怀胎七月后即出居分娩前的专门房间中，由宫廷内的乐官（太师）、膳夫（太宰）、卜筮官（太卜）分别拿着奏乐用的乐管、炊事用的斗器和卜筮用的蓍草、龟甲侍护王后，在连续三个月当中，如王后对声乐和饮食等方面的要求有悖礼法时，他们就以"不习"、"不敢"之类的托辞婉言拒绝，以保证胎教的正确实施。

西周是我国胎教理论与实践发展的初始阶段。这个时期的胎教主要实施于帝王之家、宫廷之内，当时的统治者对胎教极为重视，他们甚至把胎教之道"书之玉版（即玉简），藏之金柜，置之宗庙"，而对下层百姓则"秘而不宣"。到了春秋战国时期，由于政治下移，经济下移，导致学术下移，教育下移，作为西周文化教育内容之一的胎教之道才开始走出宫廷，渐为民间所知，为世人所行，如据汉代韩婴的《韩诗外传》记载，战国时的儒学大家孟轲的母亲就曾经在怀孟轲时，"席不正不坐，割不正不食"，以对胎儿实施胎教。

奴隶社会是我国古代学前教育的奠基时期，这个时期学前教育的总的特点是：①由于家庭的出现，原始社会的儿童社会公育已经消失，而代之以家庭承担教育学前期儿童的任务；②由于奴隶主贵族居于统治地位，垄断着受教育的权利，因而儿童的学前教育也仅限于奴隶主贵族的家庭中实施；③学前教育与学校教育已有了较明确的年龄划分；④对幼儿实施的学前教育不仅有着鲜明的阶级性，而且已经注意到随着儿童年龄的增长，制定相应的学前教育计划；⑤奴隶社会的最高统治者对学前教育尤为重视，不仅建立了针对君主教育的保傅教育制度与乳保教育制度，还提出了实施胎教的要求。

第三节 封建社会的学前儿童教育

战国初年（公元前475年），由于奴隶制度的崩溃，中国进入了封建社会。新兴地主阶级登上了政治舞台，士大夫阶层的壮大和私学的兴起，使教育对象得到扩大，更多的人掌握了原来为贵族所垄断的文化与道德方面的知识，为更多家庭实施学前教育提供了可能。由此，儿童的学前教育在这一阶段也得到进一步的发展。

一、封建社会学前教育的内容

（一）生活常规的培养

常规，一般是指生活规则和行为规则，用以约束人的行为，培养良好习惯。我国封建社会对儿童生活常规的培养，主要体现在使其一言一行、一举一动都符合"礼"的要求，"非礼勿视，非礼勿听，非礼勿言，非礼勿动"。

"礼"的核心在于辨名分、定尊卑，使君臣、夫妇、长幼、上下各有等级差别，从而确定各类人际关系的准则及相应的行为规范，使每个人都能在自己所处的位置上安守本分、循规蹈矩，从而稳定整个社会秩序。

古代关于儿童生活常规的教育，概括为"幼仪"或"童子礼"，基本上都是为封建礼教服务。生活常规总的原则是谦卑、恭谨、稳重。南宋学者吕祖谦说："教小儿先教以恭谨、不轻忽。"朱熹也说："为人子弟，须是常低声下气。"

1. 在儿童自身的行为举止方面

古代对儿童的坐、立、行、跪拜、起居、饮食等各方面都有严格的规定。坐应齐脚、敛手、定身端坐，不得靠椅背、伸腿、跷腿、支颐（手托腮）及广占坐席。

2. 在饮食方面

在饮食方面约束则更多，如不得抢先、拖后，不得挑食、拨食、撒饭、剩饭，吃饭时不得说话、左顾右盼、手足乱动等。总之，目的就是使儿童自幼要动静有度、举止端雅。

3. 在与长辈的关系方面

长辈召见时，朱熹《童蒙须知》中说："若父母长上有所唤召，欲当疾走而前，不可舒缓。"到了长辈面前，"立必正方，不倾听"；求见长辈时，《礼记·曲礼》中要求儿童去长辈之屋时，"将上堂，声必扬"，也就是事先要发出声音使长辈有所准备，不可突然推门而入。

4. 在卫生习惯方面

养成讲究卫生的习惯也是古代培养儿童家庭生活常规的重要内容。朱熹在《童蒙须知》中说："大抵为人，先要身体端正，自冠巾、衣服、鞋袜，皆须收拾爱护，常令洁净整齐。""凡为人子弟，当洒扫居处之地，拂拭几案，常令洁净。"清人朱柏庐也要求子弟"黎明即起，洒扫庭院要内外整洁"。

这些生活常规适用于所有的晚辈子弟，而对他们的训练则是自幼开始的。其中充斥着封建礼教的内容，形式化色彩浓厚，许多要求也是不适合幼儿年龄特点的，如禁止跑、跳、高声喧哗、嬉笑等，这都是对幼儿天性的遏制。这种教育、训练的结果是要把儿童变成小大人。据说司马光七岁时已"凛然如成人"，这样的发展未必是好事。当然，古代对儿童生活常规的严格要求也并非一无是处，要求儿童懂得尊敬长辈、体贴他人，不恣情任性，都是有着积极的教育意义的。

【小故事】

陈祎是隋末唐初洛州人，有一次和几个哥哥听父亲讲授《孝经》。

父亲说："古人没有椅子，都是席地而坐。孔子向他的弟子们授课，大家也都是坐在席子上。有一天，孔子讲着讲着，忽然提了个问题，叫他的弟子曾子来回答。曾子见老师要他回答问题，赶紧站起来，往边上一站，垂下双手，毕恭毕敬的回答了孔子的提问……"

"这就是曾子避席的故事。你们明白了吗？"

几个哥哥都说明白了，这时陈袆却站了起来，整理好衣襟，站到边上，毕恭毕敬的说："明白了！"

后来陈袆出家当了和尚，法名玄奘。

（二）道德教育

古人认为，对儿童的教育最根本的是"养正"教育或"品德"教育。主要包括以下几方面内容。

1. 孝悌

《吕氏春秋·孝行》中说："夫孝，三皇五帝之本务。"孝悌之道成为古代道德的根本。

"孝"的教育，主要是要求幼儿从小养成不违父母意志，服从父母绝对权威的习惯。"父母呼，应勿缓；父母命，行勿懒；父母教，须敬听；父母责，须顺承。"突出了家长的绝对权威。同时，还要求幼儿自小养成敬奉双亲的习惯。《孝经·纪孝行》中说："孝子之事也，居则致其敬，养则致其乐。"

对幼儿进行"悌"的教育，主要是要求儿童自幼兄弟友爱，为兄者爱护弟弟，为弟者敬爱兄长。"孔融让梨"的故事在封建社会曾广为流传，并在学前家庭教育中作为进行"悌"的教育的典型事例屡被引用。

2. 立志

中国古代教育家都把立志视为品德教育的首要内容。历史上的许多教育家都把立志报国作为首要教育内容。如南宋岳飞幼时，其母在他背上刺下"精忠报国"四个大字，勉励他立志爱国，报效朝廷，后来他成为民族英雄。

立志为学，也是古代家庭对孩子进行立志教育的重要方面。儿童立志向学方面，古代还流传下来很多故事，如"头悬梁、锥刺股""囊萤照读""凿壁偷光"等，都成为父母教育孩子勤奋用功的好教材。

再如古代有"抓周试儿"的风俗，当婴儿满周岁时，将弓、纸笔、针线、食物、钱币等具有职业象征意义的物品放在他面前，看他抓什么，虽然这种试验没有科学性，但反映了当时家长对孩子未来志向的关注。

3. 行善

善，在封建社会主要是指合乎道义、合乎礼仪的事。由于儿童年幼，不可能做出惊天动地的大善事，故许多家长都非常重视教育幼儿行小善戒小恶，积小善以成大德。

东汉学者王充说:"子出生意于善,终于善;出生意于恶,终于恶。"所以必须自幼"使之为善"。三国时刘备遗诏教训后主说:"勿以恶小而为之,勿以善小而不为。"清人张履祥在《训子语》中说:"善不积,不足以成名;恶不积,不足以灭身。"贾谊《新书》记载,春秋时楚国宰相孙叔敖,幼年时一次在外面游玩,见到一条两头蛇,回家后向母亲哭诉:"我听说见到两头蛇的人必死,今天我见到一条两头蛇,恐怕我活不了多久了。"母亲问他蛇在哪里,孙叔敖说:"我怕别人再看见它,已将它打死埋掉了。"母亲说:"你不必担心,凡积德行善的人,老天爷会予以保佑的。"后来孙叔敖成为清正廉明、忠义善良的一代名臣。这是我国古代鼓励儿童自幼行善积德的典型家教故事。

4. 诚信

诚信就是诚实无欺。幼儿天性纯洁美好,但由于不正确的影响或幼儿自身因为自夸或害怕惩罚,有时也会说谎,如果对此不加以良好的引导,便是日后欺诈之心或欺诈行为的萌芽。因此,古人十分重视幼儿的诚信教育。要求对儿童"言语问答,教以诚实,勿使欺妄"。一旦小孩子由于某种原因说谎时,父母应该及时训诫,予以纠正,以杜绝此类事情的再度出现。宋代司马光吃核桃的故事,就是一个很好的例证。

5. 崇俭

勤俭节约是中华民族的传统美德,封建社会的儿童自幼就接受节俭的熏陶。"谁知盘中餐,粒粒皆辛苦",珍惜粮食、生活节俭被当成一种美德。为了培养儿童的简朴生活习惯,对于儿童的饮食与衣着,古人都主张不能太讲究。如《礼记·曲礼》中规定:"童子不衣裘裳。"不仅仅因为古人认为穿着过暖不利于儿童健康,更重要的是"恐启其奢侈之心,长大不能改也"。李世民虽身为帝王,仍告诫儿子李治:"奢俭由人,安危在己。"

【小故事】

中国古代四大贤母

1. 孟母

孟子的母亲仉氏,克勤克俭,含辛茹苦抚育儿子,从慎始、励志、敦品、勉学以至于约礼、成金,数十年如一日,毫不放松,为后世的母亲留下一套完整的教子方案,在中国历史上受到普遍尊崇。

孟母三迁

孟子的父亲在他小的时候就死去了，母亲守节没有改嫁。一开始，他们住在墓地旁边。孟子就和邻居的小孩一起学着大人跪拜、哭嚎的样子，玩起办理丧事的游戏。孟子的妈妈看到了，就皱起眉头："不行！我不能让我的孩子住在这里了！"孟子的妈妈就带着孟子搬到市集，靠近杀猪宰羊的地方去住。到了市集，孟子又和邻居的小孩，学起商人做生意和屠宰猪羊的事。孟子的妈妈知道了，又皱皱眉头："这个地方也不适合我的孩子居住！"于是，他们又搬家了。这一次，他们搬到了学校附近。每月夏历初一的时候，官员到文庙，行礼跪拜，互相礼貌相待，孟子见了都一一学习记住。孟子的妈妈很满意地点着头说："这才是我儿子应该住的地方呀！"

2. 欧母

欧阳修是北宋有名的文学家和史学家，自幼跟随守寡的母亲长大。欧阳修的父亲当过地方官，为人正直、好客。但他去世后，家境逐步贫寒，后来竟到了"房无一间，地无一垄"的地步。孤儿寡母在这样的境况下生活，困难可想而知。

以荻画地

欧阳修的母亲家穷志不穷，靠自己的辛勤劳动养儿长大。欧阳修五六岁时母亲就教他读书识字，教他做人的道理。没钱买纸笔，就用芦杆代替，把沙铺在地上当纸，一笔一画教欧阳修写字。

后来欧阳修逐渐懂事了。他很体谅母亲，一边读书，一边尽力分担家务。但有一件事他一直不明白，母亲如何有那么大的决心和力量来抚养自己。

一次，欧阳修问起了这件事。母亲深情地说："你父亲死后，我能守寡抚孤，是因为我了解你父亲的品德高尚。我爱他，也爱你，我决心把你培养成像你父亲那样的人。为了你，再大的苦我也能吃。"之后，她对欧阳修讲起了欧阳修父亲的为人。"你父亲在家尊敬长辈，在外当官的时候，对公事严肃认真，从不马虎。他白天办公，晚上还要看公文和案件材料，往往熬到深更半夜。对于死刑的材料，总是反复调查、核实。他常说，人命关天，马虎不得。后来由于劳累过度，积劳成疾，他知道自己不行了，就对我说：'我不能看着孩子长大了，希望你今后把我的话告诉孩子：人不要贪财图利，生活上不要过分追求，要孝敬长辈，要有一颗善良的心。'这是你父亲的遗言，望你好好勉励自己。"

后来，欧阳修做了官，任参知政事。庆历三年，他因积极支持范仲淹、维持新法被贬职。欧阳修的母亲说："为正义被贬职，不能说不光彩。我们家过惯了贫寒的生活，你思想上只要没有负担，精神不衰，我就高兴。"

3. 岳母

岳飞的母亲姚太夫人，作为母教典范和妇女楷模，在国家危亡之际，励子从戎，精忠报国，被传为佳话，世尊贤母。

岳母刺字

岳飞十五六岁时，北方的金人南侵，宋朝当权者腐败无能，节节败退，国家处在生死存亡的关头。岳飞投军抗辽。不久因父丧，退伍还乡守孝。

1126年，金兵大举入侵中原，岳飞再次投军。临行前，姚太夫人把岳飞叫到跟前，说："现在国难当头，你有什么打算？"

"到前线杀敌，精忠报国！"

姚太夫人听了儿子的回答，十分满意，"精忠报国"正是母亲对儿子的希望。她决定把这四个字刺在儿子的背上，让他永远铭记在心。

岳飞解开上衣，露出瘦瘦的脊背，请母亲下针。

姚太夫人问："孩子，针刺是很痛的，你怕吗？"

岳飞说："母亲，小小钢针算不了什么，如果连针都怕，怎么去前线打仗！"

姚太夫人先在岳飞背上写了字，然后用绣花针刺了起来。刺完之后，岳母又涂上醋墨。从此，"精忠报国"四个字就永不褪色地留在了岳飞的后背上。母亲的鼓舞激励着岳飞。岳飞投军后，很快因作战勇敢升秉义郎。这时宋都开封被金军围困，岳飞随副元帅宗泽前去救援，多次打败金军，受到宗泽的赏识，称赞他"智勇才艺，古良将不能过"。后来岳飞成为著名的抗金英雄，为历代人民所敬仰。

4. 陶母

陶侃母亲湛氏，古代饶州（今江西鄱阳）人，是我国古代四大贤母之一。

封坛退鲊

陶侃是晋代名将，少时在浔阳做主管渔业生产的小官。少小离家在外，谨记母训，陶侃兢兢业业、忠于职守、待人和善、颇有人缘。有一次，他的部下见其生活清苦，便从鱼品腌制坊拿来一坛糟鱼给他食用。孝顺的陶侃念母平素好吃糟鱼，便趁同事出差鄱阳之机，顺便捎上这坛糟鱼，并附上告安信。

陶母收到信物，甚为侃儿一片孝心高兴。于是随口问送信物之人："这坛糟鱼，在浔阳要花多少钱？"那客人不解其意，直夸耀说："嗨，这坛子糟鱼用得着花钱买？去下面作坊里拿就是，伯母爱吃，下次我再给您多带几坛来。"陶母听罢，心情陡变，喜去忧来，将糟鱼坛口重封好，叫客人把鱼带回陶侃，并附上责儿书信。此书言辞严厉，书云："汝为吏，以官物见饷，非惟不益，乃增吾忧也。"

陶侃收到母亲返回的糟鱼与责书，万分愧疚，深感辜负母训，发誓不再做让母亲担忧之事。从此，陶侃为官公正廉洁，公私分明，直到晚年告老还乡，他也一丝不苟地将军资仪仗、仓库亲自加锁，点滴交公。陶侃的一生业绩浸透了陶母谌氏的言传身教。

（三）早期的知识教育

由于"万般皆下品，唯有读书高"的思想支配，文化知识教育便成为古代众多家庭学前教育的主要内容。元代学者杨亿在一篇文章中曾说"或未通外傅，已通群集"，可见一些儿童还没上学，在学前阶段就已经博览群书了。封建社会家庭对幼儿实施的文化知识教育，主要是教他们识字、读书，学习一些名诗、名赋、格言等。

1. 识字

识字是文化知识教育的重点与起步阶段。在有条件的家庭中，幼儿的识字教育一般在3~4岁便已开始，并且有的家庭还很注意研究识字教学的方法。

清代学者蒋士铨4岁时，其母"镂竹枝为丝断之，诘屈作波（即撇）、磔（zhé，即捺）、点画，合而成字，抱铨坐膝上教之。既识，即拆去。日训十字，明日，令铨持竹丝合所识字，无误，乃已"。以竹丝代笔合成字，不仅能引起儿童兴趣，而且对于儿童清楚字的笔画结构亦有益处。

王筠《教童子法》中指出："蒙养之时，识字为先，不必遽读书，先取象形指事之纯体教之，识日月字，即以天上日月告之。识上下字，即以在上在下之物告之，乃为切实。纯体字既识，乃教以合体字。又须先易讲者，而后及难讲者。"

幼儿识字启蒙教育的字书教材比较有名的是《三字经》、《百家姓》和《千字文》，它们流传极广，甚至为朝鲜、日本所学习。这些字书虽不是专为家庭幼儿教育而编，但实际上许多家庭已经将它们作为家教识字课本，原因在于这些教材编得生动活泼，而且均采用韵语，或三言句，或四言句，句短合仄，读起来朗朗上口，便于幼儿诵记。此外，它们虽都按集中识字编排，但并非字的机械组合，而是把它们巧妙地组成富有思想意义的句子，由此介绍日常生活常规、自然科学知识和进行思想教育等。从严格意义上讲，它是分散与集中识字相组合的教材，这种编写方法很值得我们借鉴。

2. 诗赋

由于诗赋是科举考试中的一项重要内容，故在家庭中极为重视对幼儿进行诗赋知识的启蒙。当时在家庭中主要是选择汉赋中的某些名篇、唐宋诗词中的某些名家作品让幼儿背诵。最为常见的教材有《唐诗三百首》《千家诗》和北宋汪洙的

《神童诗》等。

3. 学风

古代家庭教育注重使幼儿养成乐学、勤学的学风。家长常常鼓励幼儿要从小立下大志，以此作为勤学苦读的目标和动力。三国时诸葛亮在《诫子书》中说："非学无以广才，非志无以成学。"视志向为成才的前提与保障。颜之推《颜氏家训·勉学》中写道："有志尚者，遂能磨砺，以就素业；无履立者，自兹堕慢，便为凡人。"

同时，古人还根据不同孩童的资质进行鼓励向学。"极慧者，必摘其短以抑之，则不骄；极钝者，必举其长以扬之，则不退；倦者，必加以礼貌（如习礼、呼字之类），则不鄙；稍长，必励以蒙工（如理书、默书之类），则不佻。"主张教学应有针对性，并尊重儿童的个体差异。

不过一些学者也不主张过早地给儿童进行知识教育，如朱熹指出："童蒙之学，始于衣服冠履，次及言语步趋，次及洒扫涓洁，次及读书写文字。"也就是说，儿童应首先学会保持衣服鞋帽的整洁，其次是言行举止合乎规范，再次是料理好环境卫生，最后才是读书写字。可见朱熹认为儿童教育的重点仍然在良好生活习惯和日常道德行为规范的养成上，书本知识的学习只是在"有余力"时进行。显然这种思想仍然是服务于封建礼教的要求，但从当代学前教育的理论来看，仍有一定参考价值。

（四）身体的养护

古代许多家庭也注意对儿童教养结合的问题，关注婴幼儿的身体保健工作。

1. 食勿过饱，穿勿过暖

许多中医学者反对婴幼儿过饱过暖，唐代著名医学家孙思邈《千金方》中说："乳儿不可过饱，饱则滥而呕吐。"宋代著名的儿科医学家钱乙主张："若要小儿安，须带三分饥与寒。"明代许相卿说："婴孩怀抱，毋太饱暖，宁稍饥寒，则肋骨坚凝，气岸精爽。"薛凯《保婴撮要·养护》中提倡要使婴幼儿"敷见风日"，若此，"则真气刚强，肌肉致密，若藏于重帏密室，或厚衣过暖，则筋骨软脆，不任风寒，多易致病"。

2. 安全避险，避免惊吓

古代家庭要求照看子女应细心，注意安全，避免跌落和惊吓。明代医生薛凯在《育婴家密·鞠养以慎其疾》中指出，小儿"能坐、能行，则扶持之。勿使倾跌也"。万全在《万氏家藏育婴家密》中告诫："凡小儿嬉戏，不可妄指他物作虫、作蛇。小儿啼哭，不令会装扮欺诈，以止其啼，使神志混乱。"

纵观封建社会学前家庭教育，其内容是非常丰富的，它涵盖了德、智、体等诸方面，与学校教育和社会教育的内容在本质上是一致的，体现了教育的连贯性。但古代学前家庭教育的内容又是偏颇的，它过于突出德育与智育，而且许多繁杂的教育内容过于成人化与教条化，使幼儿难以承受，因此在很大程度上扼杀了儿童的天性。

二、封建社会学前教育的原则和方法

（一）封建社会学前教育的原则

1. 及早施教

随着封建社会经济发展、社会繁荣，医药保健的不断普及和教育的发展，人们对学前教育重要性的认识不断深入，并且非常强调对儿童应及早施教。

古人之所以信奉对儿童应及早施教，是因为：①早期教育所形成的习惯和品性比较容易巩固并长久。正如《大戴礼记·保傅》所言："少成若天性，习惯之为常。"②由于年幼儿童尚未受到外部不良影响，纯洁如白纸，因此极易塑造。即所谓"幼子之性，纯明自天，未有外物生其好恶者，无所学而不成也"。在孩子知识、性情未定时，要及早进行道德教育和道德行为训练，这样方能达到"习与智长，化与心成"的效果。③儿童求知欲强烈，思维活跃，无其他繁复之事相扰，是培养习惯、学习知识的大好时机。即所谓"人生小幼，精神专利。长成以后，思虑散逸。固须早教，勿失机也"。④凡事要及早预防，不应等到儿童已经养成不良习惯和品性再去教育他，那就事倍功半了。针对借口幼儿无知而将教育延迟到长大后再进行的错误观念，司马光认为这就像懒于摘除树苗上的劣芽一样，等到长成大树以后再去砍那些枝杈，要费更大的力气。因此，古人认为"教妇初来，教子婴孩"。

2. 量资循序

古人很早就认识到对儿童的教育应该是一个循序渐进的过程，各个年龄阶段有着不同的教育内容和目的，必须依据儿童身心发展的规律安排相应的教育内容，教学过程"虽不可缓，又不欲急迫，在人固须求之有见"。

如在古代家庭教育中，由于人们普遍认为幼儿因手骨没有发育完全，执笔有一定困难，故识字教学与习字教学常常是分开进行的。一般的家庭在幼儿六七岁时才开始教他用毛笔在纸上练习写字。教幼儿习字的程序大致是先教幼儿把笔，"盖蒙童无知，与讲笔法，懵然未解。口教不如手教，轻重转折，粗细具体，方脱手自书"。

《三字经》阐明的教育子女的程序为："为学者，必有初，小学终，至四书，孝经通，四书熟，如六经，始可读。经既明，方读子，撮其要，记其事。经子通，读诸史，考世系，知始终。"正是通过这样由浅入深、由易入难的教育过程，才能为子女打下良好的学习基础。

清初崔学古认为蒙养教育不能"欲速以求成"，"性急于一时"，"而在操功于悠久"。这里有两种含义，一是老师要了解学生天资禀赋，有计划有步骤地展开教学计划。二是学生在没有外来强制的情况下，在"优而游之"的和谐愉快的状态下活动、学习，导致"自然慧性日开"的结果。

3．严慈相济

宽与严是家庭教育中的一对矛盾体，由于父母与子女的血缘关系，父母在子女教育方面比学校和社会教育更为有效和直接，同时也正是这种关系，往往使父母爱子过度，造成放任和溺爱，结果反而害了孩子，这就是家庭教育中爱与教的矛盾，也是家庭教育中的难点。在处理爱与教的矛盾方面，我国古代家庭教育中形成了严慈相济的教育方法。它主要源于儒家，孔子曾提出"为人父，止于慈"的观点，有"严父莫大于配天"之语，可见，儒家既讲慈，亦讲严。司马光则更进一步地发展了这方面的思想，在爱与教的矛盾上，提倡慈训并重，爱教结合。他说，"慈而不训，失尊之义，训而不慈，害亲之理，慈训曲全，尊亲斯备"，即父母只讲慈爱而不严加训教，便失去作为尊长的大义，只严加训教而不慈善，则伤害了骨肉相亲相爱之理，只有慈严结合，才具备了大义和亲情，才是完整的家教。清代学者在处理家庭教育中宽与严的关系上，更强调"教子宜严"，但"严"不是动辄打骂，而是严格要求，"严"不仅包括对子女的严，也包括对家长的严，为父要严于律己，以身作则，这就更全面地阐述了严慈相济的教育思想。

4．遇物而教

所谓遇物而教，即遇见什么事就教给孩子什么事情、事理，看见什么物就教给孩子什么物名、物理，以不断增进孩子对事物的认识，提高他们的知识水平。

明代医生万全在《万氏家藏育婴家秘》中，对遇物而教作了高度的概括，"衣食器用、五谷六畜之类，遇物则教之，使其知之也"。衣食器用、五谷六畜都是幼儿身边的事物，形象具体，又与生活密切联系。父母把这些事物的名称、用途等及时教给幼童，更容易被他们接受，是对幼童进行自然知识和社会知识教育的好教材。

（二）封建社会学前教育的方法

1．环境濡染

我国古代家庭教育中非常重视环境在儿童成长过程中的重要作用，主张儿童

18

应自幼接触良好的环境。所谓环境分两种：一是事物的环境；二是人的环境。父母应把儿童置于好人好事的环境之中，避开邪恶的人和庸劣之事的影响，使其受到好的潜移默化的影响。

孔子认为择邻不到风俗淳厚的地方去，就非明智之举。"孟母三迁"的故事，更是注重环境对孩子品德形成作用的典范。这一思想与实践被荀子概括为"蓬生麻中，不扶自直"，"故君子居必择乡，游必就士，所以防邪僻而近中正也"。中国传统的处世箴言、家训教诲中几乎每篇都有要子弟谨慎交友的训诫。

此外，古人也已经注意到家庭教育与学校教育、社会教化的相互配合、凝成合力的问题，认为"父兄教之于家，师长教之于塾，内外夹持，循循规矩，非僻之心何自入哉"。

2. 激发兴趣

古代学者已经认识到，教育儿童，必须注意其兴趣。宋人程颐说，"教人未见意趣，必不乐学"。什么是儿童兴趣呢？那就是唱歌和跳舞。所以程颐说"欲且教之歌"，主张开展"咏歌舞蹈"等文娱活动，以引起他们的兴趣，提高他们学习的自觉性，达到"习与智长，化与心成"的目的。从某种意义上讲，古代的唱歌就是歌诗，也就是诵读《诗经》三百篇等。所以朱熹为此作了《训蒙诗》，其内容浅显易懂，便于儿童歌诵。歌诗又往往伴以习礼，就成为且歌且舞了，对儿童身心和谐发展有积极的作用。

正如明代王守仁所说的那样，"诱之歌诗，以发其意志；导之习礼，以肃其威仪；讽之读书，以开其知觉"。这样做的结果，就可以"顺导其志意，调理其性情，潜消其鄙吝，默化其粗顽"。

除了歌舞之外，古人非常注重采用游戏的方法愉悦儿童的情绪、锻炼其身体。常见的户外游戏活动有打秋千、放风筝、登高、翻筋斗、踢毽子、掩雀、捕蝉等。这些游戏或文体活动丰富多彩，童趣盎然，寓教育于娱乐之中。

3. 榜样示范

即以正面人物的高尚品德、模范行为、先进事迹和卓越成就来影响儿童思想品德的方法。如让年幼女孩熟悉《列女传》，期望其中人物的事迹、品德、行为等对儿童产生示范作用。《颜氏家训》中列举一些英雄伟人的事迹、品行等，如羊侃有力抵抗侯景叛乱、齐文宣帝时尚书令杨遵彦治政有方等，要求子孙"慕贤"，以使子孙能从小就在榜样的教育感化下养成良好品行。

由于父母与子女朝夕相处，润物无声，因此，要求古代父母必须以身作则，树立正面榜样，注重"身教"。幼小的儿童缺乏明辨是非的能力，往往会模仿和学习父母的言行举止，而且这种潜移默化的影响是长效的，所以"教子须是以身率先"。具体来说，首先，要求父母要在孩子面前保持端庄的形象及合乎礼教的言行；其次，身为父母，须言行一致，"信而勿诳"；再次，要求孩子做到的，自己应先做到，即"以身率先"。"身教"除了是对父母的要求外，也是对所有长者的要求，力图通过家庭中每个成年人树立的良好榜样，为儿童创造一个"触目皆是正"的教育环境。

4. 警示与示警

古人认为对儿童进行教育要有预见性，即所谓"存天理之本然""遏人欲于将萌"。儿童的不良品行一旦形成，纠正起来就很困难，所以应当对孩子经常进行警示，也就是为孩子树立反面教材，起到"杀鸡儆猴"的作用。古人认为，父母对于好耍贪玩、不求上进的孩子，经过反复说教，均无效果，最后以某种动作或信号进行警示可收到奇效。我国古代使用这种方法的典型人物是孟子的母亲。据刘向《列女传·邹孟母传》记载，"自孟子之少也，既学而归，孟母方绩，问曰，学何所至矣？孟子曰，自若也。孟母以刀断其织，孟子惧而问其故。孟母曰，子之废学，若吾断斯织也"。孟子在幼年时期学业停滞不前，孟母气愤地以刀割断她正在织的布，来警示孟子说，你废止学业，就像我割断此布一样，之前的努力全被毁了。并且警告孟子说，"今而废之，是不免于厮役而无以离于祸患，何以异于织绩而食中道废"。意思是说，少年不学习，长大只能成为被人驱使的奴隶并且祸患无穷，与织布半途毁废有何两样？孟母的警示，使孟子警醒，便"旦夕勤学不息，师事子思，遂成天下之名儒"。

【小故事】

曾参，字子舆，儒家主要代表人物之一，孔子的弟子，世称"曾子"，有宗圣之称。曾子杀猪取信于子的教子故事，在我国广为流传。

有一天，曾参的妻子要到集市上去，儿子哭闹着要跟去。曾妻戏哄儿子说："好乖乖，你别哭，你在家里等着，妈妈回来杀猪炒肉给你吃。"儿子听说有肉吃，便不随母亲去了。

曾参的妻子从街上回来，只见曾参拿着绳子在捆猪，旁边还放着一把雪亮的尖刀，正准备杀猪呢。曾参的妻子一见慌了，赶快制止曾参说："我刚才同孩子说着玩的，并不是真的要杀猪呀！你看你怎么当真了？"曾参语重心长地对妻子说："你要知道孩子是欺骗不得的。孩子小，什么都不懂，只学会父母的样子听父母的教训。今天你要是这样欺骗孩子，就等于教他说假话和欺骗别人。再说，今天你要这样欺骗孩子，孩子觉得母亲的话不可靠，以后你再讲什么话，他就不会相信了，对孩子进行教育也就困难了。你说这猪该不该杀呀？"

曾妻听了丈夫的一席话，后悔自己不该和孩子开那个玩笑，更不该欺骗孩子。既然答应杀猪给孩子吃肉，就说到做到，取信于孩子。于是丈夫和妻子一起动手杀猪，为孩子烧了一锅香喷喷的猪肉。儿子一边吃肉，一边向父母投去了信任和感激的目光。

父母的言行直接感染了孩子。一天晚上，曾子的小儿子刚睡下又突然起来了，从枕头下拿起一把竹简向外跑。曾子问他去干什么？孩子说，这是我从朋友那里借来的书简，说好了今天还的，再晚也要还人家，不能言而无信啊！曾子笑着把儿子送出了门。

三、封建社会的胎教

（一）带有政治色彩的胎教学说

汉代是儒家思想登上统治地位的时代，儒家高度重视教育，所以汉代的很多思想家都对胎教发表了自己的看法和观点，使得古代胎教学说雏形初步形成。

汉代学者对胎教学说的发展做出了重大贡献。西汉贾谊排除多子多孙观念的影响，独具慧眼地注意到人口质量的问题，在他的著作《新书》中专设"胎教"一篇，论述胎教的必要性。贾谊认为，对人的教育要从头抓起，"故君子慎始"，即如果夫妻双方都是来自"孝悌"门风的家庭，不管是胎养、胎教，都将是事半功倍，否则，夫妻失和，就很难做到好的胎养、胎教了。所以男子娶妻要选择"孝悌世世有行义者"；同时主张胎教要以礼教为主要内容，提出"正礼胎教"的观点："正之礼者，王太子无羞臣，领臣之子也，故谓领臣之子也。身朝王者，妻朝后，之子朝王太子，是谓臣之子也，此正礼胎教也。"因此，要求孕妇生活中的一切内容都应该符合"礼"的规范，因此凡孕妇"所求声音者非礼乐""所求滋味者非正味"，均不能迁就。

刘向在总结前人经验的基础上，认为胎教的目的是"生子形容端正，才德必过人矣"。因此"妊子之时，必慎所感。感于善则善，感于恶则恶"。正如中国民俗中有让孕妇看漂亮年画（往往印有大胖娃娃）的习俗，以期达到优生目的。

东汉王充在胎教问题上也有独到见解。他以"气"来解释人乃至万物的形成，而且人的健康与否、寿命长短也是"气"所导致的，正如他在《论衡·气寿篇》中云："夫察气渥则其体强，体强则其命长；气薄则其体弱，体弱则命短，命短则

21

多病寿短。"若母亲在受"气"时不谨慎,"必妄虑邪",所生之子就会"狂悖不善,形体丑恶"。所以,他也十分推崇胎教之道。

这个时期的胎教理论,基本上都是由一些政治家、思想家提出的。这些人都是礼教治国的追随者,提倡胎教也都是从儒家思想出发,由重视教育到强调早期教育,以至推崇胎教,内容侧重于政治和伦理道德方面。

(二) 趋于科学化的胎教理论

唐代以后,研究胎教的人则由政界和学术界圈子转移到医师那里,与胎教有关的儿科、妇科也日渐分化出来成为独立的研究领域。医师们继承了前人有关胎教实施内容的基本观点,以医学和生理学为指导,开展对妊娠生理特点和胎儿生理结构的研究,进而阐发胎教的意义、作用、内容和方式,这样就使胎教逐渐走向科学化。人们一方面在"正本"的同时,又把更多的眼光转向外界因素对胎儿发育的影响上。早期的"慎所感"的观点不断完善,逐渐形成了较为完整的胎教理论——"外象内感"说。

这种观点认为,外界刺激作用于母体,经母体使胎儿有所感受,因而引起了胎儿相应的变化。明代邱浚指出:"夫古人有胎教,方其妊子时,必慎所感,所感于物,则其子形音肖之,故有胎教之礼。"(《大学衍义补·家乡之礼》)这样说的根据是"儿之在胎,与母同体,得热则俱热,得寒则俱寒矣;病则俱病,安则俱安。母之饮食起居,尤当慎密"(朱震亨《格致余论·慈幼论》)。

这种"外象内感"理论在古代胎教学说中占有十分重要的地位,是中国古代胎教学说的核心内容,确实蕴含着一定的科学依据:怀孕初期的三个月内,是胎儿形体和心理发育的关键时期,外界环境的变化对胎儿的生长发育会产生深刻影响。在"外象内感"学说的指导下,古人非常重视胎教。比如,"文王设胎教之法,使孕妇常观良金美玉……又听讲诵经史传集,而使秀气入胎,欲其生而知之"。

因此,唐代名医孙思邈主张母亲怀孕时要"见贤人君子、盛德大师。观礼乐、钟鼓、军旅陈设……弹琴瑟,调心身,和情性……"如果能这样的话,则"生子皆贤良、长寿、忠孝、仁义、聪慧、无疾"。

《叶氏竹林女科》中强调,孕妇精神务必宁静,"宁静即是胎教……气调则胎安,气逆则胎病,恼怒则气塞不顺……欲生子好者,必须先养其气,气得其养,则生子性情和顺,有孝友之心,无乖戾之习"。

与前人以禁忌为主的胎教相比,唐以后的胎教理论更注重积极的保养,调和心神,接触外界各类有益于母子身心健康的良好事物,较前人的理论深刻得多,涉及的范围也更加广泛。可以说,经过一代代中医学家们的不断努力,使初始形态的具有浓厚政治色彩的胎教学说，渐渐地发展成趋于科学化的胎教理论。

四、慈幼机构的建立

慈幼是中国古代对救助婴孩的特有称呼。这个词首先见于《周礼》，慈幼作为"保息六养"之首，意义重大。郑玄解释其含义为"与之母，与之饩"，即由国家向育婴家庭提供乳母和食物。"慈幼"既是儿童本身的需要，也是社会的需要。中国古代较早地形成了以政府为主体，辅以家庭抚养、家族收养及私人捐助的慈幼恤孤模式，推动了中国古代慈幼恤孤事业的发展。

（一）宫廷慈幼机构

中国最早的专门慈幼机构出现在西周，当时王宫内和各诸侯国的宫廷内都设有婴幼儿养育机构——孺子室，养育的对象是周王的世子及各诸侯的子弟等。

《礼记·内则》说：王子出生后，三日，"异为孺子室于宫中。择于诸母与可者，必求其宽裕慈惠，温良恭敬，慎而寡言者，使为子师。其次为慈母，其次为保母。皆居子室"。

中国第一个具有教育性质的慈幼机构出现在东汉。据《后汉书·皇后纪》记载，东汉安帝元初六年（公元119年），汉和帝之妻邓太后在宫廷开设"邸舍"，又名"邸第"，将宫室子女五岁以上者40余人、邓太后近亲子弟30余人集中起来，教学经书，并亲自督试。对其中"尚幼者，使置师保，朝夕入宫，抚循诏导，恩爱甚渥"。邓太后办邸舍的出发点，一是为了使贵胄及早受教，学会治国安邦之术。二是为了改变贵族子弟"温衣美饭"、饱食终日、无所用心、不学无术的现象，以免招致"祸败"。严格来说，邸舍不是专门的幼儿教育机构，它包含了较大年龄的少年儿童的读经教育，但其中也有对幼小儿童教育的部分，而且对这一部分是予以特别对待的。但是，邸舍的兴办只是出于邓太后个人喜好，教育对象也仅限于皇亲国戚，因此还远谈不上慈幼机构的制度化、社会化。

（二）社会慈幼机构

从北宋起，中国出现了由中央和地方政府主办的社会性质的慈幼机构。北宋学者苏轼在密州任内，曾出公粮收养女婴，即为社会慈幼机构的雏形。

宋以后的各代，或由朝廷诏令设置，或由地方官员自行设置，各地慈幼机构纷纷出现，为数不少。这些慈幼机构可分为两类。一类是慈幼局，元代京畿各郡都设有慈幼局。有记载"贫家子多，辄厌之，故不育。乃许其抱至局，书生年、月、日、时，局有乳媪鞠育之。他人家或无子女，却来取于局"。另一类是举子仓或予惠仓。如遇兵灾之年，民不聊生，弃婴往往比较常见，地方政府就奏请朝廷批准，由政府拨给钱粮，设立举子仓或予惠仓，收养弃婴。

第二次大规模兴办慈幼机构是在清代。清代慈幼机构的办理已经比宋代有了较大的进步和发展，不仅仅政府拨银资助设立育婴堂，收养弃婴、孤儿和家庭无力抚养的幼儿，康熙时清政府还制定育婴堂弃儿认养条例，并派官员经常稽查。

这些古代所建立起来的慈幼恤孤制度和场所，不但解决了当时的社会问题，更成为近代中国最早的学前教育机构——蒙养院设置的院址。

需要指出的是，这些社会慈幼机构更多具有慈善性质，而较少含有教育意义。婴幼儿的看护者也多是一些无家可归的弃妇、寡妇，管理上也存在将慈幼经费中饱私囊的情况，身处其中的儿童不仅谈不上受到良好的养育，很多还命运多舛。

五、封建社会儿童学前教育的特点

概括起来，封建社会的学前教育具有以下特点。

第一，打破了"学在官府"，由地主贵族垄断学前教育的局面，使学前教育成为普通平民家庭教育的重要组成部分。

第二，学前教育的内容大为丰富，涵盖了德智体诸方面，并出现了许多专为幼儿编写的用于思想教育、文化知识教育等方面的教材。

第三，对幼儿的潜能进行了最大限度的挖掘，学前教育内容的难度与广度均有较大的增加。

第四，学前教育的实施具有浓厚的功利主义色彩，在实施过程中，总体上是重教轻养。

第五，儒家思想规范、指导着学前教育的实施。

思考题

1. 简述原始社会儿童教育活动的内容。
2. 简述封建社会家庭教育的内容。
3. 简述封建社会胎教的经验。
4. 如何认识中国封建社会的"孝道"教育？

第二章　中国古代学前教育的教学思想

【学习目标】
1. 了解贾谊的生平与教育实践，理解其早期教育思想。
2. 理解颜之推的家庭教育思想。
3. 理解朱熹关于儿童教育方法的论述。
4. 了解王守仁的学前教育思想。

中国历来有重视教育的传统，在漫长的古代社会，我们的先辈积累和总结了丰富的学前教育经验，对当时社会的学前教育的实施起着重要的指导作用。然而今天我们却要以批判的眼光学习、借鉴，取其精华，去其糟粕，从而更好地发展今天的学前教育。

第一节　贾谊的早期教育思想

一、贾谊的生平与教育实践

贾谊（公元前 200 年—公元前 168 年），西汉初期著名的政论家、文学家、保傅教育家，洛阳人。贾谊从小就刻苦学习，博览群书，先秦诸子百家的书籍无所不读。贾谊 18 岁时，因为能诵《诗经》《尚书》和撰著文章而闻名于河南郡，受到河南太守吴公的赏识，被召为门客。20 余岁，廷尉吴公以其颇通诸家之书，荐于汉文帝，被召为博士。又因年少才高而被破格提拔为太中大夫。后遭谗言被贬为长沙王太傅，继又为文帝少子梁怀王刘揖太傅。由于梁怀王在一次骑猎中不幸坠马身亡，贾谊自伤为傅无状，常哭泣，不久竟忧郁而终，时年 33 岁。

他短暂的一生虽然只有 33 个春秋，但却给后人留下了许多宝贵的思想文化遗产，特别是在教育方面有自己独到的见解。他长期任太傅，虽然他所教的对象是一个特殊的对象——太子，但在他的教学实践中所渗透的教育思想却具有普遍意义。

二、贾谊论"早谕教"

贾谊明确提出"早谕教"的观点，主张"自为赤子，而教固已行矣"。就是说从婴儿时期就要开始施教了。

（一）关于早期教育的意义

贾谊认为人生早期是教育的最佳期，对太子应尽早开始施教。贾谊是中国历史上较早提出胎教思想的人。他说："易曰：正其本而万物理，失之毫厘，差之千里。故君子慎始。""太子之善，在早谕教与选左右。""心来滥而先谕教，则化易成也。"当婴幼儿的赤子之心尚未受到外界熏染时，先入为主，对他实施教育，就会收到最佳效果。早期教育是整个人生教育的最重要阶段，一个人的早期教育将为个体的一生奠定良好的基础。如果一个人年幼时接受的教育稍有不慎，就会失之毫厘，差之千里。

（二）论胎教思想

1. 重视环境条件的创设

贾谊重视环境条件的创设以保证胎儿有充足合理的营养和良好的心理卫生条件，包括孕妇的心境、身体的姿态，要求孕妇与嘈杂的外部环境隔绝，多听和谐优美的音乐、多谈健康向上的话题、不吃刺激的食物等。他认为王室之家在太子出生之前就应该设置专门实施胎教的处所——蒌室，"王后有身，七月而就蒌室"，就是让怀孕的王后迁到安静的侧室，静心休养，孕育胎儿，并安排专人照顾，如让太师奏出美妙和谐的音乐，让太宰做出可口的饭菜，以供王后补充营养等，确保孕妇的饮食、所见、所闻、言语行为等合乎礼的规定，为胎儿提供一个良好发育的环境。

2. 孕妇自身应具有早教意识

贾谊认为孕妇自身应该有早教意识，只有这样，她们才能在日常生活中不断提高自身的修养素质，在言行举止方面真正做到"立而不跛，坐而不差，笑而不喧，独处不倨，虽怒不骂"。

3. 高度重视音乐在胎教中的作用

贾谊提出要寓音乐教育于早教实践，进而提出"音乐胎教"的概念，这一概念的提出在世界音乐史上都是十分罕见的。他要求对太子进行早期音乐教育："教之以《乐》，以疏其秽而填其浮气。"

三、贾谊"慎选左右"的教育思想

(一)慎选左右的教育意义

贾谊认为慎选左右是对太子进行早期教育取得成功的保证。贾谊认为人刚生下来的时候，其性情、质量没有太大的差别，而之后所以会出现贤愚善恶之人，其根本原因在于个人所受的自然环境和人文环境的影响不同。他说："选左右，早谕教最急。左右正，则太子正矣，太子正而天下定矣。"贾谊认为太子教育的重要性在于"天下之命，县于太子"，为太子及早营造一个良好的人文环境，使太子能始终处于健康的环境中，受到"正人"的潜移默化的影响，最终会成为"正"与"善良"的太子。

(二)如何选左右

为了加强皇太子的早期教育，贾谊主张在宫廷内应设置专门辅导、教谕太子的师、保、傅官，建立保傅教育制度。师、保、傅是太子最早、最重要的教育者，又具体设置为"三公"（即太师、太保、太傅）和"三少"（即少师、少保、少傅），其中"三少"是"三公"的副职，他们要与太子朝夕相处，用他们的品行直接影响太子的德行，同时也起着监护人的作用。"三公"和"三少"都有明确的职责，对他们的选择十分慎重，只有"天下之端士，孝悌博闻有术者"才有可能当此重任。

四、评价与启示

贾谊作为儒家的继承者和西汉初年的一位有识之士，他的教育思想和他的政治主张密不可分。贾谊的教育思想有着浓厚的儒家色彩，他的教育思想蕴涵着丰富的礼教内容，而又以道德教育为根本目标，从而构成了他教育思想的基本框架。纵观贾谊的早期教育思想，他提倡早谕教，主张胎教，重视为胎儿的健康发育营造良好的环境，尤为可贵的是，贾谊认为早期教育应从慎重择偶开始，是非常了不起的伟大思想。"凤凰生而有仁义之意，虎狼生而有贪戾之心，两者不等，各以其母。"所以子女的婚娶对象应慎择。在我们今天看来尽管有经验的成分，但不得不承认贾谊早在两千多年前就已经有了优生学的观点。

此外，贾谊关于太子早期教育还提出了教养结合的主张，即除了进行道德与知识教育外，还要由少保负责健养其身体。一方面监护太子，注意防止太子有可能伤害身体的过激行为，养成适度饮食、适度休闲的习惯；另一方面要料理太子的日常起居。虽然这是在谈及太子教育，其实对普通老百姓的教育，对今天的早期教育都是具有普遍的借鉴意义的。

贾谊一生虽然短暂,但却为中华文化宝库留下了珍贵的文化遗产。

第二节 颜之推的家庭教育思想

我国自古便有重视家庭教育的优良传统,不仅在家庭教育的一般理论方面有过极为丰富的探讨和论述,而且还总结出了很多宝贵的教育原则和有效的教育方法。被称为6世纪后期"最博学而有思想"学者的颜之推从士大夫的立场出发,写出了我国封建社会第一部系统的、完整的经典家教名著《颜氏家训》,这部名著反映出的家庭教育思想具有深远的意义,时至今日仍有很多可供我们借鉴学习的地方。

一、颜之推的生平及主要经历

颜之推(公元531年—公元595年),字介,梁朝建业人。我国历史上著名的历史学家、文字音韵学家和杰出的教育家。他出身士族家庭,早年得到了家学的良好熏染,奠定了他整个学术思想的基础。由于生逢乱世,颜之推一生仕途命运坎坷,自20岁出仕为官,先后为四个王朝效力而又几度沦为亡国之人。期间他耳闻目睹了许多士大夫家破身亡的残酷现实,使得他对社会的险恶及士族统治的危机看得十分清晰透彻,他曾谆谆告诫子弟:"父兄不可常依,乡国不可常保,一旦流离,无人避荫,当自求诸身耳。"他从士大夫的立场出发,为保全自己家族的传统与地位,根据自己的亲身体验,写成了我国封建社会第一部系统完整的家庭教育著作——《颜氏家训》,用以训诫子孙,鼓励后代承续家业,显学扬名。书中颜之推用大量的历史和现实的事例阐发深刻道理,把封建士大夫的立身、治家、修学、处事等问题都囊括其中,使它成为我国封建时代家训的集大成之作。这部书也是研究颜之推家庭教育思想最翔实、最可靠的资料。

(一)重视德育

为了实现教育目的,颜之推继承了儒家以孝悌仁义等道德规范为主要内容的传统,认为树立仁义的信念是德育的重要任务,而实现仁义则是德育的最终目的。他强调进行以孝悌为中心的伦理道德教育,教育子弟为践行以孝悌为中心的道德规范可以不惜代价,"行诚孝而见贼,履仁义而得罪,丧身以全家,泯躯而济国君子不咎也"。

（二）重视"艺"的教育

颜之推认为教育要培养"德艺周厚"的统治人才，"艺"的教育是必不可少的。艺，即知识技能教育。颜之推对"艺"与德的关系也有自己的认识。认为二者有密切联系，德育为根本，艺教是道德教育的基础，并为道德教育服务，他说："孝为百行之首，犹须学以修饰之。""夫所以读书学问，本欲开心明目于行耳。"

这里的"艺"既包括有琴、棋、书、画、数、医等士大夫上层社会生活所需的技艺，也包括广博的知识内容。颜之推主张以广博的知识教育子弟，以读书为主要教育途径。作为一位儒家思想家，他把《五经》列为必读之典籍，作为学习其他知识的起点。

（三）重视语言教育

颜之推认为语言的学习应成为儿童教育的一项重要内容，他认为儿童时期是学习语言的关键时期，儿童学习语言要标准化，应该学习通用语言而不是方言。他认为家长应该有这方面的意识，把对子弟进行标准的语言教育作为自己义不容辞的责任。他说："吾家儿女，虽在孩稚，便渐督正之，一言讹替，以为已罪。云为品物，未考书记，不敢辄名。"一事一物，不经查考，不敢随便称呼，以免以讹传讹，给子女留下不好的影响。颜之推在中国家训发展史上首次提出语言教育的问题，而且详加阐释，至今仍有借鉴意义。

（四）注重立志教育

颜之推认为在家庭教育中，培养子女具有远大的志向是非常必要的。既然教育目的是培养子女成为"应世经务"的人才，那么首先要教育子女端正志向，树立远大目标，走光明正大的道路。他教育子弟要树立高尚的生活理想，志趣高雅、心胸要开阔，力行尧舜之道，承续世传之家学，在朝这一目标努力的过程中，绝对要不畏权势、不谋私利，决不把依附权贵、屈节求官作为生活乐趣和人生目标。他告诫子弟只有经过艰苦的劳作，才能有所收获，投机取巧的态度是不可取的，志向要远大，要自强自立。颜之推对子孙的这些告诫是基于他对当时士族子弟不学无术，靠祖上庇荫养尊处优，及至遭逢离乱，即陷于穷途末路的狼狈情况的耳闻目睹。

（五）重视治学能力培养

颜之推严厉批判士大夫子弟由于自幼缺乏正规教育，长成之后体虚学浅、品行低劣、不学无术的社会状况。为此，他告诫子弟虚心务实，博学广师，要求子弟首先树立正确的学习观念，其次是掌握科学而有效的学习方法。

1. 树立正确的学习观念，培养实事求是的学习态度颜之推反复告诫子弟学习的目的是为了修身利行，而不是高谈阔论和谋官资本。他还曾以古人和今人对比的方式批评当时的不正学风，要求子孙必须端正学习动机，去掉浮夸和求官的思想，不断提高自身修养。

2. 掌握正确的学习方法

颜之推积极倡导子孙博闻强记、耳闻不实、眼见为真的踏实的学风，告诫子弟注重博览，专注要点、重实际。颜之推还以梁元帝年少勤学，虽遇艰难险阻，仍不知疲倦、孜孜以学的勤学精神告诫子孙，"帝王之尊，童稚之逸，尚能如此"，何况凡夫俗子呢？同时，他又教育子孙珍惜时间，立志成才，告诫他们发奋勤学，分秒必争。

3. 提倡求师问友，切磋琢磨

颜之推认为一个人孤独地学习，断绝与人交流心得与经验，只能闭目塞听、思想狭隘、夜郎自大。他说："学为文章，先谋亲友，得其评裁，知可施行，然后出手，慎勿师心自任，取笑旁人。"意即要避免这些情况的出现，最有效的方法就是求师问友，与师友进行切磋研讨、不耻下问，这样才能增长见识，在争鸣中才能做到相互启迪，从而取得进步。

三、家庭教育的原则与方法

（一）提倡及早施教

颜之推引用孔子的"少成若天性，习惯成自然"作为理论根据，以民谚"教妇初来，教子婴孩"为例证来说明早期教育的必要性，他认为，在一个人的一生当中，幼年时期的教育影响将为一生的发展奠定重要的基础，因此，应重视人的早期教育，而且越早越好。

颜之推认为，幼儿期是教育的最佳期。"人生小幼，精神专利，长成以后，思虑散逸，固须早教，勿失机也。"他倡导有条件的家庭应及早施教，《教子》篇中认为"当及婴稚，识人颜色，知人喜怒，便加教诲"。一旦因种种客观原因失教于幼年的，切不可自暴自弃，"幼而学者，如日出之光，老而学者，如秉烛夜行，犹贤乎瞑目而无见者也。"意即只要有可能学习，哪怕年老体衰，学习效果不是很好，只要坚持学习，都会有收益的，"朝闻道，夕死可矣！"这是一种积极的学习态度和人生态度。

（二）主张严慈相济

颜之推主张"威严而有慈"，即慈爱和严教相结合，他认为，爱子女是父母共同的感情，但在现实生活中一些父母对孩子完全放任，对孩子的生活饮食等方面任其所为，没有任何约束限制和管束，对孩子的过错本应训诫反而奖励，本应责怪呵斥制止的却一笑了之，嬉笑不以为意。这样的娇生惯养，其后果便是孩子从小很难养成是非观念。这种错误的教养方式一旦持久，便会给孩子的成长带来很多不利的影响。孩子不良的习惯和错误的观念一旦养成，就会"发然后禁，则扞格而不胜"。此时，即便把孩子打死，父母也难以树立威信，反而会增加子女对父母的怨恨，成年以后终将成为败德之人。这样的教育就很难收到预想的效果。

在教育过程中，颜之推认为慈爱与威严要有机地结合起来，寓爱于严，通过严格的要求来体现父母对子女真正的爱护。没有严格的要求，也就没有教育，故父母对子女的错误和缺点应像医生对待病人的疾病一样，用汤药针艾进行治疗，毫不留情。同时他认为，父母应正确对待孩子的教育问题，对孩子要严格管教，严加督训。为树立父母的威信，改正孩子的缺点和错误，在不得已的情况下，对孩子可以采用强制性和鞭挞的方法，以使他们害怕而不敢再冒犯。甚至不惜用体罚，"使为则为，使止则止"，并且把鞭笞看作严教的表现不可废除，否则"笞怒见废于家，则竖子之过立现"。在颜之推看来，体罚是很有必要的教育手段，他以治病为例，"当以疾病为谕，安得不用汤药针艾救之哉？"

（三）主张均爱勿偏

所谓均爱，是指父母对所有的子女应该一视同仁给予相当的慈爱。在《教子》篇中颜之推说："贤俊者自可赏爱，顽鲁者亦当矜怜。"他认为父母的这种偏宠偏爱会产生很多不良影响，一方面，对于受宠的子女来讲，父母对他们的很多需要可能就会没有任何条件地满足，没有任何限制，这就会在一定程度上助长这些孩子的骄横暴慢的习气，其结果必然是"虽欲以厚之，更所以祸之"。另一方面，父母对子女不能均爱，客观上还会造成兄弟姊妹的不和，这对家庭的和睦和传统家庭教育中孝悌之德的培养也是极其不利的。

在颜之推看来，要做到均爱勿偏，为人父母者最重要的应该是提高认识，深刻意识到偏宠偏爱的严重后果。为了引起后人对家庭教育中"均爱勿偏"的重视，颜之推列举了春秋时期郑庄公的母亲武姜宠爱叔段，最后造成叔段骄横霸道，后因起兵谋反被诛；汉高祖刘邦之子赵隐王深得父母娇宠，后遭杀身的悲剧史例，以此告诫家庭教育要均爱勿偏。

（四）重视环境影响

颜之推认为在家庭教育中，环境起着重要作用。他强调的环境应包括两个方面：一方面是家庭内部环境，即主要表现为家庭中的长者对孩子成长的自发的环境影响。这就是颜之推所说的"风化"，所谓"风化"是指"自上而行于下者也，自先而施于后者也"。他认为孩子在年龄小时，模仿性强，可塑性大，孩子与父母朝夕相处，父母及其他长辈的言谈举止都可以直接影响到孩子。父母要以身作则，率先垂范，品行端正，言行得体，为孩子的成长营造一个良好的环境。

环境的另一方面是指孩子成长的周围环境。他认为儿童与贤人君子交往，则自己的道德也会受其影响而日臻完美。相反，与邪恶的人结交，自己的思想也会日趋堕落。既然周边环境对孩子的成长如此重要，那么，在孩子的成长过程中，就要尽量选择"与善人居"，避免选择"与恶人居"。这样才能使儿童在成长过程中"如入芝兰之室，久而自芳也"。关于环境对人的影响作用，墨子认为，人性如练丝，染于黄则黄，染于青则青，颜之推的主张实际上是继承与发展了古人注重环境教育作用的思想。

（五）主张博习致用

《颜氏家训·勉学》中提出："夫学者，贵能博闻也。"他积极倡导子弟广泛学习多种知识。颜之推根据自身的治学经验，指出学习五经不仅可以学到立身处世的道理，还可以培养应有的道德品质，而且还能奠定写文章的坚实基础。因此，家庭教育应以儒家的五经作为最基本的学习材料。此外，为了满足今后士大夫生活的需要，还应兼及百家之书，以及琴、棋、书、画、文学等学问，否则就会见闻狭隘，头脑闭塞。

颜之推认为，知识不但需要广博，还要抓住要领，做到灵活应用。家庭教育不仅要求子弟博习，还要注重对他们学以致用本领的培养，注重躬行实践。他一贯要求子弟不要把读书当作追求功名利禄和高谈阔论的资本。颜之推的博习致用的主张对今天的家庭教育和学校教育都是很有启发的。

四、评价与启示

颜之推认为传统教育应进行改革，教育要培养的人既不是懒于应世经务的清谈家，也不是空疏无用的章句博士，而是于国家有实际效用的各方面统治人才。颜之推破除了儒家以培养较抽象的君子、圣人为教育目标，以儒学教育统括一切专门教育的传统框框，并使教育功能不再局限于道德修养与"化民成俗"方面，而更重要的在于培养各种人才。作为士大夫的颜之推能够站在治国平天下的高度教育自己的子孙"修身利行"，为了国家和社会，而不是为了自己求官，体现了颜氏家庭教育的"大眼光""大气度"。为了实现这样的教育目的，颜之推在家庭教育内容和原则等方面总结了很多有益的经验。

纵观颜之推的家庭教育思想，他关于家庭教育内容的理论亦有不足之处。如他关于立志教育及道德教育内容的规定都带有他作为士族阶层的思想色彩而有其自身的局限性;另外,他关于严格教育孩子、主张体罚的观点,不仅违背了儿童健康成长的规律,同时也不利于儿童形成自主、健全的人格。但是,颜之推的家庭教育思想仍不乏现代价值。首先,他关于家庭教育要使孩子树立远大而高尚的志向的主张,恐怕现代社会一些家庭还远不及此。现在,一些家庭的教育功利心较重,这是很值得我们反思的问题。其次,他的教育原则也有很多闪光之处。如严慈结合的原则,不仅应成为现代家庭教育的原则,更是值得现代家庭认真反思和琢磨的课题。我们要在摒弃颜之推家庭教育经验不足的同时,批判地继承吸收其有益的成分,利用其可取的教育原则、教育方法中的精华为今天的教育发展服务。

第三节 朱熹的儿童教育思想

朱熹是南宋时期著名的思想家、教育家,是理学思想的集大成者,其教育思想及教育实践对中国封建社会后期的教育发展产生了深远的影响。学习研究朱熹的教育思想不仅有助于我们了解南宋之后的教育思想与实践,而且,对今天发展社会主义教育事业也有重要的现实价值。

一、朱熹的生平及教育实践

朱熹(公元1130年—公元1200年),字元晦,号晦安,晚年号晦翁,云若老人,沧州病叟。生于南宋高宗建炎四年,卒于南宋宁宗庆元六年,祖籍婺源(今江西婺源县),生于福建南剑(今福建南平)尤溪县。朱熹出身于书香门第,祖辈历代为朝廷命官。朱熹天资聪颖,10岁左右便开始学"圣贤之学",每天读《大学》《中庸》《论语》《孟子》不间断,并立下"学为圣人"的远大抱负,自幼接受的儒学教育与理学启蒙,奠定了他一生的学术和思想基础。18岁"举建州乡贡",次年考中进士,被授泉州同安县主簿,便开始了政治与教育生涯,然而仕途坎坷,50岁才被任命为偏僻之地南康军知军。

朱熹一生热衷于教育事业,从事学术研究和授徒讲学的时间长达40年之久,在学术和教育事业上取得了巨大的成就。在学术上,他继承和发展了二程学说,成为理学的集大成者。在教育上的贡献也是巨大的,他亲自主持修复了白鹿洞书院和岳麓书院。朱熹修复白鹿洞书院是中国古代教育史上的大事,它促进了南宋以后书院的发展和勃兴。在他主持修复白鹿洞书院期间，积极为书院购置图书典籍、亲临书院主讲，他还为白鹿洞书院拟定了学规——《白鹿洞书院揭示》，把书院宗旨、为学次序、修身条目、处世之方等一一列出，明示弟子。

朱熹在学术上的最大成就之一是他编撰了多种教材。朱熹编写的《小学》一书，选辑"古圣先贤"立身治学格言若干条，共六卷，成为中国封建社会后期蒙学教育中很有影响的道德教育课本；《四书集注》则成为中国封建社会后期数百年里科举考试的标准答案和学校教育中教师必教、儿童必学的标准教科书。他不仅有丰富的教育实践，而且还给我们留下了许多宝贵的教育经验，尤其是他关于儿童教育的思想在今天仍散发着熠熠光辉。

二、重视儿童教育的思想

我国古代把对儿童实施的教育称为"启蒙"，这个阶段的教育也称之为"蒙学"。两宋时期是我国古代蒙学发展的一个重要阶段，不仅在数量上得到了进一步的发展，而且在教育内容、方法以及教材等方面，都形成了自己的特点。朱熹对"小学"的论述，充分体现了他的儿童教育思想，同时，也对明清时期蒙学教育进一步正规化、制度化起到了奠基作用。

（一）重视蒙养教育

朱熹把整个学校教育的过程划分为小学和大学两个阶段，其中 8~15 岁为小学教育阶段，即蒙养教育阶段；15 岁以后为大学教育阶段。小学教育阶段重在"教事"，大学教育重在教理，即重在探究"事物之所以然"。他认为这是两个相互独立又相互联系的教育阶段，具体地说，小学教育是大学教育的基础，大学教育则是小学教育的扩充和深化。朱熹不仅对学校教育过程进行了划分，而且明确了小学教育和大学教育在教育任务、内容和方法上都应有不同。

朱熹特别重视蒙养阶段的基础教育作用，他说："古人由小学而进于大学，其于洒扫、应对、进退之间，持守坚定，涵养纯熟，固已久矣。大学之序，特因小学已成之功。"由此他认为如果儿童在幼时"不习之于小学，则无以收其放心，养其德性，而为大学之基本。"同时他从儿童的心理特点和教学的要求出发，指出只有使儿童"讲而习之于幼稚之时"，才能使其"习与智长，化与心成，而无扞格不胜之患也"，收到理想的教学效果。为了说明蒙养教育的重要性，他还将其形象地比喻为"打坯模"阶段，他说："古者，小学已自暗养成了，到长来，已自有圣贤坯模，只就上面加光饰。"并指出倘若自幼失了小学，或坯模没打好，大了要补填就十分困难，他说："而今自小失了，要被填，实是难。"总之，在他看来，蒙养阶段的教育对一个人的成长是非常重要的，因此必须极为重视，抓紧抓好。

（二）重视学习"眼前事"

朱熹认为小学阶段儿童"智识未开"，具有思维能力很弱的特点，主张小学学习内容的设置应该力求浅近、具体、贴近儿童生活的"知之浅而行之小者"，为此，他提出了以"教事"为主的思想。他说："小学是事，如事君、事父、事兄、处友等事，只是教他依此规矩做去。"规定小学的学习内容应当是"学其事"，即学习眼前日用的事。具体而言包括有"洒扫应对进退之节"、礼乐射御书数之文"和"爱亲敬长隆师亲友之道"这样的一些内容。朱熹认为儿童学习这类"眼前事"，不仅符合儿童认识的发展水平，而且也能够为大学"学其理"打下基础，因为"理在其中"，事事物物之中都存有一个理，"学之大小，固有不同，然其为道，则一而已"。强调要让儿童在日常生活中，通过具体行事，懂得基本的伦理道德规范，养成一定的行为习惯，学到初步的文化知识和技能，希望儿童通过在实际生活中具体行事得到锻炼，增长才干，为成为圣贤打好坯模。

【小故事】

相传朱熹年老时，散步到一所学校。当时正是秋天，当他看到梧桐黄叶随风飘落，不禁感慨万千，想到自己头发已经白了，自言自语地说："光阴似箭，岁月如流啊！"这时忽然看见一群青少年离室在外打闹戏耍，他深深感到，年轻人不懂得珍惜时间，只有过来人才知道时间宝贵，特别是白发苍苍的人更有惜时如金之感，于是诗兴油然而生，低头思索片刻吟道：

少年易老学难成，一寸光阴不可轻。

未觉池塘春草绿，阶前梧叶已秋声。

吟完诗后，到学堂里将此诗写在书桌上，希望那些不知道珍惜时间的青少年看到诗后，能够珍惜光阴。据传这些年轻人看到诗后，确实受到启发，又见是名人朱熹所作，争相传抄，学习也更加勤奋了。

三、关于儿童教育的方法

为了培养"圣贤坯模"，朱熹在教学方法方面强调以下几点。

（一）主张先入为主，及早施教

在朱熹看来，小学儿童"人之幼也，知思未有所主"，可塑性强，容易受各种思想影响，而一旦接受了不良思想学说的影响，再教以儒家的伦理道德就会遇到抵触。这就必须及早施教，先入为主，以积极进步的思想和学说影响儿童，为今后的发展打下好的根基。朱熹的这个主张实质是在强调要为儿童的健康成长营造一个积极的环境，从而能够给儿童一些积极健康的早期经验影响。

（二）注重环境影响，主张慎择师友

朱熹认为人在幼年模仿性强，辨别是非能力弱，周围的环境会对儿童的成长起到自发的影响作用，"习与正则正，习与邪则邪"。儿童的师友应该是这种自发环境中的一部分，他们的人品、性情等都会对儿童产生潜移默化的影响。因此，对于如何择师友，朱熹的态度是必须选择宽裕慈惠、温良恭敬、慎而寡言者。朱熹认为应该培养儿童辨别是非、交游益友的能力，从而做到"益友"近之，"损友"远之。自觉的环境影响是指教育者包括家长和教师有目的、有意识地施与儿童的影响，如思想学说言论等。朱熹的这一观点与前面的先入为主、及早施教的观点是一致的。注重及早施教，先入为主，也就是注重在儿童成长的早期有意识地为儿童净化这些自觉不自觉的环境。这在今天看来仍有一定的现实意义。

（三）注重直观形象，贯彻寓教于乐的教学方法

朱熹根据儿童活泼好动的心理特点，要求教学形象生动，因势利导，激发他们的学习兴趣。他在《小学》里曾引用程颐的话："教人未见意趣，必不乐学。"他积极主张用历史故事、道德诗歌来教育儿童，并开展"咏歌舞蹈"等文娱活动，以引起他们的兴趣，增强他们学习的自觉性，达到"习与智长，化与心成"的境界，"从小便养成德性"。

（四）由浅入深，循序渐进

朱熹主张儿童在小学阶段应以学习"眼前事"为主，小学的教育重在"教事"，这是在为大学教育"明理"做铺垫。小学教育在于培养"圣贤坯模"，大学教育则在坯模的基础上"加光饰"。朱熹的这些认识不仅反映了朱熹关于小学和大学两个教育阶段的关系，同时也反映了朱熹在人的培养问题上有由浅入深、循序渐进的原则。他认为"圣贤之学，虽不可以浅意量，然学之者，必自其近而易者始"。

（五）提倡正面教育为主

由于认识到了儿童善模仿、可塑性强等特点，为培养儿童良好的行为习惯，朱熹在教育工作中一贯重视以正面教育为主。尤其是对儿童教育，他更强调多积极诱导，少消极限制，要求"多说那些恭敬处，少说那些防禁处"。他非常重视榜样的教育作用，辑录了很多古今圣贤的"嘉言懿行"、格言名句，供儿童模仿学习，力求使儿童从中学为圣贤。在《童蒙须知》中，对儿童的日常生活行为的规定也主要着眼于进行正面的具体的指导，对儿童的衣服冠履、语言步趋、洒扫涓洁、

读书写字、杂戏事宜等都做了详密的条文规定。虽然这些规定和要求不免烦琐，且有压抑儿童个性发展的缺陷，但使儿童的一言一行，一举一动都有章可循，有规可依，这对培养他们的行为习惯有一定的积极作用，而且良好的生活、学习习惯一经形成，不仅有利于儿童的成长，也会使他们终身受益。

（六）首创以"须知"和"学规"的形式对儿童进行道德教育，注重行为训练

朱熹认识到儿童道德行为习惯的形成须有一个从不自觉到逐步自觉的过程，因此，他一方面主张要严格地、不间断地对儿童进行道德行为习惯的训练，使之积久成熟，自成方圆。另一方面他又重视"须知""学规"的作用，认为它们可以使儿童的一言一行，一举一动，都有章可循，有规可依。为此，他亲自编写的启蒙读物就有近十种，如《童蒙须知》、《小学》和《训蒙绝句》等。这些蒙学教材对从小培养儿童良好的生活习惯、学习习惯和礼貌待人的道德规范十分有益，至今仍不失其教育意义。

四、评价与启示

朱熹对儿童教育的很多见解和主张，包括对儿童教育的重视、关于小学和大学的划分，以及小学阶段的学习内容、学习方法以及主张积极正面教育为主的教学原则，注重生活规范的养成，主张直观教学，注重寓教于乐，不仅有对教育的重视和深入的思考，更有对儿童的尊重和对儿童教育的深入研究。他关于"眼前事"的学习主张既是必要的，又是可能的，体现了他对家庭教育特点的充分理解。他主张学习的"眼前事"，也是儿童日常生活中的所见之事，对这些日常之事的学习也是循序渐进地对儿童良好生活常规、基本劳动观念的养成和热爱劳动思想以及初步劳动能力的培养。在现代家庭物质生产职能弱化甚至消失、家庭社会职能发展演变、家庭结构小型化和多元化的情况下，认真学习和思考朱熹的儿童教育主张更有现实意义和教育价值。尽管他的很多思想存在着一定程度的时代和阶级的局限，但我们以历史的、发展的眼光，客观评价、审慎思考，批判地继承和吸收朱熹的儿童教育思想对更好地发展今天的学前教育仍是十分有益的。

朱熹是中国古代教育史上继孔子之后的又一位伟大的教育家，他一生的教育活动和教育思想大大地丰富了中国古代教育宝库，不仅影响了我国封建社会后期教育的发展，对今天的教育教学仍有极大的借鉴意义和价值。他的儿童教学思想是他多年教育实践经验的总结，在某种程度上也是朱熹对儿童身心发展规律的直观理解，包含了很多积极的因素。

第四节　王守仁的儿童教育思想

一、王守仁的生平及"致良知"的教育思想

王守仁（公元1472年—公元1529年），字伯安，号阳明，浙江余姚人。因曾在绍兴阳明洞隐居，创办阳明书院，人称阳明先生，是明代著名的唯心主义哲学家、教育家。王守仁出生于封建官僚地主家庭，自幼抱有"读书学圣贤"的志向。21岁中浙江乡试，28岁举进士，曾任吏部主事、兵部主事等。王守仁一生除从事政治活动和学术研究外，还从事教育实践，自34岁起从事教育工作，到57岁病逝时止，共讲学23年。其中有17年的时间是一面从政，一面讲学，其余的6年时间专门从事授徒讲学活动。

王守仁的教育思想是以他的哲学和政治观点为基础的。通过教育"去人欲"求良知，是王守仁的教育主张；从"致良知"入手，使常人"明人伦"，是他的教育目的。他的这种"去人欲、致良知"的教育主张和教育目的，最终是为了培养具有封建道德品质的圣贤人物，借此维护封建的伦常关系，巩固封建统治阶级的地位。为了实现这样的教育主张和教育目的，王守仁采用了许多教学原则和教学方法，有很多内容对今天的教育教学实践及改革都有借鉴意义。

二、王守仁论儿童教育

王守仁教育思想的最可贵之处是他对儿童教育的特殊关注，其思想精华也是关于儿童教育的论述。

王守仁生活的那个时代，在蒙学教育中体罚盛行，教学过程中重视死记硬背和滥用体罚的现象十分普遍和严重。对此，他提出了尖锐的批评："近世之训蒙稚者，日惟督以句读课仿，责其检束，而不知导之以礼；求其聪明，而不知养之以善。鞭挞绳缚，若待拘囚。"这是王守仁对当时学校教育完全违背儿童的生理心理特点，束缚儿童个性进行教育，从而导致儿童视学舍如监狱而不肯入，视师长如仇敌而不相见的封建教育的真实写照。他严厉地批判这种不当的教育态度与教育方法，认为这必然会导致师生关系极其紧张，教学不能取得预期效果。这样的做法目的是求其善，而事实上却驱之于恶。

在对传统的儿童教育进行批判的基础上，王守仁明确表明了自己在儿童教育

方面的主张：

（一）教育应顺应儿童性情，鼓舞儿童志趣

王守仁教育思想的最大亮点在于强调儿童教育要注意儿童的身心特点，要顺性自然，生动活泼，鼓舞志向。他在《训蒙大意示教读刘伯颂等》中说："大抵童子之情，乐嬉游而惮拘检，如草木之始萌芽，舒畅之则条达，摧挠之则衰萎。今教童子，必使其趋向鼓舞，中心喜悦，则其近自不能已。譬之时雨春风，沾被卉木，莫不萌动发越，自然日长月化。若冰霜剥落，则生意萧索，日就枯槁矣。"这反映了他的儿童教育的基本思想，即教育必须适合儿童的生理、心理特点，符合儿童的成长发展规律，因势利导。

他把儿童比作刚刚萌芽的草木，认为顺其自然就会枝繁叶茂，摧挠它就会枯萎。也就是说，对儿童进行教育必须遵循自然主义的教育原则、愉快教学的原则，使儿童体会到"鼓舞"和"喜悦"，"顺导其志意，调理其性情"，使其自然发展，自然就会"日长月化"。王守仁强调在教育儿童时考虑到儿童的心理特征与兴趣，他认为教育应顺其自然，注重激发儿童的学习兴趣。只有这样，才能使儿童在学习的过程中体会到快乐，保持愉悦的心情，学习才会有主动性、积极性，这样教师的影响才能起到时雨春风滋润花草之勃发的效果。

由此可见王守仁浓厚的自然主义的教育思想倾向，他看到了儿童特殊的不同于成人的性格特征，强调尊重儿童的人格尊严，使儿童能在宽松、愉快的生活环境中学习、成长，这相对于中国传统文化中更多地把儿童看作是"小大人"，认为儿童与成人没有什么根本区别的看法是截然不同的，是勇敢的批判和挑战，对于儿童个性之解放无疑具有重要意义。

（二）开展"歌诗""习礼""读书"的教育

为了使教育能顺应儿童性情，鼓舞其学习兴趣，王守仁主张在教育内容上，给儿童以"歌诗""习礼""读书"三方面的教育，在具体教育过程中采用"诱之以歌诗""导之以习礼""讽之以读书"的教育方法。王守仁认为"歌诗""习礼""读书"等教育内容，既具有道德教育、知识教育的意义，又具有体育、美育教育的功能。

"诱之以歌诗"，不仅能激发儿童的志向，鼓舞儿童的精神，还能使儿童的情感得到合理的发泄。诗歌教育既是智育教育的内容，也是德育和美育教育的内容，通过"歌诗"教育，既能向儿童传授文学常识，又能陶冶儿童的性情，培养儿童健康、正确的情感体验，能起到寓美育、德育于智育之中的一箭三雕的教学效果。

"导之以习礼"不仅能养成儿童威严的仪表，养成遵守礼仪的习惯，起到道德

教育的作用，而且通过对礼仪动作的练习，即"周旋揖让""拜起屈伸"等，还可以达到锻炼身体、增强体质的目的，这就有效地实现了道德教育与体育的巧妙结合，互为事功。

"讽之以读书"不仅在开发儿童智力，增长知识，还有利于培养儿童正确的道德理想和信念，实现寓道德教育于智育之中，使儿童在接受知识、增长智力的同时，精神也得到陶冶、净化，人格逐渐形成和完善。

为了使儿童"乐习不倦，无暇及于邪僻"，王守仁还制定了一套"教约"，规定每天的教学程序是"先考德，次背书诵书，次习礼或作课仿，次复诵书讲书，次歌礼"。同时对"歌诗""习礼""读书"三方面的基本训练也提出了许多具体的要求。在如何进行"歌诗""习礼"和"读书"教育方面，王守仁还创造了许多活泼生动的形式，如分班组轮教、相互观摩，还有全体学童会歌、会习、会演比赛等形式。

（三）教育要"随人分限所及"，量力施教

王守仁指出，儿童正处在身体和心理的重要发展期，"精气日足，筋力日强，聪明日开"。因此，无论教学内容的安排还是教学方法的选择都必须考虑儿童不断变化的生理和心理特点，考虑他们的认知发展水平与接受能力，量力而行，即"随人分限所及"。"分限"指的便是儿童智力发展所达到的水平。教学要考虑儿童的基础，考虑儿童的认知发展水平，适应儿童发展的阶段性，既不能低于"分限"，又不能超越"分限"，就是强调教学要适应儿童的接受能力。

"随人分限所及"对个人来讲就是指随人的接受程度不同而教授。为了更好地阐明这个道理，王守仁还以浇树为例："如树有这些萌芽，只把这些水去灌溉，萌芽再长，便又加水，自拱把以至合抱，灌溉之功，皆是随其分限所及。若些小萌芽，有一桶水在，尽要倾上，便浸坏它了。"他主张对儿童的教育应该从原有基础出发，即"从本原上渐渐盈科而进"。

王守仁认为人的个性千差万别，人的资质各有不同，因而不能以一般的模式去强求一致，教学方法也不能千篇一律，应因人而异。他一再强调"人要随才成就""圣人教人，不是束缚他通做一般，只是狂者便从狂处成就他，狷者便从狷处成就他。人之才气如何同得？"他认为好的教师犹如良医治病，能够根据不同的病症、病情来决定治疗方案，从而能做到对症下药，药到病除。一个好的教师也应该能根据儿童的不同资质、才能、智力和发展水平、接受能力等特点，采取不同的方法进行教学。同时王守仁还从"随人分限所及"的观点出发，提出了要使儿童学有余力的教育观点，王守仁并不提倡儿童潜力的最大挖掘，而是主张"量

其资禀能二百字者，止可授以一百字"。在他看来"授书不在徒多，但贵精熟"，只有这样，儿童学习起来才能"无厌苦之患，而有自得之美"。

三、评价与启示

纵观王守仁的儿童教育思想，有以下几个方面是值得我们今人认真反思、学习和肯定的。

（一）关于儿童教育的理论核心

王守仁关于儿童教育的理论的核心是教育应该适应儿童身心的发展水平，这一见解是符合教育规律的。儿童教育必须顺应儿童成长的特点，适应儿童发展的年龄特征和发展水平，绝不能压迫他们，束缚他们。这一点今天所有的学校教育工作者都清楚，然而王守仁生活的年代是明中期，他能有这样的认识和看法反映了他的能力与勇气。在我国封建社会，儿童历来被视为大人的缩影，儿童被看作是"小大人"，因此，幼学之事，即具大人之事，读书明理，长幼无异，在教法上训蒙如训成人，很少会考虑到儿童的天性和心理。王守仁从儿童的性情出发，主张适应儿童的身心发展特点，鼓舞儿童兴趣，促进儿童生长。这种见解说明他的儿童教育思想是建立在对儿童生理、心理认识的基础上的，是他尊重儿童、视儿童为具有完整人格和尊严的人的体现。这在我国古代教育史上是一个了不起的进步。

（二）关于"嬉游"的儿童教育手段

王守仁提倡儿童教育要根据儿童"乐嬉游"的特点开展。"嬉游"是儿童的基本活动方式，也是重要的教育手段，是儿童喜爱的、主动的活动，是最适合并最能促进儿童心理发展的活动。现代研究已证明游戏在儿童身心发展过程中的重要作用，所以，游戏活动在今天的儿童教育中也占有重要分量。王守仁关于"乐嬉游"的见解在今天看来也不失其积极意义，值得我们很好地学习、继承和发扬。

（三）关于"随人分限所及"的思想主张

王守仁承认并注重儿童个别差异的观点，他认为人的资质各有不同，主张教学应因人而异，根据儿童不同的资质、才能、智力发展水平等，采取不同的教学方法。同时，他又从"随人分限所及"观点出发，提出了要使儿童学有余力的教育观点。这些在今天仍有借鉴意义，也是现代素质教育要求广大教师应具有的观念。

（四）关于教育内容和教育方法

王守仁虽然还不可能科学地认识和解释教育对人全面发展的作用，但他所采取的教育内容和教育方法又确实起到了促进儿童多方面发展的作用。他选择以"歌诗""习礼""读书"为教育内容，并且动静搭配，采取轮班组教学和集体会歌比赛相结合的方式对儿童进行教学。他的这些做法不仅使儿童学到了知识，培养了德性，还发展了儿童的志趣和体魄，使儿童的体与脑、智力与情趣都得到了和谐并进的发展。他的轮班组教学形式还为儿童创造了相观而善的条件，会歌等比赛形式又能激发儿童的兴趣，能有效地调动儿童的积极性。同时这些做法也是他对传统封建教育强调体罚、注重呆读死记的尖锐批判的重要体现。他的这种批判精神和对儿童的尊重都值得我们学习。

思考题

1. 颜之推关于家庭教育的原则有哪些？
2. 朱熹的儿童教育思想有哪些？对当代的儿童教育有什么样的启示？
3. 王守仁关于"随人分限所及"的观点有何教育意义？

第三章 中国近代学前教育

【学习目标】
1. 了解我国近现代学前教育发展概况。
2. 理解并掌握蒙养院制度、蒙养园制度和幼稚园制度的内容。
3. 了解我国老解放区学前教育的实施情况。

1840年鸦片战争后，中国社会逐渐转型，由封建社会沦为半殖民地半封建社会，开始了近代社会的种种变革。随着社会政治经济的变化，在教育领域也发生了深刻的变化。从19世纪60年代起开始产生了近代的学校，并逐步发展，于20世纪初形成了半殖民地半封建的学校教育制度，即"癸卯学制"。"癸卯学制"是当时清政府正式颁布和实施的第一个学制，在这个学制中明确规定了学前教育的地位，从此，我国的学前教育也在教育史上揭开了新的一页，开始摆脱过去基本上由家庭进行的封建传统模式，逐步向由社会专门教育机构组织实施的方向发展。

第一节 近代学前教育产生的背景

有组织的学前教育是生产力发展到一定阶段的产物。纵观世界学前教育的发展，诸如幼儿学校（1816年欧文所办）、幼儿园（1837年福禄培尔所办）之类的学前教育机构都是社会发展到资本主义阶段才产生的。我国封建社会历时两千多年，封建教育思想和制度在我国根深蒂固，它在学前教育领域的体现是以封建式的家庭教育为基本形式。直到20世纪初期，才出现了学前教育机构。19世纪中期以来，帝国主义为掠夺我国资源，在我国领土上大办工业，开发矿山，清政府的洋务官僚也兴办工业企业，使我国工人阶级队伍开始出现。到19世纪末20世纪初，我国民族资本主义逐渐发展，据统计，1900年完全由民族资本家创办的工矿企业，资本在万元以上的已有122家，资本总数为2277万元。民族资本主义的初步发展，又进一步壮大了工人阶级的队伍。一些妇女为生活所迫，开始走出家门、走进工厂、走向社会。这样，就使近代学前教育的产生有了客观的需要。

帝国主义列强的入侵，震惊了中国人民，救亡图存的声浪遍及全国。一些先进的中国人士纷纷向西方寻求救国真理，企图找到一条救国救民的道路。西方的教育制度便成了他们重要的学习对象，在维新运动的推动下，效法西洋、倡办西学很快成为风行一时的潮流。当时，维新运动领导人康有为、梁启超在学习、介绍西方教育制度时，都曾注意到了学前教育的问题。如康有为在其所著《大同书》中，第一次系统地提出资产阶级教育制度，其中就包括了学前教育阶段。梁启超在《教育政策私议》中介绍日本学制时，也提倡设立两年制的幼稚园，招收 5 岁以下的幼童。先进思想家们的积极宣传，为近代学前教育的产生做了舆论和思想准备。但在当时的历史条件下，他们发展学前教育的愿望还不可能实现。

19 世纪末 20 世纪初，由于帝国主义列强对中国侵略的不断加深，民族危机更为严重，爆发了义和团反帝爱国运动。在义和团运动失败以后，腐败的满清政府为了维护其行将灭亡的封建统治，一方面向帝国主义屈膝求和，表示要"量中华之物力，结与国之欢心"。一方面为了欺骗人民不得不附和潮流宣布实行"新政"，进行改革，以缓和矛盾。为此，1902 年张百熙奉命草拟了《钦定学堂章程》，即壬寅学制，但此学制虽经颁布，并未实施。1904 年初又颁布了由张之洞、张百熙、荣庆合订的《奏定学堂章程》，即"癸卯学制"。在癸卯学制中确定了更为详备的近代学制系统，其中包括了蒙养院制度。在这种情况下，我国的近代学前教育才开始产生并逐步发展起来。

第二节　蒙养院制度的确立和实施

一、第一个学前教育法规的颁布

《奏定学堂章程》1904 年颁布和实施。学制将整个教育过程划分为三段七级。第一段为初等教育，分蒙养院、初等小学堂（5 年）、高等小学堂（4 年）三级；第二段为中等教育，只有中学堂一级（5 年）；第三段为高等教育，分高等学堂或大学预科（3 年）、大学堂（3 年至 4 年）和通儒院（5 年）三级。

在《奏定学堂章程》中，为学前教育专门制定了《奏定蒙养院章程及家庭教育法章程》。这是中国近代学前教育的第一个法规。它的颁布和实施标志着中国的学前教育已经开始进入了一个新的发展阶段。

按照这个法规的规定，蒙养院成为国家教育体系中的一个重要组成部分，它明确指出："蒙养通乎圣功，实为国民教育之第一基址。"同时规定设蒙养院作为学前教育的专门机构。有关蒙养院制度的主要内容如下：

（一）蒙养院的对象

《蒙养院章程》规定："蒙养院专为保育教导3岁以上至7岁之儿童，每日不得过4点钟。"

（二）蒙养院的设置

蒙养院并不单独开设，而是附设在育婴堂和敬节堂内。《蒙养院章程》规定："凡各省府厅州县以及极大市镇，现在均有育婴堂及敬节堂，兹即于育婴敬节二堂内设蒙养院。"

育婴堂始建于宋代，属于慈善恤孤性质的慈幼机构，以收养被遗弃的小儿。而清末育婴堂在各地较普遍兴建起来。这种机构虽然收的都是幼儿，但主要目的在于救济养育孤苦无依的儿童，负责照看的是没有受过专门训练的节妇。严格说来，育婴堂并不是教育机构。《蒙养院章程》规定，利用育婴堂，开辟蒙养院，于堂内划出一院为蒙养院。

敬节堂本为收养寡妇之所，因为她们能守节，受封建社会"敬慕"，故为之设院。《蒙养院章程》规定堂内划出一院为蒙养院。

（三）蒙养院保姆的来源与培训

蒙养院的老师称"保姆"，保姆由乳媪、节妇训练而成。近代学前教育的保教人员，应该出自幼儿师范学校。但清末有幼儿教育，但却无法培养幼教师资。因为在癸卯学制颁行时，尚没有女子受教育的地位，也就无法办幼儿师范学校，合格的幼儿教育师资亦无来源。因此，保姆只得由育婴堂的乳媪（为人哺乳育儿之妇）和敬节院的节妇充任，也可适当招堂外妇人。训练保姆的方法，是在育婴堂或敬节堂中，选择一识字的妇女当教员，如堂内无识字的，可以请一识字老妇人入堂任教。

二、蒙养院制度的实施

随着第一个近代学制的颁布推行，幼教师资培训机构和中国学前教育机构开始出现。

（一）女子师范中保姆的培训

学前教育机构的创立，应该是以有幼教师资为前提的。清朝末年幼教师资的培训，经历了一个从无到有的过程。

首先是教育领域打破"女禁"。

中国第一代幼儿师资，是敬节堂的节妇和育婴堂的乳媪。蒙养院制度，实为从东洋运进来的舶来品，不但没有师资的准备，而且因为不允许设女学，师资无法培养，便请来了节妇、乳媪这样的保姆。

中国教育上的"女禁"最初是在洋人的大炮下轰开的。1844年英国女子促进会会员，传教士爱尔德赛(Aldersay)在宁波创办女塾。这是中国土地上第一个女子学堂，它是新生事物，但却带有殖民地性质。

1898年5月31日，上海电报局局长经元善发起创办经正女学，设于上海城南。延请中文教习2人，西文教习1人。招收8～15岁女学生20余人。10月末，经正女学又在城内增设分塾一所，延请中西教习各1人。次年初，学生增至70余人。学校课程分中文、西文两种，中文课如《女孝经》、《女四书》、《幼学须知句解》、《内则衍义》、唐诗、古文等；间日讲习女红、图画、医学；西文课于读书写字之暇，兼习体操、针补、琴学等。因戊戌变法失败，这所女子学校于1900年停办。

资产阶级革命派为宣传资产阶级自由、平等、博爱的思想，推翻帝制，培养革命人才，也办了一批女子学堂，以实践其男女平权的主张。最有名的是蔡元培主持的爱国女学。该校在1902年开办于上海。

继爱国女学以后，还出现了其他女子学校。1904年，贵州同盟会在贵阳办光懿女子小学，同年，李钟珏在上海创办女子中西医学校，1905年汤剑娥在上海办女子体操学校。同年，南京旅宁第一女子学堂开学。1906年，天津北洋女子师范学堂开学。同年，苏州办振华女学，第二年添设简易师范科。这些女学，虽然皆为初创，但女子负笈就学，已成为现实。更有1905年，湖南派遣女学生20名赴日本，在实践女校学速成师范科，于1906年7月毕业。女子不但走出家门就学，而且走出了国门留学。

打破"女禁"已是大势所趋，1904年慈禧太后批准在中南海内创设女学，学习东西文，并于1906年2月21日，面谕学部，振兴女学。

1907年3月，清政府正式颁布了《女子小学堂章程》和《女子师范学堂章程》，中国女子教育由此正式取得合法地位。《女子师范学堂章程》中规定："女子师范学堂，以养成女子小学堂教习，并讲习保育幼儿方法，期于裨补家计，有益家庭教育为宗旨"，"教授女师范生，须副女子小学堂、教科蒙养院保育科之旨趣，使适合将来充当教习保姆之用"。

其后，女子师范学堂在各地开始建立。据张宗麟在《中国幼稚教育略史》一文所述，至宣统末年（1911年），全国女学生的数目已经有二三十万。其中也有学幼稚教育的女子。如1907年，吴朱哲女士在上海公立幼稚舍创办保姆讲习所。上海公立幼稚舍，是上海务本女塾于1904年所办。当时务本女塾经理吴馨派吴朱哲女士去日本保姆养成所学习，1907年回国，开办了中国第一个私立保姆传习所。规定学习科目有保育法、儿童心理学、教育学、修身学、谈话、乐歌、图画、手工、文法、习字法、理化、博物等。有学生36人。

与上海公立幼稚舍创办保姆讲习所同时，北京京师第一蒙养院设立了保姆讲习班，广州也设立了保姆养成所。

（二）蒙养院的设立

清末蒙养院可分官办和私办两种。

1. 官办蒙养院

中国最早创办的公立幼儿教育机构，是1903年（光绪29年）武昌创立的幼稚园。当时正值两湖总督张之洞在湖北执掌政务期间。在他的推动下，兴起了倡办新式学校的热潮，曾办有广东水陆师学堂、湖北武师范学堂、湖北武普通学堂、湖北陆军小学堂、湖北自强学堂、江南铁路专门学堂、江西蚕桑学堂、湖北农业职业学堂、湖北师范学堂、三江师范学堂、湖北初等小学堂等。在这种形势的推动下，1903年秋，湖北巡抚端方在武昌创办了幼稚园。1904年1月，清政府颁发《奏定学堂章程》，定幼儿教育机构为蒙养院，湖北幼稚园改名为武昌蒙养院，也叫武昌模范小学蒙养院。为了促进幼稚园的发展，在张之洞主持下，附设了女子学堂，招收15~35岁女子，专门学习幼儿师范课程。这是中国幼儿师范教育的萌芽，但不久就停办。湖北幼稚园教员主要由日本人担任，当时聘请了户野美知惠等3名日本保姆。户野美知惠毕业于东京女子高等师范学校，是日本最早来华的幼教工作者，任湖北幼稚园园长。1904年她拟订了《湖北幼稚园开办章程》。此章程规定，幼稚园"重养不重学"，设园宗旨有三："一、保育身体之健旺，体育发达基此；二、培养天赋之美材，智育发达基此；三、习惯善良之言行，德育发达基此。"保育幼儿包括发展身体，开发智识，培养行为习惯3个方面。就课程来讲，开设行仪、训话、幼稚园语、日语、手技、唱歌、游嬉7项。所学年限招收5至6岁的幼儿一年毕业，4岁以下幼儿的两年毕业。毕业后升入武昌模范小学。该园为官办，入园幼儿所用服装、图书、保育物品，均属官备，饭费由家庭负担。每日保育时间，以3点钟为度。

同年，北京的京师第一蒙养院也宣告成立，院长毕业于日本保姆师范。师资、教材也由日本提供。

稍后，湖南蒙养院于 1905 年（光绪 31 年）成立，由巡抚端方创办，为官立。聘请日本春山、佐腾为保姆。招收 3 岁以上至学龄（6、7 岁）的儿童。课程由一位日本保姆制定，主要从德、智、体、美诸方面进行保教活动。课程有谈话、行仪、读方、数方、手技、乐歌、游戏 7 项。由此看来，湖南蒙养院保教内容已超出了《奏定学堂章程》的规定，更加完备了。

2. 私立蒙养院

"癸卯学制"颁布以后，也曾出现过一些私人办的蒙养院，如天津严氏蒙养院。严氏蒙养院，是清末翰林院编修、学部侍郎严修所设。1902 年，严修在自己的家中开设严氏女塾，1905 年创办严氏女子小学，并设蒙养院和保姆讲习所。蒙养院和保姆讲习所基本采用日本的经验，聘任日本教师，吸收采用日本教材，甚至设备也是从日本购买的。严氏蒙养院保教情况与湖北、湖南官办蒙养院基本精神是一致的。

清末影响比较大的学前教育机构，还有京师第一蒙养院（1903 年）、上海公立幼稚舍（1904 年）、上海爱国女学 1907 年附设的蒙养院等。它们星星点点设在几个大城市，发展缓慢。据袁希涛所写 50 年来《中国之初等教育》记载，至 1907 年，入蒙养院的幼儿生有 2613 人，1908 年为 2610 人，1909 年有 2664 人。

除中国人自己办的蒙养院以外，清末外国资本主义国家还在中国开办了不少幼儿教育机构，他们并不执行"癸卯学制"中关于蒙养院的规定办法，由教会办理。

清末的蒙养院，是幼儿家庭教育向社会教育转化的形式，虽然有了蒙养院的建制，但幼儿教育仍主要在家庭中进行，采取的是"蒙养家教合一"的方针。"章程"规定："蒙养家教合一之宗旨，在于以蒙养院辅助家庭教育，以家庭教育包括女学。"蒙养院的形式，不过是学前教育从家庭教育向社会教育的一种过渡。蒙养院是辅助家庭教育的组织。训练保姆的教材，也要每家散给一本，以供教育孩子使用。每个家庭都是一个蒙养院。家庭也可以雇保姆教养子女。保姆成绩合格，发给保姆教习凭单，听其自营生意，也可受聘于家庭成为家庭保姆。

蒙养院，从内容看，保留了浓厚的封建色彩，从形式上看，它是在新学制产生的情况下，被迫接受了西方幼儿教育机构的样式，勉强开设的。但中国学前教育史终究是前进了一步，幼儿除在家庭受教育以外，产生了社会教育机构，并从制度上确定下来。

从清末蒙养院制度的确立和实施不难看出：

第一，中国的学前教育完全由家庭负担的历史结束了，在通向学前教育社会化的道路上，迈出了第一步。

第二，学前社会教育机构在中国产生，既反映了近代大生产的发展要求学前教育与之适应的一般规律，又反映了一种自上而下被动出现的特点，是随着中国的近代学制出现而勉强确定的。这不同于很多西方国家。

第三，蒙养院办院的纲领，体现了"中学为体，西学为用"的总原则。它既不肯放弃传统儿童教育的核心——封建伦理道德的灌输和行为习惯的训练，又具有了近代社会幼儿教育的形式。

第四，严重抄袭日本。清末蒙养院制度，基本上照搬了日本明治32年（1900年）《幼稚园保育设备规程》，在实施中，从日方聘任教员，课程、玩具、教法也多参照日本。所以说中国的蒙养院，采用的是日本的整套体制，显示出极大的半殖民地半封建教育的特点。

第三节　中华民国时期的学前教育

1912年"中华民国"建立，成立了以孙中山为首的南京临时政府。孙中山非常重视教育，主张"凡为社会之人，无论贫贱，皆可入公共学校"，并对教育进行了一系列改革，确定了蒙养园在学制中的地位。1922年颁布的"新学制"，统一了幼稚园课程，使中国的学前教育逐渐走向了正轨。

一、蒙养园制度的建立

1912年9月，由教育家蔡元培任教育总长的教育部公布了《学校系统令》，称为"壬子学制"。自该学制公布至1913年8月，又陆续颁布了《小学校令》等规程，逐步形成了一个较为完整的学制系统，即"壬子癸丑学制"。

（一）"壬子癸丑学制"关于蒙养园的规定

"壬子癸丑学制"规定："儿童从6岁入学到23、24岁大学毕业，整个学程为17年或18年，分三段四级。小学一段二级，中学大学各一段一级。初小一级，为义务教育，共4年，毕业入高小三年或师范、实业学校。中学4年，毕业入大学预科或高等学校、高等实业学校、高等师范学校。大学本科3年或4年。6岁以下儿童则进入蒙养园，但不计教育年限。"

【资料卡】

《国民学校令施行细则》对蒙养园有关规定（摘录）

1. 蒙养园保育三周岁至入国民学校年龄（满六周岁）之幼儿为目的。
2. 保育幼儿，务令其身心健全发达，得良善之习惯，以辅助家庭教育。
3. 保育之项目，为游戏、唱歌、谈话、手艺。
4. 蒙养园得置园长。
5. 蒙养园保育幼儿者为保姆。保姆须女子，且有国民学校正教员或助教员之资格，或经检定合格者充之。前项之检定由国民学校教员检定委员会行之。
6. 蒙养园应设游戏园、保育室、游戏室及其他必要诸室，室以平屋为宜。恩物、绘画、游戏用具、乐器、黑板、桌椅、钟表、寒暑表、暖房器及其他必要器具，均须齐备。

（二）蒙养园制度的基本内容

"壬子癸丑学制"规定：将蒙养院改为蒙养园，招收未满6岁的儿童。同年，教育部公布的《师范学校令》和《师范学校规程》中规定："女子师范学院于附属小学校外应设蒙养园，女子高等师范学校于附属小学校外应设附属女子中学校，并设蒙养园。"它将蒙养园规定为其他教育机构的附属部分纳入整个学制体系，不再附设于育婴院和敬节堂内，这标志着学前教育地位有所提高。

与清末《奏定蒙养院章程及家庭教育法章程》相比，这个法令规定的蒙养园制度承袭了清末蒙养院制度的保育内容，仍然是以日本的幼稚园教育为参考。但是，学制规定蒙养园附设于小学和女子师范学校、女子高等师范学校内，保姆需要有国民学校正教员或助教员之资格，或由经检定合格者充之，提高了蒙养院的地位。女子师范学校的培养目标把小学教员与蒙养园保姆并列，保姆的俸禄也有具体说明，由此确立了保姆在师范教育中的地位。

（三）蒙养园制度的实施

1. 蒙养园保姆培训

按照"壬子癸丑学制"的规定，蒙养园的教育者称为保姆，保姆由师范学校培养。1912年公布、1916年修改的《师范教育令》规定："专教女子之师范学校称女子师范学校，以造就小学校教员及蒙养园保姆为目的"，"女子师范学校，并得附设保姆讲习所"。

从女子师范学校的课程设置可以看出，现代自然科学与社会科学、教育理论科学等新知识的出现，对中国现代教育产生了积极的影响。对学前教育来说，重视幼儿教师专业理论的培养，提高了教师的教育水平。但是，由于改革的不彻底性和中国资产阶级的软弱性，以及北洋军阀政府的复辟，曾明令取消的读经科又被恢复。但较清末女子学堂中完全用儒家的为母之道训练学生的情况，已有较大的改变。

2. 蒙养园和幼稚师范的建立

"壬子癸丑学制"颁布后，全国各地陆续出现了一些蒙养园和保姆讲习所。据记载，这一时期出现的学前教育及培训机构主要有：1912年由唐金玲在上海创办的"游沪广东幼儿园"；同年山东济南创设"保姆养成所"；1913年张謇在南通新育婴堂设立幼稚园传习所；同年，黑龙江私立奎垣中学附设蒙养园；1916年北京女子师范学校设立保姆讲习所；1916年杭州弘道女学设立幼稚师范科并附设幼稚园；1917年江苏省第一女子师范学校开设保姆讲习所，第二年设附属蒙养园；1918年，张雪门在浙江宁波创办星荫幼稚园，并于1920年开办幼稚师范学校；1918年，湖州民德妇女职业学校附属婴儿园成立；1919年陈嘉庚在福建厦门创办集美幼稚园；同年，熊希龄在北京创办香山慈幼院；1920年，山西大同第一女子高小附设蒙养园；同年，山西省立国民师范附小设幼稚园。以上这些都说明"民国"初期学前教育在我国得到了一定的发展。

二、幼稚园制度的确立

新文化运动时期，大力提倡政治民主和科学进步，反对为封建服务的旧传统、旧道德、旧礼教，并开始了马克思主义的传播。这一思想解放运动对教育的发展产生了深刻的影响，在教育领域掀起了一个空前深入的、广泛批判传统封建教育和宣传、介绍西方教育理论、教育学说与马克思主义基本教育观点的热潮，从而使各种教育思潮和教育运动得以产生和发展。这一时期，卢梭、斯宾塞、赫尔巴特、裴斯泰洛齐、福禄培尔、蒙台梭利、爱伦凯、杜威等人的教育思想被陆续引入，从而形成了平民教育、实业教育、科学教育和实用主义教育等思潮，其核心是教育救国，尊重与发展儿童的天性及才能。当时，对我国学前教育产生广泛影响的教育理论是实用主义和儿童中心论。

（一）新文化运动时期的教育改革

在新文化运动的推动下，教育领域出现了大的变革。1916年5月，教育部撤销了袁世凯颁布的《教育要旨》，同年10月教育部制定《高等小学校令实施细则》，废除读经科，恢复了民国初期的教育宗旨。1917年10月，全国教育会联合会第三届会议向教育部提出推广女子教育案，要求增设女子高等小学、女子中学。1920

年，北京大学首次招收女生，以后各个大学都开始招收女生，一些进步中学也开始招收女生，实行男女同校，逐渐改变了自古以来男女教育不平等的历史。

　　新文化运动大力提倡使用白话文，反对文言文。商务印书馆、中华书局出版的教科书中也开始使用白话文。1920年，教育部规定从一二年级开始使用白话文教材，到1922年止，除语文课本中的文言文课文外，所有的文言文教科书停止使用。白话文的推行，使口语和书面语相一致，减轻了学习阅读和写作的负担。

　　推广国语是新文化运动中的另一大亮点。1917年10月，全国教育联合会决议"请教育部速定国语标准，并设法将注音字母推行至各省区，以为将来小学改国语之预备"。1918年，教育部公布注音字母。国语的推广，方便了全国各地人士的来往和交流。

　　新文化运动前后，各种教育团体开始建立。这些团体以调查教育实况、研究教育学术、力谋教育改革为宗旨，是当时推行新教育运动的主要力量之一。众多教育社团的成立，对于推动当时的教育改革，提倡新教育运动起了重要的作用。在这些教育社团和一批教育家的推动下，各级各类学校都进行了改革。如蔡元培改革北京大学；中小学加强科学教育与职业教育，引进新的教育思想和教学方法等。改革成果很多都反映在1922年的学制中。

（二）"壬戌学制"确立了幼稚园制度

　　1920年10月，全国教育会联合会第六次代表大会在江苏召开，会上提出了改革学制系统案。第二年10月，第七次代表大会在广州召开，把通过的《学制系统草案》向各省区教育会和各高等教育机关征询意见。1922年9月，北洋政府教育部通过对《草案》进行修订，11月颁布《学校系统改革案》，又称"壬戌学制"或称"新学制"。这个学制受美国实用主义教育思想影响，是根据"七项标准"制定的。

【资料卡】

　　"七项标准"

　　1. 适应社会进化之需要；
　　2. 发挥平民教育精神；
　　3. 谋个性之发展；
　　4. 注意国民经济力；
　　5. 注意生活教育；
　　6. 使教育易于普及；

7. 多留各地方伸缩余地。

新学制与"癸卯学制""壬子癸丑学制"不同,它结束了辛亥革命以后教育新旧交叉的混乱状态,反映了新文化运动以来教育改革成果,学制简明、科学,具有鲜明的特点和划时代的意义。

新学制首次将幼稚园纳入学校教育体系。新学制规定:在小学下设幼稚园,接收 6 岁以下的儿童。这改变了以前蒙养院和蒙养园在学制中没有独立地位的状况,确定了学前教育机构在学制系统中作为国民教育第一阶段的重要地位。

三、幼稚园制度的实施

伴随幼稚园制度的确立,我国涌现出一大批公立、私立性质的幼稚园。绝大部分幼稚园设在小学或师范学校,并且发展很不平衡,多数在沿海大城市(见表3-1)。

表 3-1 1929~1936 年全国幼稚园发展统计

学年度	幼稚园数	班级数	儿童数	保育期满儿童数	教职员数	经费数(元)
1929	829	1585	31967		1580	379954
1930	630	697	26675	9474	1376	468329
1931	829	1318	36770	12122	1839	610451
1932	936	1407	43072	13412	2056	712863
1933	1097	1449	47512	15909	2219	828280
1934	1124	1599	59498	14671	2472	940769
1935	1225	1666	68657	14490	2443	1076225
1936	1283	1988	79827		1607	1091459

(一)幼稚园的建立

"五四"运动以后,特别是"新学制"颁布以来,我国的学前教育事业比初创时期又有了新的发展,在城市、乡村先后出现了一批影响较大的幼稚园。以陶行知、陈鹤琴等为代表,先后在南京等地创办了燕子矶、晓庄、和平门、新安、迈皋桥乡村幼稚园和具有实验性质的南京鼓楼幼稚园。另外,南京高师附属幼稚园、厦门集美幼稚园、北京香山慈幼院等也相继建立,幼稚园在数量及儿童入园率等方面也有了较大的发展。

1. 南京高等师范附属小学下设的幼稚园

该园创建于1919年，园址在校内新建的杜威院内，招收3~6岁的幼儿。薛钟泰先生在《中华教育界》上发表文章，对南京高等师范附属小学下设的幼稚园的最初情况作了这样的描述：园里边的儿童共有17个，男孩子11个，女孩6个。年龄最大的是6岁，最小的约3岁。这些儿童多半是教员家的子女，园里有3个女教员，一个主任、两个助教，外有一女工。教室有三个：分别为作业室、音乐游戏室、运动室，均与小学低年级公用。作业室在楼上，音乐游戏室和运动室均在楼下……教室内的设备，有三样东西是每室都有的，就是风琴一架，质轻易举的长方桌十余张，小椅二十余张。作业室与音乐室的一端设有低橱数张，内存教具和儿童图画手工的成绩，儿童可以自行启闭。其他三面壁上均悬挂黑板，令儿童自由绘画；橱上更挂有洒扫的器具，是供儿童自己整理地板的用具。运动室设有楼梯形滑板以及其他种种游戏运动的器具和恩物。

由此可见，该幼稚园初期的状况较为简陋。在科目和时间的支配上，没有明显的科目区分。不过从每天的教授段落上看，可分四节：谈话、游戏、手工、音乐。虽然作了这样的区分，但实际教授起来是因时活动，并不是一定照这呆板的次序。每天自上午八时三刻起上课，至十一时散学，午后无课。每节以分计算，大约每日上课135分，每周上课13小时15分。作业的材料，多采取儿童经验里关系最密切的东西，如自然界方面或社会方面的生活材料，而且多按时令的顺序进行安排。

由于该幼稚园的入学儿童多是教员家的子女或靠近学校人家的子女，所以不安排住宿，儿童和教师都是走读性质。在饮食上，要求儿童吃过早饭来上学，要吃中午饭时回家。所以，园里只在十点钟以后给他们一顿点心吃。吃的东西，一般是糖、饼干，每个儿童约三四块。在卫生上，要求入园儿童的衣服要干净。吃点心之后，大家都要拿手巾擦手。

该幼稚园比较注重与儿童家庭间的联络，每季都要举行几次恳亲会，和家长交流儿童在幼稚园和家庭的成长情况。因幼稚园是高师附小创办的，带有模范和试验的性质，教学水平和质量较之其他幼稚园高，所以收费也相对高，每半年缴大洋2元。

2. 厦门集美幼稚园

厦门集美幼稚园是1919年2月由爱国华侨陈嘉庚在自己的家乡集美兴办的，是一所独立设置的幼稚园，第二年并入集美学校，改称集美学校附属幼稚园。1927年，集美幼稚师范成立，集美幼稚园改为中心幼稚园，后为厦门市集美幼儿园。

陈嘉庚独资建造的厦门集美幼稚园，是一所既具有西班牙建筑特色，又有我国民族风格的园舍，拥有"葆真楼"、"养正楼"、"煦春楼"、"群乐室"等楼屋。该园把幼稚教育当成立园之根本，教师为儿童的伴侣，教育应以儿童为中心，幼稚园应成为"儿童的乐园"。

建园之初，招收幼儿一百余名，由陈淑华任主任，另聘两名教员。该园试行以年龄、智力为分级标准。教育内容除了故事、音乐、游戏、自然和社会、工作、餐点、静息外，还增加了识字与计算、家庭联络，共九项。在课程实施上，有严格的教学要求，每月底由园主任、指导教师和幼稚师范生共同拟订教学计划。每周有园务会议，决定下周实施纲要。还要按计划收集教材、布置环境、检查设备。该幼稚园在设备、管理、教学、科学研究和实验方面在当时都是一流的。

3．北京香山慈幼院

北京香山慈幼院是一所官督民办的综合性教育机构，正式创建于1919年。其前身为"慈幼局"，主要收容因水灾而遭难的孤儿、弃婴和父母无力抚养的儿童，局长是天主教徒英敛之，经费由督办水灾的款项开支。后因水利督办熊希龄不满英敛之对孩子宣传天主教，就自己出面，借用北京名胜香山静宜园，将慈幼局迁至该处，改名为香山慈幼院，有"孤苦儿童的幸福乐园"的美称。

北京香山慈幼院分为五部分：第一校是婴儿教保园和幼稚园。第二校是小学。第三校最初是中等教育，包括男中、女中、男子师范、女子师范，后来男中停办，该校改为幼稚师范。第四校是供小学手工艺训练的各种小作坊和小农场。第五校是职工学校。

香山慈幼院创建后，在以下两个方面进行了大胆探索。

第一，建立了相互衔接的分级学前教育机构。香山慈幼院建立了从婴儿教保园到幼稚园到小学再到中学的教育，相互衔接逐级递进升学，并辅以小作坊、小农场和职工学校，在当时来说是较为先进和科学的。

第二，建立了分级培训保教人员的机制。设立婴儿教保园，负责培训保姆；设幼稚师范学校，专门训练培养幼稚园教师。抗日战争时期北平沦陷后，幼稚师范学校迁到桂林。抗战胜利后因校址问题被迫结束了兴办。慈幼院的幼稚师范虽然采用了资产阶级幼稚教育理论，但是它前后培养了相当多的幼稚教师。而且，慈幼院不用帝国主义的津贴，完全由中国人主持经营，拥有相当规模，确实不易。它实施的婴幼儿童保育方法，对我们现在开办幼儿园，也有一定的参考价值。

4．南京鼓楼幼稚园

1923年春，为了学前教育试验的需要，在东南大学教育科的资助下，陈鹤琴在自己家里开设了中国第一个幼儿教育实验中心——南京鼓楼幼稚园。陈鹤琴被推举为园长，同时聘请东南大学讲师、美国人卢爱林女士为指导员，留美回国的甘梦丹女士为教师，当年入园儿童12人。1925年春，陈鹤琴发起组织，由东南大学11名教授组成的董事会进行募捐，在南京鼓楼地区购地3亩建园。同年东南大学派毕业生张宗麟为研究员，与陈鹤琴一道从事幼稚教育的实验研究。他们希望通过在鼓楼幼稚园的一系列实验研究，探索出既适合中国国情又符合幼儿心理发展特点的中国化、科学化的幼儿教育规律。经过实验研究，到1927年他们总结出十五条幼稚教育主张。

首先，确定了办园主旨："试验中国化的幼稚教育，利用幼稚园以辅助家庭，并以试验所得最优良最经济之方法，供全国教育界之采用，根据儿童心理、教育原理与社会现状，确定我们的主张。"

此外，积极开展了形式多样的教学实验活动。①开展课程研究。开设了音乐、游戏、工作、常识、社会、故事、读法、数法等课程。要求"音乐"应以各种歌词的听唱表演及欣赏、奏演为主。"游戏"要注重个人，兼及团体，在富有游戏精神的环境中，加以适宜的指导。"工作"要在图画、手工、园艺、烹饪、洗涤等方面，每周训练儿童。"常识"就是每星期开展一两次野外教学。"社会"就是随时节风俗的变化，安排如日常礼仪之演习，社会上实事实物之观察及健康清洁的检查。"故事"要由儿童复述故事大意，表演情节等。"读法"要求儿童满四岁，应开设包括单字短句、儿童歌谣、短篇故事的读法课。"数法"要求随机教学，多注意练习。②开展儿童用餐以作息问题的研究。"餐点"要求：每天规定在上午十点半钟，进饼干一片，开水一杯，或由儿童自己烹饪适当的食品，养成儿童在饮食时应有的好习惯。"静息"要求：每天上下午都规定静息的时间。或伏案而卧，或假寐片刻，或静听音乐等。③开展培养儿童良好的生活、学习和做人习惯的研究。提出儿童应自觉养成不用手指挖鼻子、嘴、耳朵等15项卫生习惯和准时到幼儿园、不扰乱他人的工作等30项生活习惯。培养习惯的方法，有时须全体训练，有时只要个别的指导。由教师逐项记录，在每学期期末，就可以做一种研究或统计。而每月的报告单上，须注明表示儿童的习惯是否养成的符号，既可以使家长明了，也可以帮助儿童在家养成良好的习惯。④开展练习儿童自助、游戏、作业等各项技能的研究。提出要培养儿童诸如"会戴帽子""会擤鼻涕"等12项生活技能，"会拉鸭子推兔子""会做团体游戏"（如猫捉鼠、捉迷藏）等8项游戏技能，"会轮廓涂色""会布置小宝宝的家庭"等20项作业技能以及20项课业技能。⑤进行儿童一日生活的研究，并要求对于全天的活动安排，要看儿童的兴趣或者偶发的事项，随时进行调整。⑥对星期、月、学期阶段性的工作计划进行研究。

南京鼓楼幼稚园的大量实验，取得了大量珍贵成果：

第一，他们通过读法实验，不仅证明幼稚园可以进行读法（识字）教学，同时根据实验研究指出儿童学识字和学语言相似，读法教学必须采用游戏的方式，读法教学不能要求幼儿死记符号，而是必须适应幼儿的兴趣和需要，编订了一份有254字的《幼儿读法字汇表》。

第二，通过对游戏设备的研究，极大地刺激了儿童，使儿童得到反应技能和特种适应技能的训练。编制了幼稚园设备表、最低限度设备表，自行设计并创制了一整套设备，为幼儿游戏和教学活动提供了方便。

第三，对儿童故事的研究。提出故事与儿童的情感有交流作用，离奇的情节能满足儿童的好奇心，激起儿童的想象力，应充分利用故事作为教育手段。创编、改编了许多故事。

第四，对课程的自由时期、理论以及中心制进行研究。第一个时期，因打破了对儿童的限制，教师只是从儿童兴趣和经验出发，布置环境，从旁指导。结果使课程无计划，教材无系统，儿童进步甚微。第二个时期，教师事先编订好课程，也完成了计划，但忽视了儿童的兴趣，使儿童处于被动地位，这种注入式的教育不符合儿童特点。第三个时期，课程内容以大自然、大社会为中心，组成一个个单元，通过常识、故事、音乐、游戏等进行教学，使课程既有整体性、计划性，又有灵活性。其探索的《单元教育课程》已成为我国主要的幼教课程模式之一，对课程的实验研究，成为1932年颁布的《幼稚园课程标准》的基础。

在南京鼓楼幼稚园实验研究的基础上，陈鹤琴与陶行知、张宗麟等发起组织幼稚教育研究会，陆续出版了《我们的主张》、《儿童生活写真》、《课程》、《读法》、《设备》、《一年中幼稚园单元教学》、《儿童故事》、《儿童游戏》等一系列书籍。

到抗日战争爆发时，幼稚园遭到破坏，实验活动被迫停止，至1945年年底开始重新恢复。1952年8月，由南京教育局接办，改名为南京市鼓楼幼儿园。

南京鼓楼幼稚园对于研究和推广适合中国国情的幼儿教育做出了大胆的尝试，陈鹤琴关于幼儿园课程的一系列主张，如课程应为目标服务；课程应以自然和社会为中心；课程应实施"整个教学法"；课程应当采用游戏式、暗示性、小团体式教学法等，不仅指引着鼓楼幼稚园的发展，而且对于中国学前教育的理论与实践也产生了深远的影响。

5. 南京燕子矶幼稚园

南京燕子矶幼稚园是由人民教育家陶行知先生于1927年11月11日创办的，

陈鹤琴、张宗麟、徐世璧、王荆璞都担任过业务指导或教师。这是中国第一个乡村幼稚园，陶行知先生亲自书写了门联："谁说非学校，就算非学校；彼且为婴儿，与之为婴儿。"

南京燕子矶幼稚园办学宗旨是建设中国的、省钱的、平民的幼稚园，使幼儿具有健康的体魄、劳动的身手、科学的头脑、艺术的兴趣、改造社会的精神，为将来成为新时代的创造者打好基础。该园结合农村实际，研究和实验如何办好农村幼稚园的具体办法，以便普及全国农村。

起初，南京燕子矶幼稚园相当简陋，但随着幼稚园的发展，幼儿由30人增加到40人，教师4人，通过对幼儿实施健康教育、劳动教育、科学教育、艺术教育、集体教育，将社会生活、自然现象、家乡土产、风土人情都作为教材，并积极开展乡村幼教实验活动。

在燕子矶幼稚园开展的乡村幼教实验活动主要有：

第一，草拟了分为全年、每月、每周和当天四个部分的生活纲要。

第二，要求充分利用和寻找身边、自然界的生活材料，作为教具开展教学。

第三，开展"教、学、做合一"的生活教育法实验。

第四，学前教育师资培养模式的试验。

南京燕子矶幼稚园乡村实验活动中，特别重视农事活动，开辟了小农场和小花园，让幼儿亲自动手，参与力所能及的劳动，从小培养孩子的做事和生活能力。美国教育家克伯屈参观小农场后，曾十分赞赏地说："啊！这些我在外国还没有看见过，这是很好的一种办法。"

（二）幼稚园保教人员的培养

1. 幼稚师范的建立

"新学制"颁布后，学前教育的师资培训机构——幼稚师范学校开始出现，尤其是1928年全国教育会议后，培养幼稚师资的教育机构逐渐增多。这一时期培养幼教师资的机构有：1916年设立的北京女子高等师范学校保姆讲习所、1917年设立的江苏省立第一女子师范学校幼稚师范科、1927年设立的福建厦门集美幼稚师范学校、1930年设立的北平幼稚师范学校、1940年设立的江西省立实验幼稚师范学校（1943年改为国立幼稚师范专科学校）。这些学前师资培训机构为当时幼稚教育培养了一大批师资力量，谱写了我国学前教育的新篇章。

下面通过江西省立实验幼稚师范学校来了解一下这一时期的幼稚师范的情况。

1940年10月，陈鹤琴先生在江西省泰和县文江村创办了中国第一所独立设置的公立幼稚师范学校——江西省立实验幼稚师范学校。该校的办学宗旨，一是培养幼稚园的师资与造就幼稚教育的人才。二是开展幼稚教育的理论和教材教法方面的研究。三是进行陈鹤琴创立的"活教育"理论的实验。江西省立实验幼稚师范学校的课程有以下几方面的特点。

（1）主要体现在课程设置上。依照1937年教育部颁布的三年制幼师课程，他们对课程设置做了大修改，如体育音乐科列入儿童歌曲和唱歌游戏教材，卫生则重视妇婴卫生等。教法尽量与各科教材取得联系，各科教学安排在最后一年，均以幼稚园与小学的实际为范围，使学生能够所学与所用有密切的配合。开设人生心理课，人生心理课是该校新创的科目，该科目代替了深奥的人生哲学课。

（2）主要体现于"活教育、活教材"上。教育不一味看重书本上的死知识，不限于一两本固定的教科书，而是抓住身边的活教材，实施活教育。

（3）主要体现于教学方法上的"做中学、做中教、做中求进步"。教与学不仅以"做"为中心，并且要在做中精益求精。

（4）主要体现在训导实施上。幼师的基本目标是培养学生"做人、做中国人、做现代中国人"。一是对学生自治会实施训导。要注意共同遵守，共同制裁，以期达到自律自治。二是竞赛活动。幼师的竞赛活动注重普遍的发展，采用普遍竞赛的办法，公布竞赛题目以后大家同时准备，用抽签的方式决定要竞赛的学生。三是生活训练。正如陈鹤琴先生说的："凡是自己能做的事，都由自己来做。田由自己来种，路由自己来筑，饭要自己做，菜要自己烧。"劳动服务是幼师的一贯作风。

（5）主要体现在毕业学生上。学校虽僻处内地，仍有千里之外来求学深造的学生，从创办之初到1946年移交江西省接办止，共计213名毕业生。

2. 幼稚师范课程及会考制度的颁定

1922年颁布的"壬戌学制"，受美国的影响，中等教育实行综合中学制度，师范学校虽然也有单独设立的，但很多都成为高中的一个科，削弱了师资的培养。幼稚师范就更不被重视，绝大部分都附设在师范学校或高中内，取其一科称幼稚师范科。后来经过陶行知、陈鹤琴等大力呼吁，敦促政府重视学前教育，由此加强了幼教师资的培养。官办幼稚师范虽然发展缓慢，但在规范幼教师资培训方面则有所加强。

从教育部公布的《师范学校规程》可以看出，一是对两年和三年制幼稚师范科教学科目都作了详细的规定。二是对学生的实习提出了具体的要求：实习应有参观、实习、试教三个阶段的内容，每项实习前后，须有预备、报告、讨论三种手续，每次3小时的实习时间。三是对学生每日上课时间和户外运动等事项作了规定：幼稚师范科学生每日上课、自习及课外运动总时数规定为10小时，每星期以60小时计算。每日除上课时间外，以1小时为早操及课外运动时间，余为自习时间。学生自习及课外运动时间均须有教员督促指导。四是对幼稚师范科学生的入学、转学、复学、退学及毕业的办法都作了规定。五是对幼稚师范生实行了会考制度。会考由国家命题，会考的科目有公民、国文、算学、历史、地理、生物、物理、化学、教育概论、儿童心理、幼稚园教材及教学法、保育法。会考三科以上不及格，应留级，一科或两科不及格，准其暂行工作，但不能有毕业证书，并要求参加补考通过后才能毕业并取得正式工作。

四、幼稚园课程

"新学制"虽然将幼稚园正式列入学校系统，但对幼稚园的师资培养、幼稚园教育的调查和实验研究、乡村幼稚园的推广、幼稚园课程和教材的审查及编辑等问题，还没有一个详细的办法和统一的要求。尤其是欧美宗教式、日本小学式的幼稚教育普遍盛行，当时尚未有中国人自己的幼稚园课程标准。

1928年5月，在南京召开的全国第一次教育会议上，陶行知和陈鹤琴提出了"注重幼稚教育案"（由陶行知五个提案和陈鹤琴的两个提案综合而成），其中一项是"审查编辑幼稚园课程及教材案"。会后，受大学院（后改为教育部）之聘，由陈鹤琴、郑晓沧、张宗麟、葛鲤庭、甘梦丹、杨宝康等人，依据南京鼓楼幼稚园的课程实验成果、中央大学附属幼稚园以及晓庄乡村幼稚园的经验，负责起草《幼稚园课程暂行标准》，并通过《幼稚教育》月刊和各种教育杂志的《幼稚教育专号》进行交流研讨。1929年9月，《幼稚园课程暂行标准》拟定完成，由教育部令各省市作为暂行标准试验推行，并于1932年10月由教育部正式公布，称《幼稚园课程标准》（1936年又予以修正）。

《幼稚园课程标准》是我国自己制定的第一个统一的幼稚园课程标准，使得幼稚园课程达到了比较完善的程度，促进了当时中国幼稚教育规范化、科学化的发展。

课程标准包括幼稚教育总目标、课程范围、教育方法要点三部分。

（一）幼稚教育总目标

幼稚园教育的总目标是将"尊重儿童自身的快乐，竭力追求儿童身心健康和幸福及为人生发展奠基"作为根本内容，并以下四个方面作为最终目的。

第一，增进幼稚儿童身心的健康。

第二，力谋幼稚儿童应有的幸福与快乐。

第三，培养人生基本的优良习惯（包括身体、行为等各方面的习惯）。

第四，协助家庭教养幼稚儿童，并谋家庭教育的改进。

（二）课程范围

《幼稚园课程标准》规定幼稚园的课程包括音乐、故事和儿歌、游戏、社会和常识、工作、静息、餐点 7 项内容。在每一门课程里，都详细规定了授课目标、内容大要和所要达到的最低限度。

可以通过"故事和儿歌""社会和常识"两项课程大体了解幼稚园课程标准的目标和具体内容。

1. 故事和儿歌

（1）目标

①引起对于文学的兴趣。

②发展想象。

③启发思想。

④练习说话、吟唱，增进表达能力。

⑤发展对于故事的创作能力。

（2）内容大要

①各种故事如童话、自然故事、历史故事、生活故事、爱国故事、民间传说、笑话、寓言等的欣赏和演习（如口述、表演、创作等）。

②各种故事画片的阅览。

③各种有趣而不恶劣的儿童歌谣，谜语的欣赏、吟唱和表演。

（3）最低限度

①能吟唱四则以上的儿歌、童谣和谜语，而且字句清晰。

②能述说四则最简单的故事而且意思明确。

③能创作一则最简单的故事而且有明显的内容。

④能参加表演故事一则。

⑤能做简单明白的应对。

⑥能看图说图中大意。

2. 社会和常识

（1）目标

①引导对于自然环境和人文活动的观察和欣赏。

②增加利用自然、满足生活、组织团体等的最初步的经验。

③引导对于人和自然环境的关系的认识。

④养成爱护自然物和卫生、乐群、互助、合作等好习惯。

（2）内容大要

①关于衣、食、住、行等生活需要、卫生方法，以及家庭邻里、商铺、邮局、救火组织、公园、交通机关等社会组织的观察研究，本地名胜古迹的游览。

②日常礼仪的演习。

③纪念日和节日（如元旦、国庆、总理诞辰日、"五九"、"五卅"、儿童节以及其他节令）的研究举行。

④集会的演习（以培养公正、仁爱、和平的态度精神为主）。

⑤党旗、国旗、总理遗像……的认识。

⑥习见的鸟、兽、鱼、花草、树木和日、月、雨、雪、阴、晴、风、云等自然现象的认识和研究。

⑦月、日、星期和阴、晴、雨、雪等逐日气候的填记。

⑧附近或本园内动植物的观察采集，并饲养或培植。

⑨身体各部的认识和简易卫生规律（如不贪吃糖果、不乱吃杂食、食前必洗手、食后必洗脸、不随地便溺、不随地吐痰、不吮手指、不用手挖耳揉眼、早睡早起、爱清洁等）的实践。

⑩健康和清洁的查察。

（3）最低限度

①认识自己日常生活所用的主要衣、食、住、行等各项物品。

②略知家庭、邻里、商铺、工场、农田以及地方公共机关的作用。

③知道四肢、五官的机能作用。

④认识家禽、家畜及五种以上植物，并了解太阳、风、雨的作用。

⑤认识总理遗像、党旗、国旗。

⑥对于师长、家长有相当的礼貌。

⑦有爱好清洁的习惯。

（三）教育方法要点

《幼稚园课程标准》所要求的教育方法特别注意儿童社会化和多方面能力的培养，提出要力而行、因材施教，并采取奖励机制激发儿童的学习兴趣，运用团体、分组和个别的方式，组织儿童进行各种活动并使儿童能够健康、快乐地成长，从而成为对国家和社会有用之人。

具体共列了17条教育方法：

第一，各项活动在实施时，应该打成一片。确定一日或两三日内作业的中心，一切活动都离不开这个中心的范围。

第二，儿童每天在园时间，全日约六小时，半日约三小时。各种活动不可呆板的分节规定。

第三，各种作业，可由儿童各从所好，自由活动。

第四，故事、游戏、音乐和自然，大部分都可由教师引导，施行团体作业，工作则大部分由儿童个别活动，由教师个别指导。

第五，教师应该充分准备，以免遇到临时困难。

第六，教师需体察儿童的心理，切合儿童的经验。

第七，幼稚教育所用的是日常生活可接触至少是可想象的实物、事实。

第八，幼稚园的教学设计，应从儿童的活动中发现设计的主题，应体察儿童的能力，将不能做的部分省去，设计的材料要以易达目的易达结果为最好。

第九，教师是儿童活动中的把舵者，要使儿童跟着他的趋向而进行。

第十，教师是最后的裁判者。

第十一，教师应用奖励，以鼓励儿童对于某种作业的兴趣。

第十二，技能应该用练习的方法，使儿童纯熟。

第十三，园中的事务，凡儿童能做的，如扫地、拔草等，应充分地由儿童去做。

第十四，每半年举行体格检查一次，每月举行身高体重检查一次。

第十五，教师应做好观察记录，作为研究和施教的资料。

第十六，教师应和家长尽力联络感情，宣传幼稚教育和家庭教育的方法。

第十七，幼稚园教育除利用户外的自然和社会条件外，也要利用废物、天然物和日用品。

《幼稚园课程标准》是我国第一个由国家颁布的幼稚园课程标准，是由我国的教育专家和学者在总结自己实践经验的基础上，吸收和借鉴了西方学前教育思想与教育方法的结晶，建立了符合我国实际与儿童身心发展需要的幼儿园课程理论体系，结束了中国自清末以来幼儿园课程外国化、宗教化和非科学化的混乱局面，有力地促进了幼稚园和幼稚园课程趋向规范化的发展。

第四节　帝国主义国家在中国的学前教育活动

鸦片战争后，帝国主义列强凭借不平等条约，取得了在华传教、办学等特权，对中国进行文化侵略，先后在中国设立了许多教会学校，这其中主要包括学前教育机构和幼教师资培训机构。这也是旧中国学前教育的重要组成部分。

一、创办幼稚园

19世纪80年代，外国教会在中国沿海福州、宁波开始办幼儿教育机构，以后教会办的幼稚园逐渐增多。根据美国传教士林乐知所著《五大洲女塾通考》第十集记载：1902年（光绪28年）外国教会在中国设的幼教机构"有小孩察物学堂6所，学生194人（男女各半）"，小孩察物学堂即幼稚园。此后，在福州、宁波、上海、北平等地都有外国人办的幼稚园。民国初以后，更有发展。1913年，基督教全国会议议案中又规定，各地教堂都要附设幼稚园。教会幼稚园数目大增。根据1921～1922年中华基督教教育调查团的报告，基督教教会学校在"五四"运动前夕共7382所，其中幼稚园139所。南京第一女子师范1924年的调查，全国有幼稚园190所，其中教会办的156所，占全国总数的80%。可见，外国人在中国办的幼稚园远远超过了中国人自办的数目。这些幼稚园还通过各种途径对中国人自办的幼稚园施加影响，造成幼稚教育的"洋化"。

帝国主义在华办教育，其目的就是要培养治华代理人和使中国基督化。学前教育自然也离不开这个总目标，尤其重视对幼儿心灵的熏陶，使其接受基督精神，为培养殖民地国民打下根基。这些幼稚园宗教色彩浓厚，使儿童从小忠于基督，成人以后便可以服服帖帖地受洋人摆布。牧师梅因就曾颇有把握地讲，如果给他机会训练儿童一直到7岁，便可以保证使儿童以后对教会一直保持忠诚。

外国人在中国办的学前教育机构，大致可分为两种：一种是日本式的，一种是宗教式的。

日本式的幼稚园兴办于清末民初。清末的"癸卯学制"和民初的"壬子癸丑学制"，主要借鉴于日本。当时学前教育与其他教育一样，受日本影响较深。这种日本式的幼稚园很像小学校，也可叫作小学式的幼稚园。教学内容有游戏、谈话、手工、唱歌、识字、算术、图画、排板、检查身体、习字、积木等。把这些都视为功课，像小学校一样，明明白白地把各科规定在逐日的功课表里，不许混杂。保姆就像小学里的教员，高高地坐在讲台上，孩子一排一排整齐地坐在下面，不许乱说乱动。可见，这种教育学龄前儿童的办法，忽视了儿童自身的心理特征。但由于中国传统礼教的影响，如此呆板的教育形式，很容易被中国人民接受，蒙养院及蒙养园时期的教育主要仿效这种形式。

另一种是欧美国家在中国办的学前教育机构。它本先于日本在华办的幼稚园，但兴盛时期在日本之后。"五四"运动以后，中国新教育主要受欧美的影响，特别是受美国影响占首位。日本的学前教育影响逐渐减弱。这种学前教育，都由教会掌管，所以也被称为教会式的幼稚园。这些幼稚园一般都有美丽的教室，小巧的桌椅，精致的玩具。孩子在幼稚园的活动要较日本人办的幼稚园自由得多，课程排得也不那么死板。在安排自由活动以后，工作以前，孩子们要闭一会儿眼睛，嘴中还要唱一支祷告的诗曲。早晨相见，放学话别，都要唱出"上帝祝福"诗一样的调子。教会办的幼稚园，保姆都是教徒。他们教孩子的目的是培养新教徒。因此，这种幼稚园，虽然有好的设备，也很难受社会欢迎。由于设备过于奢靡，一般家境的孩子也无法进入。

宗教办的幼稚园活动内容比较丰富。以上海崇德女子中学附属幼稚园为例，这是由美国传教士黎曼顾硕士开办的，建于1920年。根据《大上海教育》杂志第一卷第二期刊载，这所幼稚园作业的情况是这样的：

作业：上午 9:00～11:30，下午 1:30～3:00

上午：8:30～9:00 入园

9:00～9:10 朝会（清洁检查）

9:10～9:40 作业活动（包括恩物、美术、工艺）

9:40～9:50 批评已成工作

9:50～10:00 解溲

10:00～10:30 户外游戏

10:30～10:45 静息

10:45～11:10 音乐（律动、节奏在内）

11:10～11:20 故事（儿歌、故事表演在内）

11:20～11:30 游戏

下午：1:15～1:30 入园

1:30～1:45 睡觉

1:45～2:10 识字游戏

2:10～2:30 户外游戏

2:30～2:40 点心

2:40～2:50 日记

2:50～3:00 游戏

3:00～3:30 散学

宗教式的幼稚园，实行洋化教育，用外国式的设备，玩外国玩具，唱外国歌曲，过外国节日，吃外国点心。如此培养，无疑是训练基督教徒。

二、培植师资，兴办幼稚师范

中国人出国接受幼教专业训练的国家，首先是日本。中国女学生赴日最早在1901年。到1902年，已有留日女学生十余名。最初就学的学校有日本实践女学校附属中国女子留学生师范工艺速成科。师范科科目有：教育、心理、理科、历史、算术、体操、唱歌、日语、汉文。工艺科科目有：教育、理科、算术、体操、唱歌、日语、汉文、刺绣、编物、图画等。这所学校，虽分此两科，但均有幼稚园保姆的训练。

1905年，湖南省派20名女生到日本学速成师范科。1907年奉天（今辽宁省）女子师范学堂，派21名学生到日本学习，就读于日本实践女学校师范科。江西也派出10名官费女学生赴日留学。到1907年，仅日本东京一地，便有中国女留学生近百名。中国女学生在国外，求学心切，气度不凡，当时日本人曾评价她们说："此等留学生，举止娴雅，志趣高尚，对日本人亦不畏惧，彬彬有礼，为日本妇女所不及"。她们回国后，不少从业于幼儿教育。如1904年上海务本女塾经理吴馨派吴朱哲女士到日本保姆养成所学习。1907年吴女士回国，在上海公立幼稚舍开办了保姆传习所，学生36人，学习内容和管理办法全是日本式的，课程除一般文化课外，有保育法、儿童心理学、教育学等。

除日本以外，欧美国家也积极争取中国留学生。作为文明先导国的西洋各国，看到日本对中国教育的影响，很是不安。由于中国留学生中，革命党人（像邹容、陈天华、秋瑾等）十分活跃，成为反清的一股强大洪流。清朝政府为瓦解革命力量，对赴日留学生严加控制。与此同时，欧美便加紧吸引中国留学生的活动。1907年出洋考察的清朝大臣端方访美，美国耶鲁大学、康奈尔大学及卫理斯尼（女子）学院，便与端方协商，每年可派免费留学生赴美。1908年，美国总统罗斯福决定退还一部分庚子赔款，作为中国派遣留美学生费用。以后其他各国，也学了美国的这个办法。中国留学生去西方的人数逐渐多了起来。中国学前教育，也从学日逐渐向学美转变。从美国学成回国的有陶行知、陈鹤琴等。

帝国主义除了为中国培训师资之外，还在华设立幼稚师范学校或女学。

1844年，美国女子教育协进会会员、传教士爱尔德赛在宁波创办女塾。这是近代外国人在华设立的最早的教会女学，也是中国最初出现的女子学堂。以后各国在中国办的女学逐渐增多。这些女学，很多都兼负培养幼稚园保教人员的任务。

1892年，美国监理公会女传教士海淑德，在上海办了幼稚园师资培训班，每周六下午上课，收学生 20 名。这是为教会幼稚园培训师资服务的。

中国新学制产生后，英、美教会已在各地开设师范学校。如福建厦门的怀德、福州的协和、湖南的福湘、北京的燕京、杭州的弘道、苏州的景海，这些师范学校也有附设幼稚师范科的，如苏州景海女学幼稚师范科（1916 年）、厦门怀德幼稚师范学校（1901 年为幼稚师范班，1912 年正式取校名为怀德幼稚师范学校）、浙江杭州私立弘道女学幼师科（1916 年）、北京协和女书院幼稚师范科（1905 年）、北京燕京大学幼稚师范专修科。1913 年基督教会全国大会议案提出，教会要设立幼稚园，同时也要设立养成幼稚人才的学校，还要收教外学生，以供官立幼稚园用。

这些幼稚师范学校都为教会所办，重视宗教教育与英文教学，有较为完备的教学设备。如景海幼稚师范课程。这所学校所设的课程，可分为三类，第一类是适应外国在华办教育的需要，如英文占的学分最多，一年级各科总学分为 54，英语占 20，二年级全年各科总学分为 53，英语占 10，三年级各科总学分为 59，英语占 10。三年共学 25 门课，166 学分，外语就占 40 学分，几乎占去了总课时的 1/4。属于这类的还有社会问题、宗教学、圣道教法这些课程，直接为资本主义国家传布基督精神，培养顺民服务。第二类是文化课，如国文、体育、生理及卫生、生物学、音乐等。第三类是专业课，如心理学、学校管理法、实习、幼稚教法、启智用具教法等。教会办的这种幼稚师范，一般规模比较小，毕业生人数不多。如杭州弘道女学幼稚师范科历届毕业生人数，少的年份（如 1918 年、1920 年）只有 1 名，多的年份（1931 年、1933 年、1935 年）也不过 10 名。从 1917～1942 年，共有 19 届毕业生，总计不过 108 人。

三、任教于中国幼稚园，翻译教材，出版幼儿读物

外国教习在中国官办、私办的学前教育机构中任职，自清末蒙养院诞生起就很盛行。最初多为日本教习，管理和任教于中国蒙养院。如前所述的湖北武昌蒙养院和湖南蒙养院。私立的严氏蒙养院最初也是聘请外国教员（包括日本的和西方的）。在中国幼稚园中任教的办法，一直持续到新中国建立前。以日本为例，几乎官办、私办的蒙养院都有日本教习任教，此外还有女学、女子师范学堂，也都要请日本人当教员，学校中主要文化课和专业课都由日本教习任教。

学前教育所用书籍，包括幼稚园读本、幼稚师范生教材等也多由外国进口。对此，东、西洋也是十分积极地向中国施加影响，他们很重视利用教材影响中国，认为为中国编辑教科书是传播西方"文明"的极好形式。传教士默多奚说："把你

们所要加于这个国家生命之中的东西,放在学校里,就可以达到目的"、"达到这目的之最有效的办法是把它放进学校教科书里去"。到 1937 年,翻译的日本书籍中,教育一类的书就有 140 余种。西洋的教育书籍更多。

东、西方国家还编译和出版了不少儿童图书和期刊。如《儿童故事》、《儿童乐园》、《童男须知》、《童女须知》等,更加广泛深入地影响着中国儿童。

四、兴办各种"慈幼机构"

在设立幼稚园和幼稚师范的同时,帝国主义还以兴办"慈善"事业为名,到处设立孤儿院、慈幼院、育婴堂之类的慈幼机构。早在 19 世纪 40 年代,教会就在湖南衡阳开办了一所慈幼院,此后其他地方的教会也陆续举办了一些这类"慈善"机构。在这些"慈善"机构中,儿童们长年被关在高楼深院里,与世隔绝,生死大权完全掌握在"慈善家"手里,由于饥饿、疾病、体罚不知夺去了多少无辜的中国小生命。据调查,武昌花园山育婴堂、南京圣心儿童院以及广西、西安、芜湖等地的类似机构中儿童的死亡率,少则占 60%,多者竟达 99%。有的孤儿院还设有剥削和压榨童工的工厂。帝国主义除从肉体上摧残儿童外,还从精神上腐蚀、毒害中国儿童,使之感恩戴德,长大了死心塌地地为之传教服务。

帝国主义的卑劣行径,不能不激起中国人民的无比愤慨,许多爱国有识之士严正指出育婴堂是杀婴堂,并愤起抗议。如 1868 年,外国传教士在扬州设立的育婴堂,有不少婴儿因受虐待致死,引起群众极大的愤慨。当时,参加扬州府考的文武生员曾发布揭帖,揭露传教士的罪行,群众也纷纷参加,最后大约有 1 万人联合起来,捣毁教堂救出婴儿。1870 年的天津教案中,群众也愤怒地焚毁了法国教堂、育婴堂、领事馆。但是,由于当时和以后的反动政府甘心投靠帝国主义,卖国为奴,致使这种摧残毒害婴幼儿的罪恶行径一直延续到中华人民共和国成立以后才最后结束。

五、收回教育权的斗争

鸦片战争后,外国在华办的文化教育事业,不断地受到中国人民的抵制,尤其是一些传教士,利用他们办学的合法机构,从事危害中国人民利益的侵略活动和宗教宣传,引起中国人民的强烈不满。清朝学部颁布的《咨各省督抚为外人设学无庸立案文》,纯属开门揖盗,以后各帝国主义国家更毫无顾忌地在中国办学,从幼稚园至留学教育,从普通教育到师范教育、技术教育、盲聋哑教育等,形成独立的教会学校网。这些学校,不受中国政府管辖,不必在中国政府立案。

这种侵犯中国教育主权的情况，激起教育界和青年学生的极大愤怒。为反对学校内的宗教活动，蔡元培1917年提出"以美育代宗教"的主张，更有恽代英撰文《打倒教会教育》，反对外国利用宗教办学，破坏中国教育主权，压制学生。反对帝国主义奴化教育的热潮逐渐高涨，终于在1923年爆发了非基督教运动。北平（即现在的北京）发起组织全国"非基督教大同盟"，李大钊、蔡元培、陈独秀、吴虞、胡汉民、汪精卫等都参与其中。蔡元培在非宗教同盟第一次大会上发表演说，提出大学不必设神学科；各学校，均不得有宗教教义课程，不得举行祈祷式，以传教为业的人，不必参与教育事业。

1924年，随着中国革命形势的发展，首先由广州开始，成立"广州学生收回教育权运动委员会"。当时有影响的全国性教育团体，如中华教育改进社、全国教育会联合会等都开会、撰文支持和参加收回教育权的斗争。中华教育改进社要求政府制定注册条例，全国教育会联合会通过《学校内不得传播宗教案》、《取缔外国人在国内办理教育事业案》。1925年"五卅"运动前后，一场轰轰烈烈的收回教育权运动在全国范围内达到高潮。许多教会学校学生退学、教员辞职，不少教会学校关闭或改组，数量上大大下降。

在运动的推动下，当时的北洋政府于1925年12月公布了《外人捐资设立学校请求认可办法》，共六条："（一）只外人捐资设立各学校，遵照教育部所颁布之各等学校法令规程办理者，须依照教育部所颁关于请求认可之各项规则向教育官厅请求认可；（二）学校名称上冠以私立字样；（三）学校之校长须为中国人，如校长原系外国人者，必须以中国人充任副校长，即为请求认可时之代表人；（四）学校设董事会者，中国人应占董事名额之半数；（五）学校不得以传布宗教为宗旨；（六）学校课程必须遵照部定标准，不得以宗教科目为必修科"。

收回教育权运动取得了一定的成绩，这是中国人民反对外国强夺中国教育主权斗争的成果。此后，凡外国在中国办的幼稚园，幼稚师范学校或幼师培训班，都要向中国政府注册，课程也要大致符合中国教育部所颁发的课程标准的要求。如景海女学幼师科，1927年以后，在中国立了案，并开始聘中国人为校长，第一任中国校长是江贵云，任校长职一直到1951年。杭州弘道女学师范科，冠以"私立"二字，全称为"浙江杭州私立弘道女学师范科"，1927年首次由中国人倪雪梅为校长。课程设置与中国教育部的规定也比较接近。

20世纪20年代收回教育权的斗争，虽然取得了一定胜利，但也多少流于形式，真正收回教育主权只能在收回政治、经济、军事权之后。

第五节 老解放区的学前教育

老解放区的学前教育，是指 1927 年大革命失败后至 1949 年中华人民共和国成立以前，在中国共产党的领导下建立起来的农村革命根据地、抗日根据地和解放区的学前教育。

一、老解放区学前教育的方针政策

革命根据地和解放区的经济、文化比较落后，但学前教育的发展却并不滞后，这与中国共产党"重视保育事业，抚养革命后代"的学前教育方针是分不开的。

（一）农村革命根据地的方针政策

1927 年 9 月，中国共产党在《江西省革命委员会行动纲领》中，提出将建立学前教育机构作为解放妇女的措施。1931 年 9 月，在湘鄂赣省工农兵苏维埃第一次代表大会上，提出学前教育的目标是："①注意看护小儿的教育；②注意小儿听觉、视觉及器官的充分发展；③3 岁以上的儿童暂时由儿童的家庭以及共产主义儿童团实行幼稚教育；④注意儿童的记忆力、模仿力和联想力等智慧的发展。"

1934 年 2 月中央苏区人民政府内务委员部颁布了《托儿所组织条例》，这是红色政权颁布的第一部关于学前儿童教育的文件。该条例明确了学前教育的重要性，同时对入托的条件、托儿所的规模、作息制度、环境设备、保教人员的编制、小儿的卫生和健康、管理等均作了详细的规定。它不仅为当时的学前教育指明了方向，而且提出了艰苦奋斗、勤俭办所、民办公助的办所方针，这是完全符合老解放区特点的。

（二）抗日革命根据地的方针政策

1941 年，为适应抗战需要，陕甘宁边区政府工作报告中，把实行儿童保育列为中心工作，同年颁布了《陕甘宁边区政府关于保育儿童的决定》（以下简称《决定》）。《决定》要求在边区实行儿童公育制度，要求进一步将学前教育向民间推进。同时《决定》对保育工作的组织和管理、孕妇和乳母的权益保护、婴儿的保育以及托儿所的建立、保姆的待遇等问题均作了明确规定。

（三）解放区的方针政策

解放战争时期，中国革命从局部胜利走向全国胜利。在这一新形势下，为使教育工作更好地为解放战争和土改工作服务，边区政府于 1946 年 12 月 10 日颁布了《战时教育方案》，提出各级学校均要"直接或间接地为自卫战争服务"的总的教育方针。

1949年3月24日，在中国妇女第二次全国代表大会上，康克清同志作了《关于儿童保育工作》的报告。她号召人们进一步动员起来，逐步推广妇婴卫生工作和推广托儿事业。

总之，中国共产党根据形势的发展，在不同的历史时期制定了相应的学前教育方针政策，使幼儿受到了良好的教育。同时，毛泽东、周恩来、朱德等老一辈无产阶级革命家都十分关心幼儿教育事业。正是由于他们的关心和正确的方针政策，老解放区的学前教育事业才得以蓬勃发展，出色地完成了为革命战争和生产服务以及培养革命后代的光荣任务。

二、老解放区学前教育机构的形式

抗日战争和解放战争时期，边区政府先后建立了多种形式的学前教育机构。

（一）寄宿制的托幼结构

寄宿制的托幼机构，一般由边区政府主办，主要招收前方战士和烈士的子女及后方干部的子女。如陕甘宁边区第一、二保育院，洛杉矶托儿所等。

陕甘宁边区第一保育院建在延安城北，全院分成乳儿部、婴儿部、幼稚部、小学部，共有教职员工30人，其中女职工21名，男职工9名，来自全国各地。其中受过高等教育的3人，师范毕业的19人，中学6人，医专1人，小学1人。延安第一保育院师资力量雄厚，教学条件相对较好。

（二）日间托儿所

日间托儿所是指由某一机关、工厂、学校、部队等单位自办的托幼机构。这种托幼机构一般设在本单位，招收本单位职工子女入托，孩子白天入托，晚上回家。当时的中央党校、中央组织部、延安鲁迅艺术学院、中国女子大学、被服厂、银行等，都办过日间托儿所。

（三）母亲变工托儿所、哺乳室

母亲变工托儿所、哺乳室是根据劳动妇女的需要，母亲们自己组织起来，轮流值班或请老人照看幼儿的一种形式。这种机构在江西苏区很普遍，1934年已建立的227个托儿所，就是春耕农忙时建立起来的，管理孩子的母亲专门养护孩子，她们的生产任务由送托孩子的母亲分担，以方便更多的妇女参加农业生产。

（四）化整为零的托儿所

这种托儿所在晋、冀、鲁、豫根据地最多。它的特点是：当局势稳定时，孩子们便集中由托儿所或幼稚园培养，敌人扫荡时，托儿所化整为零，保教人员与孩子分散在老百姓家中，由群众来掩护，以免受到敌人迫害。托儿所工作人员看望孩子，则化装成货郎卖货或亲戚走访。

老解放区的学前教育因地制宜、因时制宜，采取灵活多样的形式，建立了各种各样的学前教育机构，既保证了儿童的安全和教育，又支援了革命。同时在战火纷飞的年代锻炼了一批优秀的、特殊的教师队伍，为新中国学前教育事业的发展培养了骨干力量，奠定了基础。

【小故事】

洛杉矶托儿所里的故事

当年的延安有个赫赫有名的托儿所——洛杉矶托儿所。该托儿所前身是中央托儿所，成立于1940年，主要收养革命烈士和抗日将士子女。托儿所成立之初，条件非常艰苦。后在宋庆龄"保卫中国同盟"的名义下，及时联络到洛杉矶爱国华侨及国际友人，开展了募捐活动，许多普通美国民众纷纷解囊捐款捐物。为了感谢洛杉矶侨胞和美国友人，中央决定将"中央托儿所"改名为"洛杉矶托儿所"。

黄土高坡的甜蜜印象

托儿所成立之初，没什么玩具，罗小金（后来的李铁映）便常领着小朋友们从窑洞前的土坡上滑下去、爬上来，爬上来、滑下去，将陕北的黄土高坡改造成了土滑梯。尽管他们玩自制土滑梯，也曾被园长批评，但是时隔多年，当罗小金变成后来的国务委员、国家体改委主任李铁映时，还对当年在托儿所度过的幸福快乐童年，留有甜蜜而难忘的印象。

行军途中的小宣传员

毛主席曾把洛杉矶托儿所的孩子们接出来一起过新年，除了吃糖果花生外，还有很重要的一项就是看大戏。当时在延安大广场，正在上演《兄妹开荒》，讲的是兄妹开荒大生产，支援前线打鬼子的故事。孩子们一边看戏，一边还学着剧中的动作。后来在行军途中，孩子们每到一处，都给当地的老乡们演戏、唱歌，都受到了热烈欢迎。孩子们并没有刻意排练，只是开心投入地看过几次，便能有模有样地模仿到位，成了行军途中的小宣传员。

小玻璃片中的大乐趣

大力是一个聪明伶俐的孩子，非常活泼，经常想出些新点子玩。一次，一位叔叔送给他一块红色的碎玻璃片，叔叔把玻璃片的边缘用石头磨得很光，以免割伤他的手。从此，红色玻璃片成了大力的宝贝，透过玻璃片，他看到了另一个美丽的世界，那个世界是粉红色的，显得美丽、温柔、奇妙无穷。自从有了这块玻璃片，大力成了孩子王，大家都想透过这个充满魔力的玻璃片，去看看另一个彩色的世界，于是争着用自己手中珍藏的宝贝去与大力交换，有子弹壳粒、糖果、小石子、彩色的毛线绳。每当这时，大力总是提醒小朋友，轻点、轻点，像个小大人儿似的，非常得意……

三、老解放区学前儿童保教内容和方法

由于时局不稳，老解放区的学前教育在内容、原则和方法上难有统一的要求和严格的规定。保育儿童身体，培养良好习惯，发展儿童智力，是老解放区各个时期所力求实行的学前保教内容和目标。

（一）保育内容和方法

1. 重视孩子的营养，坚持合理的作息和管理制度

边区政府在物质供应十分紧张的情况下，提出了"孩子第一"的供应方针，并科学制订膳食计划。如第一保育院就是按幼稚、婴儿、乳儿及慢性消化不良孩子四种情况，制订出四种不同的食谱。

各个托幼机构都根据婴幼儿的不同年龄和季节制订了合理的作息制度，以培养孩子良好的生活习惯。为确保工作的井然有序，当时各托幼机构还设立了一些合理的规章和管理制度，如关于工作时间和早晚照料儿童的制度，日班和夜班职责的制度，交接班制度，各科室干部、保教人员职责的制度，服装保管室制度等，通过各种方式确保孩子合理的生活作息。

2. 重视锻炼身体，重视疾病防治

老解放区在防病治病上，采取预防为主的方针，治疗与护理相结合，采取"早发现、早隔离、早治疗、早恢复"的措施保护儿童的健康。其防病的措施主要有：第一，按时体检；第二，隔离；第三，定期消毒；第四，防疫注射。

在重视卫生保健工作的同时，各托幼机构还都十分重视儿童身体锻炼，为孩子们开辟活动场地，提供各种设备和体育用品。保教人员坚持组织孩子们上早操和体育课，同时还充分利用大自然开展多种体育活动和户外活动，以增强孩子们的体质。

由于各托幼机构领导的重视和全体保教人员的共同努力，当时保育儿童方面取得了很大的成绩。孩子们大都精神饱满、肤色健康、体格健壮，发育良好，死亡率极低。据洛杉矶托儿所的统计，自1940年创办到1949年没有任何一个孩子

死亡。这在当时那种连年战争、生活艰苦的岁月里是十分难得的。

（二）教育内容和方法

鉴于当时的形势，老解放区许多托幼机构对入托幼儿实行保教合一、以保为主的方针，但并没有放松对孩子的教育。各托幼机构都力图使孩子的身心得到全面发展。

1. 品德教育

老解放区的学前教育机构均十分重视品德教育，积累了丰富的经验。

（1）提出品德教育的目标

①教导儿童了解父母参加革命的苦心，并继承其艰苦奋斗的精神；②教育儿童认识中国革命的敌人，并培养其对敌人的仇恨心理；③教育儿童热爱劳动，敬爱劳动人民，并特别关心帮助劳苦群众；④培养吃苦耐劳，勇于自我批评的精神；⑤启发儿童养成自己管理自己的能力，并关心团体的利益；⑥启发儿童养成互助互让之优良作风。

（2）规定品德教育的内容

对幼儿进行品德教育的主要内容是：培养良好的行为习惯，进行劳动教育和爱国主义教育。

（3）提出品德教育原则

在对幼儿进行品德教育的过程中，在不断总结经验的基础上，提出了以下品德教育的原则：①要在爱的基础上教育儿童；②要在生活中教育儿童；③要站在儿童的立场上教育儿童；④要坚持正面教育。

2. 智育

随着经验的不断增多，老解放区学前教育教学内容不断丰富，在知识技能的培养方面也逐步形成了自己的一套理论，积累了以下经验。

（1）确定教学目标

陕甘宁边区第一保育院在智育方面确定了以下目标：①认识农作物60种，动物40种，颜色12种，形状12种。②会单独表演唱歌，发表心里的话，讲简单故事和担任指挥唱歌。③能从1数到100，并能心算3+5=8之单位加法。④识字50个，并会写自己的名字。⑤对各种尝试发生兴趣，并能简单地知道太阳、月亮、雨、雪；知道谁是咱们的朋友、敌人；吃、穿、用的东西是谁创造的。

（2）对课程的组织进行实验，采用单元教学法

老解放区各保教机构对课程的组织也进行了长期认真的探索，逐步形成了一套较为稳定的课程模式。如延安第一保育院，1939年以前，采用不设课程的兴趣

教育。1940年后，他们改变了做法，制定了课程表。后来他们又采取大部分时间诱导儿童自由活动，每天只在上午安排几节课的做法。设有：常识、唱歌、游戏、故事、工作（纸工、泥工、涂色）、自由画、体育、卫生、识数、识字、玩玩具、自由发表等，按年龄实行分班教学，根据不同年龄安排课程和每节课的时间。

在课程的编制上，延安各保育院在幼教专家张宗麟的指导下采用单元教学法。即根据学前儿童特点，将社会与自然常识编成一个一个的单元，每个单元有一个中心。同一教学单元的内容和进度，对不同年龄班有不同要求。实践证明，这种教学方法非常适合学前儿童的特点，有利于克服成人化、小学化的弊端，提高儿童的兴趣。

（3）自力更生编写教材

老解放区的学前教育机构一直缺少教材，为此许多保教人员克服参考资料少、文化水平低、专业知识缺乏等困难，自力更生为幼儿编写了一些具有思想性、知识性和趣味性的儿歌、歌曲、故事、游戏、话剧等作为教材。

（4）创造新的教学方法

老解放区学前教育机构在实践中不断摸索，创造了一些符合幼儿特点的教学方法。

①直观教学法。这是以实际事物教育儿童，使儿童获得明确观念的一种教学方法。如中心教材为"兔子"，就可以让儿童观察兔子的形态，教师简单地指出兔子的特征：大耳朵、短尾巴和三瓣嘴等，使儿童对兔子的形态获得明确的了解。

②比较教学法。这是一种让儿童在比较中学习的方法。如某周的中心活动为"鸭子"，就可以用鸡和鸭子做比较。

③"三化教学法"。即教学故事化、教学游戏化和教学歌曲化。要求利用故事、游戏和歌曲的形式对幼儿进行教育，将教育寓于孩子的娱乐之中。

综上所述，老解放区的学前教育不仅有了明确而具体的教育目标，而且有了适合孩子年龄特点的教育内容、方法和比较稳定的课程科目。这些学前教育机构培养了孩子健康的体魄，启迪了他们的聪明才智，在他们幼小的心灵里撒下了纯真的革命种子，为他们身心健全发展打下了良好的基础。

四、老解放区保教队伍的建设

老解放区的保教人员，大多是农村妇女。她们文化水平低，有的甚至是文盲，没有接触过幼教实践，更没有受过专业训练。很多妇女由于受旧的封建思想的影响，不了解保教工作的意义，不愿意干保育工作。针对这种状况，老解放区十分重视师资的培养和提高，动员各部门共同协作，努力提高保教人员的思想、文化和业务水平。

（一）提高思想觉悟

为了提高保教人员对工作的认识，党政领导经常给保教人员做报告，讲保教工作的重要性，并亲自视察、指导工作。中央妇委的邓颖超、蔡畅、康克清等同志曾多次和保教人员促膝交谈，亲切地勉励他们并帮助解决具体困难。同时党和政府也很重视提高保教人员的政治待遇和社会地位。在生活上，保教人员享有高于一般工作人员而与技术人员相同的待遇。这些措施都使保教人员深刻认识到他们所肩负的光荣使命，大大提高了他们工作的积极性。

（二）提高文化水平

针对保育人员，特别是保育院文化低的情况，各托幼机构都很重视组织他们进行文化学习，并建立了学习、考核、奖励等制度，有的还专门配备了文化教员。他们每人都制订了学习文化的计划，本着"学以致用，急用先学"的原则，利用业余时间进行学习，经过一两年的学习，他们一般都能达到相当初小或更高的文化程度，不仅能看报、写信，还能写工作日记、工作报告，编写简单的教材。有的还能学认一些英文字母和单词，以适应认识医药名称的需要。

（三）提高业务水平

掌握业务知识和技能是完成教育任务的保证。为了迅速改变保教人员业务生疏，甚至一无所知的情况，当时各托幼机构都把组织保教人员学习教育方法和卫生常识放在首要地位。

对保育员进行专业技术教育的内容，包括儿童心理、儿童管理、儿童卫生等方面的知识和技能的培训。如洛杉矶托儿所要求保教人员学习技术课程，包括儿童一般生活管理的技术，一般的卫生常识，急救法，营养学，护病技术，妇婴卫生。

通过以上几方面措施的实施，广大老解放区保教人员的思想觉悟、文化水平和业务素质都有了迅速的提高，从而形成了一支既有崇高理想，又有一定保教专业知识的保教队伍。

综上所述，老解放区的学前教育在发展过程中积累了许多宝贵的经验：①坚持党的领导和为革命服务，为工农大众服务的方向；②贯彻群众路线和勤俭办所的原则，以多种形式发展学前教育事业；③实行"保教结合"，努力促进儿童身心的全面发展；④建立一支既有崇高革命理想，又有一定专业知识的保教队伍。这些经验不仅在当时，而且在新中国成立以后的相当长的时间内成为学前教育的主要指导思想，而且对我们今天建立具有中国特色的社会主义学前教育体系仍然有着十分重要的现实意义。

思考题

1. 中国近代学前教育产生的背景是什么？
2. 蒙养院制度怎样随着"癸卯学制"的产生而确立？
3. 蒙养院的保教内容是什么？
4. 试分析蒙养院制度的特点。
5. 帝国主义国家在中国进行了哪些学前教育活动？
6. 民国时期幼稚园师资培训有何借鉴之处？
7. 老解放区托幼机构的主要形式有哪些？有什么现实意义？

第四章　中国近现代的学前教育思想

【学习目标】
1. 理解陶行知的生活教育理论，了解其改革幼稚师范教育的实践活动。
2. 了解张雪门的行为课程理论，掌握幼稚园行为课程的组织及教学法。
3. 了解陈鹤琴关于儿童发展与教育的观点，理解活教育理论。
4. 理解张宗麟的幼稚园课程论，了解其对幼稚园师资培训的主张。

中国近代出现了一批幼儿教育专家，他们都是教育战线上的有识之士，在政治环境恶劣，经济条件无法保证的情况下，进行刻苦的科学研究和实验活动，探索建立中国化、大众化、科学化的幼儿教育的道路。在半殖民地半封建的旧中国，他们的主张虽然难以广泛地推行，但是也有相当的影响，促进了中华民国时期幼儿教育的演进。陶行知、张雪门、陈鹤琴、张宗麟等人的主张和活动，反映了那个时代诸多学前教育家的幼儿教育思想与实践。

第一节　陶行知的学前教育思想

陶行知（1891—1946），中国人民教育家、民主革命家、中国民主同盟的主要领导人之一。他一生经历了无数的艰辛和危难，对改革半殖民地半封建的旧教育，建立适合中国实际的新教育，进行了不懈的实践和探索。他的幼儿教育思想与实践，仅是他留给我们宝贵精神财富中的一小部分。

一、生平和幼儿教育实践

陶行知原名文清，后改知行，最后改名行知。1891 年 10 月 18 日生于安徽歙（歙）县。家境清寒，天资聪颖。1914 年以第一名的成绩毕业于金陵大学，后赴美留学。先在伊利诺大学学习市政，获政治硕士学位，后在哥伦比亚大学研究教育，获都市学务总监资格文凭。1917年回国，历任南京高等师范学校教授、教务主任东南大学教育科和教育系主任、南京安徽公学校长等职。1922年任中华教育改进社主任干事，后与朱其慧等人发起组织中华平民促进会。他还曾担任《新教育》和《新教育评论》杂志的主编。

1927年3月，陶行知在南京北郊晓庄创办试验乡村师范学校（后改名晓庄学校），开展乡村教育运动，提出"生活即教育""社会即学校""教学做合一"的理论，形成生活教育思想体系。同年11月，他在陈鹤琴、张宗麟的协助下，办起了我国第一个乡村幼儿园——南京燕子矶幼稚园。以后，又办了晓庄幼儿园、和平门幼儿园、迈皋桥幼儿园、新安幼儿园等。

1929年，上海圣约翰大学授予陶行知科学博士学位。

1930年4月，国民党政府因惧怕晓庄学校的革命性，借口学校学生在中国共产党党员领导下参加了南京工人罢工斗争，即下令封闭晓庄学校，30多名学生被捕，十几名共产党员惨遭杀害，陶行知被通缉，临时避难于日本。

1931年，他返回上海，任《申报》总管理处顾问，革新《申报》，撰文揭露蒋介石反动政策。推行普及教育，创办"自然学园""儿童科学通讯学校"，编辑出版《儿童科学丛书》和《儿童科学活页指导》，发起"科学下嫁"运动。1932年10月，提出创办工学团的主张，随即创办山海工学团和晨更工学团等，工学团也曾开展办小学、幼儿园的活动。1933年，组成中国普及教育促成会。以后又提倡小先生制。在沪西女工区创办了第一个劳工幼儿团。同年，他开始主编《生活教育》半月刊。

"九·一八""一二·八"事变后，陶行知积极从事抗日救亡运动。1935年，参与发起"上海文化界救国会"，1936年组织国难教育社，提倡国难教育运动。同年当选为全国各界救国会执行委员和常务委员。7月，与沈钧儒、邹韬奋、章乃器联名发表《团结御侮》宣言，毛泽东同志复信表示支持。接着，他受全国救国联合会委托，担任国民外交使节，出访欧、美、亚、非28个国家和地区，出席"世界和平大会""世界新教育会议"第七届年会、"世界青年大会"、"世界反侵略大会"，当选为世界和平大会中国执行委员。在国外两年多，开展人民外交活动，宣传抗日救国，介绍中国大众教育运动，促进华侨团结，在推动抗日斗争方面有很大贡献。在英国，他多次瞻仰马克思墓，称颂马克思"光明照万世，宏论醒天下，'二四七四八'，小坟葬伟大"。

在他出国期间，沈钧儒等"七君子"以"爱国罪"被捕入狱，陶行知虽远在国外，仍以"危害民国并宣传与三民主义不相容之主义"的罪名，又一次被通缉。

1938年10月，陶行知应聘为国民参政员，回到祖国。同年12月，生活教育总社在桂林成立，陶行知被选为理事长。

1939年7月，他在四川重庆附近合川县凤凰山古圣寺为难童创办育才学校，选拔有特殊才能的儿童，在课外，设音乐、戏剧、绘画、文学、社会、自然、舞蹈等组，因材施教，培养人才幼苗。学校办得有声有色，闻名中外。1941年国民党统治区政治黑暗，物价飞涨，育才学校面临断炊之危，陶行知提出"跟武训学"的口号，意在艰苦办学。

抗日战争胜利后，1946年1月，陶行知在重庆创办社会大学，任校长，提出"大学之道在明民德，在亲民，在止于人民之幸福"，推行民主教育。4月，他回上海，投入反独裁、争民主，反内战、争和平的斗争。三个月演讲一百多次并积极筹组"中国国际人权保障会"。7月11日、15日，民主战士李公朴、闻一多先后遭国民党特务暗杀，陶行知被列为黑名单的第三名。7月16日他给育才学校的同学写了最后一封信，信中说：

公朴去了，昨今两天有两方面的朋友向我报告不好的消息。如果消息确实，我会很快地结束我的生命。深信我的生命的结束不会是育才和生活教育社之结束。我提议为民主死了一个就要加紧感召一万个人来顶补，……

为争取民主，他加倍工作，7月21日，他写下了最后一首诗《祭邹韬奋先生文》，7月24日，连夜整理十万字诗稿，7月25日凌晨，终因劳累过度、健康过亏、刺激过深，突发脑溢血症，中午，溘然长逝。当时，周恩来同志赶到，并在给党中央发出的电报中指出：

十年来，陶先生一直跟着毛泽东同志为代表的党的正确路线走，是一个无保留追随党的党外布尔什维克。

1946年8月1日，延安各界举行追悼大会，毛泽东同志亲笔写下"痛悼伟大的人民教育家陶行知先生千古"的悼词。12月1日，陶行知灵柩由全国53个人民团体公葬于南京晓庄劳山之麓。

陶行知著作很多，已由华中师范大学教育科学研究所编辑《陶行知全集》，共六卷，220万字。

二、"幼儿教育实为人生之基础"

陶行知十分重视幼儿教育，认为幼儿教育是人生的基础教育，他发挥了我国古代"教儿婴孩"的传统，指出：

人格教育，端赖六岁以前之培养。凡人生之态度，习惯，倾向，皆可在幼稚时代立一适当基础。

1926年10月,《新教育评论》上发表了他的《创设乡村幼稚园宣言书》,更加具体地指出,从世界出现幼稚园以来,幼儿教育的意义就更加被人们认识,他说:

从福禄伯发明幼稚园以来,世人渐渐地觉得幼儿教育之重要;从蒙台梭利毕生研究幼儿教育以来,世人渐渐地觉得幼稚园之效力;从小学校注意比较家庭送来与幼稚园升来的学生性质,世人乃渐渐地觉得幼儿教育实为人生之基础,不可不趁早给他建立得稳。儿童学者告诉我们,凡人生所需之重要习惯、倾向、态度,多半可以在六岁以前培养成功。换句话说,六岁以前是人格陶冶最重要的时期。这个时期培养得好,以后只须顺着他继长增高的培养上去,自然成为社会优良的分子;倘使培养得不好,那么,习惯成了不易改,倾向定了不易移,态度决了不易变。这些儿童升到学校里来,教师需费九牛二虎之力去纠正他们已成的坏习惯、坏倾向、坏态度,真可算为事倍功半。

按陶行知的主张,儿童六岁以前的教育是人生的基础教育,这个时期将为一个人打下人格、智力、体格的基础,并且这个基础一旦奠定,便不易改变。再就人类自身发展看,求知的欲望在学龄前早已发达,六岁以前,是儿童求知的好时机,决不可任意放弃,失掉了这个时机,便减少了很大的人类的造就。

由此,陶行知主张普及教育,不仅要普及小学,也要普及幼儿教育。他说:

教人要从小教起。幼儿比如幼苗,必须培养得宜,方能发荣滋长。否则幼年受了损伤,即不夭折,也难成才。

小学教育是建国之根本,幼儿教育尤为根本之根本。小学教育应当普及,幼儿教育也应当普及。

这种普及幼儿教育的主张,较一般资产阶级关于强迫义务教育的提法,更进了一步。资产阶级从法律上规定一个强迫教育阶段,较之封建社会只有地主、贵族阶层才能受教育,不能不说是教育界的一大进步。但这种主张是反映资产阶级发展资本主义大生产的要求,其出发点不在劳动者本身的利益。因此,强迫义务教育是有限度的。陶行知能够从人类自身的发展出发,认为教育不仅要普及到小学,而且要普及到幼儿。他从20世纪20年代起,便苦心寻求和摸索在中国普及教育的道路。其中,普及幼儿教育,一直是他教育实践的重要组成部分。

1927年,南京试验乡村师范学校成立后,便建立了晓庄小学,以后发展成8个中心小学,同时办了5所中心幼稚园,实践着他的普及小学教育,也要普及幼稚园的主张。

三、"幼稚园之新大陆——工厂与农村"

我国幼儿教育机构在清末产生以后，多分布在大城市，为上层社会服务。陶行知认为必须改变这种状况，使幼儿教育为劳动民众服务。他向社会呼吁："最需要幼稚园的地方是什么？最欢迎幼稚园的地方是什么？幼稚园还有什么新大陆可以发现？"

（1）女工区域是需要幼稚园的。妇女上工厂做工，小孩留在家里，无人照应，最感痛苦。若带在身边，那么工厂里的特殊紧张之环境，便要阻碍儿童的发育。倘使工厂附近有相当之幼稚园，必能增进儿童之幸福而减少为母亲精神上之痛苦。同时女工既不必心挂两头，手边又无拖累，则做工效率，自然也要增加好多。所以为儿童教育计，为女工精神计，为工业生产效率计，这种工厂附近必须开办幼稚园。这是幼稚园的第一个新大陆……

（2）农村也是需要幼稚园的。农忙的时候，田家妇女们忙个不停，小孩子跟前跟后，很是麻烦。哥哥姐姐也要帮忙操作，无暇陪伴弟妹玩耍，所以农忙一到，乡村小孩子就会缺乏照料。倘使农村里有了幼稚园，就能给这些小孩子相当的教育，并能给农民提供最切要的帮助。

本着这种精神，他号召推广一个幼稚园的下乡运动和进厂运动。为使幼稚园能下到乡村进到工厂，他认为必须对当时社会上的幼稚园经过一番根本变革。他批评当时国内的幼稚园有三大弊病：一是外国病，二是花钱病，三是富贵病。幼稚园只是富贵人家的专用品，平民是没有份的。要使幼稚园下乡、进厂，就必须改革这三种弊病。他指出：

要把外国的幼稚园化成中国的幼稚园；把费钱的幼稚园化成省钱的幼稚园；把富贵的幼稚园化成平民的幼稚园。

具体的方法就是要打破对外国的盲目崇拜，建设中国式的幼稚园，使幼儿教育适合国情，可以选用国外好的材料，但必以家园自出的为中心；建设省钱的幼稚园，不必事事效法外国，教师可就本乡选择，使本乡师资教导本乡儿童，玩具可以运用本村小学手工科及本村工匠仿制；上述两个问题解决了，平民自然愿意入学，开设针对平民的幼稚园便可实现，这种幼稚园便可以下乡或进工厂，为农民或工人子弟谋幸福。他创办的燕子矶幼稚园、晓庄幼稚园、劳工幼儿团等都是按建设中国的、省钱的、平民的幼稚园的思想建立起来的，因此，深受工人农民的欢迎，开辟了幼稚园新大陆的思想，表现了陶行知对劳苦民众怀着一颗赤诚的心。他曾说：

我们要向着农民"烧心香"。我们心里充满那农民的甘苦。我们要常常念着农民的痛苦，常常念着他们所想的幸福，我们必须有一颗"农民甘苦化的心"才配为农民服务……

他曾为乡村教师题写了有名的对联：

捧着一颗心来

不带半根草去

他自己就是捧着一颗与劳苦民众甘苦化的心从事教育活动的。他放弃了优越的生活和工作条件，到晓庄农村，到工人区，办农民教育、小学教育、幼儿教育，与劳苦民众同甘苦，摸索中国教育的新路，开垦幼儿教育的新大陆。

四、"解放儿童的创造力"

陶行知认为，儿童有很强的创造力，这种创造力是千千万万祖先，经过至少50万年与环境斗争所获得并递传下来的人的才能之精华，发挥、加强、培养这种创造力便是教育的任务。教育是要在儿童自身的基础上，过滤并运用环境的影响，教育虽然不能创造什么，但却能启发解放儿童的创造力。特别是旧中国的小孩子，在苦海中成长，不但经济困难，而且受着各种封建礼教的束缚，身心得不到充分的发展，这便更加需要强调发挥孩子潜在的创造力。为了发挥儿童的创造力，陶行知认为教育工作者要把自己摆在儿童的队伍里，要真情实意地和小孩子站在一条战线上，加入到儿童生活中去，便可发现孩子的创造力，然后进一步将儿童的创造力解放出来。解放儿童的创造力，他认为可以从五方面进行。

（一）解放小孩子的头脑

儿童的创造力被固有的迷信、成见、曲解、幻想等层层裹头布包缠了起来。我们要发展儿童的创造力，先要把儿童的头脑从迷信、成见、曲解、幻想中解放出来。

（二）解放小孩子的双手

人类的活动靠双手进行，若使人类把双手束缚起来，就不能执行头脑的命令。他批评中国传统的教育是不许小孩子动手的，动手要打手心，往往因此便摧残了儿童的创造力。他说爱迪生的老师就非常顽固，因为爱迪生喜欢玩化学药品，不到三个月就被开除了。幸而他有一位贤明的母亲，了解他，把家里的地下室让给他做实验。后来爱迪生成了大发明家。他希望幼儿教师都学习爱迪生的母亲，给小孩动手的机会。

【小故事】

拆表的故事

一位朋友的夫人来看陶行知,说起她的孩子把一块新买的金表拆坏了,她非常生气,狠狠地揍了孩子一顿。陶行知听了,连连摇头说:"哎呀,你打掉了一个'爱迪生'。"接着,他讲了美国发明家爱迪生小时候喜欢做实验,被学校开除以后,在他母亲的引导下,逐渐成为发明家的故事。

他又亲自到朋友家里,把那个小孩请出来,带他到修表店去看师傅修表。他们站在修表师傅身边,看着他把表拆开,把零件一个个浸在药水里,又看着他一个个装起来,再给机器加上油,用了一个多小时,花了一元六角钱修理费。陶行知深有感触地说:"钟表店是学校,修表师傅是老师,一元六角钱是学费,在钟表店看一个多小时是上课,自己拆了装,装了拆是实践。做父母的与其让孩子挨打,还不如付出一点学费,花一点功夫,培养孩子好问、好动的兴趣。这样,'爱迪生'才不会被打跑、赶走。"

(三)解放小孩子的嘴

小孩子有问题要允许他问。不要遵从中国不许多说话的旧习惯。小孩子只有得到言论自由,特别是问的自由,才能充分发挥他的创造力。

(四)解放小孩子的空间

他认为把孩子关在房子里或校园中,就像把鸟关在笼里一样,是极痛苦的。要解放孩子的空间,让他们去接触大自然中的花草、树木、青山、绿水、日月、星辰以及大社会中的士、农、工、商。要解放他们活动的空间,扩大认识眼界,以发挥儿童内在的创造力。

(五)解放儿童的时间

学校及幼稚园要给儿童自己学习、活动的时间,不要把儿童的时间排得太紧,占据儿童的全部时间,使儿童失去学习人生的机会,养成无意创造的倾向,否则等到长大成人时,即便有时间,也不知道怎样发挥其创造力了。

陶行知相信儿童的创造力,努力培养和鼓励孩子做手脑并用,富于创造精神能力的"小盘古",仅以其为孩子写的大量诗歌中的两首诗为证。

手脑相长歌

人生两个宝,
双手与大脑。
用脑不用手,

快要被打倒!
用手不用脑,
饭也吃不饱。

手脑都会用， 才算是开天辟地的大好佬。

儿童工歌

《小盘古》

我是小盘古，

我不怕吃苦。

我要开辟新天地，

看我手中双斧。

《小孙文》

我是小孙文，

我有革命精神。

我要打倒帝国主义，

像个球儿打滚。

《小牛顿》

我是小牛顿，

让人说我笨，

我要用我的头脑，

向大自然追问。

《小农人》

我是小农人，

靠种田生存。

为何劳而不获？

谁是我的仇人？

《小工人》

我是小工人，

我有双手万能。

我要创造"富的社会"，

不造"富的个人"。

五、论幼儿师资的培养——艺友制师范教育的实施

师范教育思想是陶行知教育理论的重要方面。在幼稚师范教育方面，其特点是他运用艺友制培养幼儿师资。

陶行知在创办晓庄学校时，也创立了幼稚师范学院，是1929年上半年创办的，当时晓庄学校已扩大为5个学院，即晓庄学院、吉祥学院、三元学院、万寿学院、和平学院。1929年上半年继这些学院后，陶行知又增设了蟠桃学院，即幼稚师范学院，院长为张宗麟，总指导为陈鹤琴、徐世璧，指导为王荆璞。这个学院建院的目的是培养高一级的幼教人才和研究实验幼儿教育科学，成立了"晓庄幼稚教育研究会"。出了一些成品，在晓庄学院被封闭前，开展了幼儿教育专题研究，如陶行知、张宗麟曾组织讨论"儿童卫生"、"儿童心理"、"儿童世界"、"解放儿童"、"未来的儿童教育"、"儿童教育的远景"。孙铭勋、戴自俺还对"幼稚教师是一种什么人？""乡村幼稚导师要怎样做的？"等问题进行初步探讨。这些对培养幼教师资、促进幼儿教育的科学研究和实验起了重要作用。

陶行知主张幼儿教育应该普及，中国幼儿教育的发展方向应该是广大的农村和工厂，这便急需大量的幼儿师资，等待筹办正规的幼稚师范是办不到的。陶行

知一方面在晓庄设立了幼稚师范学校。同时，他还领导实行了"艺友制"师范教育的理论，这是结合中国实际，用穷办法来解决幼教师资的途径。用这个办法他最初曾请陈鹤琴在鼓楼幼稚园为晓庄培养了幼稚师资。

什么是艺友制？为何要采用这种培养师资的制度？他在《艺友制师范教育答客问》一文中作了说明，他说：

艺友制是什么？

艺是艺术，也可作手艺解。友就是朋友。凡用朋友之道教人学做艺术或手艺便是艺友制。

艺友制如何可以应用到师范教育上来？

师范教育的功用是培养教师。教师的生活是艺术生活。教师的职务也是一种手艺，应当亲自动手去干的。那些高谈阔论，妄自尊大，不屑与三百六十行为伍的都不是真教师。学做教师有两种途径：一是从师，二是访友。跟朋友操练比从师来得格外自然，格外有效力。所以要想做好教师，最好是和好教师做朋友。凡用朋友之道教人学做教师，便是艺友制师范教育。

从上述文字可以看出，艺友制便是学生（称艺友）与有经验的教师（称导师）交朋友，在实践中学习当教师，边干边学。这个方法的优点：一是解决师范教育的缺憾；二是边干边学，立见实效，可以改变师范教育中学理与实习相分离的弊病，陶行知称这种师范教育是大书呆子教小书呆子。艺友制似木匠、裁缝、漆匠等三百六十行中带徒弟的办法，但又不是艺徒制。因一般师傅带艺徒，秘诀心得不肯轻传，甚至徒弟要为师傅干很多与学艺毫无关系的苦差。艺友制学生称艺友，与导师的关系是朋友，而不是旧式的师徒。

实施艺友制的根本方法便是陶行知提出的教学做合一，即他所概括的：事怎样做便怎样学，怎样学便怎样教。教的法子要根据学的法子，学的法子要根据做的法子。先生在做上教，学生在做上学，师生共教共学共做。

陶行知办晓庄学校时，各中心幼稚园便采用了艺友制的办法培养了一部分幼儿师资。当时领导幼稚师范院的张宗麟曾指出，指导艺友学习的过程共分为四个时期：第一个时期，实际参加幼稚生各种活动，以使他们学做一个儿童领袖。第二个时期，是指示给他们几种简单的方法，例如，讲故事的简明点，认方块字的变化法，带小朋友玩时应注意的事项，等等。艺友们知道了这些方法，在适当的时候就可以在小朋友中试做。这个时期也开始学习一些基本技能，如唱歌、布置室内工作等。第三个时期，一方面继续做各种基本技能训练，一方面又在幼儿园里实地地做。这时期与第一个时期不同的是艺友们要独立活动，导师只帮助他们制订计划大纲。另外还组织艺友到其他幼儿园参观，参观前后导师都做指导谈话，指出参观目的、内容，参观后进行讨论，提出对幼稚园工作的建议。第四个时期，是用三个月时间，两个艺友一组，在指导员指导下，独立担任整个幼稚园的工作。这四个时期大约要一年半至两年的时间，然后便可参加工作，经半年或一年考察，合格者发给幼稚教师凭证。

陶行知提倡的这种艺友制师范教育最大的特点和优点是，学生在幼儿园中实地学习，克服师范教育理论脱离实际的现象。第二，在不可能迅速建起大批幼稚师范学校的情况下，亦能培养有质量的师资。第三，节省时间，仅用一年半至两年即可结业，缩短正规幼师三年毕业的期限。这种见效快、质量好的幼教师资培养的方法，在当时很有影响。据当年参加这项工作的戴自俺讲，晓庄各幼儿园实行艺友制后很有效果，培养了一批乡村幼儿师资。当年福建集美幼稚师范、由孙铭勋主持的广西南宁国民基础教育研究院的幼稚师范特科、香山慈幼院幼稚师范所办的平民幼儿园及张雪门、戴自俺主持的在北平西郊罗道庄、核桃园的幼儿园都采用过这种方法。

陶行知认为，艺友制师范教育并不是培养师资的唯一方法，这种制度应和师范学校"相辅而行"，而不是拿来替代师范学校的。师范学校不应当废除，而应当进行根本性的改造。

第二节　张雪门的学前教育思想

张雪门（1891—1973），我国毕生从事学前教育事业的著名教育家，他苦心奋斗终生，为探索改革和发展我国学前教育的道路，留下了宝贵的精神财富。

一、幼教工作60年

（一）在北平的实验活动

张雪门曾用名尘芥、潜光、伏骥，浙江省宁波人，生于1891年3月10日，1973年4月18日病逝于台湾，享年83岁。张雪门幼年研读四书五经，毕业于浙江省立第四小学（现改名为一中）。1912年出任鄞县私立星荫小学首任校长。1918年创办了星荫幼稚园，是宁波市第一所由中国人自己创办的幼稚园，张雪门任首任园长。1920年4月他和宁波市其他六位教育界知名人士创办了宁波市第一所两年制幼稚师范学校，并任校长，得到北大教授马裕藻、马隅卿的大力支持。开始了幼儿教师的培训工作。1924年张雪门在北京大学教育系学习，系主任高仁山先生对他志在研究我国幼稚教育深为赞赏，倍加鼓励、支持与帮助。

早在1917年，青年时期的张雪门就对幼儿教育问题产生了兴趣。他在家乡眼见一些儿童缺少教育，深感儿童是国家的未来，关系重大，认为必须从儿童时代起就应有良好的教育。他在任小学教师时曾随教育参观团到上海、南京、无锡、苏州、南通等地参观，看到了有的课程教学模拟日本，有的为教会所办，因袭欧美，儿童自幼接受奴化教育，深为痛心。他认为要振兴中华民族，实现中国国富民强，不受列强宰割，儿童教育者的责任非常重大。

1920年张雪门应聘到北京孔德学校任小学部主任。在一次参观博氏幼稚园（现王府井大街幼儿园）后，偶然在包花生的纸上发现福禄培尔讲义的残页，由此溯源，竟得到布洛夫人著的福氏的《母亲游戏》的注解本。他对此书爱不释手，视若珍宝，进出随身携带，遇空研读，经久不息。在他专心致志研究福氏教育思想的进程中，得到高仁山先生的亲切指导及大力支持。1926年5月，当他自己编译出的《福禄培尔母亲游戏辑要》和《福氏积木译文》送请高仁山先生指教时，高先生送他两份资料，一份是高先生旅居日本时亲手抄的日本幼稚园课程；一份是他考察英伦26个城市的幼稚教育的英文打字材料。这对当时张雪门研究幼稚教育是一个极大的鼓舞。

张雪门研究国外幼稚教育，发现无论日本或西欧的幼稚园课程，都是从儿童生活中取材，所以我国幼稚园课程理应从我国国情出发，结合幼儿的年龄特点。因此，他进行社会调查，访问孔德学校的老听差，到隆福寺、白塔寺等地去观察北京的风俗人情以及老百姓的生活等。于1926年拟定了"幼稚园第一季度课程"，在《新教育评论》上发表，引起许多关心中国幼稚教育的人士之注意。

1928年暑假后，孔德开办了幼稚师范，张雪门主其事。当时由于一般人认为师范教育的功效太差，讥讽师范生还赶不上徒弟管用，引发他的思考。他悟出"骑马者应从马背上学"的道理，于是他采取半日实习半日授课的措施。除孔德幼师办了幼稚园外，还借了一个蒙养园为实习场所。

1927年北伐告成，张雪门创办艺文幼稚园，又增加了师范生的一个实习场所。与此同时，沈尹默先生担任了河北省教育厅厅长，举办全省教育行政人员讲习会，张雪门应邀讲演幼稚教育，并组织参观孔德、艺文两幼稚园的设备及教学活动，给听讲人员留下深刻的印象，也引起了听讲人员对幼儿教育的兴趣。

1930年秋，他应北平香山慈幼院院长熊希龄先生之聘编辑《幼稚师范丛书》，在香山见心斋开办了幼稚师范，称北平幼稚师范学校。该校采用半道尔顿制，除讲授书本知识，更重视对自然和社会的认识与技能态度的培养。第一期师范生毕业后，山东、山西、河北、河南及绥远等地来信邀聘者，络绎不绝，全班同学当即走向各省担任园长或教师，颇受欢迎。

1931年"九·一八"事变后，中华民国已到了生死存亡的关头，张雪门的思想也发生了很大的变化。他认识到今日之幼童就是将来民族的一分子，培养幼儿的目标是培养未来的主人翁，这就要研究怎样组织幼稚园课程，选择教材，借助于设备，引起儿童的各种行为。从此，他开始着手对"行为课程"的研究。

1932年，张雪门应民国大学教育系之邀，讲授《幼稚教育》课程并编写讲义，还在天津女师学院讲授《幼稚教育》，又应北平师范大学同学之请在师大讲演，题为《我国幼儿教育的回顾》，讲后，同学们反应收益良多。

1933年，他参加了北平市社会局起草幼稚园具体课程实施方案。1934年春他聘请上海山海工学团（该团为陶行知先生创办）的戴自俺先生带领幼师三年师范生与北大农学院合作，在北京阜成门外罗道庄开办了"乡村教育实验区"，区内办有农村幼稚园、儿童工学团、青年工学团、妇女工学团等。"一二·九"运动后，北平学生游行请愿，要求抗日救亡，当游行队伍快近帝王庙时，就有很多警察包围了学校大门，他则将开西旁门的钥匙交给带队的学生，以便学生参〕游行请愿活动。张雪门还将一幅"万里长城"和一幅"海宁潮"的照片以及从杭州岳阳带来的"还我河山"（岳飞）的碑文同时贴在自己办公室墙上作为激励自己抗击侵略者的座右铭。

1937年7月上旬，张雪门出席了北平召开的教育学会议及中华儿童教育社年会，8日下午大会正对中国学龄前时期儿童应否应该注意民族改造问题进行热烈辩论时，得知7日晚发生的"卢沟桥事变"。至此主席宣布休会。当晚，日军进驻北平。他的事业遭到了挫折。

（二）抗日战争中的努力

日军进驻北平以后，为以实际行动抵抗日本帝国主义的侵略，张雪门毅然离开了他惨淡经营的事业和温暖和睦的家庭，只身南下，取道天津转乘轮船到上海。

他在上海与熊希龄先生商谈，将北平幼稚师范学校迁往湖南，即赴长沙勘校址，筹建新校。由于长沙遭敌机频繁轰炸，当时正巧遇到南开大学老校长张伯苓先生，他听了张雪门述说续办幼师的困难，次日即飞往桂林，经张老介绍，得到当时广西省教育厅厅长邱昌渭的邀请，于是他决定将幼师迁到桂林。

当时广西全省有99个市县，经与邱厅长商定逐年由省政府指定各县选送考生入学，毕业后仍返原县服务，1938年2月幼稚师范在桂林东华门大街成立。4月招收第一班学生，8月又招第二班学生。未几，桂林亦受敌机轰炸，1939年幼师奉命疏散在三江县新城——古宜。到古宜住了不久，因当地气候恶劣，恶性疟疾流行，师生均不能适应，发病者日众，又报请省厅批准迁到三江县旧城——丹洲。自1939年至1942年共招生四班，连同桂林迁来两班共为六班。广西全省99市县均有幼师毕业生服务，不仅对当时广西推广幼儿教育作出贡献，直到中华人民共和国成立后这些人仍是广西幼教工作骨干。

这期间最困难的是师资问题，当时除张雪门任校长，戴自俺任教务主任外，教师仅有吴汉清、李蟾桂、池宝华、金恒娟数人，另从柳庆师范请了兼任教师数人。由于经费困难，无力增聘专任教师，幼师于1942年1月又重返桂林。

正在多方努力筹措经费修复校址之时，日寇已逼近长沙，桂林又受到威胁，再次进行大疏散，这时，恰值天津女师学院与北平师大合并为国立西北师范学院迁至陕西城固。张雪门应老友齐璧亭先生之邀到西北师院讲授《儿童保育》课程，并完成了为中华书局编著的《幼稚园行政》、《儿童保育》、《实习》三本书。

1944年张雪门将幼师迁到重庆，借用江北县一所王家祠堂，从事儿童福利制度的实验，适应抗战时期的需要，教育重点在加强幼儿民族意识和培养爱国热情，培养幼儿吃苦耐劳的习惯。组织师范生辅导委员会，拟定保育员训练规程及幼稚园办法。同年5月招收战时儿童保育院毕业女生，着手保育员训练，7月筹备儿童福利分会，兼任幼稚园理事，9月成立各地幼儿团作为试验机构。在重庆禹王宫、文昌宫、水口寺、天马山成立了四个幼儿团。当时条件十分简陋，小朋友需自带水杯、毛巾、小凳，有的小朋友家中无小凳可带，保育员就捐款代置。在如此艰难的条件下，他以坚韧不拔的精神和艰苦奋斗的作风来普及推行幼稚教育，更以实际行动为树立保育员们的事业心与责任心做出了榜样。

1945年8月10日傍晚，日本无条件投降。1946年元旦，张雪门从四川乘飞机回到北平，意在恢复北平幼师。

初回北平时，他借住熊希龄家三间房子，并在一条木板上写了"北平幼稚师范临时办事处"字样，挂在门外。又在一家报社出版了《幼教阵地》周刊。他几次向国民党北平市教育局请求解决幼师校址问题，终得不到回复。为恢复幼师，他日夜奔走，到处碰壁。此时，正值台湾民政处电遣邀他赴台办儿童保育院，因此愤而离平到刚刚收复的我国领土——台湾。

1946年7月中旬，张雪门带爱女玫玫乘飞机到上海再乘船赴台。船开出上海后，倚栏遥望，吴淞景物依旧，流水滔滔，他想到过去生活，抗战期间只身南下几经危险，幸而尚存，那是为着国家和民族；但这次被迫离开北平赴台。他当时赴台原非作久留之计，所以久别重逢的贤妻爱子仍留居北平，仅带次女玫玫随行，万没想到蒋介石又发动内战，海峡两岸，骨肉难以重逢，但他仍勤勤恳恳在台湾致力于幼儿教育事业。

（三）到台湾后的创业

张雪门赴台，当时是应台北长官公署民政处之邀，在台北开办儿童保育院，招收战后贫寒无依的儿童入学，1946年保育院正式成立。1948年5月得著名华侨胡文虎及其夫人捐助巨资，建起幼稚部和婴儿部。至此，儿童保育院已具有完整的从婴儿到小学的儿童教育机构。

日本帝国主义者统治台湾51年，对儿童进行的是奴化教育，其目的是培养日本所需要的顺民和廉价的劳动力。因此，台湾收复以后，作为中国一省，对儿童的教育首先是肃清日本的奴化教育，进行爱国主义教育，培养民族自尊心。张雪门认为，针对日本人的奴化教育，要教育孩子们善于用脑，要在明利害、辨是非、分析环境、把握现实和改造将来方面下工夫，使之成为国家下一代的主人翁。

1947年儿童保育院改名为台湾省育幼院，同年5月台湾省改制，增设台中育幼院，台湾省育幼院又改名台北育幼院。当时育幼院经费十分拮据，幼儿衣服被褥无力供给，不得不求助中于小学学生家长捐助旧衣被等为儿童御寒。育幼院为机关式的儿童福利机构，还负有辅助地方儿童福利事业的任务。他工作繁重，因操劳过度，摘除右眼眼球，左目仅有极微弱的视力，已不能担任繁重工作，于是离开了他艰苦创建、惨淡经营七年之久的育幼院。

张雪门离开育幼院后的生活是清贫、寂静的。但其精神是伟大的。他不时回到育幼院指导学生的学习，出席全区幼稚教师业务讨论会；担任台南师范幼师科顾问，任全省幼儿团教师暑期讲习班主任兼任教务和讲课，任空军妇联分会62所幼儿团顾问；做幼稚园教材教法和我国幼教沿革等专题讲演。在《中华日报》主办《幼教之友》专栏，任侨民教育函授学校教育科主编，出版了《幼教辅导月刊》。

1960年他突患脑病，半身不遂。一位耄耋之年的老人，眼睛失明，手脚失灵，耳朵失聪，以坚强不屈的顽强意志和病魔战斗到底。在借用放大镜，一天只能缓慢地写下几十个字的情况下，竟在歪斜的字迹中写下了《幼稚教育》、《幼稚园课程活动中心》、《幼教师资进修讲话》、《幼教无际论》、《实习三年》、《幼儿的发现与创作》、《儿童创作集》、《我的童年》、《从孩提到青年》、《闲情集》、《幼教论丛》等专著，他为我国幼儿教育留下了极为宝贵且丰富的遗产。

1973年，张雪门脑病复发，抢救无效，于4月18日下午溘然长逝，享年83岁。

二、论幼儿教育的对象和目的

张雪门一生的实践，是有极丰富的理论作为指导的，首先表现在他对幼儿教育的对象和目的的论述上。在这个问题上他认为，必须把环境、儿童身心特点与国家未来联系起来考虑确定，他曾指出"要解决我国的幼稚教育，必须认清三点：（1）儿童在幼稚园时候心身发展的情形；（2）我国社会的现状；（3）应如何根据社会现状来谋求民族的改造，同时并应如何根据儿童的需要，谋社会基础的建设"。为什么要这样考虑？他说："倘然我们单注重第一点而忽略了第二点，必至养成孤独的个人，厌恶社会，而仍难免社会的压迫。若单注重第二点而忽略了第一点，不但引不起儿童行为的反应，且有时妨害了他们现时的心身，我们如果认第一点是幼稚教育的对象，第二点便是幼稚教育的目的，那第三点便是幼稚园的课程、设备以及一切的动作了。"

这是他一贯的主张。早在1931年，他在《幼稚园教育概论》中就指出，幼儿教育要"不悖于真正的教育原理"，须先明了心身与环境，个人与社会，及现在与将来等的关系。

在20世纪二三十年代，我国的幼儿教育先是学习日本，后模仿美国，以儿童为本位的思想占据主导地位。但是到1936年，张雪门发表《幼稚教育新论》的时候，日本帝国主义步步深入，东北早已沦亡，在蒋介石国民党政府与日寇签订《何梅协定》之后，华北已变色，多年在北平从事幼儿教育工作的张雪门，面对国家民族危亡的现实，思想有了很大的震慑。他指出："中国旧式的教育，只知注意社会的需要，而儿童本位的教育，仅仅着重于儿童的身心，其结果往往前者引不起儿童行为的反应，且阻碍其身心的发育，后者易造成离群独立的个人，甚至厌恶社会，而仍难免于社会的抑压"。所以，他提倡"社会和儿童联系起来，打成了一片才能完成教育的使命"。

这时，他把1933年以来所酝酿的想法，定为改造民族的幼稚教育，并拟订了四项目标：（1）铲除我民族的劣根性；（2）唤起我民族的自信心；（3）养成劳动与客观的习惯态度；（4）锻炼我民族为争中华之自由平等，而向帝国主义作奋斗之决心与实力。抗日战争爆发后，北平幼师迁往广西桂林，在幼师所设的中心幼稚园，也是推行这种民族改造的幼稚教育，张雪门从事幼稚教育，是有伟大的抱负与理想的，其目的在培养有健康的体魄，有劳动的习惯，有自治能力，有不畏强暴、抵御外来侵略的民族自信心，而又能适应新生活的新国民。

三、论幼稚园课程

注意课程研究，而且有极大的贡献，是张雪门幼儿教育思想的重要表现之一。"课程是什么？课程是经验，是人类的经验。用最经济的手段，按有组织的调剂，用各种的方法，以引起孩子的反应和活动。幼稚园的课程是什么？这是给三足岁到六足岁的孩子所能做而又欢喜做的经验的预备。"这是1929年在《幼稚园的研究》上发表的心得。两年以后他将其理论进一步概括为："课程源于人类的经验，只为这些经验对于人生（个人和社会）有绝大的帮助，有特殊的价值；所以人类要想满足自己的需求，充实自己的生活，便不得不想学得这些经验，学得了一些又想学得多些，而且把学得的更传给后人。"

根据他的研究，他认为，把课程看成就是知识，或者把课程就当作书本上的知识看待是不对的。"其实课程的范围很大，技能知识兴趣道德体力风俗礼节种种的经验，都包括在课程里。换一句话来说，课程是适应生长的有价值的材料。"生长当然有因时因地等的差异，应区别对待。

怎样组织课程？他认为："一方面须顾到社会意义的重要，他方面须能够满足个体发达期中的要求。"根据这个分析，他认为，课程的来源有四："（1）儿童自然的诸般活动；（2）儿童与自然界接触而生的活动；（3）儿童与社会接触而生的活动；（4）人类聪明所产生的经验而合于儿童的需要者。"

幼稚园的课程，和小学、中学不同，和大学更不同，幼稚园的课程有它的特点，其特点有三，应予以注意：

第一，"幼稚生对于自然界和人事界没有分明的界限，他看宇宙间一切，都是整个儿的。""所以我们编制幼稚园课程时，对于这一点应特别留意，将自然界和人事界常相联络；如果分得太清楚太有系统了，反不能引起儿童的反应。"

第二，"当幼稚生的时期中，满足个体的需要，实甚于社会的希求。"编制课程时，原不能忽略社会的希求，但须极力注意儿童现在的需要和能力。

第三，"幼稚园的课程，须根据于儿童自己直接的经验。"张雪门认为："这种经验，自然比传授式的不经济，而且又没有传授式的整齐。但儿童从自己直接的生活，发现学习的动机。""都与人生的关系至为密切。"这样，自然比间接经验有更大的意义。

张雪门尽自己最大努力从事幼稚园课程的研究，1970年，他在台湾出版了一本《中国幼稚园课程研究》，把他从北平到台湾的近40年的研究做了总结。从中得出组织课程的标准是：

课程须和儿童的生活联络。是有目的有计划的活动。事前应有准备应估量环境，应有相当的组织，且需有远大的目标。各种动作和材料全须合于儿童的经验能力和兴趣。动作中须使儿童有自由发展创作的机会。各种知识技能兴趣习惯等全由儿童直接的经验中获得。

以上所提都是能在幼稚园付诸实现的。在他的指导下，由一批幼师实习同学分别拟定《各月活动估量表》共12个表，是从秋季八月开始，按月逐次排列：八月、九月、十月、十一月、十二月、一月、二月、三月、四月、五月、六月、七月共12个月的课程计划，现仅以八月、一月为例。

类别	月份 事物	八月份
自然环境	节　气	立秋、处暑
	动　物	鸣蝉、蜻蜓、螳螂、蟋蟀
	植　物	凤仙花、西瓜、藕、莲蓬、向日葵、菱
	自然现象	雹、流星、露
社会环境	令　节	23日乞巧节、21日中元节
	纪念日	20日廖仲恺殉国纪念 27日孔子诞辰
	农　作	作酱、种荞麦
	家　庭	烤肉
	店　铺	饽饽铺卖花生糕，纸铺卖纸钱、元宝、香蜡 油盐店卖酸菜，清真铺备烤肉
	职　业	卖甜瓜，卖鸡头米，卖菱角、鲜核桃
	风　俗	乞巧，盂兰盆会——放河灯、烧法船、祭祖、扫墓
	公共机关	露天电影
	学　校	暑假补习，招考，预备开学
儿童	游　戏	玩莲花灯、捕蜻蜓
	疾　病	霍乱
本月份中心活动		1. 暑假补习 2. 预防时疫 3. 采集昆虫标本

第四章 中国近现代的学前教育思想

类别	月份 事物	一月份
自然环境	节 气	小寒、大寒
	动 物	狗生小狗，猪肉肥
	植 物	腊梅花开放
	自然现象	冰花见、冬日暖
社会环境	令 节	1日新年，20日腊八节
	纪念日	1日中华民国成立纪念日，28日"一·二八"上海闸北抗日纪念日
	农 作	野烧
	家 庭	换春门对，贺年，宴客，腊肉
	店 铺	爆竹铺，元宵铺，鱼场，肉铺
	职 业	卖年货
	风 俗	腊八粥
	公共机关	施粥，设暖厂
	学 校	学期考试，话别会
儿童	游 戏	新年锣鼓
	疾 病	伤风，中煤气
本月份中心活动		1. 请客 2. 开元宵铺 3. 腊八粥 4. 赈灾 5. 话别会 6. "一·二八"纪念

　　从上述材料可以看出，张雪门对于幼儿园课程的研究，是花了相当深的功夫的。他主要致力于充实课程内容的安排，又注意各课程之间的相互联系，促使各课教学能围绕着一个总的中心开展，以完成不同年份、不同季节各大教学中心的教育任务，使之达到他所拟订的对幼儿的培养标准。仅从《各月活动估量表》来看，他是运用师范生、幼儿园教师的力量，从实践中产生的，并非闭门造车。幼儿园教师要按这个估量表来注意儿童所处的自然环境和社会环境以进行教学活动，是要有一定的修养才能完成任务的。

　　1946年，张雪门到台湾以后，担任台北育幼院院长，继续从事他的研究实验工作。1966年他出版了《增订幼稚园行为课程》一书，初步完成了他的"行为课程"的理论体系。什么叫行为课程？他说："生活就是教育，五六岁的孩子们在幼稚园生活的实践，就是行为课程。"这份课程与一般幼稚园所用课程有没有差别呢？他说有同有不同。"……这份课程包括了工作、游戏、音乐、故事等材料，也和一般的课程一样，然而这份课程，完全根据于生活，它从生活而来，从生活而开展，也从生活而结束，不像一般的完全限于教材的活动。"

之所以提倡行为课程，张雪门认为：

第一，幼儿出生以后，从一无所知，一无所能到渐渐地变成了有知有能，"完全是由于个体和环境的接触"。他解释说："从接触而生的经验叫作直接经验，也可以说是人生的基本经验。有了这一步经验，才能产生记忆、想象和思想种种的心理作用。……所以我们提倡的幼稚园课程，首先应注意的是实际行为，凡扫地、抹桌、熬糖、爆米花以及养鸡、养蚕、种玉蜀黍和各种小花，能够实际行动的，都应该让他们实际去行动。从行动中得到的知识，才是真实的知识；从行动中所发生的困难，才是真实的问题；从行动中所获得的胜利，才是真实的制驭环境的能力。"

第二，他针对一些幼稚园课程以教材为中心的情况，指出："教材无论是现成的，是创造的，其唯一目的，为充实幼儿的生活，决非灌注他们的熟料。因为教材的目的在充实幼儿的生活，所以对他们仅是活动而非知能。虽然活动里面未始不可有若干知能，但绝不是抽出来的死知能。……况且生活本来是流动的，所以教材的本体更应该切合现在，而不应抄袭。教师为幼童采取教材，教师是熟悉教材的，而幼童是方去学习。但事实上，教师忽略了这一客观标准，过分重视自己的成见。教师是成人的代表，成人的知识是专长的，是孤绝的，而且是抽象的。但幼儿童进幼稚园的时候，心中没有学科的观念；他们看宇宙一切的一切，全是整个儿具体的活动。所以教师对于幼童，不要仅凭抽象的言语或线条的图画，来介绍类别教材，只要常常运用自然和社会的环境，以唤起其生活的需要，扩充其生活的经验，培养其生活的能力。"他认为："若教师真能够做到这样，这便是行为课程了。"

张雪门的研究实践的可贵之处是，不仅有实践、有理论，而且有较完整的步骤与方法。因此，他接着提出实施行为课程，有下列的重要原则：

第一，课程固由于自然的行为，却须经过人工的精选。

第二，课程固由于劳动的行为，却须在劳动上劳心。

第三，课程固由于儿童生活中取材，但须有远大的客观标准。

此外，他对于如何组织幼稚园的行为课程，课程实施前的准备，课程实施中的指导，课程实施后的进展等，都有详尽的叙述。他特别提醒幼儿教师，要把行为课程在幼儿园具体落实，应抓好五个环节，即：应充分做好课前的准备工作；订好课程的目的和计划；引起幼儿的兴趣；激起活动的动机；把握好活动的进程；做好结束时的检查工作。

从张雪门关于幼稚园课程的论述可以看出，他反对以教材为中心，反对成人以教材向儿童灌输现成的材料，主张尊重儿童的特点，必须联系儿童的生活，引导儿童在自然和社会的环境中学习，培养儿童的生活力。他的这个主张与当时陶行知的"生活教育"理论是相通的，他也是20世纪20年代陶行知主编的《新教育评论》的编委之一。

四、论教材与教法

张雪门关于幼儿园教材与教法的思想，是与他的"行为课程"理论密切相关的。

幼稚园教材的来源何在？张雪门认为，教材的功能在于满足儿童的需要，所以应当在儿童生活里取材。同时，教材又是社会群体遗留下来的经验，所以还要适应社会的生活。

"儿童生活和社会经验两者是相对的，有时甚至于可说是矛盾的，……然而这并不是绝对的壁垒，且正是从相反的一点上，才有获得变动的功能。"他还说，"在这样的情况下，只须教师能够帮助造成社会经验和儿童自己经验中间的联络"。

为了解决这个问题，他提出了必须审慎选择教材的标准。其标准有四：

（1）教材须合于现实社会生活的需要。

（2）教材须合于社会普遍生活的标准。

（3）教材须合于儿童目前生长阶段中的需要。

（4）教材须适合于儿童目前的学习能力。

根据这四项标准选择幼儿园的教材，便能充实儿童的生活，培养儿童在劳力上劳心，手脑并用，热爱劳动，有合作互助及有自治能力。扩而大之，便可成为理想的新国民。

1931年，他在《幼稚园教育概论》一书中专门列了一条《方法》，他进一步解释说："教材和教法是一件事。"并举例说："儿童从坠地以后，对于环境上种种事物，自有一种天然的倾向，只要合于反应的能力，没有一种不足以引起儿童学习的动机。如小孩子用手去扪火炉，经火烫痛了，因而对于火的认识感情……总多少有所改变，以后看见火，不但认得是熊熊的物体，且增加了烧灼的知识，倾向方面从玩弄变做了畏惧，扪的行为改做了缩避。这种例子如果用学校的课程去比拟火炉的火是教材，扣和缩避是方法。即使没有扣的行为，小孩子对火的新知识新感情……当然不能获得，且也不会产生有效缩避的方法。我们在这一例子尤应特别认识清楚的：教材和方法是分不开的一件事，实不是两件事。没有教材，就没有方法，没有方法，就也得不到教材。方法，本来是从教材上产生，并不是离开了教材，更另有方法。"

由此而运用到幼稚园的教学上，他更明确地提出"做学教合一"的方法。他认为，在幼稚园的教学里"……在做上教的是教师，在做上学的是学生。教师能在做上教，拿做来教，做的就是教的，那才是真正的教；学生能在做上学，拿做来学，做的就是学的，那才是真正的学。"

很显然，张雪门在幼稚园教材教法的研究与实践上是十分重视教师和儿童的实际生活的，又是十分重视教材与教法打成一片的。其中，他特别注意在与儿童生活中，注意从行动中施行教育。

1946年他到台湾以后，经过六年的研究实验，提出了"行为课程"，于是他的理论更具体化、系统化了。1960年他在《幼稚园教材教法》一书中明确提出："幼稚园教学法所根据的重要原理原则只有一条，便是行动。儿童怎样做，就是怎样学，怎样学就该怎样做。胡想瞎干都非行动的正道；没有教育价值，就也非教学的意义了。正确的行动，实有目的、有计划、能实践、能有结果，结果虽有成败，但都足以改进经验。所以研究幼稚园教学的，首先须把握的便是这一条，其余的所谓原理原则，多半是技术问题。"陶行知在《教学做合一下之教科书》一文中给"教学做合一"的"做"下了一个定义："做"是在劳力上劳心。因此"做"含有下列三种特征："（1）行动；（2）思想；（3）新价值的产生"。张雪门所提倡的行为课程，与此是息息相通的。要想真正达到幼儿教育的目的，采用这种行之有效的方法是必需的。

五、论幼儿园教师与幼儿师范教育

从张雪门的教育活动可以看出，他从1912年在家乡创办私立星荫幼稚园以后，对幼儿园师资培训及幼儿师范教育就予以足够的重视，在办幼稚园的同时，采用多种形式培训幼儿师资，一生几乎都没有离开过幼儿师范的工作岗位。在实践中，他总结出了不少有价值的经验。

（一）幼儿教师及幼儿师范教育的意义

1961年他在台湾出版了《实习三年》一书，书中开头就说："幼教的良窳，由于主持幼教者的师资，而师资的由来，实由于师范教育的培植。如果我们研究幼教仅限于幼稚园的教育，抛弃了师范教育，这无异于清溪流者不清水源，整枝叶者不整树本，决不是彻底的办法。"这可以说是他一生从事幼儿师范教育的总结，所以在他的幼儿教育工作实践中，总是把幼儿园的实验与教师培养相结合。曾有一个时期，他尽管在北平民国学院、天津河北女子师范学院、城固西北师范学院等大学讲授《幼儿教育》、《儿童保育》等课程，但他总是引导学生面向幼儿园，注重参观实习的工作。视培养大学生中的"幼儿教育"专业的学生，为培养"师资的师资"，他同样予以高度的重视。

（二）幼稚师范生的培养目标

张雪门所办的幼儿师范学校都有明确的培养目标，以北平幼稚师范为例。北平幼师最初是与中华教育改进社合办的。创办之初，即根据中华教育改进社的办学方针，主张幼稚园教育须力求适合国情及生活需要，目的在培养为普及平民幼稚教育，培养具有改造民族素养的新一代国民而献身的幼儿教育师资。这一总目标要贯彻到幼稚师范生的各科学习与各种活动之中，在香山慈幼院北平幼稚师范学校的课程中，他都严格规定了各科学习的目标，如国文课要达到不拘文体具有自由发表自由阅读能力；英文课要达到须有阅读翻译的能力；儿童卫生课要达到了解儿童生理对与卫生，并有体格检查与急救法、皮肤病……及一切简单的治疗技能，以及麻疹、白喉、百日咳等诊断能力；要求明了且能计划幼稚园课程……其他各门课程均有严格的要求，以期实现培养合格幼稚师资的总目标，这尤其表现在幼稚师范生的实习上。

（三）系统组织的实习

早在1928年，张雪门办孔德幼稚师范时就悟出一个道理："骑马者应从马背上学"，同样，学做幼稚园教师，就应在幼儿园的实际活动中学办幼儿园。因此他在孔德幼师即采用半日授课半日实习的办法，让师范生到特约的幼儿园实习。自从办了北平幼师以后，即以香山慈幼院的蒙养园、幼稚园和小学为实习场所从事实习。从办北平幼师即中心幼稚园时起，张雪门本着教学做合一的原则，中心幼稚园的老师即是师范生的指导教师。师范生通过中心幼稚园的实践，奠定了学习幼儿教育、从事幼儿教育、热爱幼儿教育事业的基础。

当时北平幼师学生的实习场所除本校的中心幼稚园以外，还有艺文幼稚园、求知小学幼稚园、昭慧幼稚园、第一蒙养院。全班同学分组到上述各幼稚园实习，与实习园联系，报名前进行社会调查，向社会宣传幼稚教育的重要意义等。学生在一年内轮流担任园长、教师、会计、采购等工作，最后达到实习生具有在幼稚园独立工作能力。

香山慈幼院婴儿教保院，也是北平幼稚师范生实习园地。师范生在此实习主要是了解幼稚园早期儿童的身心特点及婴儿保教常识，并实习卫生保健，儿童营养、膳食烹饪，婴儿服装剪裁与制作。可以说是我国早期教育的萌芽。

小学实习也列为重要内容，北平幼师学生在慈幼院二小实习，目的在使师范生了解幼稚园幼儿升入小学前，在知识、行为、兴趣、态度等方面应有何等的准备，为幼儿升入小学打好基础。

张雪门认为，平民幼稚园是幼稚师范生必须的实习场所。他分别在北平西郊罗道庄、核桃园、甸厂开办了三所农村幼稚园和一个乡村教育实验区，面向社会，使师范生从实践中体会到农村需要教育之迫切，并进一步体会到教育的社会价值在于促进社会的进步，具有民族自信心，要使贫穷落后的中国繁荣昌盛，教育工作具有独特的意义。以期通过实践，使师范生具有百折不挠为教育事业献身的精神。

张雪门特别重视实习。在空间上，把师范生实习的场所扩大到整个社会；在时间上，他冲破一般传统师范教育的办法，仅仅把实习集中在三年中的最后一个学期进行。他特别提出要"有系统组织的实习"。

什么叫"有系统组织的实习"？"第一须有步骤，第二须有范围，第三须有相当时间，第四更须有适合的导师与方法。就大体论，实习可以分作四大阶段：第一是参观，时间为一个学期，其对象为建筑、教具、工具、材料等设备，师生的仪表、态度与兴趣，对幼稚生积极、消极的处置，工作、游戏、文学等教学过程以及整体设计。在这一时期，指导教师应以担任实习的导师为主，幼稚园教师为辅。参观的地点，如果自己所在的幼稚园具备相当的条件，当然以自己所在的幼稚园为宜，再去参观其他的幼稚园，有助于比较和参考。如果自己所在的幼稚园不具备条件，那么就应当选择一所成绩优良且较有主张的幼稚园去参观。对于参观实践的师范生，应注重培养其幼稚园的基本观念。所以质的方面须有系统，而量的方面不求其多。有系统，则基础观念容易形成，使初学者无所适从了。第二是见习，时间也是一个学期，从供备材料开始，一直到整个设计活动中的参与。在这一时期指导的教师，应以幼稚园教师及担任实习的导师为主，而以实习主任及担任教育科的导师为辅。见习的地点，也以自己的中心或附属幼稚园为宜。这不但来往便利，而且理论和实施也较易衔接。第三是试教，时间是一个学年。凡指定幼稚园中的招生、编级、选材、组织课程、指导活动、编制预决算，以及一切教学上教师业务上幼稚园行政上的处理，都由二年级的师范生来担任；担任实习的导师反退居于顾问地位。第四是辅导，时间也是一个学年。辅导在纵的方面是由儿童的队伍出发,向儿童家庭推进的是家庭访问,亲职教育;同时更由个案工作求得整体的联络,向学校单位前后延伸至托儿所和小学低年级。横的方面是向广大的社会联系,包括社区调查、营养站、卫生站、辅导会、导生班。这些工作,一律由三年级的师范生负责,他们要自己计划,自己分配工作,自己检讨并改进,实习导师在必要时予以指点。这一阶段的实习不但要了解儿童的发展情况,而且要进一步主动地展开全面的儿童福利工作,培养地方师资,以求达到幼稚教育的合理和普及。"

"实行我上面所拟的幼稚园实习三年计划,同时还得严格遵守我'上一阶段的工作未终了,下一阶段的工作不能开始'的主张。或者有人以为这样太呆板了;殊不知生活教育中的教学做原理,都正在使人过有计划有组织有目的的生活,而达到教育的目的啊!"

他的有系统组织的实习所根据的原理就是"教学做合一"。

为了寻找、探讨我国自己的幼儿教育的理论与实践,为了培养理想的幼儿教师,为了培养婴幼儿成为振兴中华的新生一代,张雪门历尽千辛万苦,整整奋斗了60年。他治学严谨,勤于写作,从19世纪20年代后期开始到1973年在中国台湾逝世为止,在上海、北京、中国台湾等地出版幼儿教育专著近30种,约计200余万字,是我国幼儿教育的一份宝贵遗产。

第三节　陈鹤琴的学前教育思想

陈鹤琴(1892—1982),我国现代著名的教育家,尤其是我国著名的儿童教育专家,在开拓中国现代幼儿教育事业上有突出的贡献。

一、生平和主要教育活动

陈鹤琴系浙江上虞人,早年毕业于清华大学。1914年与陶行知同行到美国留学。他先进入霍普金斯大学,广泛研习政治学、市政学、经济学、地质学、生物学等西方国家的科学;1917年利用假期又到康奈尔大学和安姆黑司税大学兼读,攻读园艺、养蜂、鸟学、汽车学和普通心理学等。1917年毕业于霍普金斯大学,取得文学学士学位。同年秋,进入哥伦比亚大学师范学院,专心研究教育学和心理学,受教于著名教授克伯屈、孟禄、桑戴克。1918年,获哥伦比亚大学教育学硕士学位。在准备攻读博士学位时,收到国内南京高等师范学校校长郭秉文聘请回国，博士论文未完成。

1919年8月，陈鹤琴回国，9月，应郭秉文校长邀请，到南京高等师范学校教育科任教授，从此开始了他的教育生涯。他立下了"一切为了儿童"的宏愿，一面在高师任教授讲述儿童心理学与教育学等课程，一面倾心于儿童心理和儿童教育的科学实践活动，开始了对中国儿童教育科学化的探索。1920年，喜得长子陈一鸣，于是，便以一鸣为研究对象，进行儿童身心发展的观察和文字、摄影记录。对儿童的动作、能力、情绪、言语、学习、绘画等各方面进行了连续的观察和实验，持续了808天。后来，他把研究成果写成《儿童心理之研究》一书，于1925年由商务印书馆作为大学教材出版。这可以说是现代中国学者运用科学方法，探索中华民族儿童心理发展规律的开端。

陈鹤琴苦心研究儿童心理规律的目的，是为了把研究出来的儿童心理发展规律运用到教育儿童的方法上。1921年他撰写了《儿童心理及教育儿童的方法》一书。1925年又出版了《家庭教育》，利用对儿童心理研究的科学成果，阐述了家庭教育的意义、内容和方法，深受社会欢迎。针对怎样教育小孩的问题，做了科学的说明与指导。

1923年，陈鹤琴创办南京鼓楼幼稚园，作为推行中国化、科学化幼儿教育的一个实验基地，以改变幼儿教育照抄照搬外国模式的现状。他克服重重困难，首先在自己的家里办幼儿园，招收了12名儿童入园，自己担任园长，以后又建了园舍。通过实验，总结出幼稚园的课程、读法、故事、图画、幼稚生应有的习惯和技能、玩具、设备、用具、教具等一整套具体经验。他还深入研究并精心设计创制了标准桌椅、六面滑梯、摇船、木马、大中小型积木、积竹、动物拼板、识字盘、木偶等。1927年，他将鼓楼幼稚园的实验经验加以整理总结，写成《我们的主张》，发表在《幼稚教育》杂志上，提出了建立适合中国国情的，根据儿童心理、教育原理和社会现状的幼稚教育的十五条意见。鼓楼幼稚园，1925年定为东南大学教育科实验幼稚园，是我国第一所幼稚教育实验中心。以后，他又与陶行知等合力创办樱花村幼稚园等，开辟乡村幼稚教育实验场地。他对幼稚园课程设置，教学方法进行了较长时间的实验研究，1928年，受大学院（后改为教育部）之聘，参加并负责全国幼稚园课程标准的草拟和制定工作。根据鼓楼幼稚园的课程实验成果，起草成全国幼稚园课程暂行标准。

1927年，陈鹤琴任南京特别市教育局学校教育科长，着力调查和整顿中、小学和幼稚教育。1928年赴上海任工部局华人教育处处长。主持教育处11年，办了8所小学（附设幼稚园），1所女子中学，为职工办夜校，设二部制小学，简易小学等，努力使更多的人受教育。

1934年7月至1935年3月，陈鹤琴赴英国、法国、比利时、荷兰、德国、丹麦、苏联、波兰、奥地利、意大利、瑞士等11国考察教育。回国后，积极宣传介绍欧洲先进教育经验。他继续研究学前教育，同时还对小学教科书进行研究，编写了《儿童国语课本》、《儿童作文课本》、《小学生应用图表》、《儿童算术练习卡片》、《最新英文读本》、《最新英文字帖》等。

1940年4月，本着"要做事，不做官"的意愿，陈鹤琴拒绝政府委派的国民教育司司长之职，到江西泰和创办公立幼稚师范学校，以实现办中国化的幼稚教育，由中国人自己培养幼稚师资的愿望。他一切从零开始，亲自动手，自己规划设计、选购建材，组织力量，开山筑路，建造校舍，寻找水源，并从各地聘请了一批热心教育事业，有实干精神的教育家、教师。学生入学第一课便是劳动建校，由陈鹤琴亲自率师生成立十多个小组，边学习边劳动。提倡"手脑并用，文武合一"，开荒、筑路、编草、盖房、种菜、养猪等。在那荒山上，很快出现了简易、美观、实用的教室、宿舍、礼堂、办公室及其他教学、生活设施，还建立了附小和幼稚园及工场、农场等。

1943年春，实验幼师由省立改为国立，同时增设幼稚师范专科，培养幼稚师资和研究人才，借以建立中国幼稚教育制度。在他的努力下已经形成了一个较为完整的幼稚师范教育体系，包括专科部、师范部、小学部、幼稚园、婴儿园等五部分。此外还设立了国民教育实验区。

陈鹤琴在江西创办幼稚师范期间，形成和实践了他的"活教育"理论，要将荒山变成活教育的乐园。他在为幼师所作校歌歌词中集中反映了活教育理论的内容："幼师！幼师！前进的幼师！做中教，做中学，随作随习，活教材，活学生，活的教师！大自然大社会是我们的工作室，还有那手脑并用文武合一，建设我们的新国家，教导我们的小天使。幼师！幼师！前进的幼师！"

1944年，日寇侵犯江西赣江两岸，8月，泰和危急，陈鹤琴决心不丢掉一个学生，勉励大家"相依为命，同舟共济"，带领二百多名师生艰难转移，几经周折，于1945年3月，在广昌县甘竹乡饶家堡重建校园，继续探索办中国化的幼教事业的道路。到1945年8月抗日战争胜利，他在江西创办幼稚师范的五年之中，历尽艰辛，培育出一批幼教战线的园丁。

1945年9月，陈鹤琴任上海市教育局督导处主任督学，负责接管外国人办的30余所中小学。同时，创办上海市立幼稚师范（1947年改为女子师范学校），任校长。他为继续推行活教育，要求设在江西的国立幼师南迁，教育部未允。只有专科部迁沪。在上海幼师和幼专，继续实验活教育理论，允许学生参加政治运动，支持学生到群众中去开展文化活动。1947年2月，创立上海儿童福利促进会，解决难童教养问题，任理事长。3月，筹创上海特殊儿童辅导院，任院长，这是一个特殊儿童综合性教育机构，办了问题儿童班、农村儿童班、聋哑班和伤残班。他支持幼专学生在大场办农忙托儿所，实验乡村幼稚教育，以后又支持学生在江苏金坛县办农村托儿所，推广农村学前教育。

新中国成立后，任中央大学师范学院院长，后国立幼专并入该院教育系。1953年任南京师范学院院长，在主持校务的同时，讲授儿童心理学课，继续实践、研究和探索发展中国幼儿教育事业的道路。

纵观陈鹤琴一生所从事的教育活动，在学前教育、小学教育、教育测验、普及教育、师范教育、特殊教育、文字改革等方面，都做出了卓著的贡献，是"五四"以后，活跃在我国教育战线时间最长的教育家。他的突出贡献在开创中国化的儿童教育上。他从事教育近70年，所走过的道路是坎坷的，但却从未失去热爱孩子的一颗赤诚之心。他是最早运用观察和实验的方法研究中国儿童的心理发展规律的学者；是中国现代学前教育的开拓者和改革者；创办了多层次的幼儿师范教育。他的学前教育理论与实践对中国20世纪20年代至40年代有直接的影响，至今仍有很高的理论意义和实践价值。他留下来的300万字的著作，是一份十分珍贵的教育遗产。现已出版《陈鹤琴教育文集》（上、下卷），《陈鹤琴全集》也已问世。

二、论学前教育的意义

陈鹤琴为改造和建立中国的学前教育事业，奋斗了68个春秋，这是他热爱孩子，要使他们健康成长的真实写照；他的这种锲而不舍的精神也是建立在对学前教育意义的深刻认识的基础之上的。陈鹤琴深信，学前教育不仅关系到一个人的成长，而且也影响着一个民族，一个国家的兴衰。

（一）幼稚期是人生可塑性最大的时期，需要有适当的环境与优良的养育

他指出："我们知道幼稚期（自出生至七岁）是人生最重要的一个时期，什么习惯，言语，技能，思想，态度，情绪都要在此时期打下一个基础，若基础打得不稳固，那健全的人格就不容易建造了。"

人的培养，要从小开始，要"小"字、"早"字当头，幼稚教育是一生教育的关键。这体现了他的教育价值观，说明教育一个人如果能早开始，从小开始，便可以省力；反之，如果孩子教育迟了，或者开始没学好，要纠正过来，便要花费很大的力气，有时还徒劳无功。他曾举例说：有一位风琴师出了一张招生广告说未学过琴的，学费一元，学过琴的二元。这很引起人们的奇怪，而琴师解释说：未曾学过的，只不过不会踏琴罢了，没什么病根的。至于已经学过琴的，不但不会踏琴，而且学了许多弊病，要教好他，非先把他的病除去不可。既要除去他的病根，又要教好他，比较未学过琴的已经多一层困难了，所以学费也应当贵一倍。此例说明，小孩子对于各种东西，必须从小学好，做父母的教育小孩子，尤应当特别谨慎。因为，幼小儿童，意志薄弱，可塑性大，很容易接受教育的影响。施以良好的教育，将来可以成为好国民，倘施以恶劣的教育，那么将来成为恶劣的青年，再去教育，就太困难了。所以孔子有言："少成若天性，习惯成自然。"可见，抓住幼稚期，给孩子良好的养育是多么重要。

（二）学前教育是一切教育的基础，对各种教育要发生深刻的影响

陈鹤琴不仅仅是幼儿教育专家，而且对中、小学教育，高等教育，师范教育，职业教育都有广泛的研究和实践活动，他深深感到，国家要发展教育事业，幼稚教育是基础，不能忽视。1947年他曾公开批评政府忽视幼教事业的政策，对政府将仅有的国立幼师、幼专及上海幼师，采取的裁并政策十分不满，强烈要求政府提倡幼稚教育，正式规定幼稚教育、幼稚师范教育在学制体系上的独立地位。

新中国成立以后，学前教育的地位提高了，1950年颁布的第一个学制，就确定了幼儿教育在学制体系中的地位，幼儿教育得到前所未有的发展。为使幼儿教育更加广泛地、科学地发展，陈鹤琴仍然不断地利用可能的机会向社会呼吁，进一步改革幼儿教育，强调幼儿教育在整个教育事业发展中的意义。

（三）为了减轻工作妇女养育子女的负担，迫切需要幼稚教育

陈鹤琴认为，在半殖民地半封建的旧中国，要求得进步，必须发展幼稚教育。他指出，人们总有一种错觉，认为托儿所、幼稚园是为贵妇们减少照养子女的责任而已。这种看法是错误的，必须把劳动妇女从养育子女的负担中解放出来，这是中国改善生产，发展经济，求得进步，摆脱落后状况所必需的条件。而解放妇女，就必须发展幼教事业，尤其是举办农村托儿所和工厂托儿所，是刻不容缓的工作。因此，他为幼教事业奋斗，这是因为他把发展幼教事业与国家的命运紧密结合起来了，成为他献身祖国劳苦民众的具体体现。

（四）为使特殊儿童能得到社会的养护

一些特殊儿童，包括盲、聋、哑等残疾儿童和旧社会贫童、难童，还有一些弃儿，他们比一般孩子的处境困难，有的得不到家庭的培育，有的家庭没有能力教养他们。对于这些孩子，就更加需要由社会幼儿教育机构收养和教育。

陈鹤琴从儿童自身的发展、从国家经济力的增殖、从国家众多教育层次的发展与特殊儿童的养护等多方面地阐述了学前教育的重大意义。这种"早"教育的思想，本来是我国古代教育很好的传统，近些年又为教育科学研究进一步证实，婴幼儿早期教育的重要性被越来越多的人所理解。

三、论幼稚教育要适应国情

旧中国半殖民地半封建的教育制度，存在严重的模仿外国的倾向，在幼儿教育上尤为突出。外国人在中国办的幼稚园，按外国方式施教，就是中国人自己办的幼稚园，也盲目照搬西洋的做法。

对于这种"全盘西化"的倾向，陈鹤琴尖锐地指出，幼稚教育抄袭外国，不切合中国民族性，不适合中国国情，不能使中国人适应。1927年，他在总结办南京鼓楼实验幼稚园经验时，第一点就提出"幼稚园要适合国情的"，他说：

现在中国所有的幼稚园，差不多都是美国式的。幼稚生听的故事是美国的故事，看的图画是美国的图画，唱的歌曲是美国的歌曲，玩的玩具，用的教材，也有许多是从美国来的。就连教法，也不能逃出美国化的范围。这并不是说美国化的东西是不应当用的，而是因为两下国情上的不同。有的是不应当完全模仿的，尽管在他们美国是很好的教材和教法，但是在我国采用起来到底有许多不妥当的地方。要晓得我们的小孩子不是美国的小孩子，我们的历史、我们的环境均与美国不同，我们的国情与美国的国情又不是一律；所以他们视为好的东西，在我们用起来未必都是优良的。

这里，陈鹤琴首先批评了中国幼稚教育盲目崇拜美国的现象，同时也说明了，反对这种模仿，并不是因为美国的经验本身不好，而是因为它们不符合中国的国情。他认为，幼稚园这种教育机构，虽然在中国本来是没有的，是从外国输入的。但是，既然我们已经开创了这项事业，就应该自己先问一问，用一种什么目标来办？怎样来办？倘若一些主张都没有，仍旧像初办的时候，今日抄袭日本，明日抄袭美国，抄来抄去，到最终也办不出好的幼儿教育来。要办出有中华民族特点的幼稚教育，这是他终身的追求，也是他幼教实验活动的核心。

陈鹤琴开拓和改革幼儿教育的时期，中国面临的国情，最重要的是半殖民地半封建的农业大国，经济、文化落后，教育的主要对象应该在农村。从20世纪20年代直到抗日战争胜利以后，他本人不断提倡和探索发展农村幼儿教育事业的道路，并且积极支持陶行知和他自己的学生在乡村兴办的幼教事业。在辽阔的中国土地上，这些乡村幼稚园、托儿所还只是星星点点，但它却体现出了中国幼教事业发展的方向。

要适合中国的国情，就要实实在在地以中国孩子为对象，要总结中国孩子的特点，以中国孩子为中心，吸取外国有用的经验。这是他强调适合中国国情的又一个特点。他反对照抄照搬外国的办法，但并不反对从外国经验中吸取适合我国需要的经验。纵观我国自孔夫子以后的数十名大教育家，应该说陈鹤琴是一位深刻、细微、具体地研究外国教育经验的典型代表。他本人年轻时，系统地学习和研究了美国教育理论，后来又到欧、美十几个国家进行教育考察，深知国外的教育理论、教育思潮、教育著作、教育家的主张。凡好的东西他都注意研究和吸取，但他坚决反对生吞活剥。对外国的经验决不敢照搬照套，而是经过自己科学实验的验证和改造。他的教育理论的形成，都是经过对国外经验的研究——自己的实验观察——去粗取精，去伪存真的科学概括形成的。

建立中国式的幼儿教育，是陈鹤琴终身所愿。他善于吸收外国经验，但强调只有掌握了对我们本民族儿童研究的第一手丰富材料的前提下，才能对国外教育作深入的比较研究，才能辨别出哪些对我们有启发、有帮助、可以接受；哪些对我们不适合，不能盲目搬用。他在87岁高龄时，还以幼儿教育研究会名誉会长的名义，号召全国幼儿教育工作者，开展对本民族儿童的科学研究工作，以"摸索出一条中国化的幼儿教育路子"。

四、论学前教育的科学化

陈鹤琴认为，要办好中国的幼教事业，必须要解决一个科学化的问题，即把幼儿教育建立在科学的基础上，要了解儿童，研究儿童，按照儿童心理、生理的特点去教育儿童。

对于办儿童教育不讲科学，他曾提出尖锐的批评。在20世纪20年代，当学前教育的研究在西方已经有近百年历史的时候，中国仍按几千年以前的封建传统，对幼儿教育不加研究，他十分焦虑和痛心，向社会呼吁，必须打破旧中国教育儿童不讲科学的落后状态，他指出："栽花有栽花的学识技能，花才能栽得好；养蜂有养蜂的学识和技能，蜂才能养得好；育蚕有育蚕的学识和技能，蚕才能育得好；甚至养牛、养猪、养羊、养马、养鱼、养鸟莫不都有专门学识技能，唯独对于教育孩子反而还不如养猪养羊重要，倒不讲究教育孩子的学识和技能！"

陈鹤琴是建立科学化学前教育的提倡者和实行家。从1920年起，以自己的孩子和实验幼稚园等众多孩子为对象，苦心钻研和实验，取得了丰硕的研究成果，在50年代以前就撰写出科学论著《儿童心理及教育儿童之方法》、《儿童心理之研究》、《儿童心理学》、《从一个儿童的图画发展过程看儿童心理之发展》、《家庭教育》等，对推动中国学前教育科学化的进程具有开拓性的作用。

教育的科学化从广义上讲，包括教育的全过程和教育内容上的各个方面，这里仅以陈鹤琴对科学化最根本的依据——儿童心理特点与分期，做重点论述。

（一）儿童心理研究，是科学教育儿童的基础

科学地教育儿童，也就是要遵循儿童自身的特点施以教育。陈鹤琴主张，对儿童的培养与成人不同，不能给他们成人化的东西，要适应他们的生理、心理特点，要做到儿童化。懂得了儿童的特点，就可以根据这些特点，施以适当的教育，找到最经济、最有效的办法，收到优良的教育效果。他指出，中国儿童教育的严重弊端之一，就是不按儿童自身特点进行教育，而错误地将孩子看成缩小了的成人。这种传统观念是违背儿童心理发展特点的，是不科学的。逼着小孩子一举一动和成年人一样，叫他端端正正地坐在屋里，不许到户外游戏，甚至穿的衣服也和成人一样，叫儿童也穿起长衫马褂，他们会感到万分的难受。把儿童当作成年人一样看待，去施以教育，是摧残儿童的活泼天性的。他认为，这种谬误的观念必须改变，要正确地认识儿童的价值和研究儿童心理发展的特点，才能收到教育的良果。

儿童期是人发展智力，学习语言最快的时期，是道德、习惯养成最容易的时期。幼儿教育就是要抓住这个最佳时期，为整个人生的发展打下一个好的基础。研究儿童心理特点的意义，就是要把儿童教育建立在科学的基础上，承认并且了解儿童的心理特点，认识这个时期的特殊价值，以便更有效地教育儿童。

（二）儿童心理特点与教育

对儿童的培养要科学化，就是要符合儿童的生理、心理特点，做到儿童化。把幼儿教育的工作建立在科学的基础上，就要掌握其生长发展的科学规律，就必须对于作为幼儿教育基础的儿童心理做全面、系统、切实的科学实验研究。

陈鹤琴研究科学化的幼儿教育，是从自己的孩子出生起步的，他逐日对孩子身心变化和各种刺激反应进行周密的观察和实验，做出详细的文字记录和摄影记录。从这些大量的材料中，具体剖析了孩子身体的发展，动作的发展及模仿、游戏、好奇、惧怕、言语等各方面的规律。以后又不断地对大量的儿童进行观察、实验，总结出了儿童的心理特点，这样的总结自然就具有民族性和科学性的特点。他所总结的儿童心理特点重要的有：

1. 好动心

儿童生来好动，不像成人那么有自制力。陈鹤琴说：

儿童生来好动的，他喜欢听这样，看那样；推这样，攥那样；忽而玩这样，忽而弄那样。忽而立，忽而坐；忽而跳，忽而跑；忽而哭，忽而笑。没有一刻的工夫能像成人坐而默思的。

他曾认真地观察记录了大量有关儿童动作的材料，如口的动作、头的动作、手的动作、臂的动作、坐的动作、立的动作、爬的动作、足的动作、走的动作、跳的动作、腿的动作等。根据他对孩子多方面动作的研究，对于儿童为什么那么好动，做了科学的回答。他认为，这是因为孩子的感觉与动作都是连通的，只要想到了或是接受了什么外来刺激，就立刻要去做。比如，一想到吃，就得去寻找东西吃；一觉得痛，就要哭；一听到门外有欢呼声，即刻就要跑出去看。总之，儿童还没有养成自制力，行为完全为冲动与感觉所支配。好动就成为儿童突出的特点。教师和家长就要了解和研究儿童的这个心理特点，不但不因儿童正常的动作去责罚他，而且要给儿童以充分的机会，使他们多与事物接触，以促进儿童身体、道德、智力的增进。

陈鹤琴强调儿童好动的心理特点，认为应该尊重儿童好动心，并利用这个特点，给其提供发挥的空间。同时他也指出，儿童这样好动，动作是否合乎社会的情形和个人的需要？这是一个很重要的问题。他这样动、那样动，是否妨害别人的自由，比如家中有病人，当然不能叫喊喧哗；看见好吃的东西，当然不能随便吃；在路上行走，当然不可乱跑乱跳；在公共场所，当然不可随便吐痰；看见别人的东西好玩，当然不能随便拿走，等等。因此，还研究了儿童动作的抑制及其抑制的方法，如利用谴责、惧怕、感官刺激、儿童喜欢的东西、发生过快感的东西、回忆不快乐的经验等，都可以起到抑制动作的作用。起初这种抑制的作用很少，后来儿童从经验中就可以慢慢学会在什么地方，在什么时候，他应当动作或不应当动作。

2. 模仿心

模仿心对儿童的发展十分重要，儿童能力的获得大大依赖这种模仿心。陈鹤琴在研究大量的国外学者成果和自己试验的材料的基础上，探讨了模仿是什么，模仿的种类，模仿在教育儿童上的意义。最后他指出，教育者要了解儿童的模仿心，将其正确地运用到教育中去。例如：

（1）模仿的动作与所模仿的动作是不一样的，如儿童学说话的声音，儿童学写字握笔的位置和姿势，都不会与成人一样，当他模仿这些动作时，教者就要格外当心，发现错误，要立刻给以校正，千万不可养成错误的习惯。

（2）模仿只是初做的时候，后来继续做的动作，是感觉这个动作的快乐而做的，就不是模仿了。儿童的这种快乐来自两个方面，一是生理的，就是从肌肉筋骨以及其他感觉器官所得的快乐的感觉；一种是社会的，就是他模仿的时候，别人称赞他鼓励他而得到的快乐。因此，我们就可以利用这种心理。凡不能发生这两种快感的事情，不要给他模仿；凡能发生这两种快感的事情，便做给他看，叫他模仿。

（3）模仿包含模仿的能力，不同年龄的儿童，模仿能力不同，这种能力有一个发展过程。比如四五个月的小孩，不能模仿写字、读书、缝纫等，只能模仿声音。所以不能勉强儿童模仿他所不能模仿的东西。

（4）儿童模仿是无选择的。儿童善恶的观念很薄弱，容易接受环境的影响，所以他不能有选择地对事物加以模仿。古代孟母为给幼小时的孟子选择良好的模仿环境，曾三迁择邻，就是这个缘故。因此，作师长的，要以身作则，同时要为儿童选择和创造模范与法则，教儿童逐渐学习鉴别是非善恶，使之能"择其善者而从之，其不善者而改之"。

3. 儿童是易受暗示的

陈鹤琴说暗示和模仿，看起来是一样的东西，不过模仿是从儿童一方面着想，暗示是从环境一方面着想。对于儿童来说模仿是主体，对于暗示，环境是主体。比方说，儿童因为看见别人骑马，也要骑马，这种被外界刺激的心理，叫"暗示感受性"。他受外界刺激愈容易，他的受暗示性愈大。

（1）儿童是容易被暗示的。对这个问题，陈鹤琴自己曾作过试验。有一天，他拿了一条玩具马缰，给自己的小孩，心想他一定是喜欢玩的，便把它挂在孩子的头颈上。不料，他不但不喜欢，反而哭起来。便立即取下，放在孩子堂兄颈上。堂兄戴上马缰便向前跑，像是马奔的样子，陈鹤琴便牵了马缰在后面追。孩子见如此好玩，也抢着要马缰了，放在颈上也向前跑去。这件事使陈鹤琴受到启发：第一，孩子最初因不了解马缰，也不知道父亲的意思，便对它产生一种惧怯的态度。第二，孩子看了别人追跑也要模仿着去做。这样看来，一方面不可贸然任一己之欲，迫儿童做不明了所做的事情；另一方面儿童既然是很容易受人暗示，我们可以利用这种心理去支配他的动作。比如，为了让孩子喜欢刷牙，可以用画着儿童正在刷牙的美丽图画来暗示孩子，便可达到训练儿童良好习惯的目的。

（2）儿童暗示感受性的特点。陈鹤琴指出：根据外国科学家的研究证明，儿童暗示感受性有这样的特点：第一，年长的儿童比年幼的儿童的暗示感受性来得薄弱。第二，年长的女孩比年长的男孩暗示感受性来得强，但年幼的女孩比年幼的男孩暗示感受性来得弱。

除这两项以外，根据陈鹤琴本人的试验，他又补充两点：一是孩子幼小时（如两岁半以前）常常随着别人末了一句话或者一个字说。二是有一种消极的暗示是不宜采用的。这种消极的暗示，是儿童本来没有觉得要做什么不该做的事，后来是你暗示了他一个思想，才引出他有了这个意思，反倒要去做这个事了。比如儿童跌了一跤，做母亲的忙抱过来哄着说："不要哭！不要哭！"孩子本来不想哭反而大哭起来。或在教育里，教师对学生说："不要讲话，不要向窗外看。"学生不知不觉地，或者不由自主的反要讲话和向外看了。这种暗示不能起到教育的效果。因此，他告诫人们，不要用消极的暗示去矫正孩子的错误。

　　（3）暗示在教育上的作用。儿童容易受暗示，怎样利用这个特点进行教育？陈鹤琴认为应注意以下三点：

　　第一，关于良好的举动、习惯、风俗等，我们都可以利用暗示来养成。

　　第二，暗示可以增加儿童的痛苦，这类的暗示就要避免使用，如前述小孩跌跤的例子。

　　第三，戏剧的暗示当善为取缔。戏剧影响儿童的作用往往很大。甚至儿童看到影剧中各种欺诈抢掠的事，也便学着去做这类事，可能导致儿童的犯罪行为，因此这种戏剧的暗示应当取缔。

　　4. 好奇心

　　陈鹤琴认为儿童好奇心强，这种好奇心在教育上有很高的价值。

　　儿童在好奇心的驱使下，会有各种不同的举动。按陈鹤琴研究自己周围的孩子和国外史密斯及霍尔研究儿童好奇心的结果分析，这种举动有：①凝视观察。根据他对陈一鸣的记录，孩子出生后第5天能熟视灯光，第23天眼睛能随灯光转移。②自动观察。如4岁的男孩，到客人家，蜜蜂引起了他的好奇，便去敲蜂巢，结果被蜂刺痛。③试验。比如一个5岁的小女孩，见地里萝卜很感兴趣，于是每天把园里所种的胡萝卜掘起来，要看看它是怎样生长的。④问句。如3岁半的女孩，会问"为什么太阳会发光呢？""谁把这些明星放在太空中呢？"⑤破坏的好奇。如4岁的男孩，把一只钟拆得粉碎，因要想晓得钟为什么会响？

　　陈鹤琴还论述了儿童的好奇心不是永久不变的，而是随着年岁而发展的。比如儿童在未能行走以前，他的主要兴趣在经历新的感觉，并且注意感觉的关系；当儿童开始学会讲话，就会不断地问他所见到的新鲜事物"这个是什么"、"那个是什么"，以后他又会不满足只知道名词，兴趣会进一步发展，常常要追问："这个有什么用处？""你怎么做的？""你为什么这样做？"甚至追根求源问："这个东西从哪儿来的？"再长大些，到三四岁，儿童"为什么"的问题增多，多问的是一般公理，如"天黑因为太阳下山了"。他的兴趣常常在应用真理方面，不断地问："太阳下山了吗？""没有。""那么为何天如此地黑暗呢？"在这个时期儿童的问题，爱加"为什么"三字，而且要一直问到底才肯罢休，或问到成人责骂为止。

这些好奇心都会引发出儿童研究学问的兴趣，教育者是完全可以利用的。儿童生而无知，后来长大一些，逐渐与环境相接触，他的好动的能力与模仿的能力逐渐滋长，好奇心也逐渐发展，见了新鲜事物，就要追究，甚至会弄坏了玩具或其他什么东西，但这样便得到了新的知识。成人对儿童的好奇，要耐心地指导，正确地解答，不可厌恶禁止儿童的问话，更不要假作聪明，牵强附会，颠倒了儿童的思想。

5．游戏心

儿童好玩这个极其重要的心理特点，在教育上有很高的价值。陈鹤琴说："儿童好游戏是天然的倾向，近世教育利用这种活泼的动作，以发展儿童之个性与造就社会之良好分子。"

他对游戏有很深的研究，曾研究和评述了国外六种关于游戏的学说，在这个基础上，他亲自做了试验探索，形成了自己的关于儿童游戏的理论。概括如下：

（1）游戏是什么？

游戏虽然是天然的，但也是有条件的。第一，要有游戏的力量，比如小孩子"吸指"、"吃拳"，也必须要有吸的能力；第二，要有反射的动作，如要把一个木棒放在他手里，他必有握的反射动作；第三，要有联合的动作，如小孩子看见桌上有个摇铃就伸手去摇，这动作就比较复杂，因为"看见"是一件事，"去拿"又是一件事，"拿来摇"又是另一件事，这便是三种动作的联合；第四，要有好动的天性；第五，智慧的作用，这是复杂的游戏所必需的，如记忆力和想象力。如做"请客"的游戏，拿草当菜，拿水当茶，这种动作都是要用想象的。

此外，游戏还要靠快感而发生。有时儿童第一次玩什么，纯粹出于随机动作而成。后来继续玩，却因为第一次玩的时候发生快感的缘故。一直到太容易做而不能发生兴趣时为止。按陈鹤琴分析，这种快感，包括生理上的快感、心理上的快感和社交上的快感。

（2）游戏的种类。陈鹤琴将游戏分为五大类：

第一，关于发展身体的游戏，包括感官游戏——如听的、看的、触的、嗅的各种游戏和动作游戏——如儿童自己动作的游戏。

第二，关于发展社交的游戏——凡各种团体游戏，如捉迷藏及各种比赛都属此种。

第三，关于发展语言的游戏，又包括言语游戏和歌唱游戏。

第四，关于发展手的游戏，包括手工游戏和球戏。

第五，关于发展人生观的游戏，包括化装游戏，如装作父母和手指游戏（指手指在灯光下作出各种形状的游戏）。

（3）游戏与年龄的关系。人生从幼至老都是喜欢游戏的，只是年幼时更甚，且各时期有不同的内容。陈鹤琴将学前儿童游戏分为幼稚期与儿童初期两个阶段。

幼稚期指从出生至3岁。他认为，这个时期，儿童所爱的游戏，是属于感觉与动作方面的，遇到小的东西，就要捻捻它，尝尝它，遇到大的东西，就要推推它、动动它。儿童在这个时候，不但喜爱触觉的游戏，也喜欢听觉的游戏。很爱听声音，常常用棒敲这里、击那里。所以在这时候，幼儿教师应当给他们各种会响的玩物，发展他们的听觉。

儿童初期指4至7岁。在幼稚期，婴孩大概喜欢独自游戏。到儿童初期，就要与伴侣同玩了。假使没有同伴，儿童也会想象出一个或几个同伴出来，与他玩耍。但这终究不是真伙伴。应该给儿童找良好的伙伴才好。陈鹤琴还指出，这个时期儿童喜欢化装游戏或叫模仿游戏。比如两三个孩子一起拿许多小凳连起来，玩"火车来了"的游戏。这类游戏使儿童无形中学习社会上的风尚和习惯，所以要为儿童设置良好的环境，使他们不知不觉地模仿才好。

（4）游戏与玩具。陈鹤琴对儿童玩具的研究和制作曾花费不少精力，也为儿童设计和制作过不少好玩具。

玩具自然与游戏有关，不少游戏是要通过玩具的使用而实现的。陈鹤琴说玩具的范围很广，不仅是街上所卖的供儿童玩的东西，其实儿童看的、听的和接触的都可以作为玩具。给儿童好的玩具，教他实地练习，便可以促使儿童的视觉、听觉、嗅觉、味觉、触觉各种机能以及智力和身体有发展的机会。

（5）游戏在教育上的价值。游戏不仅使儿童得到快乐，而且有很高的教育价值，陈鹤琴阐明了下列几点：

第一，发展身体。游戏是一种自然的、有兴趣的、活泼的运动。游戏的时候儿童不知不觉地会将他的全部精神拿出来。因此游戏可以锻炼儿童的筋骨，辅助儿童的消化，促进儿童的血液循环，增加儿童的肺的呼吸。

第二，培养高尚道德。各种高尚道德，几乎都可以从游戏中学得。如自治、克己、忠信、独立性、共同作业、理性的服从、纪律性。这种种美德之养成，没有再比游戏这个利器来得快，来得切实。至于公平、信实、尊敬别人、履行个人的义务等德行，也是游戏的副产品。

第三，能使脑筋锐敏。游戏也能发展智力，如判断力、知觉力、观察力、想象力、创作心、冒险心，都可以在游戏中渐渐养成。

综合陈鹤琴多年对儿童心理特点的研究和实验，最重要的有好动心、模仿心、容易受暗示、好奇心、游戏心，此外他还论述了儿童喜欢成功、喜欢野外生活、好群心、赞许心等特点。只有了解儿童的这些特点，才能科学地教育儿童，正如陈鹤琴所说："我们教小孩子必须要了解小孩子的心理。若能依据小孩子的心理而施行教育，那教育必有良好效果的。"

【小故事】

陈鹤琴教子故事"我们也来拍手"

陈一鸣1岁3个月的时候，有一次，陈鹤琴带他去看小学生演戏。剧场里有300多个小学生，戏演得很精彩，看节目的人常常兴奋得齐声鼓掌。陈鹤琴想，这个时候小孩子一般会产生惧怕的心理的，所以他一抱一鸣进门，就笑嘻嘻地对他说："你看，这儿有这么多的小孩子！"后来，当戏演得十分精彩时，陈鹤琴预料观众一定会鼓掌，就先对一鸣说："我们也来拍手！"一鸣一听小孩子鼓掌，也就欢欢喜喜地鼓起掌来。

"蟾蜍，你好吗？"

有一天，阳光和煦，陈鹤琴同一鸣（1岁10个月）在草地上玩耍，他们一起观赏花草，识别昆虫，玩得兴致勃勃。突然，有一只大蟾蜍蹦了出来，一跳跳到一鸣眼前。这只蟾蜍长得特别大，一鸣以前从没有见过这么大的蟾蜍，他脸上顿时露出害怕的神色。举起手来向后退，并且喊叫说："咬！咬！"陈鹤琴走过去，从地上拾起一根小草棍，轻轻地去刺着那只蟾蜍说："蟾蜍，你好吗？你也来同我们一起游戏吗？"一鸣见爸爸在同蟾蜍说话，也就凑了上来，后来，他接过爸爸递给他的草棍也去刺蟾蜍，起初一触就缩回来，仍显出有些害怕的样子，但慢慢地他就平静下来，不再像当初那样害怕了。

"汽车倒翻哉！"

在一鸣一两岁的时候，每逢乌云聚集雷电交加的天气，父母总是带他到屋檐下，露台上，用手指着云对他说："这里像一座山，那里像一只狗，这是狗的尾巴，这是狗的耳朵。"又指着闪电对他说："这闪电像一条带，多么好看！"于是一鸣也很快乐地用手指指点点，看云看电，对雷鸣电闪毫不惧怕了。平时，一鸣走路若跌跤了，父母总是让他自己爬起来，即使跌破了也不大惊小怪。他稍大一些学骑三轮小车，偶尔车子倒了，人也翻倒在地，父母并没有对他说什么，他也慢慢地爬起来，嘴里说一句："汽车倒翻哉！"然后扶起车子重新骑起来。

（三）儿童年龄分期与教育

陈鹤琴经过多年观察、试验、研究，对学龄前期各个不同阶段的心理活动特征做了科学的阐述。

他认为，要进行儿童的教育工作，就要研究儿童的心理生活，除了要掌握儿童一般的心理特点以外，还应该将儿童的生活过程分为几个阶段，进行细致的研究，尤其对学龄前期的儿童更有必要在这个大时期中再细分出几个小阶段进行研究。因为这个时期，是人类独立的人格生活奠定基础的时期。人类独立人格的生活方式，就是心理活动的种种表现，如感知觉、动作、言语、情绪、情感、思维、意志、自我意识等，陈鹤琴将它概括为反射生活、感觉运动生活、情绪生活、智慧生活与社会生活。这四种生活内容，在人类生活的过程中虽然是统一表现，相互发展的，可是，就其发展的程序看，他们都是在相当的年龄中有先后发展的趋势，按陈鹤琴的研究，大概感觉运动生活（如听觉）在新生后一个月左右就已发展；情绪生活则在新生一个月至一年左右具有发展的雏形，其后到6岁为智慧奠基之时，到12岁社会生活有显著的发展。据此，他将儿童从出生至学龄分成四个阶段：

1. 新生婴儿的心理与教育

新生婴儿指从出生到一个月左右这个时期。陈鹤琴以陈一鸣为对象详细地观察了这个时期婴儿的感觉（包括视觉、听觉、触觉）、动作（包括口的动作、头部与四肢的动作）、情绪（包括哭、快乐、惊恐等）、生理现象（如循环系统、胃壁收缩、内分泌、头、胸、骨等），根据这些心理与生理的发展，施以人生最初的教育。

陈鹤琴批评了对新生儿谈不上教育的谬误见解，他说："在这种观念支配之下，真不知有多少儿童，终生受其祸害！根据科学的研究，每个儿童自出生之日起就已开始学习（甚至可以说在胎内已开始学习）。"

比如每回哺乳之前，给婴儿5秒钟的声音刺激，经过10天训练，多数婴儿一听到声音，即开始吸吮动作。说明即便是新生儿，学习能力却已开始这一事实，因此就应该给予教育，并且这种教育还会影响儿童的一生。不过，这时期教育的重点是建立儿童健康身体的基础，同时，对优良习惯的形成有一个初始的基础。这时的教育，他列举了下列三方面：第一，环境的教育。因新生儿初离母体，刚

115

开始进入一个新的世界，他适应的能力很薄弱，父母应控制环境，使之适应婴儿的要求，如要使环境安静，房间空气要流通等。第二，饮食的教育，如哺乳要定量定时，排泄也要养成定时的习惯。第三，睡眠的教育，要养成睡眠的好习惯，如独睡、熄灯睡、不要抱着睡。

2．乳儿心理的发展与教育

乳儿期指出生后1个月到1岁左右。这个时期儿童最显著的特征是需要母亲哺乳，所以称这时期为哺乳期。他观察研究了婴儿在这个时期各种动作的发展，认为乳儿时期，儿童的生活已开始从新生时的反射生活范围发展为许多复杂的、联合的运动的范围。这个时期儿童各种动作十分重要，特别是坐、立、爬行等动作的发展，是儿童后来独自站立、行走、跳跑的基础。

他研究了这个阶段婴儿的情绪表现与发展，介绍了用观察法与实验法研究这个问题，阐述了这个时期情绪的表现，包括生理上的表现、面部的表现、全身筋肉的变化、声音（如哭声、泣声、笑声、惊叫等）的表现、动作的表现，都可以说明婴儿情绪的变化。

陈鹤琴指出，如果新生婴儿的教育，我们所注意的是生理方面的调护，而乳儿的教育，就不仅要注意到他的生理调护，而且还应有正确的教育。他阐述了这个时期动作的教育与优良情绪的培养。

关于动作的教育，就是儿童身体筋肉活动时，所应受的指导与维护。这往往对人的一生都会发生深刻的影响。为了便于儿童的动作，他指出，应为儿童准备适宜的衣服。这时期儿童衣服要合乎卫生、舒适、自由、方便，使孩子觉得愉快。鞋袜的大小、质料，都要便于乳儿学习走路。在儿童学习爬行、走路时，做父母师长的还要特别注意态度。

3．步儿心理的发展与教育

步儿时期指1岁至3岁半，步儿是指开始步行的儿童。陈鹤琴指出，在这一时期中，儿童心理上最大的表现，便是步行。他学习步行，开始步行，乐于步行，对跑、跳特别感兴趣，进步特别迅速，同时，这个阶段，儿童的语言、智力也表现出显著的进步。

关于儿童行走的发展，陈鹤琴首先说明行走的意义，指出儿童由不会行走而能独立行走，有赖于儿童主观、客观的原因，是有条件的，如健全的骨骼、筋肉和神经的作用，适当的智力程度，有行走的动机，有行走的机会等。

要遵循孩子行走的规律与习惯，恰当处理成熟与练习的关系，适时予以帮助指导。儿童学习行走的过程，也是大筋肉活动迅速发展的过程，儿童这些能力的取得，扩大了他的活动空间，使他由一个不独立或半独立的个体，逐步向独立个体过渡。

关于儿童言语在这时期的发展，陈鹤琴指出，儿童学习言语是需要一个过程的，一般分为四个阶段：言语模仿、将字结合、应用代名词与复数、应用叙述字。他记录观察了陈一鸣言语发展的情形，通过对孩子 99 天至 2 岁 5 个月的观察，他指出，一般孩子在出生后五个星期，便开始牙牙学语；满 6 个月，母音和子音已经发生；满 12 个月，大多数儿童均能模仿一两个字；满 18 个月，能应用简单句子；满两岁能应用一般的句子；满 3 岁，儿童言语与成人的就相差不多了。用游戏的形式教儿童学习言语是儿童比较乐于接受的方式。

这个时期除行走与言语的发展以外，其他如在习惯的发展、心智活动的显露方面都应给予指导。

4. 幼儿心理的发展与教育

幼儿时期指 3.5 岁至 6 岁。这个时期他重点阐述的是儿童的思想活动、社会性的发展、情绪的转变等。

（1）关于思想的活动。

成人要了解儿童思想发展的特点，并寻求良好的发展思想的教育方法。陈鹤琴从五方面总结了这个问题：第一，儿童自己能想到的，成人切不可替代；第二，使儿童得到充分的思考机会，应该特意发生种种新环境、新问题，叫儿童来适应、来解决；第三，使儿童得着丰富经验；第四，教儿童善用言语文字以及学习种种美术；第五，改正儿童的思想谬误。这种总结很有现实意义。比如新动静、新问题是引起儿童思想的条件，父母师长要去设计一些新动静、新问题，不要一切都包办，尤其是很多"好心"的母亲，遇到一点事，还不等孩子的思想发生，便立刻代之解决，这种"爱"，是培养"傻瓜"的办法。

（2）关于儿童社会性的发展。儿童的社会性指儿童与儿童、儿童与成人的个别关系，同时也表现在儿童社会组织性活动的建立。儿童是好群的，不喜欢独自孤处，一两岁的婴儿也喜欢有人在他旁边。因此，儿童对于人与人的关系的感觉发生得很早。但真正社会生活的发展，陈鹤琴指出应当是在 3 岁前后。以前他是独自游戏，或者看别人游戏。现在他开始对其他儿童的游戏发生兴趣，参加其他儿童团体，共同游戏；对于成人，以前总是采取依赖与期待的态度，现在他一切都开始借自己的力量来做自己所要做的事情。对于成人的帮助或干涉常持反抗的态度。可是他自己却非常高兴帮助其他儿童，更喜欢帮助比自己年幼的孩子。

儿童社会性的发展也有很大的个别差异，有各种不同类型，每个儿童由于环境和教育的不同，都具有自己特殊的社会态度。

（3）关于情绪的转变。到了幼儿期，儿童情绪的激起，不仅来自自身生理上的要求，而且来自与日俱增的社会环境的刺激。儿童这种情绪的表现，就是从自我到他人、从机械到繁复、从个人到社会的转变，尤其是儿童社会性的发展，对其情绪的转变影响很大。

根据幼儿期儿童思想活动、社会性的发展、情绪的转变等的研究，说明这个时期儿童的教育是十分重要的。陈鹤琴说：

无论在生理方面和心理方面，幼儿期的教育都是非常重要的。儿童对社会适应得是否健全，儿童生理方面或心理发展的程度是否表现着常态的前进，儿童对于卫生习惯有否养成，以及儿童身体健康是否得到健美的发展，幼儿期的教育都该担负相当的责任。

在幼儿期教育的实施中，应注意什么，他总结了很多有价值的经验。例如，以积极的启发、暗示和鼓励，代替消极的限制、批评；不姑息、不严厉；让儿童使用自己的手脑；让儿童有自己的活动园地；发展儿童的好问心；父母师长应以身作则等。

五、论幼儿保教内容、原则和方法

我国幼儿教育机构早在清末就已产生，但其课程设置先是沿袭日本，后又学习美国，真正探索合乎于我国儿童实际的幼稚园课程，是20世纪20年代以陈鹤琴为首的一批幼儿教育专家开始的。陈鹤琴根据南京鼓楼幼稚园的实验，在20世纪20年代提出了幼稚园的课程编制及授课的原则、方法。中华人民共和国成立初期，他撰文论述《幼稚园的课程》。

关于编制幼稚园课程，他提出十大原则：（1）是民族的，不是欧美式的；（2）是科学的，不是封建的；（3）是大众的，不是资产阶级的；（4）是儿童化的，不是成人化的；（5）是发展的、连续的，而不是孤立的；（6）是配合目前形势和实际需要的，而不是脱离现实的；（7）是适合儿童心身的发展的，是促进儿童健康的；（8）是能够培养五爱的国民公德和民主、团结、勇敢、守纪律的优良品质的；（9）是陶冶儿童的性情，培养儿童的情感的；（10）是可以养成儿童说话的技能的。

根据这十大原则，陈鹤琴阐述了幼儿园教育内容、原则和方法。

（一）幼儿园的保教内容

陈鹤琴对幼稚园的保教内容进行了长期的实验研究，他以五指活动来概括幼稚园的保教内容，表现为五个方面的活动：

（1）儿童健康活动，包括饮食、睡眠、早操、游戏、户外活动、散步等；

（2）儿童社会活动，包括朝夕会、周会、纪念日集会、每天的谈话，以及政治常识等；

（3）儿童科学活动，包括植物之培植、动物之饲养、自然现象的研讨、当地自然环境的认识等；

（4）儿童艺术活动，包括音乐（唱歌、节奏、欣赏）、图画、手工等；

（5）儿童语文活动，包括故事、儿歌、谜语、读法等。

他指出，幼稚园的课程，全部包括在这五项活动之中。

对于幼稚园的图画、读法、故事、音乐、游戏等，他都做过专门的研究和论述，给我们留下了宝贵的经验。

这些内容是互相联系不可分割的，统一在同一个儿童身上，都是为培养儿童成为一个健全的人打下基础，教他们从小学做人，学做一个有益于他人的人，这是陈鹤琴论述幼儿教育内容的核心和终极目的。

（二）保教原则、方法

陈鹤琴非常反对对儿童实行注入式的教育，反对封闭式教学及消极的管束，主张培养儿童的创造精神和独立生活能力，主张儿童到大自然、大社会中去学习，反对幼儿园把小孩整天圈在房子里，他称这样的幼儿园实在是"幼稚监狱"，极力提倡尽量使儿童与客观外界接触。他无论做什么，只要与事物发生接触，就可以得到直接经验，就得到了某种知识，也会明白了做事的困难。从"做"当中，儿童便获得了肌肉方面、感觉方面、神经方面的学习，促进身体的发育、智慧的增长。他一贯反对把孩子关在房子里，提倡让孩子自己动手去做事，自己动脑去想事，要手与脑并用。他总结了鼓励孩子用手又用脑有三大好处：一是可以发展孩子的肌肉、思想和智能；二是可以养成勤俭、爱劳动的品质，知道做事的不易与事务的艰难；三是可以养成创造的精神和独立工作的能力。

从"做"中，孩子获得身心全面发展，手脑并用，这是他教育儿童最重要的原则和方法。他创立了"活教育"的理论，在《活教育的教学原则》一书中，提出下列具体意见：

（1）凡是儿童自己能够做的，应当让他自己做；

（2）凡是儿童自己能够想的，应当让他自己想；

（3）你要儿童怎样做，就应当教儿童怎样学；

（4）鼓励儿童去发现他自己的世界；

（5）积极的鼓励胜于消极的制裁；

119

（6）大自然大社会是活教材；

（7）用比较教学法；

（8）用比赛的方法来增进学习效率；

（9）积极的暗示胜于消极的命令；

（10）用替代教学法；

（11）注意环境，利用环境；

（12）分组学习，共同研究；

（13）教学要游戏化；

（14）教学要故事化；

（15）教师教教师；

（16）儿童教儿童；

（17）要精密地观察。

陈鹤琴总结出来的这些原则和方法，广泛地运用于幼儿园教育和儿童家庭教育中，取得了良好的效果。

（三）整个教学法

这是指在幼稚园教学中运用的方法。这种教学方法，是陈鹤琴根据当时幼稚园各科教学相互孤立相互脱节的现象提出来的。他认为，把幼稚园中各种课程，唱歌、游戏、故事、卫生，都分得清清楚楚，不相混合，这种分科的教学法是不合教育原理的，是四分五裂的，对于儿童来讲，这不合乎他们的心理发展水平，孩子会认为这是杂乱无章的，会把他们弄得莫名其妙。这种分科教学法实际是搬用大学的方法。但大学生程度高，知识深，教学是非分科不可的。对小孩子，特别是幼稚园教学，他认为不宜采用。他提倡运用一种"整个教学法"，陈鹤琴对这种方法做了解释：

什么叫做"整个教学法"？整个教学法就是把儿童所应该学的东西整个地、有系统地去教儿童学。这种教学法是把各科功课打成一片，所学的功课是无规定时间学的；所用的教材是以故事或社会或自然为中心的，或是做出发点的；但是所用的故事或关于社会自然的材料，总以儿童的生活、儿童的心理为根据的。

这种教学方法比单科独进的方法要难组织，它是选取一个儿童感兴趣的中心，然后各科都围绕这个内容进行。比如以龟、兔为中心组织教学，便可以先从实在的龟、兔引起儿童的兴趣，然后由教师带领儿童共同研究龟、兔的生理特点，这便是故事课；接着，可以用事先准备好的龟、兔、猫（龟、兔赛跑的公证人）三种空白图教儿童着色，再将着好色的图剪下来，贴在写有龟、兔、猫三个字的纸的相应位置上。这几个步骤就包括了图画、手工、识字等几种教育活动。甚至还可以教孩子做龟兔赛跑的化妆游戏。用这种整个教学法组织幼稚园的教学活动很受儿童欢迎。

这种"整个教学法"与单元教学法或综合教学法相类似,可按时令、节日、衣食住行、动植物、社会常识等来选择编定中心。它重视儿童的自由活动,容易引起儿童的兴趣。这个方法首先在陈鹤琴领导的南京鼓楼幼稚园运用,后来其他一些幼稚园也曾采用,还影响到老解放区某些规模较大的保育院,对促进我国20世纪二三十年代幼儿教育的改革起了很好的作用。

六、论怎样做幼儿园教师

陈鹤琴从事幼儿教育几十年,一直认为解决幼教师资问题是办好幼教事业、普及幼教工作的关键。尤其在旧中国,帝国主义几乎垄断了幼儿教育师资的培养,他多次呼吁社会要重视幼稚园师资的培养,并且自己也努力培养师资。幼儿教师因担负着人类最基础的教育,其教育对象有特殊的生理、心理特点,因而需具备与小学、中学、大学教师不同的条件。1950年,他专文论述了《怎样做人民的幼稚园教师》,在政治思想、教学态度、教学方法、教学技术、优良品质等各方面对幼教师资提出要求。简述如下:

(一)政治思想方面

要认识中华人民共和国之文化教育建设的方针;要认识教师的主要任务是提高人民文化水平,培养国家建设人才,肃清封建的、买办的、法西斯主义的思想,要发展为人民服务的思想;必须学习马列主义、毛泽东思想;要培养儿童爱祖国、爱人民、爱劳动、爱科学、爱护公共财物等的公德;应该以主人翁的姿态来参加各种政治活动等。

(二)业务修养方面

陈鹤琴提出的对幼稚园教师的业务要求是非常严格的、全面的,并且具有幼儿教育职业的特殊性。保教人员必须了解和精通业务。如要掌握音乐、自然、故事、游戏、舞蹈、手工、图画等各种教学技能和教学方法;要了解怎样保护儿童的健康,培养儿童的卫生习惯,注意作息时间,发展儿童各种活动动作;要重视并且组织儿童的户外活动,注意儿童的合理衣着;要了解怎样预防各种传染病;要会矫正儿童身体的缺点;要组织儿童体格锻炼以适应环境,给不同年龄的儿童以不同的玩具和游戏器具。

在发展儿童的智力上,要了解儿童的智力是怎样发展的,要对儿童进行感觉的训练，要在游戏中、作业中、劳动生活中、自然社会中，引导儿童追求事物真理，帮助他们注意四周环境，在与各种事物接触中去发展他们的智力。

在道德品质方面，他要求幼儿教师要了解怎样培养儿童的道德品质，要和儿童共同游戏，共同工作，在活动中进行教育。

在对儿童的艺术教育方面，他指出教师要了解怎样发展儿童最初的艺术素质。如教师要会布置艺术化的环境，使儿童生活在一个优美的环境里，使其爱美的天性得到合理的发展；要指导儿童欣赏自然的美，使儿童从大自然中、从劳动社会里产生对自然和劳动的浓厚兴趣；要用诗歌、图画、音乐、舞蹈、各种手工等，去发展儿童的创造性，表达自己的感情，发挥他们的艺术天分。

（三）在教学技术方面

陈鹤琴指出，幼儿教师首先要掌握教学技术的原则，要了解教学的基本原则是"做"，教师要在各种实际活动中去教，学生在活动中去学。

具体应该有哪些教学技术，陈鹤琴提出，一个幼儿教师要有这样一些本领：能讲动听的故事；能编歌谣谜语，如果自己会编，就可以把儿童生活中所喜爱的事物作为内容，使教学更丰富；能画图，幼儿园中讲故事、布置教室等都离不开画画；能做手工，如纸工、木工、泥工、布工、漆工等；能唱歌，爱唱歌是儿童的天性，幼儿教师一定要会唱歌，才能满足儿童的欲望，陶冶他们的性情；能演奏一种乐器，钢琴、风琴或其他小乐器皆可，但不管什么乐器，他认为幼儿教师应以能演奏一种乐器为原则；能种花种菜，要培养儿童的劳动习惯，要启发儿童爱好自然的天性，幼稚园教师一定要带领儿童种花种菜；能玩简单的科学把戏，提高儿童的科学兴趣，培养他们爱科学的品德；能布置教室，可以配合教学，布置教学环境，也要利用自然物，使环境更有生气；能做点心和烧菜，与厨工不同，教师可结合教学带领大点的儿童做点心和菜，增加儿童的兴趣和实践知识。

（四）在优良品质方面

陈鹤琴提出了一个幼儿教师在对人、对己、对儿童、对同事、对工作、对学习、对敌人等各方面的要求。如对人要和蔼可亲，不发脾气，帮助别人；对自己能掌握自我批评的武器，不自私，注意健康；对儿童首先要热爱，他认为热爱儿童，是做一个优良教师的起码条件。另外，对儿童要公平，公平地对待儿童，能使教师在儿童心目中建立很好的威信、偏爱，不但将使教师失去威信，而且会影响儿童心理的发展；对同事必须合作，如果关门自守，坚持成见，他将无法求得进步。在对待工作上，要有高度的热情，要全心全意，为儿童谋幸福，要有创造性。他当时指出，中国的幼稚教育可说是一块处女地，正等待千千万万的幼教工作者去开拓、实验，要有克服困难、不灰心的精神；对待学问要"学习，学习，再学习"；对敌人要憎恨。

陈鹤琴关于怎样做一个人民的幼儿教师的主张，也是他本人几十年从事幼教工作的经验总结。他是一切幼教工作者敬佩的典范。像所有的历史人物一样，陈鹤琴也必然有他的时代的局限性。但他为中华儿童，为改造和探索中国学前教育的道路，鞠躬尽瘁耗费了毕生的精力。他所建树的幼儿教育理论和积累的丰富实践经验，是留给我们的一份宝贵的精神财富。

第四节　张宗麟的学前教育思想

张宗麟是中国共产党的一位好党员，教育战线上的一位老战士，他一生忠于党、忠于人民、忠于党的教育事业，在幼稚教育、乡村教育、师范教育、高等教育、教育管理等方面都很有建树。他又是中国幼儿教育史上第一位男教师，为探索幼儿教育中国化、科学化做出了特殊的贡献。

一、生平和幼儿教育实验活动

张宗麟（1899—1976），浙江绍兴袍渎人。自幼聪颖，4岁就从姑母认字读诗。1915年绍兴袍渎敬敷小学毕业，考入绍兴浙江第五师范。1917年转学入宁波浙江第四师范。就读期间曾参加学生运动。1920年师范学校毕业。1921年初，回家乡敬敷小学任教。同年秋，考入南京高等师范（后改为东南大学）教育系，当时系主任为陶行知，陈鹤琴在该系任教授。1925年毕业，学习成绩优秀，又十分敬仰陶、陈二位师长，毕业时正值陈鹤琴主持南京鼓楼幼稚园的实验，便留他担任陈鹤琴的助手。

为创设有中国特色的幼稚教育，张宗麟将调查研究作为投身实际工作的第一步。他于1925年10月间到南京、苏州、杭州、绍兴、宁波等地考察，调查了16所幼稚园和两所育婴堂。于1926年6月写成《调查江浙幼稚教育后的感想》，这并非一篇调查的流水账，而是依照个人的感想及调查的事实和幼稚教育发展的趋势，来综合探讨这些幼稚园教育的优点何在，应如何改良，如何添设新事业，以供全国借鉴。他按办幼稚园之方针、课程、校舍及设备、教师、育婴堂及妇女班等项分别论述。这篇调查报告无情地揭露了当时我国幼稚教育外国化等流弊，阐明了办幼稚教育的主张，是一篇很有价值的了解和研究新中国成立前幼儿教育的文献。

张宗麟在探索中国化幼稚教育的道路上做出了突出的贡献，他以研究员和指导员的身份，在陈鹤琴的指导下，在鼓楼幼稚园做了不少实验和研究。在编制幼儿园课程、幼稚园的读法教学法、儿童的习惯、幼稚园的设备和玩具等方面，都做了较为深入的探索。从1925年秋至1926年冬，用了一年多的时间，研究了编制幼稚园课程的问题，经过三次试验反复的过程，才找到了"中心制"的办法。再如读法教学，他就试行了六种，总结写成《幼稚园里的几种读法教学法》。又如幼稚生的习惯与技能，实验总结了儿童的直接的有社会性的活动，由张宗麟、陈鹤琴、俞选清拟定并在鼓楼幼稚园和其他幼稚园经过实验证明是可行的。

张宗麟幼儿教育的实验是多方面的，他关于幼儿园课程、幼稚生生活状况、教材教法、设备等方面的主张，都是经过认真研究和试验后提出的，因此，他的主张不但有其理论根据，而且有很高的实践意义。

张宗麟幼儿教育的试验活动采用了很多科学方法，不但有周密的计划、环境的设计、主试者与被试者的严密组织，而且用了大量图示、图表和科学的教育统计方法。1926年冬，他写成《幼稚教育概论》，可视为对这段试验的总结。

1927年6月，张宗麟担任南京市教育局学校教育课幼儿教育视导员。他因受革命思想影响，认为幼稚教育应为工农大众服务，而当时幼稚园主要为富人子弟服务，这个时期又正值我国教育界掀起了一场乡村教育运动，陶行知创办了晓庄学校，力主办大众教育，幼稚教育应下乡、进厂。陶行知的思想与实践吸引了张宗麟。1927年9月，他兼任晓庄第二院（即幼稚师范）指导员。1928年上半年他转入晓庄学校任指导员及指导员主任（相当于教导主任）。他协助陶行知培养出一批有助于乡村教育的人才，并在陶行知指导下，在晓庄的燕子矶、晓庄、和平门、迈皋桥、吉祥学庵等处都办起了乡村幼稚园，在那里，他和我国第一批下乡的幼稚园女教师王荆璞结成志同道合的终身伴侣。1929年晓庄学校改组，建立了六个学院（后改学园），其中蟠桃学院为幼稚师范院，张宗麟任院长。1930年4月，国民党以武力强行封闭了晓庄学校，杀害逮捕共产党员和学生，陶行知、张宗麟等都在通缉之列。

张宗麟安排晓庄善后工作后，随陶行知到了上海。1931年初，他到了福建厦门集美学校，先任集美幼稚师范教员，1932年上半年兼任集美乡村师范校长。当年夏，被聘为集美学校校长。他还主编《初等教育界》杂志，发表了不少关于闽南初等教育的调查及有关乡村教育与幼稚教育的论文。

1933年初，国民党通缉令到了厦门，他携妻女辗转广西、四川、湖南、山东等地，先后任广西桂林师专教师、重庆教育学院教务长、湖北教育学院教育系主任、山东邹平简易师范校长等职。在教育实际工作中，他始终贯彻陶行知"生活教育"的主张，提倡教育下乡，为贫苦大众服务。

抗日战争爆发后，张宗麟仍留在上海，在地下党领导下，继续开展救亡活动，日伪特务对他恨之入骨，被列入特务暗杀的黑名单之内。1942年9月，上海地下党通知张宗麟撤离上海，他转到淮南根据地，任江淮大学秘书长。1942年底，参加新四军干部赴延安小分队。1943年8月，到了延安，立即投入根据地教育工作，1944年10月在陕甘宁边区文教大会上，被选为模范工作者。1946年由徐特立、谢觉哉介绍重新入党。后任延安大学教育系系副主任、北方大学文教学院院长、华北大学教育研究室主任。

1957年，张宗麟被错划成右派分子，后又有"文化大革命"的十年动乱，更无处申冤。1976年10月14日，因病在上海逝世，享年77岁。1978年12月，在党的十一届三中全会以后，教育部党组重新审查了他的问题，认为他不是右派，应予纠正。重新评价他是一个好党员，是教育战线上一位老战士，他的一生是勤勤恳恳为人民的教育事业战斗的一生。

张宗麟有关幼儿教育的主要著作，已收入《张宗麟幼儿教育论集》。该书由其女张沪编，1985年由湖南教育出版社出版。

二、论幼儿教育的意义和目的

何谓幼稚教育？张宗麟说："聚三岁以上六岁以下之儿童于一处，施以有目的之教育，用有组织之方法，此为幼稚园。"他强调幼稚教育有特殊意义，就像盖房子要在基础上下工夫一样，教育也要在幼小时出力气，要改变中国的愚昧落后，就应该教好婴孩。经过实践，他认为幼儿教育无论对人生、对国家、对社会都具有特殊重要的意义。

对于人生的意义，他分析了幼儿时期（3~6岁）儿童心理、生理的特点，认为这个时期儿童已能行走，又能说简单语言，因此各种奇特的心理状态逐渐发生。这个时期，儿童所接触的范围，包括自然的、社会的事物，突然扩大，在各种刺激的影响下，必然会引起各种反应，这些均会对儿童的成长发生直接间接的作用。从生理上讲，这个时期的儿童"最易蹈危险，正如初放之芽，最易被虫蚀"一样。因此，这个时期的教育如何，对儿童生理、心理的影响最深，几乎一生不消。

从幼稚儿童与国家、社会关系来看，为养成能为国效力的健壮国民，必须重视对幼儿期孩子的养护，使之度过儿童死亡率最大的时期；另外，从小给以良好的教育，在这个时期就养成爱国情感的基础和良好智能，便可根深蒂固，不易更改。因此，他断言："吾人倘以国民为必须爱国者，必须为社会服务者，则其教育当自最初之教育开始，此教育为何？即幼稚教育也。"

从幼儿教育在学制体系中的地位作用讲，幼儿教育应该是一切教育的起点。他认为这个时期虽然属学龄前期，但却与其他各期教育有同等重要的地位，应该被正式列入学制。幼稚教育不但与小学前期教育有密切关系，并且还会影响中学、大学，他说："非独小学生，即中学生、大学生许多习惯、性情，亦可在幼稚园养成之，如研究的态度、对人的品性等，皆奠基于此。"

从幼稚教育与家庭教育的关系看，父母由于职业关系不能负子女教育的责任，便托付给幼稚园；而且就是有闲的父母，对于子女也多是知爱不知教，孩子交幼稚园专门人才管理，还可将教育方法传授给父母；幼稚园还可以促使幼稚生的母亲们组成母亲会，交流教育子女的经验。

从以上可以看出，张宗麟认为幼儿教育是至关重要的，其意义是多方面的，无论对儿童自身的成长和社会国家都是不可忽视的。

幼儿教育如此重要，本着什么方针培养他们呢？根据这个年龄阶段的特点他认为幼儿教育的一般宗旨应为：

（1）养成有健康、活泼身体之儿童。

（2）"养成几种儿童生活上必须之习惯"，如饮食、穿衣、避灾害、对人有礼貌等习惯。

（3）"养成儿童欣赏之初基"。即培养儿童的求知欲和善于思考的习惯。

（4）"养成儿童能自己发表之能力"。包括图画、手工、唱歌、言语等内容。

三、对幼儿教育全盘西化倾向的批判

我国对幼儿教育的重要性的认识，历史悠久，自古就有"早谕教""教儿婴孩"的传统。但是，把孩子集中在学前社会教育机构中进行教育的制度，却是近代中国从东、西洋引进的，抄袭外国的倾向严重。根据张宗麟的调查，主要表现在：

（一）仿造或直接购置外国玩具

在旧中国无人研究幼儿的玩具，一切旧式的玩具，皆制造得不符合儿童心理，亦缺乏教育意义。在这种情况下，很多幼稚园便仿造或直接购置外国玩具。

对此，张宗麟十分不满。他指出当时中国成人们的不少用具都可以不断改善，为什么不能为儿童设计些符合中国国情又适合儿童特点的玩具呢？比如当时儿童可以看到的黄包车、小车、农具、工人的简单工具，以及木简、竹刀等，将这些东西缩小、改造，便可成为中国儿童很好的玩具，这对养成中国未来的公民更加有重要意义。

（二）在音乐上采用外国音乐

张宗麟根据在江浙调查幼稚园所见，指出这些幼稚园所唱的歌多为外国译歌，包括圣经上的赞美诗或英文歌。幼稚园教师教点外国歌，也未必不可，问题是有的幼稚园只对外国歌感兴趣，连自己国家的国歌都不教授，这还算什么中国幼稚园。在孩子的幼小心灵里，不播下爱国精神，长大后的发展是很危险的，这关系到儿童终身，对此，张宗麟深有"差之毫厘，谬以千里"之虑。如何纠正这种现象，他主张在音乐教学中应贯彻的目标为：能代表中华民族性的；发扬民族的美德；适合民族的程度。

（三）在节假日及庆祝活动中，对中国国庆表现淡漠，纪念耶稣的圣诞节却丰富多彩

（四）在设备、布置、教法等方面，外国气也很严重

他指出，当时的幼稚园墙上多半都挂外国画，在孩子日常用语上，也有不少不中不洋的"外语"。

更严重的是，有的幼稚园不教育孩子爱自己的祖国，不培养孩子对自己祖国的感情，而却热衷于向孩子灌输敬仰上帝的观念，宣传"上帝爱护我们"。张宗麟指出这样的教育只能培养孩子尽忠于基督教，是必须纠正的。

从张宗麟概括的上述四个方面，不难看出旧中国的幼儿教育全盘西化的严重倾向，在这样的幼稚园里，睁眼、闭眼到处"洋气"十足，这种教育蕴藏着极大的危险。

造成这种幼儿教育偏重外国、忽视国情及民族性的根本原因是由当时国家的半殖民地政治经济决定的，但直接的原因与当时幼稚师范教育状况相关。旧中国独立设置的幼稚师范学校建立晚，数量极少，幼稚教师多半没有受幼稚教育的专门训练，就是学习一些幼稚教育的知识，也没有中国特点，多取自外国教会在我国办理的幼稚师范，一切教材、教法，都取用于西洋。如何改变这种状况？张宗麟指出，必须兴办我国自己的幼稚师范教育，要办幼稚师范专科和幼师，以提倡中国化的幼稚教育为目标。另外，结合中国特点，他十分拥护陶行知关于办大众幼稚园，幼稚园下乡、下厂的方针，提倡"幼稚教育运动转向劳苦大众的队伍里去"，推崇陶行知的"幼稚园之新大陆"的思想。他身体力行和徐世璧、王荆璞等主持晓庄等地的幼稚教育。在晓庄燕子矶办乡村幼稚园，还举办晓庄乡村幼稚师范学院。1931年，他在福建集美幼稚师范任教时，以极大的热情和兴趣参观了龙溪育英幼稚园。这所幼稚园完全脱开了外国化的束缚，摸出了民族化儿童教育的门径。仅以该园的设备来讲，既因陋就简，又符合儿童心理生理特点。他们利用漳州出产的竹木、土货、沙石、废物等自制玩具、教具，如积木、识字用的六角亭、计数用的掷圈器等。幼稚生的作业如图画、手工、写字都有意识地按时间登记、保存并成为房间的布置品。张宗麟称其为"一个极有研究精神的幼稚园"，誉它为"空谷幽兰"，号召大家都去看看，去欣赏这株幽兰。

四、论幼稚园课程

在探索中国化幼稚教育的道路上，研究和改革课程是重要的内容，也是张宗麟在幼儿教育方面的突出贡献。他自1925年到南京鼓楼幼稚园协助陈鹤琴进行幼儿教育实验活动以后，经晓庄学校、集美学校时期，直至新中国成立后在教育部任职期间，一直亲手试验或密切地关注幼稚园的课程设置，在理论与实践上大有成绩。

（一）何谓幼稚园课程

课程一般指课业及其进程，学校课程，就是教学的内容和计划。广义是指所有学科的总和，狭义是指一门学科。各级各类学校都应设置相应的课程。幼稚园课程有其自己的特点，张宗麟指出，在幼稚园里看不到课程表，因此有人便以为幼稚园没有课程。其实，幼稚园既然是一种教育机关，当然也有课程，并且是特殊的课程。因为幼儿园教育对象弱小，不能强求他们像大孩子一样严格按课程表过呆板的生活，而教师自己对课程是心中有数的。所谓幼稚园课程，他说："幼稚园课程者，由广义的说之，乃幼稚生在幼稚园一切之活动也。……包括一切教材、科目，幼稚生之活动。"

张宗麟分析研究了幼儿园课程的历史发展，研究了当时幼儿教育课程的新趋势，他从世界范围概括了幼稚园课程大致设置音乐、游戏、故事、谈话、图画、手工、自然、常识、读法、识数。但不同国家，不同地区，不同的时期，幼稚园的课程都可能有所变化。幼稚园的课程既应有其相对的稳定性，又有差异性。

（二）怎样确定幼稚园课程

学校课程的编定，是一项复杂的综合性的科学研究，它要反映特定的社会对人才培养的要求，又要符合儿童身心发展水平和科学技术发展的程度。幼稚园课程自然也不能例外，但因幼儿的特点决定，编定课程应遵循的原则在侧重点上有所不同。

由于幼稚园孩子是3~6岁的儿童，这个时期生理心理的特点和在一个人全部学习生活中的地位，决定在编制课程时有特别需要注意的原则。经张宗麟多年研究，将之概括，大致有：

课程须以儿童全面发展为目的，包括健全的身体，灵敏的感官，人生必需的习惯，相当的知识。

课程内容要艺术化，这种艺术化的课程，能使个个欣欣然有喜色，和蔼可亲，入室如满座春风，甚至分不清是上课还是在游戏，孩子必乐于学习。

课程要多注意于动的工作，因这时期的孩子各部分筋肉骨骼正待发达，必须有充分动的机会，并且在活动中可以训练多种感觉，从中获得知识。

课程要多与自然社会接触，幼儿对自然界都有浓厚的兴趣，他们往往将一切花鸟鱼虫，都作为自己的生活看待，应该理解和尊重孩子的这个特点，引导他们到大自然中去。另一方面也要注意引导儿童多接触周围社会。在与自然、社会的接触中，使儿童获得直接经验，多方面了解环境与日常生活。

要多注意个别活动，因为幼儿期是人"自我表现"最充分的时代。他的游戏，他的工作，往往是单纯地为着满足自己的需要。课程应该照顾到这个特点，自然也要注意使他适应他所处的小社会，以便长大能适应大社会。

课程要注意沟通小学低年级。幼稚生大班的课程要注意与小学一年级的衔接，以提高小学低年级学习效果。

如何具体编制幼稚园课程？张宗麟在南京鼓楼幼稚园做了大量的工作，他总结编制课程的试验大致分为三个时期：第一个时期称为"散漫期"，为了照顾儿童自由活动，便打破一切限制，教师只是从旁指导。这种课程虽然儿童是自由活动了，但经几个月试验，发现儿童难有长进，并且因为一切任儿童自由，易养成孩子倔强不驯的毛病，这种绝对自由的教育是不行的。于是进入第二期的试验，称"理论组织期"，纠正前期的弊端，严格安排，每星期教师集体讨论下星期课程。这种方法又行一学期，发现缺点明显，压制了儿童的兴趣，轻蔑了儿童的个性，教材与生活不适应，预定的课程过于死板。接着课程试验进入第三期，称"中心制"。这种编制课程的方法，似设计教学法，所以也叫"设计组织期"。这种中心制联系实际，利用某时期的节期，如中秋、国庆、元旦等，或利用自然界可应时的东西，如红叶、菊花、雪、雨等，还可利用社会性的事件，如国庆日、国耻日、黄花岗烈士纪念等，根据这些为中心制定课程。每星期或两星期选择几项为中心，围绕这些中心进行多种作业，这些作业便都可以与当时的时令配合。这便避开了第一期的弊病，同时因范围广，也不至于拘束，儿童的兴趣也可以变换，不会感到厌倦，又克服了第二期的问题。因此，这种中心制编制课程的办法，经试验是成功的，在南京鼓楼幼稚园确定下来，并依此制定了全年的幼稚园课程大纲。如下表4-1。

表4-1 中国中部的课程大纲

月份	节期	活动						
		气候	动物	植物（花草）	农事	儿童玩耍	风俗	儿童卫生
一	元旦	冰雪、西北风	金鱼、鸽子	芽、腊梅	葱、韭、胡萝卜等	新年锣鼓	新年礼物	冻疮、伤风
二	立春、旧历新年	冰雪融化、东风	猫、鼠、狗	水仙、葱、大蒜	菜、麦地除草	迎灯、放爆竹	迎春	伤风、曝日之害
三	孙中山先生逝世纪念、黄花岗烈士纪念、百花节（阴历二月十二日）	植树节、春分	燕子、蜜蜂	梅花、嫩叶、兰	孵小鸡	放纸鹞	赛会	喉症
四	清明节	春雨	蝴蝶、蚕	桃花、笋、桑、豆花	种瓜、种豆腐	斗草	扫墓	牛痘
五	国耻、岳飞诞辰	换季	蛙、黄莺	蔷薇、野生植物	收麦、布谷、养蚕	草地跳跃、翻筋斗	竞渡	灭蚊蝇
六	立夏、端午	黄梅雨	萤火虫、牵牛虫	石榴、牡丹	插秧、除草（耘）	寻贝壳	送礼	洗澡
七	暑伏	雷雨、虹、大热	蝉、蚱蜢	荷花、牵牛花	收瓜	寻藏（寻瓜游戏）	丧葬	受暑
八	立秋、林则徐禁烟	流星、凉风、露	蟋蟀、纺织娘	茑萝松、凤仙、鸡冠	种荞麦、收稻	车子	乞巧	受凉、疟
九	中秋、孔子诞辰	明月、大潮、秋风	蜗牛、蚌	菱、桂花	收山芋、玉蜀黍、棉花	滚铁环、旅行	赏月、观潮	痢疾
十	国庆、重阳节	换季	蟹、虾	菊花	种豆、麦、拔萝卜等	旅行、踢毽、赛果子	登高	眼疾

续表

月份	节期	活动						
		气候	动物	植物（花草）	农事	儿童玩耍	风俗	儿童卫生
十一	孙中山先生诞辰	露、霜	皮虫、鹰、鸭	红叶、野果	耕田、收白菜做各种腌腊货	赛果子跳绳	做寿结婚	感冒
十二	蔡锷恢复中华共和、大除夕	西北风、冬至	羊、牛、麻雀	月季、千草	修理农具、修茅屋	踢球、拍球	腊八	龟裂、冻疮

张宗麟总结的"中心制"编制课程的办法，是他与陈鹤琴等在南京鼓楼幼稚园、燕子矶幼稚园、晓庄幼稚园等经反复试验最后总结出来的可行的方案。这个方法的基本精神是：要照顾儿童个性发展的需要，又不能使儿童流于自由、散漫而失掉教育的作用，这是我们可以借鉴的；其中心的选取很多也是恰当和必要的；其试验探索的科学态度更是值得提倡和推广的。但具体内容随时代的发展、科学的进步不可机械地搬用。

（三）幼稚园应该设哪些课程

根据鼓楼幼稚园的试验，陈鹤琴与张宗麟提出幼稚园课程有谈话、音乐、故事和儿歌、游戏、社会和自然、工作（手工、图画等）、静息、进点心、读法、数法。教育部 1929 年 8 月颁发的《幼稚园课程暂行标准》，主要是以这套课程为蓝本，只是将读法、数法两项争议较大的删去未列入。

在应该设什么课、每门课应该怎样进行的问题上，张宗麟提出了独特的、有说服力的、有实践意义的见解。比如当时争论比较大的（甚至至今仍在争论之中）要不要设读法课（包括识字）的问题。张宗麟一贯主张并经试验证明：4 岁的孩子可以教识字，满 5 岁的孩子有浓厚的识字要求。但因各地各幼稚园的条件不同，国家大可不必作硬性规定。有条件的可以进行识字教育，没有条件的可暂不进行。从儿童心理学和教育学上说，幼儿期也是可以进行读法教学的，理由是读法和语言差不多，只是学话与听话是听觉和发音器官的动作，读法不过再加上一个视觉的作用，如给孩子讲了猫的故事，再给他看个"猫"字，不会增加孩子多少负担，反而使其对故事印象更深。读法教学的进行必符合儿童的特点，决不是硬用书本，而是要找到适当的机会使儿童得到一种快乐。这种机会，如可利用"实物的符号"，即给儿童常见常接触的东西标上字；还可以进行"儿歌的认识"，就是把儿歌选一两首给儿童看；还有"图画的认识"，就是看图的同时认了字，字与图画就是有同样性质的符号了。张宗麟关于读法教学的主张，更为当代所证实是可行的。

其他各科如故事、自然、游戏、音乐等科，他都做过内容和方法的试验，总结了很多很好的经验，撰写了一批有理论深度与实践价值的论文，如《幼稚园里的几种读法教学法》《幼稚园是可以进行识字教育的》《幼稚园的故事》《幼稚生的常识》《儿童最爱玩的游戏》《爱国主义教育在幼稚园》等论文，认真阅读和研究这些试验成果，不但可以总结出有益的理论和方法，更能深刻地领略他科学的探索精神。

（四）幼稚生应有的习惯与技能

张宗麟认为，幼稚园课程应包括孩子在幼稚园内的一切活动，除各科目外还应包括随时随处都要进行良好习惯与技能的教育。这方面的教育范围很宽，难以绝对准确地制定标准，陈鹤琴与张宗麟等自1925年就拟定了一个标准，后来在南京、上海等地幼稚园试验，又经多次修改，列出七方面的内容，包括卫生习惯、个人的和社会的做人的习惯、生活的技能、游戏运动的技能、表达思想的技能以及日用的常识等。

1932年，张宗麟在其《幼儿教育》一书中，还专节阐述了幼稚生的心理卫生。他指出，对儿童来讲，生理卫生习惯养成容易，改过也容易；但心理卫生习惯养成容易，改过便极不容易了。因此，从小养成良好的心理卫生习惯就更重要，如快活的习惯、不惧怕的习惯、乐于助人的习惯、少发脾气的习惯、做事失败不哭、不重做错事的习惯、有礼貌、正义、诚实等习惯，要求幼儿时期就要养成，具有特殊的意义。

五、论解放儿童，培养儿童的生活力

张宗麟作为20世纪20年代中期大学毕业的高才生，却自愿当了一名幼稚园的男教师，并且工作成绩卓著，除了其他条件之外，他有一颗热爱儿童的赤诚之心，是推动他工作和研究的动力。他说："从事教育为自己，为儿童，为社会，都要自由与纯爱！乐哉！乐哉！"这话抒发了他对自己工作的厚爱和对儿童真挚的感情。

但是社会和成人并不都是这样对待孩子的，尤其在封建传统势力严重的旧中国，孩子们的天性被有意无意地扼杀，得不到健康成长。对此，张宗麟给予毫不留情的批判，喊出"解放儿童"的口号，要求除掉套在孩子身上的四条绳子。

第一条绳子是小孩子口上的十字封条。因为受旧礼教的束缚，历来小孩子是到处没有说话的地位的。在家里小孩子只应该静静的,不应该开口说话。在学校里,教师为了掩盖自己的短处,禁止学生发问。多问的孩子总不得教师的欢心,甚至会得到一顿臭骂。揭去这个封条的办法,是多给儿童"发问"的机会。鼓励儿童发问,可以培养儿童注意生活环境,从儿童的问题中,可以知道儿童进步到什么程度。

第二条绳子是脚镣和手铐。张宗麟指出,父母、教师爱孩子,但不要把孩子像少爷小姐一样对待,一切事都替孩子做,认为孩子只需不费力地读书就可以了。他指出若这样培养的孩子,便失去了一切生活力。在当今的社会下,只能靠万能的双手,才可使孩子获得用不完的真本领。

第三条绳子是成人们钦定的法规。幼稚园里死板的程序,小学校强迫孩子死读书本,不许孩子到大自然中去。这些都是成人要求孩子的,孩子本不想屈服,但他们既无反抗的能力,又要仰仗着成人的衣食,只能服从。这样看来小孩子受着成人无数"法规"的束缚,实在是扭曲了他们天真烂漫的个性,成人应该很好的检讨对孩子施教的所有内容和方法。

第四条绳子是砍伐幼芽的快刀。孩子用的桌椅、物品、饮食不符合卫生,这就像快刀天天砍伐幼小的嫩芽一样,会很快受残。他指出,必须迅速改变这些风俗习惯和成人们的成见,使儿童健康地成长。

张宗麟认为,这些束缚儿童身心健康成长的条条绳索,削弱了儿童能力的培养,这样就造成了儿童的生活力被软化。这是违背儿童自身发展要求的。儿童生来就具有生龙活虎、天不怕地不怕、欣欣向荣的力量。这种力量需要有机会去发挥,就像树木需要去吸收日光与养分一样,否则这力量一经软化也便消失了。

如何培养儿童的生活力使他们成为生活的能者呢?张宗麟在阐发关于教育孩子的主张时,提出了宝贵的意见,概括起来:

第一,要教养一个孩子有抵抗的能力。这种抵抗能力包括身体和心理的两个方面。身体强健,就能够抵抗疾病;心理健全,就能够抵抗事变。

第二,要教养一个孩子会动手做事。做师长的应该教养孩子能够自己照料自己的生活,会穿衣、会整理铺被、扫地、抹桌、烧饭、整洁自己的环境。如果根据环境再能养成一种或几种劳动习惯,如种菜、挑水那就更有用了。

第三,要养成孩子学会发展自己天才的能力。他认为人类实在无所谓天才。像爱迪生、达尔文、贝多芬等都是小时候有些爱好,以后得到了适宜的发展,才成为发明家、艺术家。因此做师长的要了解儿童的好恶,切勿以自己的好恶制止或强迫孩子做什么。

第四，要教养孩子善于不停留地进步，也就是要不停地革命。他指出许多发明家与有贡献的英雄豪杰，就是对事事物物都要问个究竟，对现状肯抱怀疑的态度，不断地计议并实行改革。比如列宁就是俄皇的叛徒，孙中山是清皇帝的叛徒，爱因斯坦是旧科学的叛徒。可以给孩子讲这类故事，要教育孩子成为旧势力的叛徒，勿做旧势力的信徒，使他们能够跟上时代的潮流。

张宗麟阐述的解放儿童、培养儿童生活力的理论，尽管已过了五六十年，但读起来就似陈述着我们当今幼儿园和家庭教育中的弊端和纠正的途径。他的主张值得人们深思，促使我们认真研究如何从小就培养孩子有强的生活力以便将来成为能适应环境、改造社会的新人。

张宗麟给我们留下了十分丰富的幼儿教育理论与实践经验，除上述几方面外，还有很多值得认真研究和借鉴的，如幼儿园的设备、儿童玩具、幼稚师范与幼稚园教师、幼稚园发展史等方面都还有很多独到的见解，我们应该进一步学习和研究。

思考题

1. 陶行知对我国幼儿教育事业发展的主要观点是什么？有何现实意义？
2. 你对张雪门一生从事学前教育的实践有什么看法？值得我们学习的是什么？
3. 从张雪门对行为课程的论述及张宗麟幼稚园的课程试验，你受到什么启发？怎样才能办出具有中国特色的幼儿园？
4. 结合当前我国幼儿师范教育的实际，谈谈陶行知"艺友制"的师范教育和张雪门《实习三年》的历史意义和现实意义。
5. 结合实际谈谈你对陶行知、张宗麟关于解放儿童、培养儿童创造力、生活力的认识与体会。
6. 陈鹤琴是如何处理幼稚教育中国化和吸取国外经验的？你有何体会？
7. 对于儿童心理特点，陈鹤琴是如何总结的？
8. 陈鹤琴关于学前儿童年龄分期与教育是怎样论述的？如何评价？
9. 对于幼稚园保教内容、原则、方法，陈鹤琴的主张是什么？有何现实意义？
10. 你认为陈鹤琴在中国现代学前教育发展史上都做出了哪些重大贡献？他的实践精神和理论探索哪些应该继承发扬？

第五章　中华人民共和国学前教育的发展

【学习目标】
1. 了解新中国学前教育的发展概况。
2. 知道新中国不同阶段学前教育的方针、制度及师资培养情况。
3. 掌握 21 世纪以来我国发展学前教育事业的方针和政策。

新中国成立以来,学前教育取得了举世瞩目的成就,幼儿园数量由新中国成立初期的 0.13 万所增加到现在的 13 万余所,在园幼儿由 13 万人增加到近 3000 万人。这样的成就是如何取得的,中间经历了怎样的历程呢?2010 年 11 月,为有效缓解学前教育"入园难"问题,国务院发布了《关于当前发展学前教育的若干意见》,要求全国各省(区、市)政府统筹规划,分解年度任务,落实经费,以县为单位编制,实施学前教育三年行动计划。

第一节　学前教育的稳步发展

1949 年 10 月,中华人民共和国成立,我国社会性质发生了根本的变化,工人、农民成为国家的主人,婴幼儿的成长受到党和政府的高度重视。我国学前教育事业也发生了革命性的变化,确立了面向工农、为社会主义革命和建设服务的方针,明确了向全体幼儿实施全面发展教育的任务,开始建立和发展起适合中国国情的各种类型、不同层次、多种形式的学前教育机构和一支有社会主义觉悟、有保教专业知识的学前教育队伍,并在实践中积累了办好社会主义学前教育事业的丰富经验。由此,我国的学前教育事业以灵活多样的形式获得了迅速和长久的发展,并对培育祖国下一代,解放妇女生产力,促进社会主义革命和建设发挥了重大的作用。

一、学前教育管理体制的建立

1949年11月，中央人民政府教育部成立，在初等教育司内设置幼儿教育处。1952年11月幼儿教育处由原来的司属处调整为教育部的一个直属单位，幼儿教育事业在教育部的直接领导下迅速发展。

1956年内务部、教育部、卫生部下发了《关于托儿所、幼儿园几个问题的联合通知》。通知决定：各类型托儿所、幼儿园的经费、人事、房屋设备和日常行政事宜，均由主办单位（包括教育行政部门、厂矿、机关、团体、部队、学校、群众、私人等）各自负责管理；有关方针、政策、规章、制度、法令、教育计划、教育内容、教育方法、儿童保健等业务，在托儿所方面统一由卫生行政部门领导，幼儿园统一由教育行政部门领导。至此，我国的幼儿教育便形成了全国统一的领导管理体系，保证了托幼事业的健康发展。

二、确定幼儿教育的重要地位

1949年11月，中央人民政府教育部成立，并首次在初等教育司下设幼儿教育处。1949年年底，教育部召开第一次全国教育工作会议。根据《中国人民政治协商会议共同纲领》和第一次全国教育工作会议精神，新中国开始了学前教育的改造和建设工作，幼儿园的大门从此向劳动人民敞开。例如：废除幼儿园招生考试制度，采取报名登记与审查核实相结合的办法，优先录取参加劳动而家中无人照顾孩子的劳动人民子女；对家庭经济困难的幼儿，实行免费或减免收费的优待等。此外，教育部门扶持并陆续接办了一部分私立幼稚园，将之改为公立。

1951年10月，中央人民政府政务院颁布《关于改革学制的决定》，这是新中国成立以来的第一个学制。该学制规定了当时我国的教育体系与教育结构，在幼儿教育方面包括：实施幼儿教育的组织为幼儿园，接收3~7岁的幼儿，使他们的身心在入小学之前获得健全的发育。它标志着幼儿教育被列入了学制体系之中，成为小学教育的基础。至此，自1922年壬戌学制定名的、沿用了30年的"幼稚园"从此改称为"幼儿园"。

三、制定学前教育方针

1951年8月，教育部召开第一次全国初等教育会议和第一次全国师范教育会议。会议对幼儿教育工作方针、师资培训、幼儿教育发展的途径、教育行政部门的领导等作了明确的阐述，提出当前幼儿教育的工作方针是根据各个地区的不同情况、城乡差异，有计划、有步骤地在整顿中提高，在巩固的基础上适当地发展；积极培养幼儿教育师资；在三五年内着重短期训练和在职学习；根据幼儿园教养纲要，解决教材问题。近期发展的重点首先应该放在工业地区企业部门，其次是机关、学校及郊区农村，主要解决工农劳动妇女对孩子的教养问题；鼓励私人办幼儿园并加强领导，做到公私兼顾办园。另外，必须重视依靠群众团体来推动和开展幼儿教育，教育行政部门要加强对幼儿教育的领导。

1952年中央人民政府颁布的《幼儿园暂行规程（草案）》规定："幼儿园的任务是：根据新民主主义的方针教育幼儿，使他们的身心在入小学前获得健全的发育；同时减轻母亲对幼儿的负担，以便母亲有时间参加政治生活、生产劳动、文化教育活动等。"据此，新中国幼儿园承担起抚育儿童身心发展和便利妇女参加社会建设的双重任务。

四、制定颁布幼儿园规程和幼儿园教学纲要

为切实改革幼儿教育，1951年中央教育部制订了《幼儿园暂行规程（草案）》（以下简称《暂行规程》）和《幼儿园暂行教学纲要（草案）》（以下简称《暂行纲要》，并于1952年3月颁发全国试行。这是新中国发展幼儿教育的具体纲领，规定如下。

幼儿园的培养目标：培养幼儿的基本卫生习惯，注重其营养，锻炼其体格，保证幼儿身体的正常发育和健康；培养幼儿正确运用感官和语言的基本能力，增进其对于环境的认识，以发展幼儿的智力；培养幼儿爱国思想，国民公德和诚实、勇敢、团结、友谊、守纪律、有礼貌等优良品质和习惯；培养幼儿爱美的观念和兴趣，增进其想象力和创造力。

幼儿园的教养原则：使幼儿全面发展；使教养内容和幼儿生活实际相结合；使幼儿有独立活动完成简单任务的机会，使幼儿习惯于集体生活；使必修作业、选修作业以及户外活动配合进行；使幼儿家庭教育和幼儿园教育密切配合。幼儿园教养活动项目有：体育、语言、认识环境、图画手工、音乐、计算等。

在学制方面规定：以招收3足岁到7足岁的幼儿为标准；以全日制为原则，幼儿每日在园时间以8小时到12小时为准；根据需要可办寄宿制幼儿园和季节性幼儿园。为便利妇女工作，以不放寒假、暑假为原则，工作人员轮流给予休假。

《暂行纲要》由幼儿园教学暂行总则和各科教学纲要两大部分组成。总则明确了新中国幼儿教育的政治特性及有别于学校教育的特征、原则，并强调了教师的关键作用以及家长教育的重要性。教学纲要主要明确了每一科的目标，均包括教

学目标、教学大纲、教学要点和设备等四个方面，并根据各小班、中班、大班幼儿的年龄特点和教育特点实施。

《暂行规程》和《暂行纲要》的制定与试行，明确了幼儿教育的双重任务和保教并重的方针，为全面改革旧教育，建立社会主义学前教育体系奠定了理论基础。

五、学前教育的整顿改造与借鉴学习

新中国成立以后，本着教育独立自主的原则，收回了被帝国主义掠夺的教育主权。1950年12月至1951年1月，政务院相继颁布《关于处理接受美国津贴的文化教育救济机关及宗教团体的方针的决定》。此后，我国各地接管了美国和其他资本主义国家在我国开办的幼稚园、孤儿院、育婴堂、慈幼院等机构200余所，收回了儿童教育、儿童福利事业的主权，全面结束了一百余年以来帝国主义对中国学前教育事业特权的掠夺。

新中国成立初期，为加快社会主义建设步伐，中央发出了全面向苏联学习的号召，在教育上，也积极学习苏联的经验，进行教育改革。1950年，苏联教育专家戈林娜被聘为教育部幼儿教育顾问，1954年由马努依连柯继任。苏联专家定期参与教育部对全国幼儿教育情况分析工作，赴上海、天津、南京等地对幼儿师范学校和幼儿园工作进行考察指导，并在北京师范大学开设讲座。在苏联专家指导下，教育部幼儿教育处于1954年10月召开新中国成立以来第一次幼儿教育经验交流会——"北京、天津两市幼儿园教养员工作经验交流会"。会后教育部发出《关于组织幼儿教育工作者收集和总结经验的通知》。自此，各地幼儿教育工作者普遍开展了总结经验的活动。苏联幼教理论在我国得到系统而广泛的传播，并注意与中国实际相结合，在指导我国幼儿园总结经验、提高教育质量方面起了很大的促进作用。尽管20世纪50年代末、60年代初由于中苏两党的分歧与矛盾，使"学苏"逐渐淡化，但是苏联的教育理论和经验对我国学前教育发展的影响是深刻的。

六、学前教育的初步发展

新中国成立后的最初几年，幼教发展方针积极稳妥，符合国情，切合实际，并与我国当时的经济发展步调相适应，因而幼儿园以及各级各类幼教专业学校发展速度逐年稳步上升。

（一）幼儿园的蓬勃发展

1952年已有幼儿园6531所，比1946年的1263所增加了4倍多；入园幼儿42.4万人，比1946年的11.3万人增加了近3倍。1957年全国幼儿园1.64万所，比 1952 年增加 1.52 倍；入园幼儿 108.8 万人，增加 1.56 倍。其他部门（包括工厂、企事业单位、机关、学校、团体）等办的幼儿园增加 0.3 倍，入园幼儿增加 8.6 倍；民办幼儿园（包括城镇街道举办的幼儿园、农村社队举办的幼儿园、私人办的幼儿园）增加 4 倍，入园幼儿增加 3 倍。办园的形式也灵活多样，有整日制、寄宿制、半日制、季节制和临时性的幼儿园等。幼儿园的发展对新中国经济的发展和妇女解放起到了积极作用。

（二）学前教育师资培养

师资是发展幼教事业的前提和关键，新中国成立后，各级教育行政部门对幼教师资和幼教干部队伍的培养和培训十分重视。

1952 年 7 月颁发的《师范学校暂行规程》规定：师范学校附设幼儿师范科、师范速成班、短期师资训练班等。中级师范学校招收 30 岁以下的初中毕业生或具有同等学力者，修业年限为 3 年。初级师范学校招收 25 岁以下的小学毕业生或具有同等学力者，修业年限为 3~4 年。正规幼儿师范将承担培养幼儿园新教师和在职保教人员的双重任务。

同年，教育部颁发《关于高等师范学校的规定》指出：高等师范学校设置的教育系应分设学前教育组，培养中等师范学校的专业课教师。根据教育部有关高等学校院系调整的精神，将分散于一些高校的有关专业适当合并，南京大学师范学院幼儿教育系、北京师范大学教育系、西南师范学院教育系、甘肃师范大学教育系学前专业相继成立，负担起为全国培养幼儿师范学校师资力量的任务。1956 年 2 月，教育部颁发了师范学院教育系幼儿教育专业暂行教学计划，规定开设幼儿教育学等二十多门必修课和选修课，确定了教育见习、教育实习的学时数等。

这一时期，除了通过正规的幼儿师范学校培养师资以外，还通过多种渠道、采用多种形式培训在职教师。如 1954 年 6 月教育部发出了《关于举办小学教师轮训班的指示》（包括幼儿园教养员），1956 年教育部又在《关于大力培养小学教员和幼儿园教养员的指示》中指出：一方面大力发展幼儿师范学校，另一方面采取短期训练的措施，补充师资。由于政府对幼儿园师资培养的重视和制定了切合实际需要的各种政策，使正规幼儿师范学校与各种培训相结合的手段产生了良好的社会效益，造就了一批幼儿教育的主力军，为我国幼儿教育的起步和发展起了奠基作用。1950~1957 年我国幼儿师范学校发展情况如表 5-1 所示。

表 5-1 幼儿师范学校发展情况统计表

年份	学校数量	班级数量	在校学生人数 合计	中级	初级	毕业生人数 合计	中级	初级
1950	1	27	809	809		260	260	
1951	2	50	1627	1627		360	360	
1952	2	47	2100	2100		585	585	
1953	7	151	6755	6047	708	1013	934	79
1954	7	181	8469	7852	617	2880	2303	577
1955	9	204	9191	9155	36	2442	2406	36
1956	21	342	15199	15150	49	2280	2244	36
1957	20	336	15287	15188	99	2569	2569	

第二节 学前教育的大起大落

1958年至1965年间，我国进入了全面的社会主义建设时期，这一时期在社会生产力迅速发展、探索适合中国国情的社会主义建设道路的形势背景下，学前教育一方面出现了"大跃进"式的盲目发展，另一方面，数量的盲目扩张使得教育质量大幅度下降，学前教育理论研究上也出现了混乱现象。此后，虽经努力调整，但自1966年"文化大革命"开始后，学前教育又遭到了巨大损失。1958～1976近二十年中，学前教育事业经历了一个大起又大落的曲折发展过程。

一、学前教育的"大跃进"

（一）社会主义教育方针的提出

1957年2月，毛泽东同志在《关于正确处理人民内部矛盾的问题》的报告中提出了社会主义教育方针："应该使受教育者在德育、智育、体育几方面都得到发展，成为有社会主义觉悟的有文化的劳动者。"1958年9月，中共中央、国务院发出《关于教育工作的指示》，明确、系统地提出党的教育工作的方针，即"教育为无产阶级政治服务，教育与生产劳动相结合；为了实现这个目标，教育工作必须由党来领导"。

这两条方针，前者指出了培养目标，后者确定了教育工作的方向。学前教育也必须贯彻党和国家的教育方针。在培养目标上，曾有人提出幼儿园把体育放在首位，是"没有以德育挂帅"的资产阶级教育方针。经过学习和讨论，坚定了结合幼儿特点的体、智、德、美全面发展的方针；在工作方向上，普遍加强了为生产服务的措施和对幼儿的劳动教育。在贯彻教育方针的过程中，既有积极的方面，如想方设法为家长服务；也存在消极的一面，如思想品德教育的成人化，脱离了幼儿的年龄特点等。

（二）学前教育的盲目发展

1958年中共八大第二次会议通过了"鼓足干劲，力争上游，多快好省地建设社会主义"的总路线，随后发动了"大跃进"运动和农村"人民公社化"运动。在"高标准、瞎指挥、浮夸风和共产风"为主要标志的"左倾"思潮影响下，学前教育也出现了盲目发展的现象。短时期内，各地幼儿园不顾条件，一哄而起，特别是农村幼儿园急剧增加，有些地方将小园合并成几百人的大园。有的地方提出了"三天托儿化""一夜托儿化""实行寄宿制，消灭三大差别"等不切合我国国情实际的口号。1958年仅幼儿园数量就已达695297所，比1957年增加了42.3倍，幼儿净增28410000人。这样的发展速度，大大超越了我国当时的经济发展水平。由于没有足够的物质和资金支持，又脱离了群众需要，这一大批新发展的幼儿园设施普遍简陋，缺少经费来源，教师水平低下。到60年代我国国民经济发生严重困难的时候，盲目发展起来的幼儿园又纷纷解散，这种大起大落的教训是深刻的。

"大跃进"的时代不仅幼儿园数量猛增，幼儿师范学校也畸形地快速发展。1960年幼师学校数比1957年增长了4倍多，达89所；在校生数量增长了4倍多，近7万人。高师学前教育专业也迅速增加，山东、福建等地就办起了十多个学前教育专业。此外，各级各类的短训班大量涌现。

（三）学前教育学术发展受阻

1958年出现的"左倾"错误不仅使学前教育事业规模和速度盲目扩大，还导致了矛头指向各科教学以及在知识分子中开展资产阶级的运动。口号是"插红旗，拔白旗"，带来了理论上、思想上和教育实际工作上的极度混乱。

1958年8月，教育部主办的《学前教育》、《教师报》和《人民教育》同时停刊。北京师范大学学前教育专业的学生还发起了对《幼儿园教育工作指南（初稿）》（以下简称《指南》）的批判。先将《指南》定位为"资产阶级方向""一面彻头彻尾、彻里彻外的大白旗"予以彻底否定，再加以"篡改党的教育方针""否定党的领导""反动的儿童中心主义""资产阶级情调与资产阶级生活方式""丑化劳动人民"等莫须有的罪名横加批判，影响很快波及全国，导致了幼儿教育的理论和实践的极度混乱,是非、正误混淆。此后在理论教学及幼儿园教育中大量出现了口号化、成人化、形式化的错误,幼儿教育失去了自身的特点,教育质量显著下降。

在批判中还错误地牵连、伤害了一些教师,影响了学术研究和争鸣。南京师范学院院长陈鹤琴教授被强加上了"文化买办""冒牌学者"等污蔑之词,他的儿童教育思想被全面否定和批判。南京师范学院附属小学优秀教师斯霞的"母爱教育"也被诬蔑为抹杀教育的阶级性,不要无产阶级方向,不要阶级教育。这对幼教界一向强调的教师对幼儿要有爱心起到了干扰作用,是教育上阶级斗争扩大化的典型事例。

20世纪50年代末60年代初的错误评判混淆了政治和学术的界限,对我国学前教育的学术繁荣和事业发展造成了不小的危害。

二、学前教育的调整巩固

为促进经济形势的根本好转,中央一方面对"左倾"错误思想和行为进行了适当的纠正,另一方面提出了"调整、巩固、充实、提高"的方针。在此指引下,学前教育机构根据经济、师资等实际条件采取了保留、撤销、充实等手段,朝着巩固和提高的目标逐步恢复正常发展秩序。

(一)幼儿园的调整与发展

教育部提出:幼儿园的发展,宁可慢些、少些,但要好些。城市中的幼儿园要以提高质量为主,条件不成熟的民办园要调整、收缩。经过切实的调整,到1961年幼儿园数量比1960年下降了92.3%,1965年的幼儿园数和入园幼儿数,比1962年分别增加了9%和18%,略高于1957年的数字。调整后,幼儿园重新开始逐年稳步回升地发展。

(二)学前教育师资培养机构的调整与发展

1962年1月《教育部党组关于全国师范教育会议的报告》明确指出要重视幼儿园师资培养,"3年制的幼儿师范,主要是培养大中城市重点幼儿园的教养员,目前不能多办。应该多办初级幼儿师范,招收相当于高小毕业程度的青年,培养成为城镇和农村幼儿教养员,学习时间的长短,可以因地制宜"。经过调整和整顿,幼儿师资培养走上了有序发展的轨道。

自1961年开始的调整工作,虽然使得幼儿教育中的"大跃进"式的发展得以纠正,学术批判中的错误倾向得以察觉,但是这种"左倾"思想影响还未完全消失,在调整中也出现了新的问题。例如,主管全国幼儿园工作的领导机构——教育部幼儿教育处被撤销,使得相当长一段时间里幼儿教育失去了全国统一领导。

当时我国仅有的五所师范院校中的学前教育专业于1962年相继停止招生，致使高层次幼教专门人才的培养中断，对幼教理论的提高与发展十分不利。

1966年"文化大革命"开始至1976年期间，整个国家遭到浩劫，国民经济几乎崩溃。新中国17年的教育也遭到了彻底否定与批判。幼儿教育被视为推行修正主义路线的典型，受到空前摧残，对我国学前教育的发展造成严重损失。

（三）教育路线和方针严重歪曲

"文化大革命"开始后，学前教育不可避免地卷入了这场风暴，新中国成立17年来的学前教育遭到了彻底否定和批判。学前教育被视为推行修正主义路线的典型，被斥为资产阶级的教育方针，四育的任务和内容被全面否定和删改。

体育方面，原先幼儿园体育工作的科学内容被全部抛弃，就连基本的生活制度、科学喂养、卫生保健等必要的体育工作内容都被当做资产阶级方向予以批判，甚至致使将饭后使用餐巾擦嘴、用水漱口等卫生保健措施都当做资产阶级生活方式取消了，体育活动和锻炼更是被"集体放羊"取代。兴起的是供成人欣赏，不利于儿童身体健康的大型体操表演和大型运动会。

智育方面，知识被视为洪水猛兽，幼儿园中不进行智育，不引导儿童认识周围环境和生活。儿歌、故事、童话等文艺作品被视为封建主义、资本主义、修正主义的糟粕。由于否定智育，造成幼儿生活贫乏，智力发展受到阻碍。

德育方面，政治教育取代了全部的德育内容。以大大超出幼儿理解能力的极"左"政治口号，取代了幼儿基本行为品质和性格的培养。例如：让幼儿大量死记硬背他们并不理解的毛泽东语录和诗词，参加所谓的"革命大批判""批林批孔""评法论儒"等，幼儿鹦鹉学舌般的转述，常常由于不理解而笑话百出，这些德育内容更无法使幼儿付诸行动。对那些能指导幼儿行为的德育内容，如文明礼貌、互助互爱反而被排斥于德育内容之外，因而根本无法向幼儿进行基本的行为品德的培养和性格塑造。

美育更是被视为资产阶级的内容，将追求美视为资产阶级的表现，因而将美育砍掉。幼儿教育中凡涉及美的教育统统禁止，如不讲环境布置，不讲仪表装束，音乐、美术、文学的活动只能作为政治教育的工具被使用，而不能发挥其美育的功能，不去引导幼儿欣赏、领会各种艺术品，极大地阻碍了幼儿对美丑的辨别力、美的感受力和美的创造力的发展。

（四）管理制度遭到彻底破坏

"文化大革命"中，广大教育工作者多年建立起来的有效的管理制度，被批判为对幼儿的管、卡、压。幼儿园中人员的合理岗位分工被斥之为"资产阶级法权"，以园长、教师与保育员的工作大轮换取而代之，岗位责任制废止了，各种制度取消了，幼儿园脱离了科学管理的轨道，一片混乱。一些优秀的幼儿教师和园长被扣上走资本主义道路当权派和反动学术权威的帽子，被批判斗争。各级幼儿教育行政管理机构也被取消，幼儿园失去了领导和管理，处于自生自灭、任凭宰割的境地。

（五）师资培训被全面取消

"文化大革命"中，全国幼儿师范学校统统被取消，有的改为普通中学，房舍被占，图书、教学设备被毁坏，教师改行，正规的幼儿教育师资培养全部中断。全国当时只剩下一所浙江幼儿师范学校，高等师范院校中的学前教育专业也只有南京师范学院保留了全部人员。

十年"文革"，使得我国学前教育事业遭到空前灾难，导致农村幼儿园几乎解体，城市幼儿园已失去调控，幼教专业人员大批流失，幼儿园工作失去常态，教育质量急剧下降。不过，值得欣慰的是，有的地区在重重困难中，仍然本着对幼教事业的忠诚，坚持着正确的办园道路。如江苏省如东县成为全国农村幼儿教育发展的一面旗帜，1972年时幼儿入园率达80%。

第三节　学前教育的拨乱反正与改革发展

1978年党的十一届三中全会召开，国家进入了社会主义建设发展的新时期，教育工作也走上了健康发展的轨道，学前教育事业也进入振兴和发展的新阶段。

一、学前教育管理体制与法规

十一届三中全会的召开和改革开放给中国学前教育事业带来了百花齐放的春天。学前教育事业肩负起"使幼儿获得体、智、德、美全面发展""使每个儿童都有更好未来"的历史使命。

1978年、1982年全国人大二次、四次会议所做《政府工作报告》指出：要十分重视发展托儿所、幼儿园；要培养大批合格的幼儿教师，使更多的学龄前儿童进入幼儿园，并且能够受到适应他们身心特点的教育。教育部也于1983年5月下发《关于加强和改革农村学校教育若干问题的通知》，明确提出"积极发展幼儿教育"的要求。1985年5月，中共中央《关于教育体制改革的决定》中，提出"要努力发展幼儿教育"。1987年10月经国务院批准国家教委还专门召开了全国幼儿教育工作会议。党和政府为大力加强对学前教育的领导和管理，采取了一系列行之有效的措施。

（一）恢复与建立学前教育管理机构与体制

1978年教育部恢复了幼儿教育处，各省、自治区教育厅局也陆续恢复或新建幼教领导机构，明确职责分工，逐步形成了由上而下的统一领导、分级管理的领导体制。1979年，国务院设立"托幼工作小组"，由教育部、卫生部等13个相关部委和群众团体组成，这是新中国成立以来第一次由国务院副总理率领政府有关部门共同协商托幼事业的发展分工问题，体现了党和政府对托幼事业的重视与关怀。

1987年10月国家教委召开了全国幼儿教育工作会议，讨论了幼儿教育事业的发展方针、指导思想、师资队伍及加强领导和管理等问题，明确提出幼儿教育是社会主义教育事业的重要组成部分，是学校教育的预备阶段，同时又是一项社会福利事业，各级政府都应重视，必须由政府、单位、个人、社会共同投资，协力办好。这次会议是教育部门召开的第一次有关幼儿教育改革的专门会议，对于理顺关系、明确分工、加强领导、积极发展幼儿教育具有极为重要的意义。

（二）颁布多种学前教育法规

十一届三中全会以来，党和政府先后颁布多种学前教育法规和政策，促使学前教育走上规范化、科学化的道路。

1979年11月教育部颁发《城市幼儿园工作条例（试行草案）》，正视城乡幼教发展的不平衡，试图通过办好一批示范性城市幼儿园以带动整个幼教事业的发展。

1980年卫生部、教育部联合颁发了《托儿所、幼儿园卫生保健制度（试行草案）》，并在1985年修订。该制度就托儿所、幼儿园合理的生活制度，饮食营养，体格锻炼，健康检查，卫生消毒与隔离，防病工作，安全制度，儿童健康记录及家长进行卫生保健联系等多项工作，做出详尽、明确的规定，促使托儿所、幼儿园的卫生保障工作有章可循，确保幼儿的健康和安全。

1981年10月，教育部颁发《幼儿园教育纲要（试行草案）》，它是对1952年《幼儿园暂行教学纲要（草案）》的正式修订。由幼儿年龄特点与幼儿园教育任务、幼儿园教育的内容与要求、教育手段及注意事项三大部分组成。"教育"与"教学"一字差别更加体现了幼儿园根据幼儿的年龄特点，突出其主要工作是"教育"而不仅仅是"教学"；幼儿园教育内容扩展为生活卫生习惯、体育活动、思想品德、语言、常识、计算、音乐、美工八个方面，加强了对幼儿习惯和品德的培养，强调教育任务、内容、要求应通过游戏、体育活动、上课、观察、劳动、娱乐和日常生活等教育手段来完成，以防止幼儿园教育小学化和成人化。

1983年9月，教育部下发《关于发展农村幼儿教育的几点意见》，强调发展农村幼儿教育工作的重要性。提出要积极发展农村幼儿教育，逐步创造条件接收3～5岁幼儿入园；建设稳定合格的幼儿教师队伍、提高保教质量；采用多种办法积极改善办园条件。此后，农村学前班广泛建立，对农村幼教事业发展起了很大促进作用。1986年6月，国家教委发布《关于进一步办好幼儿学前班的意见》，指出举办学前班是现阶段发展农村学前教育的一条重要途径，并针对学前班的发展和领导管理所出现的问题提出了具体意见。上述两个文件促使农村幼儿园、学前班迅速发展，由1982年的91809处增至1992年的111016处，增长率为20.9%。

1985年5月，《中共中央关于教育体制改革的决定》颁布之后，教育、卫生、建设等部门分别制定文件，加强对学前教育机构的管理，促使其逐步走向科学化、规范化的道路。卫生部制定了《托儿所、幼儿园卫生保健制度》，为托运机构的生活、膳食、体格锻炼等提供了科学化的保证；城乡建设环境保护部和国家教委制定了《托儿所、幼儿园建筑设计规范》，为托幼机构从安全、卫生和使用功能等方面规定了生活用房、服务用房、供给用房和游戏场地的面积，以及给水与排水、采暖与通风、电器等的标准与要求；劳动人事部和国家教委联合颁发《全日制、寄宿制幼儿园编制标准（试行）》，对幼儿园班级规模、教职工与幼儿的比例、主要教职工配置比例作了较为科学的规定。

1989年6月，国家教委颁布《幼儿园工作规程（试行）》。此规程是幼儿园内部工作的法规，对各级各类幼儿园均有效。它包括：总则，幼儿园招生、编班，幼儿园的卫生保健，幼儿园的教育，幼儿园的园舍、设备，幼儿园工作人员，幼儿园经费，幼儿园与幼儿家庭，幼儿园的管理工作和附则等。既是对1952年颁行的《幼儿园暂行规程（草案）》的全面修订，又是改革开放以来幼教相关法规的总汇。

十一届三中全会后的十年中，国家有关部门为幼儿园制定和颁布了如此多项法规和制度，是前所未有的，充分表明改革开放以来党和政府对学前教育事业发展的高度重视和支持。

二、编写幼儿园教材和幼儿教师培训教材

《幼儿园教育纲要（试行草案）》颁布以后，为配合贯彻实施，教育部组织全国幼儿园优秀教师和幼教理论工作者编写幼儿教师用书一套，共七种，由体育、语言、常识、计算、音乐、美术、游戏组成。上海教育出版社为《纲要》配印了

全套教学挂图，人民教育出版社也编写了有关读物。这样重视和有计划地出版幼儿园教材以及有关教学用书，在新中国成立后还是首次。

针对农村幼儿教师多数未经过系统专业培训的实际，1984年教育部组织有关力量编写了一套12种13册的农村幼儿教师培训教材，包括幼儿教育学、幼儿教育心理、幼儿卫生、语言教学法、常识教学法、计算教学法、体育教学法、音乐教学法、美术教学法、幼儿园玩具教具制作、音乐基础知识、幼儿园舞蹈和歌曲，由人民教育出版社于1987年后陆续出版。

三、加强师资队伍建设

十年"文革"造成了幼儿教师与幼师师资的严重不足，对幼教事业的恢复和发展带来极大困难。为此，必须大力发展幼儿师范教育，加强新师资培养和在职教师的师资培训工作。经过努力，近年来，我国的幼教干部和师资培训有了较大发展。

（一）高等师范院校学前教育专业的发展与改革

1978年10月，教育部发出《关于加强和发展师范教育的意见》指出："原有学前教育专业的师范院校应积极办好这个专业，扩大招生名额，为各地培养幼师师资。"据1987年统计，共有22所师范院校设置了学前教育专业。从20世纪80年代起，一些院校如北京师范大学和南京师范大学的学前教育专业均开设硕士点，培养高校教师及科学研究人员。

为办好高校学前教育专业，还积极进行了改革探索。改革招生制度，除招普通高中生以外，还招收5年工龄以上的有实践经验的幼儿教育工作者。改革课程设置，增加了比较教育、研究方法以及操作技术方面的课程，并注意吸收国内最新研究成果。增强了实践环节，包括结合教学的调查、观察、实践等以及集中进行教育实习等。加强了教材建设，从20世纪70年代末起，教育部组织力量编写高师学前教育的各科教学用书，并分别纳入国家的"六五"和"七五"规划，这在中国学前教育史上是一项开创性的工作。从20世纪80年代末开始，人民教育出版社等陆续出版了一系列专业教材。

（二）中等幼儿师范学校的发展与改革

幼儿师范学校是培养幼儿教师的主要阵地。1978～1979年，幼儿师范学校从1所恢复到22所，以后逐年递增。到1989年，独立的幼儿师范学校达到63所，在校生35498人，分别是1965年的2.3倍和5.7倍。各幼儿师范学校在承担培养幼儿园新师资的同时，还肩负起在职幼儿教师培训和幼教教研的任务。

(三) 在职教师的培训与提高

由于幼儿园发展迅速，新师资的培养跟不上发展的需要，幼教师资和干部队伍急需增补与提高。1986年年底，各地教育行政部门开始对幼儿园教师进行考核，不具备国家合格学历的幼儿教师，应参加"教材教法考试合格证书"和"专业合格证书"的考试，极大调动了在职幼儿教师参加培训的积极性。

通过各方面努力，幼儿教师队伍数量逐年扩大，学历层次不断提高，大批幼儿教师与干部获得培养和提高，并向着更高层次迈进。

四、幼儿科学研究活跃，成果显著

幼儿教育科学研究的开展，是幼儿教育发展水平的重要标志。"文化大革命"前我国的幼教科研只在较小的范围内进行，没有专门的幼教科研机构和群众性的幼儿教育研究组织，科研比较落后。

(一) 幼教科研机构纷纷设立

1978年10月，中央教育科学研究所重建，设置了幼儿教育研究室，这是我国第一个国家级幼儿教育研究机构。随后，各省市也陆续在教育科学研究所内设置幼儿教研机构或者专职科研人员，开展了大量幼儿教育专题研究。在相关高等师范院校和幼儿师范学校内，也设立了幼儿教育研究室，推动了幼儿教育科研的深入开展。

1979年11月初，中国教育学会幼儿教育研究会在南京成立。1992年该会成为国家教委下属的国家一级学会中国学前教育研究会，这一群众性的学术团体旨在组织幼儿教育科研队伍，探索幼儿教育规律，研究幼儿教育的理论和实际问题，繁荣幼儿教育科学，在许多重大问题方面发挥了独特的作用。

(二) 幼教科研成果大量涌现

经过不断努力，在20世纪70至80年代，大量学前教育研究成果开始涌现。

一是关于幼教历史经验的研究。中央教科所幼教研究室于1979年开始进行了新中国成立以来幼儿教育的历史经验和教训的课题研究。1982年撰写成论文《回顾与展望》：幼教事业的发展必须与经济发展、经济基础相适应；按幼儿年龄特征进行教育是幼教质量的重要保证；加强领导是幼教事业发展的前提；开展幼教学术研究必须坚持历史唯物主义和辩证唯物主义态度等。北京、南京、陕西师大学前教育研究室对我国幼儿教育经历的曲折道路也进行了历史性研究，并汇集成《中国学前教育史资料选》，由人民教育出版社出版。

二是关于农村幼儿教育的研究。南京师大主持"农村幼儿教育研究"是列入全国教育科研"七五"规划的第一个农村幼教研究课题,制定了我国第一个农村幼儿教育大纲。中央教科所幼教研究室在 20 世纪 80 年代初期开始调查农村幼儿教育,1987 年与河北省教委合作对农村幼儿教育进行宏观和微观的研究,以探索农村幼儿教育事业发展和提高的特殊规律。

三是对幼儿素质教育的研究。中央教科所幼教研究室开展"适应我国国情,提高幼儿素质的调查研究",并列为"七五"规划国家教委重点项目,从经济、地理、文化三个维度,以幼儿园内城市和农村幼儿为样本总体范围,试图为改善幼儿目前生活环境寻找科学依据。

四是对幼儿园课程结构的实验研究。1983 年起,南京、北京、上海等地先后开始课程改革的实验研究,旨在克服现行幼儿园课程结构的弊端:目标上重知识掌握轻能力培养;内容上六科割裂;组织实施上重教轻学,等等。探索新的课程结构,使幼儿身心得到发展。逐渐树立起新的教育观念:整体观、发展观、主体观、活动观等,涌现了综合教育课程、活动教育课程、游戏课程、情感教育课程等。课程改革还带动了幼儿园健康、社会、语言、科学、艺术等各领域教育的研究。

五、学前教育机构蓬勃发展

随着经济发展和经济体制改革的不断推进,各地有计划、有步骤,多种渠道、多种形式、多种规格地稳步发展学前教育事业,各类幼儿园得到了较快的发展。

表 5-2　1977~1989 年全国幼儿园发展情况统计表

年份	幼儿园数（万所）				入园幼儿数（万人）			
	合计	教育部门办	其他部门办	民办（集体）	合计	教育部门办	其他部门办	民办（集体）
1977	26.19	0.6	25.59		896.8	70.9	825.9	
1978	16.4	0.7	15.7		787.7	87.1	700.6	
1979	16.56	0.5	1.98	14.08	879.23	84.2	146.11	648.92
1980	17.04	0.75	2.13	14.16	1150.77	131.27	155.73	863.77
1981	13.03	0.6	2.27	10.16	1056.21	134.09	171.71	750.41
1982	12.21	0.63	2.52	9.06	1113.1	151.1	218.2	743.8
1983	13.63	1.32	2.97	9.34	1140.3	191.8	226.6	721.9
1984	16.65	1.003	3.05	12.6	1294.74	207.01	250.25	837.48
1985	17.23	1.12	2.98	13.13	1479.69	253.51	269.86	956.32
1986	17.34	1.1	2.74	13.5	1628.98	278.84	290.08	1060.06

续表

年份	幼儿园数（万所）				入园幼儿数（万人）			
	合计	教育部门办	其他部门办	民办（集体）	合计	教育部门办	其他部门办	民办（集体）
1987	17.68	1.01	3.29	13.38	1807.84	326.22	323.09	1158.53
1988	17.18	1.01	2.78	13.39	1836.53	374.96	302.88	1158.69
1989	17.26	1.12	2.81	13.33	1847.66	378.89	323.81	1144.96

从表中可以看出，幼儿园数是稳步发展的，入园幼儿数增长很快，1989年比1979年幼儿入园数增加了一倍以上。据统计，1988年我国城乡幼儿园17.18万所，比1965年增长近9倍，3～5岁儿童入园率为28.2%，入学前一年接受学前教育的儿童达61%。以上数字的增长部分大多在农村，随着农村经济体制改革不断深入，农民收入增多，对幼儿教育越来越重视。虽然农村幼儿教育发展还很不平衡，但是总的趋势已经凸显。

第四节　近二十年的学前教育

进入20世纪90年代后，我国社会进入一个稳定快速发展的阶段。幼教事业也在依法治教的轨道上取得稳定发展：幼教机构迅速增多，不仅在城市而且在乡村也普及开来。仅1990年，全国各类幼儿园（班）达17.2万处，在园幼儿1972万人，较1980年增长50%。全国3～6岁幼儿入园率由1980年的11.3%提高到1990年的26.3%。一批政策性文件相继出台，许多著名教育学家的教育思想得以整理弘扬，教育实验也轰轰烈烈地开展起来。

一、制定新时期的学前教育发展政策

20世纪90年代之后，我国陆续颁布一系列法律法规，幼教事业走上了快速发展的轨道。

1990年，我国签署《儿童生存、保护、发展世界宣言》，1991年，我国政府参加签署联合国制定的《儿童权利公约》。1991年国务院颁发《中华人民共和国未成年人保护法》，1992年公布国务院妇女儿童工作协调委员会编制的《九十年代中国儿童发展规划纲要》，1995年3月颁发了《中华人民共和国教育法》。这些国家法律和纲领性文件，将儿童的生存、保护和发展与人类未来之间的关系提到"人

口素质基础"和"未来发展的先决条件"的高度。

国家教委、国家计委、全国妇联等部门还于1995年9月联合发布《关于企业办好幼儿园的若干意见》，指出"有条件的企业应继续办好幼儿园""加强社区对幼儿教育的扶持与管理""在城市建设规划中安排好幼儿园规划和建设"。1997年7月，国家教委印发《全国幼儿教育事业"九五"发展目标实施意见》，提出2000年全国学前3年幼儿入园（班）率达到45%以上，60%中城市基本解决适龄儿童入园问题，农村学前1年幼儿入园（班）率达到60%以上，并按"普九"情况和经济发展水平提出了分区实施要求。1999年1月，国务院批准教育部制定的《面向21世纪教育振兴行动计划》，指出"实施素质教育，要从幼儿阶段抓起，要用科学的方法启迪和开发幼儿的智力，培养幼儿健康的体质、良好的生活习惯与求知的欲望"。1999年6月，中共中央、国务院颁发《关于深化教育改革全面推行素质教育的决定》。指出，"实施素质教育应当贯穿于幼儿教育、中小学教育、职业教育、成人教育、高等教育等各级各类教育，应当贯穿于学校教育、家庭教育和社会教育等各个方面""要重视婴幼儿身体发育和智力开发"，强调"积极发展以社区为依托的、公办与民办相结合的幼儿教育"，提出了"建设全面推广素质教育的高质量的教师队伍"等要求。

2001年9月，教育部颁布试行《幼儿园教育指导纲要（试行）》，这是为进一步推进幼儿园素质教育、全面提高幼儿园教育质量而颁发的全国性幼儿教育工作的纲领性文件，是对《国务院关于基础教育改革与发展的决定》的全面落实。贯彻实施《纲要》的方向是指引儿童快乐学习，着眼于培养儿童终身学习的基础和能力，突出对幼儿的情感、兴趣、态度、个性的关注，使幼儿能在愉快的童年生活中获得富有个性特色的发展。《幼儿园教育指导纲要（试行）》遵循了《幼儿园工作规程》的精神，从幼儿园教育的基本理念、基本原理、基本规律出发，具体规定了我国幼儿园教育的基本内容范畴、目标以及基本的实践规范和要求。

2001年国务院颁布《中国儿童发展纲要（2001～2010）》，从儿童健康、教育、法律保护和环境四个领域提出了儿童发展的主要目标和策略措施。截至2010年，《纲要》确定的主要目标基本实现。其中，儿童教育普及程度持续提高，学前教育毛入园（班）率从2000年的35.0%上升到56.6%。2011年8月，在总结过去、展望未来的基础上，国务院颁发《中国未来十年儿童发展纲要》，指出：要加快发展3～6岁儿童学前教育。落实各级政府发展学前教育的责任，将学前教育发展纳入城镇建设规划和社会主义新农村建设规划；建立政府主导、社会参与、公办民办并举的办园体制，大力发展公办幼儿园，提供"广覆盖、保基本"的学前教育公共服务；鼓励社会力量以多种形式举办幼儿园，引导和支持民办幼儿园提供普惠性服务。重点发展农村学前教育。每个乡镇至少办好一所公办中心幼儿园，大村独立建园，小村设分园或联合办园，人口分散地区提供灵活多样的学前教育服务，配备专职巡回指导教师，逐步完善县、乡、村三级学前教育网络。采取有效措施，努力解决流动儿童入园问题。建立学前教育资助制度，资助家庭经济困难儿童、孤儿和残疾儿童接受普惠性学前教育。因地制宜发展残疾儿童学前教育，鼓励特殊教育学校、残疾人康复机构举办接收残疾儿童的幼儿园。加强学前教育监督和管理。要基本普及学前教育，学前三年毛入园率达到70%，学前一年毛入园率达到95%；增加城市公办幼儿园数量，农村每个乡镇建立并办好公办中心幼儿园和村幼儿园。

二、开展科学研究，促进学前教育改革

20年来，在世界全民教育的大背景下，我国幼教工作者的科研行为更加自主和自觉。经全国教育科学研究规划组批准的幼教科研课题，项目数量由"七五"时期的2项发展到"八五"时期的7项和"九五"时期的9项；研究领域从幼教机构扩展至家庭，从城市扩展至农村，从幼儿发展扩展至幼儿教师水平提高；研究内容从单一走向综合；研究方法从侧重调查研究到以实验研究为主；研究结论的获取从重视定量发展到定量与定性分析兼顾；研究主持者从专职研究人员发展到各层面幼教工作者，从以中、老年为主扩展为以中、青年占多数。

各地根据地区特点确立研究项目。例如：北京市教育科学"九五"规划重点研究课题"北京市幼儿园课程方案实验研究"，为指导北京市幼教界贯彻《规程》的基本精神，提供了具有本地区特色的指导教育实践活动的依据；上海市教委于1999年颁发的《上海市学前教育纲要》，是由市教委、市教科所、华东师大、长宁区实验幼儿园等单位共同组成的上海市中小学课程教材审查委员会学前教育分会的科研产物；江苏省教委于1996年经研究后颁发《江苏省基本实现现代幼儿园评估细则（试行）》，对重视教育质量、提高幼儿发展水平的教育思想的确立，起到了导向作用。

依据何东昌1985年在全国中小学师资工作会议的讲话精神——"高等师范学校的所谓师范性，与学术性应当是统一的""高等师范学校的教育科学研究必须面向实际……面向基础教育的实践，注重调查，开展实验"，高等师范学校主持的部委级以上的科研项目有所增加。例如：赵寄石主持的"农村幼儿教育课程研究"，卢乐珍主持的"当前我国道德启蒙教育的研究"，陈帼眉主持的"我国幼儿家庭教

育研究"，陈帼眉和刘焱主持的"中外幼教理论与实践研究"，屠美如主持的"儿童早期艺术教育的改革与研究"，冯晓霞主持的"幼儿园课程标准研究"，唐淑主持的"幼儿园课程体系研究"，庞丽娟主持的"幼儿社会性发展研究"等。除全国科研规划项目之外，高等师范学校学前教育专业教师为建立我国幼教体系，将教研与科研结合，效果颇为明显。

通过群众学术团体推动幼儿教育科学研究。全国幼教研究会的研究工作主要从以下几个方面不断强化和深化：一是紧密结合政府有关规章制度的出台，发挥研究会在建设有中国特色的社会主义幼教体系中的作用；二是紧密配合幼教科研队伍；三是在研究会专门课题小组领导下，对"幼儿园课程模式""幼儿园语言教学"等，进行了较长时间的有计划的研究；四是通过国际交流提高广大幼教工作者进行科学研究的主动性；五是挖掘历史财富，推动现代幼教事业。如陈鹤琴教育思想研究会、徐特立教育思想研究会的研究活动，均对当前幼教改革产生了良好的影响；六是通过传播媒介，推广研究成果，调动群众进行研究的积极性。

三、幼教师资培养被提到新的高度

1993年10月31日，第八届全国人民代表大会常务委员会第九次会议通过《中华人民共和国教师法》，规定"取得幼儿园教师资格应该具备幼儿师范学校毕业及其以上学历"。1995年1月27日，国家教委发布《三年制中等幼儿师范学校教学方案（试行）》，提出了幼儿师范学校的培养目标与规格。

1997年10月29日，国家教委颁发《关于组织实施〈高等师范教育面向21世纪教学内容和课程体系改革计划〉的通知》，指出世纪之交高师改革计划"起点高、立意新、针对性强""具有鲜明的时代特征"，高师需"用现代文化、科技发展新成果充实和更新教育内容"，要"采取科研立项的办法，把研究过程和改革实践紧密结合起来"。高等师范学校加强了学前教育的科研队伍，学前教育研究成果不断增加，对推进幼儿教育实践和高等师范院校学前教育专业科研水平的提高起了明显作用。如：华东师大成立了幼教特教学院幼教系和幼儿教育研究所，南京师大学前教育学增设了博士点，高师院校主持的全国教育科研项目数量不断增加。

1996年1月，国家教委颁发《关于开展幼儿园园长岗位培训工作的意见》、《全国幼儿园园长任职资格、职责和岗位要求（试行）的通知》，要求"采取多种形式开展培训工作，争取用5年左右时间将全国幼儿园园长轮训一遍"。

通过职前教育和在职培训，幼教师资水平不断提高。1996年，全国幼儿师范学校在校生达到8.43万人，全国96.2万幼儿园教师中，中等师范、职业高中以上毕业者占幼儿园教师总数的58.8%，已经取得专业合格证书的占幼儿园教师总数的5.3%。1996年国家教委提出全国幼儿园园长任职资格、职责和岗位要求后，各地均已采取了多种形式开展培训工作。

四、当前促进学前教育事业发展的新举措

2010年，《国家中长期教育改革和发展规划纲要（2010～2020年）》（以下简称《纲要》）颁布，对未来十年中国学前教育划定了明确目标：到2020年，普及学前一年教育，基本普及学前两年教育，有条件的地区普及学前三年教育，毛入园率应分别达到95%、80%和70%。《纲要》颁布实施以来，各地加大学前教育发展力度，纷纷出台落实政策。各省（区、市）相继出台了学前教育三年行动计划，明确政府职责，把发展学前教育纳入城镇、社会主义新农村建设规划。建立政府主导、社会参与、公办民办并举的办园体制，大力发展公办幼儿园，积极扶持民办幼儿园。加大政府投入，完善成本合理分担机制，对家庭经济困难幼儿入园给予补助。加强学前教育管理，规范办园行为。制定学前教育办园标准，建立幼儿园准入制度。完善幼儿园收费管理办法。严格执行幼儿教师资格标准，切实加强幼儿教师培养培训，提高幼儿教师队伍整体素质，依法落实幼儿教师地位和待遇。教育行政部门加强对学前教育的宏观指导和管理，相关部门履行各自职责，充分调动各方面力量发展学前教育。重点发展农村学前教育，努力提高农村学前教育普及程度。着力保证留守儿童入园。采取多种形式扩大农村学前教育资源，改扩建、新建幼儿园，充分利用中小学布局调整富余的校舍和教师举办幼儿园（班）。发挥乡镇中心幼儿园对村幼儿园的示范指导作用。支持贫困地区发展学前教育。

21世纪以来，学前教育虽然获得了较快发展，但在各级各类教育中，仍显薄弱，主要表现为教育资源短缺、投入不足，师资队伍不健全，体制机制不完善，城乡区域发展不平衡，一些地方"入园难"问题突出。2010年11月，国务院颁发《国务院关于当前发展学前教育的若干意见》（以下简称《意见》），着力解决"入园难"问题，满足适龄儿童入园需求，促进学前教育事业科学发展。这是在新的历史时期，为全面贯彻落实全国教育工作会议精神和《国家中长期教育改革和发展规划纲要（2010～2020年）》而制定的。主要内容为：第一，要把发展学前教育摆在更加重要的位置；第二，要多种形式扩大学前教育资源；第三，多种途径加强幼儿教师队伍建设；第四，多种渠道加大学前教育投入，各级政府要将学前教育经费列入财政预算，新增教育经费向学前教育倾斜；第五，加强幼儿园安全监管和幼儿园准入管理，制定各种类型幼儿园的办园标准，实行分类管理、分类指

导；第六，强化幼儿园安全监管；第七，规范幼儿园收费管理；第八，坚持科学保教，促进幼儿身心健康发展；第九，完善工作机制，加强组织领导；第十，统筹规划，要求各地以县为单位编制、学前教育三年行动计划，尽快实施。《意见》强调，发展学前教育，必须坚持公益性和普惠性，努力构建覆盖城乡、布局合理的学前教育公共服务体系，保障适龄儿童接受基本的、有质量的学前教育；必须坚持政府主导、群众参与、公办民办并举，落实各级政府责任，充分调动各方面积极性；必须坚持改革创新，着力破除制约学前教育科学发展的体制机制障碍；必须坚持因地制宜，从实际出发，为幼儿和家长提供方便就近、灵活多样、多种层次的学前教育服务；必须坚持科学育儿，遵循幼儿身心发展规律，促进幼儿健康快乐成长。

《意见》颁布以来，各地积极制定本地学前教育三年发展规划并予以落实实施。通过三年行动计划的实施，未来三年各地将新建改扩建幼儿园 9 万多所，可新增园位 500 多万个。截至 2011 年，全国幼儿园总数增加了 1.6 万所，在园幼儿数增加 400 多万。为支持各地特别是中西部地区全面实行学前教育三年行动计划，解决"入园难、入园贵"难题，2011 年 9 月，国家出台了支持学前教育发展的一揽子政策，启动实施了包括加大财政投入建幼儿园、幼师培训等在内的 4 类 7 个学前重大项目，我国学前教育呈现出快速发展的良好局面。

下篇 外国学前教育史

第六章 古代东方国家的学前教育

【学习目标】
1. 了解古代埃及幼儿教育的内容、形式和特点。
2. 了解古代印度婆罗门及佛教的幼儿教育。
3. 了解古代希伯来的儿童观及幼儿教育实施情况。

大约在公元前3000年左右,埃及、巴比伦、亚述、印度和中国等古代东方国家相继形成早期的奴隶制国家,历史上常称这些国家为"世界文明古国"。它们是人类文明的发祥地,也是学校教育最早产生的地区。因此,我们探讨学前教育问题,首先应从这几个古代东方国家开始。

第一节 古代埃及的学前教育

古代埃及地处非洲北部的尼罗河流域,公元前3500年左右逐渐建成上埃及和下埃及两个奴隶制王国。大约公元前3200年埃及王国统一,到公元前332年被马其顿王亚历山大征服,其间共经历了早期王国(约公元前3100~前2689年)、古王国(约公元前2686~前2181年)、中王国(约公元前2040~前1786年)、新王国(约公元前1567~前1181年)、后王朝(约公元前1085~前332年)等历史时期。据考古学家证实,早在公元前4000年,埃及人就开始使用象形文字,到了古王国时期,埃及的文化教育事业已经得到很大的发展。与其他国家相比,古埃及的教育比较发达,教育制度比较完善,家庭教育内容、学校教育类型也多种多样。

一、古埃及学前儿童的生活

据考古资料证实,古埃及的婴儿死亡率是很高的。在卫生条件很差的情况下保持一个婴儿健康的最好办法,就是用母乳喂孩子。母乳不仅能给予婴儿以抗体,而且能避免由食物引起的疾病。由于婴儿在断奶时免疫力下降,因而患病的可能性就上升,许多小孩在4岁时就夭折了。因此,延长哺乳期对孩子的生存作用很大,延长哺乳期对母亲也有利。古埃及的婴儿有大量时间用于玩耍,但一过婴儿期,他们就要被训练成成人。女孩跟母亲学做家务或农活;男孩则子承父业,先是学习简单的事情,然后干更重要的活。父母也让孩子了解世界,以及宗教信仰、伦理道德和正确的行为等。讲故事在古代埃及人的生活中占有重要地位,儿童就是在听故事和讲故事的过程中逐渐长大的。

二、古埃及的家庭教育

古埃及以家庭为教育子女的场所。即使是在学校产生以后,家庭仍然是重要的教育园地。而且家庭教育不仅属于普通生活智能和道德品质的培养,就连高深的专业知识和技能也由其传授。一般来讲,古埃及的儿童在14岁以前由母亲负抚育之责,子女们以玩具为游戏,并从日常活动中受教育。在古王国和中王国时代,权贵人士都以王宫为生活中心,其五六岁以上的子弟也常到宫廷和王子同玩,有时和王子王孙同受教育,学习文化和实习治术。直到新王国时期,才发展到由政府部门成立学校,担负起造就官员的职责。古埃及的专业工作者,如文士、医师、木乃伊师、建筑师等,每每采用师徒传习的方式,由父亲在生产作业中,把应具备的知识和技能教给儿子,教育、生产和生活是融为一体的。古埃及的年轻人通常从事与父亲相同的职业。这并不是严格的继承,而是将父辈的职业传给子辈。儿子被界定为"年老父亲的接班人",帮助老年人完成任务并最终接替他。因此古埃及的不少行业,其行业秘密是由不同家族长期把持的。例如,某建筑师之家曾历22代之久从事营建工程;某高僧之家9代世传为僧侣;某文士之家曾7代世传为文士。历史学家狄奥多拉斯曾说:"处理尸体的巧妙的木乃伊师,是由家庭传统中获得专业知识的。"所以,不少家庭担负着专业教育的重要职责。

三、古埃及的学校教育

自古王国时期,古埃及陆续产生了宫廷学校、僧侣学校(寺庙学校)、职官学校和文士学校等机构类型。

宫廷学校始建于大约公元前2500年,是埃及有史记载的最古老的教育机构。顾名思义,此类学校设置在宫廷内部,其教育对象主要是皇子皇孙和极少数大臣子弟。学校主要邀请有经验的僧侣、官吏、学者等任教,有时候国王(法老)也亲自授课。在古代埃及,奴隶主贵族及大臣一向以王宫为活动中心,其五六岁以上子弟可以出入宫廷与法老子孙共同活动和学习，有时法老也和他们以游戏为乐，并派官员进行教育，这样宫廷学校便逐渐发展和完善起来。由于这些权贵子弟都将成为统治者，等他们年龄稍长，便派他们到有关部门见习。学生结业以后，就被派往国家机关接受锻炼，获得实际经验，并学习专门知识，然后正式委任为官吏。

古埃及的皇族子弟在幼年时期享有乳母的精心喂养，稍一懂事，就被送入宫廷学校进行系统的学习。在宫廷学校，幼儿主要学习简单的初步知识、进行抄写练习，以及模仿成人的宫廷礼仪，以便养成未来统治者所应具备的言行举止。除此之外，幼儿还经常被灌输敬畏日神、忠于国君的说教，以及进行简单的游戏、听故事等。在教育方法上，教师经常对幼儿施行体罚，在古埃及人看来，体罚是合理的行为。就像古埃及谚语所说："学神把教鞭送给人间"、"男孩的耳朵是长在背上的，打他他才听"。另据古埃及文献记载，公元前1500年左右的新王国时期，有一名叫塔胡梯的皇子曾深有感触地说："我每天挨打，如同吃饭一样的习惯和有规律。"

僧侣学校是在中王国时期之后出现的设在寺庙中的学校，因此也称寺庙学校。古埃及的寺庙，既是宗教活动的场所，也是替埃及法老办理天文、建筑等专业领域内事务的机构，因此，当时的寺庙也间接承担了为以上专业领域培养接班人的任务。但是由于僧侣学校的教学内容一般以较高深的天文学、数学、医学等为主，因此少数祭司、医学、建筑等职业家庭的男孩子在进入僧侣学校之前，首先在家庭中接受父辈们的教育和熏陶，到17岁左右才能进入僧侣学校继续学习。

职官学校这种学校是埃及中王国时期国家官办的具有职业教育性质的学校。由于中王国时期古埃及国家发展日益强盛，宫廷学校已不能满足社会对培养人才的需要，这样就出现了在政府机关内附设建立的职官学校，以担负培养训练自己机关所需要的官吏的任务。这些学校的教育对象为贵族和官吏子弟，还招收一定数量的外邦留学青年。职官学校出现并发展后，宫廷学校便逐渐衰落。在职官学校中，学习内容除基础知识外，主要进行与政务工作有密切联系的业务训练。这类学校的教师大多由学校所在政府机关的官吏充任，学生从5岁开始，经过12年的学习，毕业后可成为文士和官员。学校的教育内容包括普通文化课程和专门的职业教育，学生在现任官吏的教导下逐渐成长为文士和官员。

文士学校在古埃及的学校教育机构中，文士学校是最主要的，也是最重要的学校，同时也是一种相对比较低级的教育机构。古代埃及公私事务均注重书写，各级官吏又由文士（scribe）充任，很多文士遂私人招生授课，有志的青少年前往学习。教育史上将这种私立学校称文士学校,也叫作书吏学校。此类学校主要用以培养能从事书写和计算工作的人,它对学生的出身限制较前三类学校少一些,因此招收的学生人数也相对较多。

儿童5岁可以进入这种学校,学习到十六七岁,学生在十三四岁时能受到处理官府公务的实际训练。教育内容中有书写、计算、律法知识、数学、天文和地理等,其中最受重视的是书写。就学习书写的内容而言,在最初阶段主要是关于道德的训诫,等学生能力逐渐提高后,便书写《尼罗河的赞歌》、《道福的教诲》等长文。古埃及在书写教学中还注重指导儿童学习辞令,认为善于辞令是良好教养的标志。儿童获得初级水平的书写能力后,则以商业文牍、请假申请书、对长官的颂词、工作报告等,作为书写练习的题材。等到学生年龄长大,教师便培养其写作能力,教他们想像各种具体情况练习作文,如记叙和撰写法老和高级官吏的旅行、城市和庙宇的建筑、船舶的修理、下属向长官提出的申请书、长官对僚属的复札,等等。虽然文士学校有贫家子弟入学就读,但从总体上来看,埃及各类学校的学生多半是奴隶主子弟,而一般农民、手工业者是很难有机会入学的,这也说明了古埃及学校教育中的等级性。

综上所述,古埃及的教育机构呈现出多样化的特点,但是由于当时的幼儿教育尚处于萌芽状态,因此它与初等教育之间没有明显的年龄界限;教育内容具有强烈的职业性和实践性;教育方法简单粗暴,体罚盛行。尽管如此,古埃及对世界幼儿教育史的发展仍然做出了极大的贡献。

第二节 古代印度的学前教育

古代印度是人类文明的发祥地之一,它和中国、埃及、巴比伦并列为东方的四大古国。勤劳、勇敢的印度人民,曾经创造了灿烂的古代文明,为人类做出了自己的贡献。印度的名称起源于印度河。中国汉代史籍译作"身毒"或"天竺",直到唐代才改译为"印度"。

自20世纪20年代起,在印度河谷先后发现几个古代城市遗址,著名的有哈拉巴和摩亨佐·达罗,因此统称为哈拉巴文化。哈拉巴文化存在年限约在公元前4000年左右~公元前2500年。直到公元前2500年左右,这个当时享誉世界的灿烂的印度早期文化,却突然消失,其中原因至今尚无确证。所以现在一般历史上所讲的古代印度文明是从公元前2000年开始的。历史学家一般都认为,哈拉巴文化的创造者，就是印度的原始居民达罗毗荼人。

据考古资料证实，公元前 2500 年左右，属于印欧语系的许多部落，从中亚细亚经由印度西北方的入口，陆续涌入印度河中游的旁遮普一带，征服了当地的大部分达罗毗荼人。入侵者是白种人，自称"雅利安"，意为高贵者，以区别于皮肤黝黑的达罗毗荼人。经过几个世纪的武力扩张，雅利安人逐步征服了整个北印度。雅利安人早先过着原始的游牧生活，入侵印度后，雅利安人吸收了达罗毗荼人的先进文化，由游牧转为定居的农业生活，并逐渐向奴隶社会过渡。

由于雅利安人对达罗毗荼人的征服和奴役，以及雅利安人内部贫富分化的结果，在雅利安社会中逐渐形成了一个森严的等级制度，这就是种姓制度。"种姓"一词在印度的梵文中叫"瓦尔那"，就是颜色或品质的意思。因此种姓制度又叫瓦尔那制度，用以区别肤色白皙的雅利安人和皮肤黝黑的达罗毗荼人。在种姓制度下，古代印度人被分为 4 个种姓：婆罗门、刹帝利、吠舍和首陀罗。婆罗门是祭司贵族，它主要掌握神权，占卜祸福，垄断文化和报道农时季节，在社会中地位是最高的。刹帝利是雅利安人的军事贵族，包括国王以下的各级官吏，掌握国家的除神权之外的一切权力。婆罗门和刹帝利这两个高级种姓，占有了古代印度社会中的大部分财富，依靠剥削为生，是社会中的统治阶级。吠舍是古代印度社会中的普通劳动者，也就是雅利安人的中下阶层，包括农民、手工业者和商人，他们必须向国家缴纳赋税。首陀罗是指那些失去土地的自由民和被征服的达罗毗荼人，实际上处于奴隶的地位。各个种姓职业世袭，互不通婚，以保持严格的界限。不同种姓的男女所生的子女被看成是贱民，或叫不可接触者，贱民不包括在 4 个种姓之内，最受鄙视。

总的说来，印度的种姓制度实质上是一种阶级制度。种姓制度以及婆罗门的权力高于一切，是古代印度社会的一大鲜明特点，致使其意识形态、教育发展等无不打上这一烙印。古代印度的婆罗门教与佛教的形成和传播，正是为此目的而服务的。古代印度的幼儿教育也不可避免地为维系种姓压迫和培养宗教意识而展开。

一、婆罗门的幼儿教育

公元前 6 世纪以前的印度教育通常称为婆罗门教育。古代印度的教育主要以维系种姓压迫和培养宗教意识为主要任务，以培养婆罗门为教育的最高使命，具有强烈的贵族性。婆罗门教育以印度人最早的宗教典籍吠陀经书为学习的首要内容，教育方法为口耳相传。古代印度教育的分期比较明确，一般儿童在 7 岁之前在家里接受教育，8~16岁在学校学习。公元前9世纪以前婆罗门教育以家庭教育为主，儿童在大约3~5岁左右接受剃度礼后就开始家庭教育。古代印度盛行家长制，父亲是一家之主，一切家庭生活的安排都由父亲做主，父亲同时握有子女生杀、买卖大权，也有教育、培养儿童的义务。尤其是婆罗门种姓家庭，为了保持种姓的尊严和世袭，父亲在家庭中除了传授生活知识、基本技能、行为习惯和风俗习惯之外，最主要的是悉心指导子女传诵吠陀经典。尽管吠陀经书均由梵文写成，对于幼儿来讲词意晦涩、艰深难懂，但是传授时也不允许儿童抄写笔录，更不准提问，而全凭口耳相传，死记硬背。之所以不允许儿童抄写，是因为当时的人们认为吠陀经书里的内容都是神所说过的话，如果擅自抄写，则有渎神之嫌。这种神学色彩极浓的家庭教育，一般要经过10年的时间，才能学完4部吠陀经书中的一部，这对于婆罗门家族的儿童来说，花费大量的时间和精力，去背诵这些浩繁难解的宗教术语，实在是一项繁重的苦役。

二、佛教的幼儿教育

随着奴隶制的发展和奴隶制大国的崛起，公元前6世纪到公元前5世纪印度进入"列国时代"。因掌握军事力量而日益强盛的刹帝利和上层大商人吠舍，不满婆罗门的特权地位，婆罗门实力日益削弱，佛教应运而生。相传佛教的创立者是公元前600年古印度迦毗罗卫国的王子乔答摩·悉达多（即释迦牟尼）。作为当时反婆罗门教的思潮之一，佛教主张善恶报应、生死轮回；反对婆罗门教的特权地位，强调信仰平等、普度众生，追求大彻大悟。随着公元前3世纪佛教的广泛发展，**佛教教育也随之发展起来。佛教在教育方面的改革主要表现为：首先主张4种姓平等，广泛传播了人民群众接受初等教育的愿望；其次是强调用方言代替梵文进行教学。**

佛教的幼儿教育一般在家庭中进行，也有信仰虔诚者在子女五六岁时把他们提前送入寺（庵）中"出家"修行。入寺（庵）修行的儿童要参加一次专门的入学仪式才能成为僧（尼）徒，之后的教育内容除了重视道德品格教育和言行举止的训练之外，主要是学习佛教经典。学习12年并经检验合格者，可留寺（庵）充当比丘（即和尚）、比丘尼（即尼姑）。普通家庭的孩子从懂事起就在父母的言传身教和日常生活中接受早期的教育，比如儿童要对佛祖释迦牟尼虔敬崇拜，要定期跟随父母参加宗教仪式，诵读简易经文；要坚持慈悲为怀、积德行善、普渡众生、悲天悯人的做人准则；要勤奋、早起、打坐、洁净、生活俭朴、乐意吃苦；此外，还要养成一种乐意助人、慷慨施舍的心态等，并准备等自己稍长大一点后即宣布皈依佛法，以便成为在家佛徒。以上这些都是为了实现在信仰方面、公德意识的养成方面和良好行为习惯的培养等方面的教育目的而提出的要求。这些在家修行的僧（尼）被称为优婆塞（优婆夷）。

总之，古代印度的幼儿教育是与种姓制度和宗教神学密切相关的，不论是婆罗门教育还是佛教教育，它们的教育目的都主张培养幼儿的宗教意识。其中婆罗门教育是以维系种族压迫为核心目的；佛教教育则以主张吃苦修行、消极厌世、追求来生为基本特征。

第三节 古代希伯来的学前教育

古代希伯来位于现在的西亚巴勒斯坦地区，是现代犹太人祖先的居住地，信奉犹太教，奉耶和华为最高主宰和庇护神。希伯来人由以色列和犹太两个部落组成。约在公元前14世纪，曾因躲避洪水和寻找谷物而向外迁徙，进入埃及并沦为埃及法老的奴隶。后来在首领摩西的带领下，逃离埃及返居巴勒斯坦。以色列部落居住在土地肥沃的北部，犹太部落居住在南部山区。约公元前1010年，奴隶主大卫建成统一的希伯来王国，不久之后却由于民族矛盾而分裂：北部形成以色列，建都在撒马利亚；南部为犹太国，建都在耶路撒冷。公元前722年，以色列亡于亚述。公元前586年，犹太国亡于巴比伦。犹太亡国之际，战胜者新巴比伦国王尼布甲尼撒二世掳获大批战败国的富贵之家到巴比伦，造成历史上有名的"巴比伦之囚"。直到公元前538年，波斯帝国灭巴比伦，希伯来人才得以重返家园，建立宗教公社，以犹太教为立国施教之本，以耶路撒冷为都城。公元70年，犹太国家被罗马帝国吞并。综上所述，其历史大致可分为两个时期：第一时期从摩西带领希伯来人逃离埃及（约在公元前14～前13世纪）到公元前586年犹太王国亡于巴比伦；第二时期从公元前538年希伯来人返回家园，至1世纪被罗马帝国吞并。古代希伯来的幼儿教育发展也因为这两个历史时期的不同而具有不同的特点。

一、幼儿教育的家庭时期

在流放时期之前的希伯来，没有学校，主要由部落和家庭来关心教育。在希伯来人看来，国家的兴旺以众多幸福的家庭为基础，而子女受到良好教育方能保证父母的幸福，没有良好的家庭教育便是父母的苦恼。教导子女既被视作父权，同时也是不可忽视的父职。而且家教固然要由父亲负责，母亲也不该推诿。《圣经·申命记》中说:"当儿子向你们问道'所谓上帝训诫你的圣书、法律、裁判等,究竟何所指'时,父母应当给予解释回答。父母须擅长并乐于随时准备向子女反复讲述上帝的伟大教言"。摩西带领希伯来各部落出埃及定居巴勒斯坦以后,希伯来社会逐渐由游牧文化进入农业文化。这一时期家庭组织形成,属于父权制。父亲为一家之主,拥有绝对的权威。当时学校还未出现,家庭成为教育青年一代的主要场所,父亲理所当然地承担教育儿童的职责。

父母担负的主要责任是培养孩子,使他们作为以色列这个群体的成员去生活。其目标是要把他们锤炼成延绵不断的链条中牢不可破的环节,从而使先辈们留下来的宗教遗产得以完好无损地传给后代。要实现这一理想必不可少的一点就是要把《托拉》的知识灌输给他们。"也要殷勤教训你的儿女"这条律令被看得很重,并被包括在每天早晚的祷告词中。

希伯来的经典也论述子女应敬谨地接受父母的教育。《圣经·箴言》上说:"聆听父亲的教诲,并且注意理解","聪明的儿子倾听父亲的教诲"。因为这些教诲所包含的知识绝不可能通过生理遗传来取得,也不像遗产一样通过继承而获得,而是必须依靠艰苦学习才能掌握的。显然,学习愈努力,信仰愈虔诚。为了督促子弟学习,父亲是可以采取各种手段的,可以打罚惩戒,也应该了解子弟,从而提高他们学习的兴趣和博取子弟的热爱。

婴儿自出生之日起实际就进入了接受家庭教育的程序,这种对早期教育的重视,主要涉及的是家庭教育。在家庭中,儿童最初接受的是母亲的基本道德教育。《圣经·箴言》称:"我儿,要听父亲的训诲,不可离弃你母亲的法则。"男孩子长大后,父亲便开始向他传授有关民族传说、宗教信仰和祖先训诫等方面的知识和某种职业技能。父亲常常要把自己的一技之长传授给儿子,以保证他将来成家立业,不致成为社会的累赘,犹太谚语"不授子业,纵子成贼"正是此意。当时的教育方法不正规,家庭教育主要以生活训练为主,通过实践达到教育目的。孩童幼时以游戏为教育手段,稍大一点便积极参加劳动和使用武器。在父亲和部落中亲属们的指导下,男孩子学会一切必要的本领。由于那些法律学家和权威学者们自己也往往从事某一行业,所以艺术、手艺和手工劳动便起到教育每个孩子的作用。一些男孩通过与其父兄一起劳动而受到训练。

希伯来的家庭教育以陶冶宗教的思想感情为其首要目标。家庭教育不仅对儿童进行道德和某些职业方面的训练,更重要的是对儿童进行宗教神学的灌输,以培养宗教信仰为最重要的目标。这种以培养对上帝的信仰和敬畏的教育,由父母言传身教,传于子女。犹太人为了让儿童从小树立牢固的宗教意识,还经常有意识地利用名目繁多的宗教节日活动，对他们进行宗教道德意识的灌输和教育。每年最重要的犹太节日有三个：逾越节、收割节、住棚节。逾越节从犹太历尼散月14日起，纪念犹太人从埃及出走的成功。从14日晚直到21日晚共计7天之中，只能吃新收大麦做的无酵饼，表示对上帝的纯洁之心，也表示食物中没有任何上一年的粮食。同时要吃苦菜，象征着犹太人曾在埃及受苦。这个节期因此也称除酵节。7天之中，第1日与第7日都是安息日，不能工作，只能集会。凡不听上帝训示的，要从犹太人中剪除。逾越节的详细情况也记在《圣经·出埃及记》中，作为定例，一直延续至今。收割节指的是，犹太人在迦南定居后，因农业至关重要而祈求丰收。当小麦即将成熟、丰收在望之时，人们十分喜悦，要对上帝表示感谢。这便是收割节的出发点。住棚节从赎罪日后第5天起，整整一个星期。其间人们用葡萄、无花果等七种植物的枝条搭起临时棚舍，大家都住在棚中，并在棚中欢庆节日，在棚里住7日是为了纪念以色列人从埃及出走在外漂流40年这一段经历。住棚节与逾越节都与犹太人出埃及的故事有关，但住棚节带有庆祝收割完毕的欢乐色彩，故又称收藏节，与逾越节吃苦菜的受苦象征形成了对比。

这三大节日都带有浓厚的宗教意味。其实，几乎所有的犹太节日都不同程度地与犹太宗教信仰和律法有关。在圣经中提及的犹太节期多达几十个，较为重要的几乎每个月都有。在古希伯来社会，孩子们所处的生活环境也具有教育意义。如石料和其他材料制造的纪念碑遍布全国各地，用以纪念希伯来历史上的大事件。在这一时期，由于有众多的宗教节日，使人们恢复了对于神和理想的献身精神，从而使这些节日显得十分重要。儿童们在游戏中也经常表演这些活动，并充当不同的角色。教士总是定期地召集所有的人民来听他们宣讲和解释法典。妇女、儿童和成年男人一样，也是听众的一部分。儿童成长的整个生活环境就是他学习知识的大学校。

正是这种沉浸着浓郁宗教气氛的家庭教育，使得每个犹太人家庭都是一个个牢不可破的堡垒，正是这种把一切统摄在笃信上帝、充当上帝的子女的教育之下，使得犹太人尽管以后散居各地或被掳往异乡，仍能继续生存、发展，保持其传统习惯和宗教信仰。

虽然古代希伯来家长一般都懂得一些文字和书法，但教育儿童的方式却基本是口授，父亲为了严格地要求儿童，有时甚至会采用体罚和暴力手段。

二、幼儿教育的学校时期

在公元前586～公元前538年近半个世纪时间是的巴比伦流放时期，希伯来人开始接触一种更为先进的古代巴比伦文化,这在一定程度上有利于推动希伯来文明的进步,但同时希伯来文明也面临着被外族文化吞并的危险。流放中的希伯来人于是在居住地周围建立起犹太会堂,不论大人儿童,必须经常在那里聚会或者做礼拜,倾听教士宣读圣经,聆听上帝的教诲,以提醒所有的希伯来人铭记自己的故乡和祖先。起初,会堂只是进行祈祷的场所,慢慢地它成为讲述律法知识,在安息日和周末举行礼拜祷神的地方。到后来各居民区几乎都有了这种建筑。因为在其中不仅进行祈祷,讲解和阐述经典也是主要工作。更进一步,儿童们便来会堂就学,会堂便兼为教学机构了。会堂既负有教育任务,也需要胜任这项任务的人才,其结果便促成文士的出现。文士具备良好的学术修养,能够解说经典的含义。这种会堂和文士的出现为学校的产生提供了客观条件。

公元前538年希伯来人流亡归国后,这种融幼儿教育与小学教育为一体的会堂式小学校越来越多,并开始出现从会堂独立出来的学校。儿童在学校里读书、写字和理解一些简单的律法知识,教师经常会以口授的方式摘读《摩西五经》中的诗句指导儿童朗读;有时为了帮助记忆,教师经常给儿童印满字句的圣饼,让他们边吃、边读、边记,并组织他们互帮互学、相互竞赛。同时,教师鼓励儿童提问,并认为凡是善于提问题的孩子,才是善于学习的孩子。当然,此时通常采用的教育方法主要仍是家长制加体罚。虽然自从摩西带领大家重返家园并进行了一系列的改革后,希伯来人的儿童教育观已经越来越具有民主色彩,但是他们仍然不反对体罚。在古代希伯来人看来,教育就意味着严酷的纪律,只有这种纪律才能保证家庭和宗教教育的成功。虽然父母之爱是天性使然,但是为了教育好子女,就要严格地管教他们。由此,古代希伯来人认为对儿童的打骂和体罚完全不是出于愤怒,而是出于信念,是为了培养儿童敬畏神明、谦逊节制、诚实勤劳的美德。古代希伯来人对儿童的早期教育颇为重视,它被看作是为了整个国家和民族服务的。正是由于希伯来儿童从小在家庭和会堂学校中接受严格的宗教教育,才把一个亡国的民族紧紧地联结在一起,并进行着不屈不挠的斗争,直至创造出崭新的未来。

古代东方国家是世界文明的发祥地,古代埃及、古代印度、古代希伯来分别在世界文明发展的过程中做出了自己独特的贡献。本章主要介绍了以上三个古代国家的幼儿教育产生、发展和演变的历史过程。古代埃及最早产生了丰富多样的学校机构类型;古代印度的教育因为"种姓制度"的长期把持而具有明显的宗教色彩;古代希伯来在摩西改革前后其教育分别呈现不同的特点,并由最初的家庭教育时期过渡到了学校教育时期。在三个东方国家历史发展的同时,幼儿教育的特点也随之发生了显著的变化。本章的目的就是要在以上诸多问题方面让学生获得一个清晰的思路。

思考题

1. 古代埃及的幼儿教育有哪些特点？
2. 古代希伯来在摩西改革后，其儿童观发生了哪些变化？
3. 试比较古代东方各国幼儿教育的异同。

第七章　古代希腊和罗马的学前教育

【学习目标】

1. 了解古希腊斯巴达和雅典幼儿教育的实施特点。
2. 了解古罗马不同时期幼儿教育发展的特点及原因。
3. 掌握柏拉图、亚里士多德、昆体良的幼儿教育思想。

在靠近东方国家的希腊半岛和地中海东北部沿岸地区是西方文明的发祥地，它孕育了古代希腊文明。公元前12世纪，处于长期原始迁徙状态的希腊各族逐渐定居下来，希腊原始社会的经济得以发展，社会逐步发生阶级分化。到了公元前8世纪前后，希腊原始社会解体，逐渐发展成为典型的奴隶制社会，希腊在各族分布范围的基础上建成了数以百计的独立城邦，即由"城市"和周围农牧地域构成的奴隶制国家。其中最重要、最强大、最有代表性的两个城邦是斯巴达和雅典。这两个城邦虽然共同存在于同一个时代，但是由于各自的政治、经济和地理条件等的不同，其幼儿教育的特征也迥然各异。公元前5世纪至公元前4世纪是希腊城邦的繁荣时期，其政治、经济、科学和艺术都有了高度的发展，并在西方文化发展史上起到了重要的奠基作用，历史上称为希腊文化时期。到了公元前146年，希腊被罗马帝国吞并。古代罗马是继古代希腊之后的又一种类型的奴隶制国家。古代罗马在吸收和继承古代希腊的文化和教育的过程中，根据自己的实际情况进行了重要的修正和补充，形成了自己的特点，并由此流传到后世的欧洲，因此，在西方教育史上，古代罗马的教育作为希腊教育的延续和发展，同样具有重要的历史地位。

第一节　古希腊的学前教育

古希腊教育思想的产生和发展与其政治、经济和文化等方面的发展有着必然的联系。在大约公元前8世纪古希腊进入奴隶制社会。从这时起，古希腊的经济得到了迅速的发展。铁矿的开采和冶炼技术的普及，为农业和手工业的发展提供了更多的劳动工具；农业和手工业的发展，又为工商业的发展创造了良好的基础；工商业贸易和航海业的发达，促使国际交往和海外贸易不断增长，从而对希腊各城邦的经济产生了巨大的影响。由于工商业的发达，工商业奴隶主贵族逐渐形成并发展壮大，同时日渐取代农业世袭贵族而占据统治地位。许多城邦由于经济生活的需要，而广泛实施相应的奴隶主民主政治，雅典是其中典型的代表。由于社会条件的不同，不同的城邦其政治体制也不尽相同。与雅典相反，斯巴达由于相对封闭的自然环境和自给自足的农业经济，加之对土著居民的征服和奴役的需要，而逐步建立起保守的贵族寡头统治。古希腊的教育思想主要是在雅典和斯巴达这两个希腊最强大且最具有代表性城邦的教育实践基础上孕育和发展起来的，由于这两个城邦的经济、政体、文化和地理条件的不同，因而形成了两种各具特色的教育类型。

一、斯巴达的幼儿教育

斯巴达位于伯罗奔尼撒半岛南部的拉哥尼亚平原，这里土地肥沃，有发展农业的良好条件，是古希腊最大的一个农业城邦，但因其周围群山环绕，故交通十分闭塞。斯巴达封闭的地理条件，对其经济和教育的发展都有一定的影响。

斯巴达奴隶制城邦是在多里安人入侵拉哥尼亚平原和征服当地居民的过程中形成的。作为多里安人的一个分支，斯巴达人把当地的土著居民掠为奴隶，称为希洛人，而希洛人是没有任何政治、经济权利的；另有小部分土著居民被驱逐到边远地区，和当地居民一起被称为皮里阿西人，他们在法律上是自由的，且拥有土地，可以经营农业和工商业，但是不享有政治权利。斯巴达城邦的正式居民是斯巴达人，他们是军事农业贵族，享有一切特权，是城邦的统治者，但是人数较少，只有大约9 000户、30 000人。斯巴达人以如此少的人口数量统治着当时大约30万的希洛人，因此为了防范希洛人的反抗，斯巴达贵族就把压迫和剥削希洛人作为了一切政策的出发点。这种残酷的剥削和压迫迫使希洛人不断地进行反抗，在这种现实需要下，作为统治者的斯巴达人就要求全体斯巴达青年成长为强悍的战士，以保持国家的军事化，从而镇压奴隶们的起义。斯巴达人因此先后实行了一系列具有浓厚军事色彩的措施，使整个城邦成了一座戒备森严的大兵营，斯巴达的教育就是在这样的背景下形成的。

在斯巴达，儿童属于国家所有，斯巴达人对新出生的婴儿实行严格的体格检查制度。只有那些检验合格、体格健壮的新生儿，才被允许生存下来；身体孱弱或有残疾的新生儿则被弃之荒野。实行体格检查的目的，是为了保证人口质量在体质上的"优越性"，以便日后培养出体格强壮的战士。

儿童在7岁之前，由父母在国家的监督下抚养教育，具体工作一般由母亲负责实施。为了方便新生儿的四肢活动，以便迅速增强他们的适应能力，斯巴达的母亲们从来不用衣物包裹他们；并且，母亲们为了使婴儿长大后不怕黑暗、不怕独处、不任性、不择食、不哭闹、不顽皮，还经常进行一些专门训练。斯巴达的母亲们也因此以善于抚养、调教儿童而著称。比如儿童稍大一些时，要教给他们不计较食物的品种和好坏、不挑剔衣服的颜色和式样，要经受住恶劣生存条件的考验，要善于吃苦耐劳，同时要经常参加身体锻炼，以保持强健的体魄。此外，在性格养成方面，要教育他们知足、忍耐、勇敢，男孩子长到五六岁时，还经常被带到斯巴达成年男子聚会的场合去聆听关于英雄事迹的演讲，对英雄们的伟大事迹顶礼膜拜，同时通过观察成年人的活动，获得斯巴达生活方式的初步熏陶，从而为7岁以后进入正规的国家教育场接受严格训练打下坚实的基础。

此外，斯巴达十分重视女子教育，女孩在体力方面和道德方面也受到同样的教育，以便在男子出征时担负起保家卫国的职责。

总之，斯巴达国家封闭的地理条件和其试图维持国家统治的现实需要决定了斯巴达教育的总特征为单纯的军事体育训练和性格教育；其教育目的是培养性格坚强、英勇善战的军人。可以说，这种教育贯穿斯巴达儿童的一生。

二、雅典的幼儿教育

雅典是古代希腊另一个著名的城邦国家。它原是阿提卡半岛上一个"城市"的名称，阿提卡统一为一个城邦后，它便成为这个城邦国家的名称。雅典三面临海，有良好的海运条件，便于航海和工商业贸易往来，并且境内多山，拥有丰富的自然资源和发达的手工业。在雅典奴隶制城邦的形成和发展时期，新兴的工商业奴隶主和保守的农业奴隶主之间，为了各自的权益展开了激烈的斗争。在斗争中双方都想把广大的自由民（贫困但有公民权的平民）吸引到自己的阵营。斗争的结果是雅典逐步确立了奴隶制度下的民主政体：除"将军"之外的所有公职向全体公民开放；公职津贴用以资助贫穷公民参加城邦的政治生活和文化生活，等等。这种奴隶主民主政治的实施，为雅典经济、文化的繁荣和教育的发展奠定了坚实的基础，并且对后世西方教育产生了深远的影响。当然，雅典的奴隶主民主政治，仍然只是公民范围内的民主，因此雅典教育的阶级性和斯巴达一样是非常明显的，它的教育对象仅限于享有政治权力的公民子弟。但由于政治、经济、文化背景的差异，雅典的教育又具有和斯巴达教育完全不同的特点。

　　雅典的教育目标是多方面的。他们不仅要求把儿童培养成为能征善战的军人，更要求把他们培养成社会、政治、经济和文化方面的优秀人才，简言之，就是"身心既美且善"的合格公民。因为他们认为只有这样的人才能更好地履行公民的义务。为此，雅典的教育对年轻一代不仅强调军事教育，更注重躯体的匀称健美、动作的矫健灵活；注重对儿童进行音乐、文学等多方面的教育，其中更贯穿着对儿童的宗教、道德教育。古代雅典对儿童实施的这种德、智、体、美和谐发展的教育，不仅在当时促进了雅典公民人才素质的普遍提高，为雅典民主政治的发展、文化经济的繁荣做出了贡献，而且开创西方"和谐教育"发展之先河。

　　雅典的儿童在 7 岁之前，一般要在家庭里接受系统严格的养护和教育。首先新生儿要接受严格的体检，不健壮的或者残疾的婴儿被弃之野外，或者交给奴隶抚养，只有体格健壮者才有资格活下来。雅典的家长非常注重对婴儿的合理喂养，注重婴儿的饮食卫生和适宜的生活环境。富裕人家的婴儿在襁褓期间，通常由有经验的奶妈负责照料。斯巴达妇女由于善于调教儿童成为雅典贵族欢迎的奶妈候选人。婴儿断奶后，一般会交给专门的家庭女教师继续照料，要负责儿童的饮食起居、散步玩耍和初步的教化等。幼儿在家庭教师的引领下，可以玩玩具（如木偶、皮球等）、做游戏、听讲故事（如《伊索寓言》等）、欣赏音乐（如母亲或者女仆温柔动听的摇篮曲等）。儿童在内容丰富的家庭教育的初步熏陶下，不但获得知识，同时养成初步的礼貌行为习惯，从而为 7 岁之后的继续教育打下基础。7 岁之前的雅典儿童，不分男女都要在家庭中接受教育；7 岁之后，女孩子仍然留在家中接受母亲的教育，学习纺织、缝纫等技能；男孩子则要进入专门的文法学校、弦琴学校或体操学校进行学习。

第二节　古罗马的学前教育

　　在西方教育史上，古代罗马的教育也占有相当重要的地位。这是因为古代罗马在吸收古希腊文明的过程中，根据自己的国情需要做出一些重要的调整和补充，形成了自己的特色，更重要的是因为古希腊文明正是通过古罗马的继承和发展才得以对后世欧洲产生巨大影响。为此，西方的历史教科书通常把古希腊和古罗马文明统称为希腊——罗马文明。

古罗马是古希腊之后的又一个典型的西方奴隶制国家，它最初为意大利中部台伯河畔的一个小城邦，由于战争得利而迅速扩张为一个地跨欧、亚、非三洲的大帝国。古罗马的历史一般可以分为3个时期：①王政时期（公元前753～公元前509年），这时的罗马已经成为一个阶级社会，但还保留着许多氏族社会生活的痕迹，实际上属于"军事民主制"。②共和时期（公元前509～公元前30年），这时的罗马完全进入奴隶制社会。共和初期的古罗马只是意大利半岛南部一个很小的奴隶制城邦，后来通过战争不断扩大自己的领土，先是拥有整个意大利半岛，继而征服马其顿，占领希腊全境，最终发展成为幅员辽阔的大帝国。③帝国时期（公元前30～476年），帝国时期的罗马内部矛盾激烈，并于395年分裂为东、西两个帝国。

王政时期的古罗马正处在从农村公社向奴隶制社会过渡的时期，其间的教育发展情况难觅历史资料，因此对古罗马的幼儿教育情况的研究，一般从有史记载的共和时期开始。共和时期是古罗马正式确立奴隶制并逐渐发展繁荣的时期，其间的教育事业也有了很大的发展，但是因为共和时期历史漫长，通常又分为共和前期和共和后期两个阶段。帝国时期的古罗马由共和时期的繁荣逐渐走向衰败，其间的教育也因此具有了相应的特点。由于古罗马的教育深受古希腊教育的影响，因此其幼儿教育明显带有古希腊幼儿教育的特征。

一、共和前期的幼儿教育

从公元前509年到公元前3世纪初，史称罗马共和前期。这一时期，贯穿着平民反对贵族的斗争。通过二百多年的斗争，旧的氏族贵族的特权逐渐废除，旧贵族与平民的阶级界线逐渐消失，平民获得了一定的政治地位。这一时期的经济，主要是农业和畜牧业，手工业和商业尚不发达。另外，由于此时的罗马对外军事活动不断，对内则要坚持农业生产以保证军民供给，因此这一时期教育实施的是一种叫作"农夫—军人"的家庭教育模式。男孩子主要由父亲进行教育，女孩子主要由母亲进行教育。教育的方法主要是观察和实践。普通人家的男孩从幼年起就跟随父亲学习农业和军事的本领和技巧，通过这些实践活动，男孩学会干各种农活，也习得参加各种社会或者军事活动的本领。贵族子弟则跟随其父亲学习处理农庄上的管理事务和有关司法方面的问题。这时罗马人的教育对读、写、算不够重视，但很重视宗教和道德教育，特别对孝顺、爱国、守法、勇敢、诚实、谨慎等传统美德的教育十分重视。罗马人对体育也很重视，但也是在家庭中由父母对子女进行教育，没有专门的体育学校。

二、共和后期的幼儿教育

从公元前3世纪到公元前30年，罗马进入共和后期。这时期由于内部阶级斗争的缓和、经济的发展，国力日渐雄厚，于是大举向外扩张。很快征服了意大利全境，接着打败了海上强国迦太基，彻底消灭了马其顿的势力，并征服了希腊，成为西起大西洋沿岸，东到小亚细亚，囊括欧、亚、非广大地区，独霸整个地中海的大国。通过野蛮的扩张和掠夺，罗马积聚了大量的财富，经济迅速发展起来。在经济发展的基础上，罗马的教育也得到相应的发展。罗马这时在军事上是强大的，但在文化上却远远落后于希腊。所以在征服希腊以后，罗马人开始大量吸收希腊文化。他们把大批希腊战俘带到罗马，让其中有学问的人从事文化教育工作。许多希腊人为了谋生，也大批涌进罗马，在那里开办学校、传播文化。伴随着社会发展和经济状况的改变，古罗马奴隶主贵族渐渐养成鄙视体力劳动、重视精神享乐的习惯，此时的家庭教育内容和性质也发生了很大的变化，以前由父母教育子女的传统逐渐改变为由雇佣的保姆或者教仆承担家庭教育任务。其中多数保姆或者教仆来自被俘虏的希腊奴隶，他们负责照料儿童起居，教给儿童希腊文、拉丁文，给儿童讲故事等。

儿童从7岁至12岁接受初等教育，当时施行初等教育的学校叫小学，儿童在小学主要学习读、写、算的基本知识和技能，也要接受道德教育。但是一般贵族或富豪人家很少把孩子送进小学学习，而是聘请家庭教师继续在家里教育子女。

三、帝国时期的幼儿教育

从公元前30年起，罗马进入帝国时期。公元395年，罗马帝国一分为二，分为西罗马帝国和东罗马帝国。西罗马帝国于公元476年灭亡，东罗马帝国则一直存在到公元1453年。我们所说的帝国时期的教育，是指罗马帝国分裂以前的教育。在帝国建立后的最初二百年，政局相对稳定，经济繁荣，是帝国的"黄金时期"，文化和教育也随之得到发展。帝国时期的文化，在原有罗马文化的基础上，大量吸收并综合了古代希腊文化和东方文化而形成灿烂的古代罗马文化，在建筑学、医学、农学、法学、史学和文学等方面都有辉煌的成就。但罗马文化的成就主要偏重于应用科学方面，在哲学和基础理论研究方面，其成就则远远落后于古代希腊文化。到了公元1世纪，基督教在罗马产生。为了宣传教义，基督教进行了一些教育活动，古罗马皇帝也逐渐把基督教当成自己的精神支柱。帝国的社会风气日渐奢靡，达官贵人醉生梦死，贵族阶层的家庭主妇也只顾自己寻欢作乐，儿童的教育问题完全被扔给希腊侍女或者教仆。在这种情况下,幼儿教育在某种意义上变成了忠实执行皇帝意志的工具。一方面,奴隶主子弟生活在这样的环境中,从小就被培养成贪图享乐、好逸恶劳的未来统治者;另一方面,劳动群众子女则逐渐被训练成麻木不仁的帝国顺民。

第三节　古希腊和古罗马的学前教育思想

古希腊和古罗马时期涌现出许多著名的教育思想家,他们分别从不同的阶级立场出发,从不同的角度阐述了幼儿教育的有关思想,留下许多颇有研究和参考价值的教育著作,从而为后人们研究古希腊和古罗马时期的幼儿教育问题提供了翔实的资料,虽然其中的许多观点因为时代的束缚而看似缺乏必要的科学性,但其中不乏富有时代特色的教育观点和见解。从这种意义上说,古希腊和古罗马时期的幼儿教育思想不失为人类最宝贵的文化财富。

一、柏拉图

柏拉图是西方学前教育思想的重要奠基人,他在其代表作《理想国》中提出一个围绕培养"哲学王"的教育计划,其中涉及到的学前教育问题对后世的教育思想发展有重要的影响作用。

(一)生平和代表作

柏拉图(Plato,公元前427—公元前347年)是古希腊著名的思想家、哲学家、教育家,客观唯心主义的创始人。他出身于雅典的一个贵族家庭。母亲是政治家梭伦的后裔,父亲也出身于显贵家庭。柏拉图从小就受到了良好的教育。青少年时师从苏格拉底8年时间,在政治上与其老师一样,反对当时盛极而衰的民主政治而拥护贵族专政,是苏格拉底最得意的弟子之一。苏格拉底被判死刑后,他被迫流亡国外,游说各国,希望能实现其政治理想,但是屡遭挫折,后来又回到雅典并致力于教育事业。公元前387年,他创办了一个学园,取名阿卡德米学园。从此,他在这里讲学达四十年,一直到去世。阿卡德米学园的创建不仅为柏拉图提供了著书立说、进行教育活动的场所,而且成为欧洲学术思想交流的中心。学园中先后涌现出许多著名的思想家和政治家,如亚里士多德、阿里斯托尼谟等。

柏拉图的著作较多,其教育思想主要反映在《理想国》和《法律篇》中。柏拉图把世界分为现象世界和理念世界。现象世界就是现实世界中可感知到的事物,即自然界；理念世界是精神世界。理念世界是现象世界的原型，理念是万物的本原。为此，他认为，现象世界是不可靠的、不真实的，只有理念世界才是真实的、永恒的。现象世界是理念世界的映像，理念世界是真理的化身，是宇宙精神，而神是宇宙万物的本质，主宰一切。人是神所创造的万物中最优者；人由肉体和灵魂构成，人的灵魂先于肉体存在于理念世界中。当灵魂和肉体相结合"投胎"为人时，就暂时失去了对最高理念的认识和记忆；然而在现象世界万物的刺激下，又可以把忘掉的记忆捡回来。因此在认识论上，柏拉图主张认识不是对万物存在的现象世界的感知，而是对理念世界的回忆。他力图从具体、个别的事物中追求事物的规律，因而是人类认识发展史上的一个进步。但是他的理念论把事物的一般概念绝对化，把它们变成脱离事物并先于事物而独立存在的精神实体，从而割裂了一般与个别、共性与个性的关系。

具体到教育上，他认为学习就是回忆，即：人的灵魂因为先于肉体而存在于理念世界中，所以灵魂本来就认识理念。但是当灵魂再次投生人体后，由于惊吓等原因，就暂时忘却了原有的理念知识。以后通过学习就能逐渐回忆起原来所掌握的知识。并且，柏拉图认为，人死后灵魂离开肉体又回到理念世界中，即灵魂不死。柏拉图的这些思想，对后世宗教学影响很大。柏拉图在社会观上很推崇斯巴达的社会制度——原始的共产主义，因此，写了专著《理想国》阐述了自己的主张。在柏拉图理想的国家中，将神的最优创造物——人分为3个等级：哲学家、军人和劳动者。其中，哲学家是奴隶主国家的最高统治者，是神用金子做成的，拥有智慧和理性。军人是奴隶主国家的保卫者、社会秩序的维持者，是神用银子做成的，拥有勇敢和意志的品质。劳动者包括手工业者和农民，是神用铜铁做成的，具有节制的品质。处于社会最下层的奴隶不属于以上3个等级，只是一种会说话的工具而已。3个等级的人应各司其职，各尽其才，做好自己分内的事，不可越级行事，这样国家才能维护正常的运转；反之社会就会处于混乱不堪的境地。显然，这是为奴隶主贵族专制制造的理论依据。柏拉图的哲学和社会学思想反映在教育上，就是教育应为国家培养哲学家和军人。在教育的组织管理上，他主张国家控制教育，采取公养公育的方法培养人才。可以说，《理想国》是最早的乌托邦思想的集中反映。

但在柏拉图的晚期作品《法律篇》中，他承认了私有财产和家庭的功能，同时也对斯巴达式的教育训练有了更加理性的分析：斯巴达教育制度只强调要教会人们勇敢地面对痛苦和危险，但没有教给他们面对快乐和享受的诱惑而不屈服，这只是培养了人们最低层面的德性，而缺乏智慧、节制等美德的培养。为此，他在《法律篇》中提出，在社会或者个人灵魂的各部分之间的最佳状态是和平而非战争，并由此提出了立法的重要性。也就是说，柏拉图的思想在晚年表现得更加贴近现实生活。

（二）学前教育思想

1. 学前教育的任务

在西方教育史上，柏拉图是最早提出学前儿童教育问题的教育家。他主张：儿童应该从出生就接受教育，因为"凡事开头最重要。特别是生物，在幼小柔嫩的阶段，最容易受到陶冶，你要把它塑成什么型式，就能塑成什么型式"，"一个人从小所受的教育把他往哪里引导，就能决定他后来往哪里走"。关于学前教育的任务，柏拉图认为主要是着重于道德行为的熏陶，以形成良好的品质。为此，他强调要利用儿童善于模仿的天性，从小就让他们模仿那些英雄伟人的言行举止；对于那些与传统的道德标准不相符合的言行，则要严禁儿童模仿。通过这些有意识的训练，就相当于把对于善与恶的认识的种子，播撒到儿童心灵上，从而引导他们爱其所应该爱的、恨其所应该恨的。对此，柏拉图强调："先入为主，早年接受的见解总是根深蒂固不容易更改的"。

2. 学前教育年龄阶段的划分和内容的选择

柏拉图在《理想国》中制定了一个从胎教开始直到50岁为止的长期的教育计划，并按照年龄阶段对各时期的教育内容进行了详细的阐述。他认为7岁以前儿童的教育是人生的奠基时期，为此他主张优生的观点。首先婚姻问题需要国家的统一管理，要在全国实行计划结婚和计划生育，以保持适当数量的人口繁殖。待产的妇女必须接受有利于孩子未来成长的专门知识的训练。其次，关于儿童出生后到7岁之前的教育，他又把这一阶段划分为两个时期：出生至3岁是第一时期。在其"儿童属于国家所有"观点的指导下，柏拉图认为儿童一出生就应该送到国家特设的育儿场，接受统一的照料和管理，由女仆专职负责饮食起居；教育则由国家最优秀的公民来监督实施，并用摇篮曲、儿歌等对婴儿施以教育。3~6岁是第二时期。此阶段的儿童要集中到神庙的儿童游戏场上，由国家选派公民监督教育，饮食起居由女奴负责。教育内容主要是讲故事、做游戏、学音乐等。

柏拉图非常注重给儿童讲故事，认为这是对儿童进行道德教育的有效途径。但是主张讲给儿童的故事要经过挑选，选择那些能激发幼儿勇敢、正义和高尚品德的故事。除此之外，还要审查创作故事的人，以提前删除不利于儿童成长的故事内容。不但如此，柏拉图还对寓言、诗歌等文学作品的内容加以严格挑选，主张要把真正振奋精神、鼓舞斗志、积极向上的作品奉献给儿童，而随时取缔那些神鬼离奇、死难恐怖的题材，防止儿童因受到感染而成长为残暴、凶狠的狂妄之人。

柏拉图同样重视游戏在儿童教育中的重要作用。他认为，游戏符合儿童的天性，应给予满足，但又提出游戏不仅仅是玩耍和娱乐，同时也是一种教育过程，为此要选派有经验的人去组织和管理，同时游戏的内容和方式要符合法律精神。"因为，如果游戏是不符合法律的游戏，孩子们也会成为违反法律的孩子，他们就不可能成为品行端正的守法公民了"。另外，他主张在组织游戏时，方式和内容要有精心的安排，不要经常变化，否则会影响其成人时对国家和法律的忠诚。在符合法律精神的基础上，游戏活动尽可能由孩子们自己发明，但是也要讲究一定的规则和秩序，否则就容易出现违反纪律的现象。由上可见，柏拉图一方面认为儿童游戏很重要，另一方面又给儿童的游戏以种种规则和法律的限制。这表现出一种他自己难以调和的自相矛盾的心态。

音乐也是柏拉图对儿童规定的教育内容。他认为合适的音乐可以使儿童的身心得到陶冶，但是要为儿童选择那些旋律优美、曲调和谐的乐曲，儿童在优美音乐的熏陶下会逐渐变得仪态优美、精神和谐。柏拉图还强调儿童的心灵教育应该和体育教育相结合，他认为和谐的教育应当是"用体操来训练身体，用音乐来陶冶心灵"，因为音乐和体操的结合能够使儿童的激情和理性两个方面更趋于和谐，而不至于偏废某一方面。柏拉图的体育思想因此在其思想体系中占有重要地位，他主张儿童体育的目的是为了使其身体健康，为了使儿童更好地为国家奉献自己，而不至于因为体质虚弱而牵制心智的发展。因此，儿童的体育要简单而朴素，比如儿童的饮食要适当，生活要有规律，睡眠时间不能过多也不能太少，日常训练要量力而行，等等。

柏拉图是西方古代教育史上最伟大的教育家，他的幼儿教育思想更是具有开创性的历史意义。他首次提出了有关教育的许多重要问题，对后世各国教育思想的发展产生了深远的影响。他重视教育的政治意义，并提出教育是受教育个体和社会互相影响的互动过程的观点，进而提出儿童公育的思想。他是西方学前教育思想的奠基人，他重视优生优育；主张分阶段对儿童进行早期教育；他提出慎选故事内容、音乐素材和游戏内容，主张身心和谐发展。所有这些观点对后世学前教育思想的发展无不产生了巨大的影响。当然，作为奴隶主阶层出身的教育家、思想家，柏拉图的教育观点同时带有诸多保守、落后的迷信色彩。

二、亚里士多德

亚里士多德是古希腊哲学家、教育家。他在《政治学》和《伦理学》两部著作中集中阐述了其教育理论和幼儿教育思想。

（一）生平和教育活动

亚里士多德（Aristotle，约前384～前322年）生于富拉基亚的斯塔基尔希腊移民区，父亲是马其顿国王腓力二世的宫廷侍医。亚里士多德学过医学，还在雅典跟柏拉图学习哲学长达20年，是柏拉图学园的积极参加者。这一时期的学习和生活对他一生产生了决定性的影响。在雅典的柏拉图学园中，亚里士多德表现得很出色，柏拉图称他是"学园之灵"。但亚里士多德不是一个只崇拜权威、在学术上唯唯诺诺而没有自己想法的人。他努力收集各种图书资料，勤奋钻研，甚至为自己建立了一个图书室。在学园期间，亚里士多德就在思想上跟老师有了分歧。他曾经隐喻地说过，智慧不会随柏拉图一起死亡。到了柏拉图晚年，他们师生间的分歧更大了，经常发生争吵。公元前347年，柏拉图去世后，亚里士多德在雅典又继续呆了两年，此后他开始游历各地。公元前343年，他受马其顿国王腓力二世的聘请，担任起太子亚历山大的老师。公元前335年，亚历山大继任王位后，他重返雅典，创办了一所名叫吕克昂的学园。学园占有阿波罗吕克昂神庙附近广大的运动场和园林地区。在学园里，有当时第一流的图书馆和动植物园等。他在这里创立了自己的学派，这个学派的老师和学生们习惯在花园中边散步边讨论问题，因而得名为"逍遥学派"。他的著作包含三个方面：一是前人的知识积累；二是助手们为他所作的调查与发现；三是他自己独立的见解。

作为一位最伟大的、百科全书式的科学家，亚里士多德对世界的贡献无人可比。他是一位真正的哲学家，对哲学的几乎每个学科都做出了贡献。他的写作涉及到心理学、经济学、神学、政治学、修辞学、教育学、诗歌、风俗，以及雅典宪法。他的研究课题之一就是搜集各国的宪法，并依此进行比较研究。亚里士多德对世界的贡献之大，令人震惊。他至少撰写了170种著作，其中流传下来的有47种。当然，仅以数字衡量是远远不够的，更为重要的是他渊博的学识令人折服。他的科学著作，在那个年代简直就是一本百科全书，内容涉及天文学、动物学、胚胎学、地理学、地质学、物理学、解剖学、生理学，总之，涉及古希腊人已知的各个学科。他因此被马克思誉为"古代最伟大的思想家"。

（二）论教育的本质和目的

亚里士多德和柏拉图一样，都充分肯定了教育与政治之间的关系，把教育视为实现政治的最重要手段。他认为，教育是最高的政治艺术，国家政治的优劣在很大程度上取决于城邦公民的本质，所以教育应该成为国家的重要事业，由国家统一管理，而不能由私人控制。因为在他看来，教育的目的首先是为了培养良好公民，必须让全体公民都接受统一的教育。并且这种国家统一管理的教育，还必须符合特定国家的社会生活的需要，教育要依据国家政体的性质而定，为此他强调应该把教育纳入国家法治的轨道。这标志着亚里士多德首开西方教育史上"教育立法"思想的先河。

亚里士多德同时指出，教育不仅应该培养良好公民，还应该发展人的理性，因为在他看来，"有三种东西能使人善良而有德行，那就是天性、习惯和理性。首先一个人生来就是人，而不是其他动物，并且其身心必定有某种特性。但在出生时有些品质虽具有而无用，因为它们可以为习惯所改变，还有些禀赋天然地有待于习惯使之变好或变坏。……只有人类除天性与习惯外，尚有理性。由于天性、习惯和理性不能经常统一，要使它们互相协调并服从于理性，除了通过立法者的力量外，就寄托于教育"。亚里士多德认为人是由身体和灵魂组成的，在他看来，既然人的灵魂具有双重性——理性和非理性，那么教育也因此必然具有双重目的：既要培养良好公民，以便保障国家的繁荣昌盛，也要发展人的理性，从而使人们充分享受美好生活。他为此提出"文雅教育"的理念。

（三）论体、德、智、美和谐发展的教育

亚里士多德的体、德、智、美和谐发展的教育思想是建立在他的灵魂学说之上的。他把人的灵魂区分为植物的、动物的和理性的三部分。其中植物的灵魂是最低级的，它主要表现在满足身体的生长和发育的需要；动物的灵魂表现为人的情感和欲望等；理性的灵魂是最高级的部分，它主要表现为人的思维、推理等方面。与他的灵魂学说相适应，亚里士多德提出了体、德、智、美和谐发展的教育思想。

亚里士多德认为，在儿童的教育中，必须首先训练其身体。在他看来，体育练习的目的在于使人健康有力和勇敢，进而养成体育竞技的习惯，从而能够参加各种体育竞技活动。亚里士多德指出，体育训练的重要目的是培养学生勇敢的品质，但对于学生的体育训练一定要适度，否则会损害儿童的体格，妨碍他们的生长。

道德教育方面，亚里士多德强调必须重视培养学生的习惯。因为在他看来，理性和习惯是人们具有"善德"的根基。道德教育的目的在于通过实际活动和反复练习，逐渐养成中庸、适度、公正、节制和勇敢的美好德行。

智育方面，亚里士多德认为，阅读、书写，乃至绘画的目的都是为了将来的实际效用，例如，为了处理家事、从事政治生活等。受雅典教育思想的影响，亚里士多德将应属于智育部分的文学作品和诗歌的阅读、欣赏、吟唱等都划归到音乐教育里面。

音乐教育是亚里士多德和谐发展教育思想的核心部分。在他看来，音乐不仅是实施美育的最有效的手段，而且它还担负着智育的部分职能，并且又是实施道德教育不可缺少的内容。也就是说，他认为音乐具有多种功能：教育、心灵的净化和理智的享受等。因此，亚里士多德主张必须将音乐纳入教育计划之中。与智育不同，亚里士多德认为，音乐教育的目的不是为了实际生活的需要，而是为了在闲暇时供理智的享受。亚里士多德注重音乐与他的"文雅教育"思想密不可分。在他看来，课程可以分为两大类：有用的和文雅的。前者因为其实用价值而不文雅、不高尚；后者因为服务于人性的需要则是文雅的、高尚的。音乐既能陶冶性情，又能供理智享受，所以是文雅学科。

（四）论教育的年龄分期

亚里士多德要求根据儿童身心发展的特点来划分教育的阶段，安排教育的内容和方法。他把一个人从出生到 21 岁的教育过程划分为 3 个阶段：0～7 岁为第一阶段，这一阶段属于幼儿教育阶段，以幼儿身体的生长发育为主；7～14 岁为第二阶段，这一阶段属于初级学校教育阶段，以情感道德教育为主；14～21 岁为第三阶段，这一阶段属于高级学校教育阶段，以智力教育为主。亚里士多德认为，合理的教育就应该遵循人的自然发展过程：首先确保身体的健康发育，其次给予情感的训练，培养其良好的思想意识，最后给予理性的指导，促进其理解能力、思维能力的发展，这就是"适应自然"的教育原则。亚里士多德是西方教育史上首次论述"教育适应自然"原则的教育家。

（五）论幼儿教育

亚里士多德根据其年龄分期的教育原则，详细而具体地论述了他关于 0～7 岁幼儿教育阶段的观点。

1. 胎教

和柏拉图一样，亚里士多德主张优生优育，控制人口过度增长。他反对早婚的习俗，认为不利于子嗣的培养，而且早婚的少女常常夭亡。男女双方都应该在最旺盛的年龄结婚、生育子女，以保证下一代的健康。为此他主张，男子适合在 37 岁前后结婚，女子出嫁的合适年龄是 18 岁；双方结婚的季节应该选在冬季。已经结婚的男女应该在生育之前接受医生的专业指导，已经怀孕的妇女要注意自己身体的变化，主动摄取有营养的食物，养成经常运动的习惯，保持平和的情绪等。

2. 婴幼儿教育

亚里士多德认为婴幼儿阶段的教育应该以身体的生长发育为主。首先他主张对新生儿进行严格的体格检查，建议国家制定相应的法律，只允许健康的婴儿存活下来，畸形或者残疾儿不应该得到抚养。对于年幼的婴儿来说，最重要的是他们的营养问题，他主张母乳喂养。另外要引导他们通过游戏的方式进行适当的体育活动，但要注意保护他们稚嫩的肢体免受损伤。让婴儿及早适应寒冷也是一种较好的锻炼方法，这有助于婴儿身体的强健。亚里士多德对此的解释是：凡是儿童需要培养的良好习惯，都应该越早越好。因此，这一时期的家庭影响至关重要，尤其要防止婴儿在家庭中受到不良的影响，否则长大后就难以纠正。对于5岁之前的幼儿，不应该教给他们任何课业，也不能强迫他们从事劳作。但是为了避免幼儿肢体不灵，可以进行适当的游戏活动。但游戏既不能流于卑鄙，也不能导致过度劳累。此外，幼儿要在充分游戏的同时，多听神话故事，但是故事的内容要由教育督导进行精心选择。幼儿长到5~7岁的时候，可以开始初步的课业学习，同时采用体操锻炼来保证幼儿具有良好的体格，但是这两者都不能过度。他还特别提出，身体训练仅仅是达到目的的手段，像斯巴达人那样只限于培养头脑愚笨的体育健将是不明智的。幼儿在这一阶段应该有机会旁观其他人正在从事而他们自己长大后也要从事的各种活动，以获得最初阶段的熏陶。

亚里士多德作为古代西方最伟大的思想家，他在哲学上动摇于唯物主义和唯心主义之间，而最终走向了唯心主义。他对教育本质和目的的理解和论述，虽然因为他的奴隶主阶级立场而带有神秘性、保守性的色彩，但是他充分强调教育要根据国家和受教育个体的实际情况的观点，还是具有合理之处的；他首次在西方教育史上提出"教育立法"的思想，这是具有重大历史意义的；他提倡"教育适应自然"的原则也是其教育观点进步性的表现；他在幼儿教育方面所提出的胎教优生、教育年龄分期、习惯的及早培养等观点，都对西方幼儿教育理论和实践的发展产生了重要影响。

三、昆体良

昆体良是古代罗马著名的律师、演说家和教育家。他经过长期的实践探索和理论研究，在演说家的培养问题上提出了教育和教学方面的许多有益主张，其中涉及到了关于幼儿教育的许多方面。他是西方教学论的奠基人。

（一）生平和教育著作

昆体良（Quintilianus，约35—95年）出生于西班牙，其父是当时颇有经验的雄辩术教师。在罗马接受雄辩术教育的昆体良，曾做过10年律师，后来在罗马开办了一所修辞学校并任校长。由于他在修辞学方面的造诣和办学上所取得的卓越成就，很快赢得了社会的盛赞。他从此连续担任了20年的雄辩术教师，并被罗马皇室聘任为第一位修辞学教授。

昆体良退休后，应朋友之邀，花费两年多的时间写成了凝聚其一生智慧和经验的教育理论专著《雄辩术原理》，又译《演说家的教育》。这是西方第一本专门论述教育问题的系统著作，在教育史上占有极重要的地位。

（二）论教育与天赋

昆体良从教育与人的天赋之间的关系出发高度评价了教育在人的形成中的重要作用。他说："大多数人既能敏捷地思考，又能灵敏地学习，因为此种灵敏是与生俱来的。……天生的畸形和生来有缺陷的人才是天生愚鲁而不可教的人，这样的人肯定会有，然而很少。"在他看来，大部分人都是可以经由教育培养成人的，但是教育要想达到良好的效果，则要遵循一定的规律，即儿童的天性。他主张教育者要主动研究、了解儿童的天性，从而采取有针对性的教育措施。首先，教育要遵循儿童的年龄特点区别对待，防止教育过程中不顾儿童实际接受能力的盲目教学。对于智力差的孩子，要尽量适应其能力，以便按照自然的诱导，对其智力加以训练；而对于资质优异的孩子，则应让其学习一个杰出的雄辩家所该掌握的全部知识和技巧。但有两种情况应予以避免，一种是让学生做不可能做到的，二是让学生放弃他们能胜任的。这充分体现了教育适应自然的原则。其次，教育者要根据每个儿童的个性特征因材施教。在雄辩术的教学上，要根据各人的气质特点进行训练。有的人适合用温文尔雅的态度讲，有的人宜用生气勃勃的表情讲，有的则适于用粗犷有力的态度去讲。教育者只有充分了解儿童的个体差异，才能帮助他们选择最适合的教育内容。

（三）论雄辩家的道德品质

昆体良认为雄辩术本身是一门高尚的学问，是社会政治生活中的一种工具，作用在于宣扬正义和德行，指导人们避恶趋善，为无辜辩护，制止犯罪，因此应掌握在善良、正义，能够维护法律尊严的人手中，决不能落在强盗手里。因而教育所要培养出的雄辩家必须首先是一个善良的、德行上无可挑剔的人。所谓善良的人，应该是有识别善恶的能力和遵守法律、坚持正义的人。这样，他才能为真理和正义而辩。一个品德邪恶的人即使获得辩论中的胜利，也不可能成为一个完美的雄辩家。

（四）论幼儿教育

昆体良非常重视幼儿教育。他认为，幼儿教育可以在德行和知识方面为雄辩家的培养打下初步的基础。

1. 家庭环境的影响

由于幼儿教育是在家庭中进行的，父母、保姆和家庭教师都是幼儿的教育者，所以他强调在家庭中，父母、保姆和家庭教师都要时刻注意自己的言行举止，讲话要清楚正确、讲究礼仪、道德高尚。为此，他提出，首先要为幼儿选择合适的保姆。保姆最好是受过教育的，这样可以避免因为保姆本身的习惯、语言等问题对幼儿产生的影响。其次，幼儿的父母，尤其是母亲最好能够掌握家庭教育的基本原理。昆体良从各个方面详细阐述了家庭教育的重要性，父母双方都要注意积累知识、增强自身的文化修养，只有这样才有可能获得理想的家庭教育效果。如果父母自身学识贫乏，就更应该重视幼儿的教育问题。

2. 及早接受教育的原则

昆体良明确主张幼儿教育应该越早开始越好，他在《雄辩术原理》第一卷第一章中明确提出："当儿子刚一出生的时候，但愿做父亲的首先对他寄予最大的希望，这样才会一开始就精心地关怀他的成长。"他认为，7岁之前的收获无论怎样微小，也不能予以轻视。因为：首先，既然许多人都认为这个年龄阶段的儿童可以接受道德方面的教育，那他就同样可以接受文化知识方面的教育。其次，7岁之前无论学习的东西怎样少，但是有了这样一个基础，7岁之后就可以接着学习更深层次的东西，否则到了7岁的年龄就只能从最简单的东西学起。最后，昆体良认为，初步识字仅靠记忆，儿童在7岁之前不仅具有了记忆，而且儿童期的记忆更加牢固，所以没有必要浪费早期年龄的时光。在强调及早教育的同时，昆体良告诫人们要避免走极端，即不能把幼儿逼得太紧。为此他提出两点注意事项：其一不能让幼儿在还没有学会学习的时候就厌恶学习；其二要想方设法激发幼儿的学习兴趣，使最初的教育成为一种娱乐。

3. 游戏的作用

昆体良认为，儿童爱好游戏是天性活泼的标志，所以他十分重视幼儿的游戏活动。他提出，游戏和娱乐有助于发展敏锐的智力，同时能够促使幼儿的道德品质毫无保留地按照原本面目展现出来。因此，家长或者教师要善于利用游戏活动，寓发展智力和道德品质于游戏之中，使幼儿在得到娱乐的同时也能习得有用的知识，这是他所认为的幼儿的又一种学习途径。

4. 幼儿智育的学习

在教育史上，昆体良首次提出了"双语教育"的问题。他主张幼儿在智育方面要首先学习认识字母、书写和阅读。他认为幼儿最好首先学习希腊语，因为希腊是罗马文明的源头，而后再学习当时通用的拉丁语，最后在熟练的基础上两种语言的学习最好齐头并进。在学习字母方面，昆体良提出最好的办法是在教给幼儿认识字母的名称的同时教给他们字母的形状，这样可以增强学习效果。幼儿学习音节时则无捷径可走，所有的音节都必须学会，因此应反复练习，使之牢记在心中。音节学完后，可学习由音节组成的单字，以及由单字组成的句子。在幼儿的书写教学法方面，他主张应该让儿童在临摹的基础上开始学习，这样可以避免少出错误。在幼儿的阅读方面，他提出要在正确阅读的基础上再力求连贯，不要贪快，否则容易造成幼儿口吃和其他困难。

5. 对教师的要求

昆体良在《雄辩术原理》中提出要严格选择幼儿教师，即教师要德才兼备。教师首先应品德高尚，有德行，任何失检的行为都会对学生产生深刻的影响。

幼儿教师首先要热爱儿童。只有热爱儿童的教师才有可能教育好儿童，为此，教师要对儿童付出充满感情和理智的爱，既要像父母一样关心爱护儿童，又要严格要求，和蔼而不放纵，这样的教师一定会以自己理智的爱赢得儿童的尊敬，进而获得教育的成功。

幼儿教师要注重因材施教的教育原则。教师只有充分的观察和了解儿童，才能在教育过程中随时调整教育策略，从而采取最有针对性的方法教育儿童，从而获得良好的教育效果。

幼儿教师应懂得教学艺术。教师既要善于进行道德教导，也要善于运用表扬和批评。面对幼儿所犯的任何错误，教师都要在尽量保持温和态度的同时予以及时的纠正，避免幼儿养成不良的行为习惯。面对幼儿的成绩或者错误，教师要掌握好表扬或者批评的适当时机和尺度，既不能因为过多表扬而养成幼儿骄傲自满的负面情绪，也不能因为过分的批评而挫伤幼儿的积极性。总之，教师在教育过程中要随时观察幼儿的变化，从而采取恰当的教育措施。

6. 关于体罚

昆体良强烈反对体罚，尤其是对幼儿的体罚更要严厉禁止。他认为，体罚并不能换取良好的教育效果，反倒会引起诸多不良的后果。首先，体罚对于幼儿稚嫩的身体来说无疑是一种残忍的行为。其次，一旦幼儿对体罚习以为常，教育就更加难以奏效，而且在体罚中成长起来的幼儿长大后往往会变得更加难以驯服。

再次，体罚将会使幼儿心情压抑、沮丧，不利于幼儿心理发展。最后，昆体良认为仅仅依靠体罚并不能培养出真正的雄辩家，反而会造就奴隶性格。

昆体良的《雄辩术原理》代表了古希腊、古罗马时期教育理论发展的主要成就。他在教育史上首次提出了"双语教育"的问题，同时他在教学法上的成就更是对教育发展史的巨大贡献。他对教师的要求、反对体罚的观点等，无一不给后人以有益的启迪。昆体良不愧为西方教育史上一位杰出的教育家。

古代希腊号称西方文明之源，古代罗马的教育则是古代希腊教育的继承和发展。在西方教育史上，柏拉图是最早提出学前儿童教育问题的教育家；亚里士多德是西方教育史上首次论述"教育适应自然"原则和"教育立法"思想的教育家；昆体良是西方教学论的奠基人，他经过长期的实践探索和理论研究，在幼儿教育的问题上提出了教育和教学方面的许多有益主张。三位著名教育家的教育思想对后世欧洲学前教育的发展奠定了坚实的基础。

思考题

1. 试比较斯巴达和雅典幼儿教育特点的不同之处。
2. 结合亚里士多德的胎教思想，谈谈你对现代胎教问题的具体看法。
3. 试述昆体良的幼儿教育思想及其对现代幼儿教育的启示。

第八章 西欧中世纪和文艺复兴时期的学前教育

【学习目标】
1. 了解西欧中世纪和文艺复兴时期学前教育的特点。
2. 领会文艺复兴时期人文主义教育家的学前教育思想及其影响。

公元 476 年,西罗马帝国在日耳曼人与国内揭竿而起的奴隶的打击下灭亡了,从此西欧进入了封建时代。公元 5 世纪末至 14 世纪文艺复兴之前的这段历史被称为中世纪。欧洲中世纪基督教会垄断了教育,基督教会提倡的"原罪说"、"禁欲主义"对学前教育产生了重要影响。向儿童灌输宗教思想,使孩子虔信上帝,成为服从上帝的"圣童"是中世纪学前教育的全部。14~16 世纪文艺复兴时期的教育家们强烈批判了性恶论的儿童观,反对"原罪说",提出儿童身心和谐发展的教育理想,强调尊重儿童天性,主张培养儿童的个性,重视兴趣引导。这些进步的观念体现在伊拉斯谟斯、蒙田等人的思想中。

第一节 中世纪的学前教育

对于欧洲中世纪时期的历史概貌,恩格斯做了十分精辟的剖析,他指出:"中世纪是从粗野的原始状态发展而来的。它把古代文明、古代哲学、政治和法律一扫而光,以便一切从头做起。它从没落了的古代世界承受下来的唯一事物就是基督教和一些残破不全而且失掉文明的城市。其结果正如一切原始发展阶段中的情形一样,僧侣们获得了知识教育的垄断地位,因而教育本身也渗透了神学的性质。"中世纪封建社会政治、经济以及社会生活的特点,决定了西欧中世纪的教育带有浓厚的宗教性和明显的等级性,其教育目的在于培养教会的僧侣、封建官吏和骑士。

一、西欧中世纪的儿童观

西罗马帝国之后的欧洲一度成为基督教的天下，中世纪成了神性时代。基督教会在思想意识上极力提倡"原罪说"和"禁欲主义"。教会宣布"肉体是灵魂的监狱"，要求禁绝或控制一切成为万恶之源的欲望（包括犯上作乱的念头以及饮食男女等人生本能的要求）。在中世纪，禁欲主义成为基督教会所提倡的世界观的主要特征。

为了让人们相信禁欲主义的荒唐说教，为了使上帝的神话成为人们的信仰，基督教会还宣扬蒙昧主义、愚民政策，鼓吹一切认识都来自"神启"，一切真理都存在于《圣经》中。禁止文化教育的传播，禁绝独立思考。这样，科学和哲学就成为教会恭顺的奴仆。

（一）性恶论及体罚教育

基督教的"原罪"这一重要概念被著名的基督教会神学理论家奥古斯丁发展为"原罪论"，成为基督教的重要教义之一，并成为罗马教会的官方学说。这一学说大肆渲染"性恶论"，鼓吹儿童是带着"原罪"来到人世的，故儿童生来性恶，要想控制儿童的邪恶本性并使其成为高尚的人，就必须惩罚他们的肉体，压制他们的欲望。

以性恶论及禁欲主义为依据，教会要求摧残肉体以使灵魂得救，声称"不可不管教孩童，你要用杖打他，就可以救他的灵魂免下阴间"。从幼年起就抑制儿童嬉笑欢闹、游戏娱乐的愿望，并采取严厉的措施来制止这类表现，戒尺、棍棒是中世纪学校不可缺少的工具。对儿童的约束与惩戒成为中世纪学前教育的重要特征。在教育中体罚盛行，体育完全被取消。教会对崇尚和谐发展的雅典文化教育，持敌视态度。

（二）预成论及成人化的儿童教育

在欧洲中世纪，还有一种与"性恶论"相并存的儿童观叫"预成论"。预成论认为，当妇女受孕时，一个极小的、完全成形的人就被植于精子或卵子中，人在创造的一瞬间就形成了。儿童（或曰新生婴儿）是作为一个已经制造好了的小型成年人降生到世界上来的，儿童与成人的区别仅是身体大小及知识的多少的不同而已。因此在社会上，儿童被看成"小大人"，一旦能行走和说话，就可以加入成人社会，玩同样的游戏，穿同样的服饰，要求有与成人同样的行为举止。按照预成论的观点，儿童与成人不应有重要区别，从幼儿开始，儿童的身体和个性已经成人化了。在这一观点的影响下，欧洲14世纪以前的绘画，总是不变地以成年人的身体比例和面部特点来画儿童肖像。显然，预成论的要点是否认儿童与成人在身心（尤其是后者）特点上的差异，也否认了儿童身心发展的节律性、阶段性。

预成论的形成与流行除与古代自然科学（尤其是与人身心有关的医学、生物学、生理学等学科）的落后或滞后有关外，还有两种原因：一是由于古代儿童死亡率高，因此人们不愿对儿童的特点给予较多关注；二是与成人的自我中心主义有关。

由于预成论的影响，人们无论是在学校教育还是家庭教育中，都忽视儿童的身心特点，忽视儿童的爱好及需要，对儿童的要求整齐划一，方法简单粗暴。其影响一直延续到近代。例如，从中世纪一直到18世纪，在法国的贵族家庭中保留着这样一种习惯：小男孩被要求穿骑士服，佩带宝剑，犹如成年男子的装束；小女孩则要求浓妆艳抹，穿拖地长裙，打扮得像贵妇人。有人称这样的小孩为"小大人"或"6岁小妇人"。近代法国著名启蒙思想家及教育家卢梭曾与这种理论及社会现象进行了坚决的斗争。

二、西欧中世纪学前教育的实施

（一）基督教会的学前教育

1. 学前教育的目的

中世纪时期的教育，基督教会居于垄断地位。教堂是唯一珍藏知识的地方，教士就是掌握知识之人。一切真理都来自圣经，教育的目的就是使受教育者虔信上帝、熟读圣经，以求做一个合格的基督徒。这种教育从幼儿开始，基督教会的学前教育就是从小要把他们训练成为一个个笃信上帝、服从教会的"圣童"，从而为培养一个真正的基督徒奠定坚实的基础。

2. 学前教育的内容和方法

基督教会的学前教育是通过基督教徒对子女进行宗教意识的熏陶与幼儿跟随家长参加众多的圣事礼仪和节日活动来实施的。如在孩子稍懂事时，就向他们灌输以下思想：儿童生来就是个犯有"原罪"的人，人生来要准备经受苦难，学会忍耐服从，逆来顺受；宣扬每个人都是上帝的子民；圣父、圣子、圣灵是三位一体的天主；上帝是仁慈的、全能的；人只要虔诚地敬仰上帝，死后灵魂就可得救，即升入天堂；要想使灵魂升入天堂，人人必须参加教会规定的宗教仪式和圣事活动，这些职责要伴随终生。对幼儿来说，出生后第一件事就是要参加由神父主持的"洗礼"或"浸礼"。此后幼儿就跟随家长到教堂或在家里欢度各种宗教节日，例如圣诞节、复活节、万圣节等，从中萌生对宗教的好感，确信人的最大幸福就是爱上帝、爱人人。领受所谓圣灵无所不为、无所不能、全智全能的神秘感。

此外，幼儿还要更多地参加教会组织的圣事活动，例如参加主日的祈祷（基督教徒向上帝呼求、感谢、赞美等）、读经（跟着诵读圣经）、唱诗（唱颂赞美上帝的颂词）和听"圣事论"（由教士粗浅地讲述基督教各种"圣事"的名称、由来、意义、规则等）。有时还要求欣赏教会音乐、陶冶其宗教情感和增强对上帝的信仰。

（二）世俗封建主的学前教育

西欧中世纪既是基督教神学垄断的年代，又是帝王贵族进行封建统治的年代。基督教会对民众的思想欺骗成为维护封建统治的精神支柱，而封建贵族对民众的政治控制、经济掠夺又成为基督教会的社会保障。他们是一对互为依存、结伴而行的畸形儿。

封建贵族的幼儿教育一般按等级分为两类：

1. 宫廷学校的教育

这是一类专为王室儿童实施的宫廷教育。参加宫廷学校学习的只是皇室中的王子、王孙、公主和少数机要大臣的子弟。在中世纪初期，西欧最具实力的法兰克王国的统治者就意识到了发展文化教育的重要。早在查理·马特在位期间（Chales Martel，715~741年），就在宫廷中设立了以王室和贵族子弟为对象的学校。后来的查理曼大帝（Charlemagne，742~814年）更是大力发展文化教育，广揽知名学者为教师，使宫廷学校成为欧洲重要的世俗教育形式。其教育方法多采用问答法。下面是著名的宫廷学校的校长阿尔琴（Alcuin，735~804年）为查理曼的儿子编写的问答教材，从中我们可以清楚看出当时的教育方法。

问：太阳是什么？

答：宇宙的光辉，天空的美丽，白昼的光荣，时间的分配人。

问：月亮是什么？

答：夜的眼，露的施者，风暴的先知。

问：星是什么？

答：天顶的图画，水手的导航者，夜的装饰。

问：雨是什么？

答：地球之库，果实之母。

问：雾是什么？

答：白昼的夜，视力的劳作。

问：风是什么？

答：空气的骚动，水的动乱，土的干涸。

问：霜是什么？

答：植物的迫害者，树叶的毁灭者，土的羁绊。

通过以上问答，儿童学到不少作为未来统治者所必需的有关自然和社会的知识以及某些初浅哲理。

2. 骑士早期教育

西欧封建统治者除了利用宗教对广大人民进行精神奴役外，还要依仗武力镇压来维护其政权。当时战争的胜负靠武士来决定。武士是封建贵族中最低一等的贵族，即骑士。骑士立马横枪地冲杀和战斗，既是保卫封建庄园的需要，也是一种非常时尚的竞技活动。由此，骑士的地位和作用大为提高，培训骑士的教育也应运而生并成为贵族子弟仕途的必由之路。

骑士教育的实施要经历3个阶段，即出生至7岁为第一阶段，7～14岁为第二阶段，14～21岁为第三阶段。第一阶段即骑士养成的幼儿教育时期，儿童在家庭中接受父母的教育。教育的主要任务是熏陶宗教意识，培养道德品质和身体养护。

宗教意识的熏陶在骑士早期教育中占有重要的地位。因为训练骑士的首要标准就是虔敬上帝，听命于教会，甘为宗教而献身，而树立这些观念必须从幼年抓起。其教育方法是由母亲从孩子懂事起就灌输有关宗教神学的初步概念，并要求儿童应随着年龄的增长多参加一些宗教仪式和节日活动，以为日后成为一名虔诚的基督教徒打下思想基础。道德品质的培养，则是由父母共同教育儿童从小树立"忠君爱国"之心，仿效成人贵妇讲求礼节，谈吐文雅，以便成年后能坚定地效命于国王和上一级封建主。养护身体，是根据骑士的"剽悍勇猛"的标准提出的。为了能够横枪立马、纵横厮杀、英勇顽强、克敌制胜，骑士必须具有健壮的体魄，从小养护身体是关键。幼儿身体的养护主要包括合理的饮食，适宜的锻炼，作息制度和生活习惯的遵守。这些通常都是母亲来指导和实施。

西欧中世纪的学前教育还不是一个明确划分的学习阶段。它是按照儿童所处的社会地位不同而实施不同的教育内容，神学性和等级性是它们的共同特点。就整个学前教育来说，还是比较粗浅、简单的。

第二节　文艺复兴时期的学前教育

在中世纪基督教神学的严密禁锢下，古希腊、罗马的文化被埋没了近千年，自14世纪开始到16世纪，在沉寂良久的欧洲大地上，掀起了一个以搜集、整理、研究古希腊、古罗马文化的热潮。它以急风暴雨之势，砸开了禁锢古希腊、罗马文化的枷锁，把欧洲的学术文化思想推向了一个繁荣的时代。这就是欧洲历史上著名的"文艺复兴"。

一、人文主义的特征及教育观念的转变

"文艺复兴"原意指人文学科的"复兴"。基本涵义有二：一是指古希腊、古罗马文化的复兴；二是指人类精神的觉醒，反抗中世纪的精神桎梏，追求人的个性的圆满发展。文艺复兴运动实质上是新兴资产阶级在意识形态领域掀起的一场反封建、反教会的伟大思想文化运动。

文艺复兴首先产生于意大利，从学术思想上它涉及到艺术、文学、教育、哲学各个方面，其指导思想是人文主义。人文主义是一种崇尚现实、崇拜人生，反对来世观念，以世俗的人为中心的世界观；提倡以"人性"反对"神性"，以"人权"反对"神权"，以"人道"反对"神道"；主张个性解放、个性自由、个人幸福，尊重人的价值，反对禁欲主义，反对压抑；宣扬个人是生活的创造者和享受者。显然，它是和基督教对立的一种世界观。

中世纪的教会和封建主都把儿童看作是赎罪的羔羊，压制摧残他们的身心，向儿童灌输宗教意识，麻醉和禁锢儿童的头脑。人文主义的新教育则提出儿童是正在成长和发展的新人，父母要热爱儿童，为儿童创造良好的家庭教育环境，让儿童自然地、愉快地、健康地成长。强调通过智育、体育、美育和道德教育来培养儿童的完美精神和高尚情操。在教育原则和教育方法方面，人文主义强调环境的陶冶作用，主张建立优美的校舍，变基督教阴森的学府为舒适的学习乐园；强调尊重儿童天性，顺应儿童身心发展的特征，考虑儿童的个别差异；强调教师的言传身教和以身作则，师生之间保持自然协调的关系；主张教学运用直观教具，向大自然学习；反对压抑个性，主张减少体罚，甚至取消体罚；注重兴趣引导，提倡体育和游戏的重要意义。以上这些思想，相对中世纪前期的教育无疑是一个重大进步，并深刻影响到后来的教育。

二、伊拉斯谟斯的儿童教育观

伊拉斯谟斯（Erasmus，1469—1536年）出生于尼德兰，是文艺复兴时期著名的人文主义学者及教育家。他从小受到较好的教育，在巴黎大学受到人文主义的影响，后游历欧洲，一生致力于人文主义的宣传。他还对古典文献有独特的研究，教育思想深受昆体良的影响。主要作品有《愚人颂》（1509年）、《一个基督教王子

193

的教育》（1516年），其中不少地方涉及幼儿教育。伊氏的重要幼教著作有《幼儿教育论》（1529年）。伊拉斯谟斯在其著作中探讨了幼儿教育中的诸多问题。

（一）教育的目的、任务

伊拉斯谟斯认为人并非生而为人，要成为人，必须通过教养、理性，道德的规范和约束。在他看来，教育的目的融合在道德目的中，即培养"善良"的人。

教育的任务则是在年轻人头脑里播下虔诚的种子，认真学习自由学科，掌握基本礼仪，为生活做好准备。

（二）教育的作用及环境的重要性

伊拉斯谟斯深信教育对于改造社会和改造人性发挥着重要作用。他指出：教育无论是对于国家、君王还是平民百姓，都是极其重要的。一个国家要想治理得好，有赖于君王贤明，而一个贤明君王的培养，则有赖于教育。此外，他还呼吁国家担负起教育年轻一代的重任。他说："一个国家的主要希望，在于它对青年的适当的教育。"他引用柏拉图的话来说明教育的巨大影响："一个受过正当训练的人，发展成为一种神圣的动物，而另一方面，一个受到错误训练的人，堕落成为一种畸形的野兽。"他提出影响儿童成长的3个因素：自然（儿童的天赋）、教导和练习，并指出后两者乃是起主导作用的。伊氏认为人的先天禀赋不同，但任何人都是可教育的。教育对于人的作用不可低估。

伊拉斯谟斯非常重视环境对儿童成长的影响。一方面是家庭环境条件。他指出，家庭环境优越的儿童则更要加强教育；土壤的质地越好，如果农人不注意，则越易荒芜，以致长满无用的野草和灌木，育人的道理与此相似。另一方面，重视孩子交朋友。他认为只能让幼儿和品德优良、谦虚谨慎的孩子交朋友。应使孩子远远避开成群的顽童、死硬的酒鬼、下流的人，特别是溜须拍马的人，不要让孩子闻其声，观其影，以免受到不良影响。

（三）论学前教育

1. 重视早期教育

伊拉斯谟斯提出对儿童应及早进行教育，可从襁褓时期开始。他认为幼儿尚处在有待成熟的过程中，稳定的习惯很少。儿童喜欢模仿，要求人们给儿童以良好范例，以便使有益的思想充满孩子尚未成形的心灵。他说："道德的种子必须播种在他精神的处女地，以便随着年龄和经验日益增长，它们会逐渐生长和成熟，在整个生命的过程中植根。从来没有什么东西像在早年学习的东西那样根深蒂固。"

2. 教育要遵循儿童身心发展的特点

作为文艺复兴时期的人文主义教育家，伊拉斯谟斯反对中世纪教会对儿童的压制态度和严酷的体罚，倡导自由教育，主张按儿童的身心特征，照顾儿童的个性，采取扬长避短的方法。他指出，"儿童"这个词在拉丁语中意味着"自由者"（liberi），因此，自由的教育是符合儿童的，如果用恐怖的教育手段来使之弃恶，将原本是自由的儿童奴隶化，是极其荒谬的。此外，他还要求教师切不可把幼小儿童视为"小大人"，施教时必须考虑儿童的身心特征，并照顾儿童的个别差异。他要求教师在教育过程中首先要仔细观察、掌握孩子的性情，然后有的放矢，采取措施。教师发现孩子的弱点，长善救失，设法将其引上正路；如果发现了孩子的长处，扬长避短，使孩子更加出色。

3．学前教育的内容和方法

（1）热爱儿童。儿童会通过对教师的爱达到对学习的爱。故教师能否深受儿童爱戴乃是至关重要的。伊拉斯谟斯强烈地抨击了当时的学校中虐待儿童的做法。

（2）采取中庸之道。伊拉斯谟斯认为教师必须采取中庸之道，严格与慈爱相结合，表扬和批评相结合。教师责备学生，"而不使其感到奚落"；赞扬学生，"而不流于谄媚"，"老师的申斥应该私下进行"，"应该态度和蔼，稍微减少训诫的严肃性"。

（3）通过有趣的故事。伊拉斯谟斯指出，可以通过有趣的故事、令人忍俊不禁的寓言和巧妙的比喻来引进教师的教导。当孩子听毕，停止了欢笑时，教师要及时指出其中富有教育性的寓意。比如讲了《伊索寓言》中狮子和老鼠的故事，教师就要教导孩子不要轻视别人，应当以自己的诚实和善良去赢得别人的尊重。

（4）采用直观教具。伊拉斯谟斯还探索了教育方法的改进，提出了"事物先于文字"的口号，主张在教学中采用直观教具。与此同时，他也批评有的人为了吸引儿童兴趣，不分良莠，将一些荒谬的谜语、精灵和恶魔的故事对儿童和盘托出。他认为这些毫无教育价值的材料不仅浪费了儿童宝贵的时光，而且对其成长十分有害。

可见，伊拉斯谟斯的许多教育观点承袭了昆体良等前人的思想，同时也给了后来夸美纽斯等人以重要影响。

三、蒙田的儿童教育观

蒙田（Montaigne，1533—1592年）是法国16世纪后期文艺复兴时期的人文主义者、思想家、散文作家及教育家。他出生于法国的海港城市波尔多，出身于新贵族家庭，受过良好的教育，曾从事过多年的法律工作。主要著作《散文集》（中译本名为《蒙田随笔》），为享誉世界的文学名著，其中有一些篇章专门论述或涉及儿童教育问题。

(一)教育目标——培养体智全面发展的绅士

蒙田所憧憬的教育目标是体智全面发展的新的绅士。他理想中的人是身心两方面和谐发展的。他主张教育要兼顾心智和身体,"只使他们的心智健全是不够的,还必须增强他们的体力,如果心智得不到体力的支持,就要受到过分的压力"。他以自身为例。蒙田本人患有气喘病,体质柔弱易感,所以他认为这对他的"心智活动是一个沉重的负担"。蒙田服膺柏拉图的理论,他说"心智与身体决不能一个得到训练,而另一个没有训练,两者同样需要指导,好像两匹马配合起来合力拉车一般"。"我们所训练的,不是心智,也不是身体,而是一个人,我们决不能把两者分开。"

(二)教育必须顺应儿童的天性

为了培养身心和谐发展的人,蒙田重视早期教育,认为儿童的教育是人一生最重要的事情。他批评过去中世纪的神学强调超自然,离开了现实,离开了自然,离开了人类生存的生活基础;也批评了经院主义教育不注意研究儿童的天性,执教时往往和儿童的天性背道而驰,只注重儿童的记忆,不给儿童发展智力的机会,不给儿童独立行动的自由,以至于把儿童变成胆怯的人。他提出作为教育工作者,应当遵循自然,顺应儿童的天性。把儿童培养成具有自然精神的绅士;应该了解儿童的天性,否则是不可能教育好儿童的。这与亚里士多德的自然教育观点是一致的,也与文艺复兴时期出现的依据自然、遵循自然的思想是一致的。

(三)论教育内容和教育方法

蒙田同其他人文主义者一样,主张学习广博的知识。在他的作品中写道:"我愿意把这个世界结构作为我的学生的精选的教科书。"他非常重视人文学科的学习,在语言、诗歌、历史、哲学等领域都有独到的见解。关于语言,蒙田提出的是"一种自然、平易和不矫揉造作的语言,无论是口头讲的,还是写在纸上的,是一种有表现力、简洁、紧凑的实质的语言"。关于历史,蒙田认为学习历史的重点在于学习美德,而不是记年代。一个好教师"灌输到学生脑子里去的东西,主要的不是迦太基灭亡的日期,而是汉尼拔和西比奥留下的教训"。关于哲学,蒙田认为"应该成为人类行为的试金石,成为使行为正直的规则"。关于身体方面的教育,他认为"一切运动和锻炼,如长跑、击剑、音乐、舞蹈、打猎、骑马,都应该是学习的一部分"。关于学习方法,蒙田反对死记硬背,主张深入理解所学的知识,并且要行动。他告诫道:"不要孩子多背诵功课,而是要他行动。他应该在行动中复习功课。"此外,蒙田还提倡独立思考和练习。

（四）论德育

蒙田既尊崇博学多能，又重视德育。在他的《论儿童的教育》中随处都流露出对德行的景仰。认为应教育儿童树立"道德的崇高和价值就在于实践时容易、快乐和有用"，并指出"获得它的方法是自然，而不是勉强"。强调道德应自幼培养。他指出儿童犹如黏土，趁它还湿润而易塑，"让旋转的轮赶快把它抟造"。在所有德行中，蒙田特别提到谦虚，不固执己见，勇于承认自己的错误，以及正直等品德。蒙田在德育方法上也表达了独特的见解，提出了有新意的看法。蒙田反对娇生惯养，主张严格要求。他不同意"把一个孩子挨紧抚抱、娇养溺爱，使其在父母的膝上长大"，分析了溺爱子女的恶果，指出对孩子的过错不能姑息迁就，强调父母和教师要为孩子做出榜样，使孩子自然地接受一些影响，如通过旅游观察别人的仪态、举止，会使儿童学会嫉恶和向善。

（五）对教师的要求

蒙田十分重视教师的作用。他认为儿童的教育和成长，完全在于导师的选择。蒙田说："我还是喜欢有智慧、有判断力、习惯文雅和举止谦逊的人，而不喜欢空空洞洞、只有书本知识的人。"他主张教师应让学生说话，让他们轮流表达自己的观点。他说："教育的权威往往阻碍着好学的人。"对学生来说，由于教师剥夺了学生独立思考的自由，从而使学生变得更加奴性，更加怯懦。他还主张教师不应只传授知识，学生不应只接受知识，更要注意让儿童理解所学的知识，提高儿童各方面的能力。

蒙田揭露了当时儿童教育中的种种弊端。尽管他没有写下系统的教育专著，但在其散文的字里行间充满了睿智的教育观念，闪耀着新的教育思想的火花。蒙田不仅为文艺复兴时期留下了值得讴歌的业绩，而且对后世教育理论的发展也做出了铺石垫路的贡献。

思考题

1. 简述西欧中世纪教会的学前教育。
2. 文艺复兴时期儿童教育观发生了哪些变化？
3. 简述人文主义教育家伊拉斯谟斯和蒙田的学前教育思想。

第九章 近现代欧美和日本的学前教育

【学习目标】
1. 了解英国、法国、德国、俄国、美国、日本近现代学前教育的发展概况。
2. 理解各国在学前教育的内容、方法、教育机构类型等方面存在的差异。

第一节 英国的学前教育

英国通过1640～1688年的资产阶级革命,最早确立了资本主义制度。此后,法、德、俄、美和日本等国也先后建立了资本主义制度。随着资本主义制度的确立,这些家又分别建立了适合资产阶级需要的教育制度,学前教育的发展也进入了一个新的历史时期。

伴随着大工业生产的发展,近代学前教育机构开始产生。英国的欧文在1816年办的幼儿学校是最早的近代学前教育机构,为当时欧洲一些国家的学前教育树立了榜样。到19世纪中期,德国的福禄培尔所创办的幼儿园以及他的学前教育思想很快被传播到世界各地,对世界许多国家的学前教育的发展产生了深远的影响。

最早建立资本主义制度的英国,也是最早产生近代学前教育机构的国家。英国近代学前教育机构的建立和发展走过了一个从幼稚到成熟的逐步形成和推广提高的道路。英国19世纪前期的幼儿学校运动中,最著名的有欧文的幼儿学校和怀尔德斯平的幼儿学校,他们推动了幼儿学校在英国的普及,在世界范围内也都产生了重要影响,为一些国家的学前教育机构所效仿。英国19世纪后期的学前教育在福禄培尔幼儿园的影响下出现了一些新的特点。

一、18世纪下半期至19世纪上半期英国学前教育的发展

18世纪60年代,英国率先开始了以蒸汽机的诞生为标志的第一次工业革命。随后,大机器工业逐渐代替了手工业,生产力得到了巨大的发展。资产阶级依靠

先进的科学技术大力发展生产的过程,也是无产阶级和其他劳动人民惨遭剥削和历经苦难的过程。企业主为了谋取更大的利润,大量雇佣低工资的女工和童工,由此带来了一系列严重的幼儿及幼儿教育问题。首先是幼儿的健康和保护问题。劳动妇女早出晚归,无暇照顾自己的孩子,加上生活贫困,劳动阶级的幼小子女缺少必需的营养及合适的生活环境,致使婴幼儿大量死亡。其次,工业技术的变革迫切要求劳动者掌握一定的文化技术知识。童工急需接受教育培训,故将初等教育的内容提早到幼儿阶段是这一时期幼儿教育的一个特点。此外,由于父母长时间工作而无人管教的幼小子女,极易受坏人引诱,导致道德堕落,这在当时也成为严重的社会问题。出于对这些社会问题的关心及对穷苦幼儿的同情,19世纪初,慈善家、热心之士以及教会人士开始建立幼儿学校,来保护和教育贫苦幼儿。19世纪40年代后,政府也参与进来,对幼儿学校加强了补助与管理。

(一)欧文的幼儿学校

罗伯特·欧文(Robert Owen,1771—1858年)是19世纪英国空想社会主义思想家和教育家,他于1816年创办的新兰纳克幼儿学校,是英国也是世界上最早的学前教育机构。

1. 创办幼儿学校

1800年欧文接管了苏格兰的新兰纳克纺织厂,但工厂环境非常恶劣,不利于幼小孩子性格的形成。他分析了3个方面的原因:一是工人居住条件恶劣,狭窄的空间和简陋的设备都不利于孩子的成长;二是父母们忙于赚钱养家,很少有时间、精力考虑子女的教养和教育;三是父母缺少知识,不懂得如何养护和教育孩子,不利于孩子性格的形成。因此,欧文希望建立幼儿学校,通过幼儿学校的教育,给幼儿打下合理的性格基础。他明确指出,幼儿学校的教育目的就是为儿童形成合理的性格奠定基础。总的来说,欧文是为了使工人阶级的幼儿摆脱不良的生活环境,培养他们合理的性格而开办幼儿学校的。

欧文在改造新兰纳克纺织厂过程中,为2～5岁儿童设立幼儿游戏场,接收刚会走路的儿童,聘请热爱孩子的青年女子担任幼儿保姆,帮助幼儿发展体格和好的品德;为5～10岁的儿童提供免费入小学学习的条件;为10岁以上的童工、青工设立业余学习班;为成人举办实用知识讲座,等等。1816年,欧文将以上各种教育形式加以合并,使之成为一个统一的教育机构,正式命名为"新兰纳克性格陶冶馆"(也称"性格形成学院"),而幼儿学校就是其中的一个部门。幼儿学校招收1～6岁的幼儿,包括两部分:1～3岁儿童为一部分,3～6岁儿童为一部分。但实际上幼儿学校是以3～6岁的孩子的保育和教育为中心的,1816年共招收3～

6岁的儿童200多名。

2．幼儿学校的教育内容和教育方法

欧文幼儿学校非常重视幼儿的智育和道德教育。在智育方面，他提倡发展儿童的"推理能力"，还提倡让儿童学习实际有用的知识。要求教师顺从儿童的兴趣爱好，让他们多去认识周围的事物。为此，幼儿学校的教师经常带孩子们到户外去活动，使孩子们对果园、田地、森林里的一切都产生浓厚的兴趣和亲切感。欧文要求幼儿教师要善于发现孩子们感兴趣的事物，并及时地将这些事物教给他们，他希望孩子们能把教学当作一种娱乐或游戏，能喜欢教学，喜欢学习知识。欧文还提倡实物教学，在幼儿学校里，教室的墙上贴了各种动物图画，还有地图，教室里还经常放一些从花园里、田野里和树林里采集来的实物标本，供直观教学使用，从而增强了孩子们的学习兴趣。欧文提倡开放的教学形式，在他的幼儿学校里没有固定的室内活动时间。他说，应该让孩子们在户外的新鲜空气中玩耍。在游戏场里玩够了，再把他们带到教室里。游戏场是欧文幼儿学校的重要设施，它是幼儿在户外活动的主要场所。幼儿学校还有供儿童娱乐的房间和教室，其中有一间是专供舞蹈和唱歌用的教室。

在道德教育方面，欧文提出的道德教育任务就是养成幼儿遵守纪律的习惯，培养他们与小伙伴友好相处。为此，他要求教师让儿童明白个人的幸福是和团体的幸福、他人的幸福不可分割的。

幼儿学校除了进行智育和道德教育之外，还开展舞蹈、音乐和军事训练活动。欧文认为，舞蹈、音乐和军事训练，能使孩子们精神愉悦，身体健康，培养他们对美的感受，并形成服从和守秩序的习惯。

在教育方法方面，欧文要求幼儿教师要以人道主义的态度对待孩子。他特别反对责骂或惩罚儿童。他要求教师始终如一地以和蔼的语调、表情、言语和行为，对待所有的儿童。

欧文从性格形成的观点出发，非常重视幼儿教育。他尝试把工人阶级的幼儿放到最好的教育环境里，通过集体合作的游戏、实物教学、教师的人道主义态度等教育形式和手段，来促使幼儿合理性格的形成。欧文的幼儿学校在世界学前教育史上占有重要的地位，它被公认为是世界上第一所学前教育机构，开启了近代学前教育的先河。但是，由于欧文将发展教育的希望寄托在统治者身上，并试图仅仅通过教育来改造社会，因此他的思想和实践有一定的局限性。

（二）怀尔德斯平的幼儿学校

怀尔德斯平（Samuel Wilderspin，1792—1866年）是英国19世纪幼儿学校的积极创办者，他一生致力于发展学前教育事业。1820年，怀尔德斯平在伦敦斯平脱地区开设了一所幼儿学校，在办学过程中形成了一套具有特色的教育内容和教育方法，对促进幼儿学校的发展做出了重要贡献。

1. 怀尔德斯平幼儿学校创办的目的

怀尔德斯平创办的幼儿学校是以贫民、工人阶级的幼儿为对象，以保证幼儿的安全和健康为目的。他说："培养好的体质必须是我们在儿童管理上的第一目的。"他看到当时由于劳动阶级的生活贫困，致使他们的幼儿畸形成长，幼儿身体受到严重的损害。因此，怀尔德斯平开办幼儿学校的一个重要目的就是为了保障幼儿的安全和健康。

2. 怀尔德斯平幼儿学校的教育内容和教育方法

怀尔德斯平非常重视幼儿学校的智育。他为幼儿规定的智育内容主要有：国语、算术、自然、社会、音乐、宗教等。这些内容实际上是把初等教育的内容下放到幼儿教育阶段。在这一问题上，怀尔德斯平背离了欧文反对对幼儿进行系统书本知识教学的主张，却迎合了形势发展的需要。一方面，幼儿家长要求按照原来初等学校的方法教授读、写、算；另一方面，在当时的英国，贫民子女的教育期实际上被限制在8岁以内，因为8岁后他们就被迫参加各种形式的劳动以谋生。

在智育方法上，怀尔德斯平反对传统的灌输知识、"鹦鹉学舌"的教育方法，主张培养儿童独立思考的能力和独立获得知识的能力。他提出了"开发教育方法"，这种方法包括5个方面：一是激发好奇心；二是通过感觉教学；三是从已知到未知；四是让孩子们独立思考；五是把教学和娱乐结合起来。为实施以上教育方法，怀尔德斯平还设计了"游戏场"、"阶梯教室"、"旋转秋千"、"教学柱"、"置换架"等教具，还研究编写了教材"发展课本"。这些教具对幼儿智力开发的意义和作用是不可否认的。怀尔德斯平所设计的智育内容、智育方法和教具影响非常广泛，被很多国家的学前教育机构所效仿。

在德育方面，怀尔德斯平幼儿学校的主要任务在于预防贫穷幼儿的道德堕落，消除虚伪、下流、贪欲、残酷、粗暴等不道德行为；培养爱怜之心、服从父母、守秩序、正直、勤勉、节制和尊重私有财产等德性。在方法上强调"爱"和"赏"。

怀尔德斯平对幼儿学校的教师也提出了要求，认为教师应有"受人欢迎的风采"，"生气勃勃的气质"，"很大的忍耐性、温顺、坚韧、冷静、精力旺盛，具有关于人性的知识，尤其是虔诚——朴素的、诚实的，而且实际的虔诚"。另外，他还强调幼儿学校的教师必须研究幼儿的心理状态以及掌握知识的情况，以便更好地指导教学。

怀尔德斯平一生积极致力于贫民幼儿教育,为幼儿学校在英国的普及做出了很大贡献。他强调关心幼儿健康,提出开发教育的方法,为幼儿学校设计游戏场和各种教学用具,并极力主张教师要研究儿童,这些都是应当肯定的。但他过于注重智育内容,在教学中重视记忆而忽略了儿童的理解能力,这是违背幼儿身心发展规律的。

(三)英国政府的幼儿学校政策

英国自1833年开始实行从国库拨款的教育补助政策。1840年8月,枢密院教育委员会视学官首次发出关于幼儿学校检查项目的训令,对学校设备、娱乐和身体练习、劳动、艺术模仿、学习音标、自然常识、阶梯教室的教学和纪律等方面进行检查。视学官提出的这些项目可以看作是对当时大多数幼儿学校特点的总结,同时也表明了英国政府对于幼儿学校的设施、设备以及教育内容和方法的态度。其中重视读和写、重视阶梯教室的教学,以及将娱乐限定在休息时间内等意见,反映了怀尔德斯平传统方法的影响。政府通过派遣视学官对幼儿学校检查(以确定补助额)及控制师范学校(即教员)等方式,加强了对幼儿学校的控制。当时欲接受国库补助的幼儿学校,必须接受政府的监督和控制。19世纪50年代末,幼儿学校的就学率达到贫民子女的12%左右。

二、19世纪下半期英国的学前教育

19世纪下半期英国幼儿教育的发展主要是受福禄培尔幼儿园的影响。19世纪50年代,福禄培尔幼儿园由德国的伦克夫妇引入获得了初步发展。60年代后,其发展因受政府政策的影响一度受阻,70年代后才走上正轨。自引进福禄培尔幼儿园后,英国的幼儿教育呈现两种制度并存的局面。

(一)福禄培尔幼儿园的引进

德国法兰克福联邦议会的议员哈勒斯·伦克(Johannes Ronge),因遭反动势力的迫害,流亡英国伦敦。1851年,伦克及其夫人柏尔达在英设立德语幼儿园,1854年又设立英语幼儿园,招收英国儿童,并开始改用英语教学,从而引起英国人的注意。同年,在伦敦举办了一次教育博览会,福禄培尔的学生别劳夫人发表了演讲并展出了福禄培尔的"恩物",引起了强烈反响。会后,伦克夫妇的幼儿园和福禄培尔的"恩物"受到了英国教育行政部门的重视。1855年,伦克夫妇又编著《英语幼儿园入园手册》,解答人们迫切需要了解的幼儿园问题。此书出版后,备受欢迎,英国人开始认识福禄培尔幼儿园。1855年4月,伦克夫妇还开办了堪称幼儿园延伸之福禄培尔主义初等学校。该校打破传统的小学课程,重视发展儿童个性，倡导创造性教育。

正当福禄培尔幼儿园在英国稳步发展之际，却遇到意想不到的打击。1861年，英国政府公布经过修订的教育法规，宣布实行以读、写、算学力测验成绩决定国库补助的政策。这一政策遂成为指挥棒，各类学校均加强知识教学，以争取政府资助。在这一政策面前，不注重读、写、算教学的福禄培尔幼儿园则遭到冷落，发展一度处于停滞状态。

（二）19世纪70年代后福禄培尔幼儿园运动的发展

1870年，英国颁布了《初等教育法》，确立了儿童从5岁开始进行初等义务教育的规定。英国的幼儿学校被纳入这一系统。自初等教育法颁布后，学力测验作为指挥棒的影响开始淡化。在这一形势下，幼儿园重新获得发展的动力。1874年，伦敦福禄培尔协会宣告成立。翌年，协会开设幼儿园教师培训所及幼儿园。1876年，又实行幼儿园教师资格考试。除了读、写、算、文学、地理等基础课程外，还要加考教育学、教育史、博物学、生理学、卫生学、体育、音乐、福禄培尔著作、幼儿园作业等专业课。在1881年教育法中还规定了在幼儿教育中，除读、写、算等传统的学力考试科目外，增加实物、自然、以及和日常生活有关的课业；采用幼儿园的恩物和作业，注意手和眼的正确训练。上述事例说明，20世纪70年代后，福氏运动及福氏教育方法已全面波及或渗透到英国幼儿教育之中。

福禄培尔幼儿园运动对英国学前教育的发展产生了两方面的影响：①引进福禄培尔幼儿园后，学前教育机构开始存在着两种并立的制度：一种是原来以收容工人阶级和贫困阶层子女为对象的幼儿学校；另一种是以中上层阶级子女为对象的幼儿园。②幼儿学校自身的发展也受到福禄培尔运动的影响。福禄培尔精神渗透到幼儿学校中，如开始减少读、写、算训练的时间，而增加游戏的时间，突出学前教育的特点。

三、20世纪英国的学前教育

（一）"二战"前英国学前教育制度的完善

第二次世界大战前，英国学前教育的发展主要表现为保育学校的创立与发展、《费舍法案》的实施和《哈多报告》的公布。

1. 保育学校的创设

英国保育学校的创始人是麦克米伦姐妹。1908年，麦克米伦姐妹在博乌开设实验诊疗所，后于1913年改名为"野外保育学校"。该校在郊外开设，特别为5岁以下的贫民和工人的儿童提供教育，首要目的是为儿童提供适宜的环境及增进儿童健康。办学过程中反对拘谨的形式主义教学，注重儿童的手工教育、感觉训练、言语教育、家政活动训练及自由游戏，注意环境的布置以及采光、通风等条件。

麦氏保育学校受到英国社会各界的赞誉，也得到了英国政府的大力支持。1919年，保育学校开始接受国库补助。1923年，以玛格丽特·麦克米伦为首的英国保育学校联盟成立，致力于推广保育学校及教师的培训工作。因此可以说，麦氏的保育学校使欧文传统的学前教育思想得到发扬光大。

2.《费舍法案》(1918)的实施

1918年，英国国会通过了《费舍法案》。该法案的目的是在英国建立一个包括保育学校、小学、中学和专科性质学校在内的公共学校系统。自此保育学校被正式纳入英国的国民教育制度中，并免费（伙食费、医疗费除外）入学。法案要求地方教育行政部门设立和援助保育学校，但由于经费问题没有得到妥善解决，扶持保育学校的政策难以真正地得以实施。保育学校的发展非常缓慢，在之后的十年间，英国的保育学校仅增加15所。

3.《哈多报告》(1933)的发布

以哈多爵士为主席的教育咨询机构先后公布了三份《关于青少年教育的白皮书》（即《哈多报告》）。报告之一即1933年公布的《幼儿学校与保育学校》，是推动学前教育理论和实践发展的极为重要的文献。该报告指出：①良好的家庭是5岁以下儿童的最佳环境；②建议将保育学校作为"国民教育制度中理想的附属机构"，成立以7岁以下幼儿为对象的独立的幼儿学校；③幼儿学校的教师应遵循保育学校的原理。

《哈多报告》被公认为是英国学前教育史上具有划时代意义的文献。但20世纪30年代资本主义经济危机的爆发使其无法得到实施。

（二）"二战"后英国学前教育的发展

1. 学前教育政策的完善

英国政府从"二战"期间就开始酝酿战后教育改革方案。1944年，丘吉尔政府通过了一个重要的教育改革法令《巴特勒法案》。该法案针对学前教育提出了以下政策：第一，保育学校是以教育5岁以下儿童为主要目的的初等学校，主要作用就是培养全面发展的正常儿童。第二，初等教育有三种学校类型：为2～5岁儿童设立的保育学校（这一年龄不属于义务教育之内）；为5～7岁儿童设立的幼儿学校；设立5～11岁的初等学校，可在校内附设保育班，招收3～5岁的儿童。第三，保育学校或保育班的设置规定为地方教育当局不可推卸的义务。但该法案仍有不足，如未能将保育学校和幼儿学校连贯起来形成制度，幼儿学校仍作为义务教育的最初阶段而包括在初等教育之中。

20世纪60年代，英国政府开始对学前教育提供必要的经费援助，以扩大5岁以下儿童的发展。1963年发布了《普罗登报告书》，该报告非常重视幼小衔接的问题，特别关注5岁以下儿童的教育，并对发展学前教育提出了许多具体的建议。1972年，教育科学大臣撒切尔发表《教育白皮书》，提出要扩大学前教育。白皮书肯定了《普罗登报告书》中具有实践意义的建议，提出要在10年内实现学前教育全部免费，并扩大5岁以下的幼儿教育。为此，英国政府逐年提高对学前教育必要的经费援助，如1971~1972年度的经费援助约为4200万英镑，到1981~1982年度，增加到了1亿2千万英镑。总体来说，七八十年代以前，英国的学前教育事业发展还是比较缓慢的。

1995年，英国教育和就业大臣谢泼德公布了一项耗资7.3亿英镑的"幼儿凭证计划"（The Nursery Voucher Scheme），规定发给家长1100英镑的凭证以支付学前教育的费用，使全国每个愿进学前教育机构的、年龄在4岁以上的儿童都能接受3个月的、高质量的学前教育。同年，学校课程和评定当局主席罗恩·迪林爵士（Sir Ron Dearing）宣布了义务教育开始时5岁儿童应该达到的目标提案，规定学前教育的提供者如果想要参加幼儿凭证计划，都必须向督学证明他们所提供的教育能使5岁以下儿童达到国家规定的标准。由于该提案过于注重儿童知识和能力的培养，因而引起了许多争议。

1996年，工党政府要求所有4岁儿童就读一年的学前教育。1998年4月，英格兰和威尔士的所有地方政府部门都制订了学前教育发展计划，规定所有4岁儿童都要接受一年高质量的学前教育，同时使更多的3周岁儿童能够进入幼儿园学习。

2. 学前教育机构的发展

"二战"时，英国出现了一种学前教育机构——日托中心。当时这种机构曾得到政府的扶持，战后继续发展，并保留至今，属于社会服务性质。

"二战"后，由于经济原因，英国原有的保育学校和保育班难以满足大量儿童的免费学习。在正规幼儿教育设施不足的情况下，20世纪60年代出现了"幼儿游戏小组运动"，并迅速发展起来。这种游戏小组属于民间组织，接收2~5岁的学前儿童，以大城市为中心设于教会大厅、社会福利中心或学校中。经费由儿童家长自筹和管理，一些宗教及社会慈善团体、福利中心和学校也提供捐助，有些地方当局给予适当的补贴。游戏小组的目标是为儿童提供游戏场，幼儿游戏小组担负起补缺救急的任务。这一机构一直保留至今，成为英国学前教育体系的补充类型之一。

进入20世纪后半期，英国学前教育出现多样化的机构，家长可从众多的学前教育机构中选择适合自己需要的形式。由于举办部门的不同，学前教育机构可以分为以下几种类型：①由社会福利部门举办的，如日托中心、托儿所和社区中心婴儿室等；②由教育部门举办的，如托儿所、幼儿学校、幼儿班和小学附设托儿所等；③由卫生保健部门举办的，如日托中心和游戏小组等；④由私人或团体举办的，如托儿所、幼儿学校、教会托儿所、游戏小组、亲子小组和儿童保育中心等。幼儿一般在2~3岁时入托，年限为两年。学前教育机构有半日制也有全日制。游戏小组、亲子小组、儿童保育中心及社区中心育儿室以计时性为主。

第二节 法国的学前教育

1789年法国爆发资产阶级革命，推翻了封建制度，并于1792年建立共和国，标志着资本主义制度在法国的确立。奥柏尔林的"编织学校"揭开了法国近代学前教育的序幕。此后出现的众多慈善性质的托儿所，其办学宗旨、教育内容和方法等方面都借鉴了英国幼儿学校的经验。从19世纪30年代开始，法国政府逐步将学前教育纳入中央集权的教育行政管理体制，同时加强了对托儿所的财政资助。19世纪中后期，法国学前教育的发展主要是受到福禄培尔幼儿园教育理论的影响。

一、18世纪下半期至19世纪上半期法国学前教育的发展

（一）奥柏尔林的"编织学校"

"编织学校"是由法国新教派的牧师奥柏尔林（J.F.Oberlin，1740—1826年）于1770年创设的。这是法国教育史上记载的最早的学前教育机构。它在法国存在了很长的时间。

奥柏尔林的编织学校招收的对象，是3~6岁的幼儿。学校有两名指导教师，一名任手工技术指导，另一名任文化和游戏方面的指导。此外还挑选了一些年龄较大的女孩作"助教"。

编织学校的教学内容包括：标准法语、宗教赞美歌、格言、观察和采集植物、绘画、地理、做游戏、听童话故事、传授缝纫及编织方法等。在教学方法上，重视直观教学和实物教学。学校每周只开放两次，主要是教育而非保育。

奥柏尔林创办的编织学校不仅对法国，而且对英、德等国的幼儿教育都产生了一定影响。据说，欧文19世纪初在英国创办幼儿学校时，曾从奥氏的编织学校获得过启示。

（二）托儿所运动

19世纪上半期，法国的主要幼教机构为托儿所及婴儿托儿所。对这一时期学前教育的发展做出贡献的是帕斯特莱、柯夏及马尔波。

1801年，法国著名妇女社会活动家及慈善家帕斯特莱（Mmede Pastoret，1766—1843年）在巴黎创办慈善性质的收容贫民婴儿的育儿院，收容12名婴儿。此机构产生了一定的影响，但教育意味不浓。1826年，帕斯特莱又领导妇女会创办了法国最早的托儿所，收容儿童80名，翻开了法国学前教育史新的一页。

柯夏（J.Cochin，1789—1841年）是巴黎第12区的区长。他热心学前教育，积极协助帕斯特莱夫人开展托儿所运动，还曾赴英考察幼儿学校，并深受启发。1828年，他模仿英国的幼儿学校在巴黎开办了学前教育机构"模范托儿所"。

柯夏对法国托儿所的创立还提供了理论指导。在他所著的《托儿所纲要》里说明了设立托儿所的必要性，指出托儿所是最有效的公共贫民救济设施和儿童教育设施；讨论了托儿所的教育内容：宗教、读、写、算、几何、地理、历史、博物、图画等。在方法上使用直观教学，提倡人道主义态度，反对体罚。很明显，柯夏受到怀尔德斯平思想的影响，具有偏重智育、注重知识教育的倾向。

马尔波（F.Marbeau）亦为巴黎政府官员，非常关心学前儿童的保教问题。他于1844年11月创办婴儿托儿所，以年龄较小的乳婴儿为招收对象，并撰写了《关于婴儿托儿所》的小册子。其主张受到社会欢迎，对欧美各国产生了影响。

（三）法国政府的托儿所政策

法国自拿破仑时代开始，就形成了一套中央集权的教育领导体制。在制定旨在保护和教育幼儿的设施法令方面，法国也早于其他各国。

1833年，教育部长基佐颁布了关于初等教育的法令，政府将注意力转向托儿所，认为它是初等教育的基础，并将其纳入国民教育体系。1835年2月，法国政府颁布《关于在各县设立初等教育的特别视学官的规定》，提出视学官对托儿所具有视察和监督的权力。这是法国正式管理托儿所的开端。

1836年4月，教育大臣布雷发出传阅文件，明确了托儿所是公共教育部领导下的学校，应同其他的初等学校一样，接受市镇村教育委员会和郡教育委员会的领导。这标志着法国的托儿所由面向贫民的慈善救济事业转为面向全体国民的国民教育事业。

1837年，法国政府发布了最早的有关托儿所管理和监督体系的规定。主要内容有：①托儿所是为6岁以下儿童开设的慈善设施。教学内容包括宗教、读、写、算、唱歌、画线等。②托儿所所长称"监督"。担任这一职务的人，须具有"能力证书"、"道德证书"和"住地证书"。③市、镇、村、郡乃至中央的各级教育委员会，对于托儿所具有一般的管理、监督和惩戒的权力。④建立托儿所女视学官制度。自下而上，设有一般女视学官、特别女视学官和首席女视学官。这项规定将法国托儿所纳入中央集权教育行政管理体制的轨道。

除了加强对托儿所的行政领导之外，国家还加大了对托儿所的财政资助。1835年，公共教育部对托儿所的补助金额达25 900法郎。1840年，创设了由国库支付的托儿所基金。同年，自治体向托儿所交付的补助金达245 631法郎，受到补助的托儿所达550所。到1840年，除4个县外，法国所有的县都设有托儿所。有效的行政管理和大量的财政资助，推动了法国托儿所的迅速发展。

二、19世纪下半期法国的学前教育

福禄培尔幼儿园运动于19世纪中叶传入法国，并取得了许多重要成果。同时，法国的幼教机构开始向双轨制方向发展。19世纪下半期，法国继续颁布系列法令来指导幼儿教育的发展，确立了近代幼教制度。

（一）福禄培尔幼儿园方法的传入

最早将福禄培尔幼儿园引进法国的是别劳夫人，她是福禄培尔的得力助手。为推广福禄培尔的教育理论和实践经验，她于1855年来到法国，在这里生活了3年。期间，她一方面系统介绍了福禄培尔的思想，使法国人了解福禄培尔幼儿园；另一方面，她还向法国政府申请将福禄培尔教育方法引入法国托儿所，获得批准后，遂以"国际幼儿所保姆培训学校附属托儿所"为试点，通过法国中央集权的教育领导体制，自上而下顺利地把福禄培尔的教育方法引入法国。

福氏幼儿园引入后对法国学前教育产生了两方面的影响：一方面使法国的学前教育机构明显地形成了双轨制，即劳动阶级的儿童被送往数量较多的、简陋的托儿所；上层社会的儿童则被送往为数极少的、条件优越的幼儿园。另一方面是将福禄培尔幼儿园的教育内容、方法引入托儿所中，开始注重儿童的游戏和户外运动，这对改革法国托儿所的保育内容和方法起了一定的积极作用。

（二）近代学前教育制度的确立

1855年3月，法兰西第二帝国皇帝拿破仑三世颁布了托儿所敕令。指出："托儿所不论是公立或私立，都应当成为2~7岁的两性儿童在道德和身体的成长中得到必要照顾的教育设施。"教育的内容包括：宗教教育、德育、读写算、常识、手工、体育。与此同时，政府还制定了具体的托儿所内部规章制度。

1881年，法国通过《费里教育法》，这个法令中确立了国民教育的"免费"、"义务"和"世俗化"三条原则。这些原则既为普及学前教育创造了条件，也促进了学前教育的世俗化。同年8月，政府又颁布教育法令，将托儿所等幼教机构统一改称"母育学校"，并将其并入公共教育系统，以实施"母性养护及早期教育"为宗旨。母育学校招收2～6岁儿童，根据年龄男女混合编班。保教内容有：德育、日常生活知识、语言训练、绘画、书法、唱歌、体操、博物，以及初步读、算等，宗教教育被取消。1881年的教育法令基本上确立了法国的近代幼儿教育制度。"母育学校"作为法国统一幼儿教育机构的名称一直沿用至今。

1887年，法国政府规定：凡拥有2 000名居民以上的乡、镇，都必须建一所母育学校，并列举了母育学校应具备的设施和条件。虽保留了偏重知识教育的特点，但实际上倡导采用福禄培尔幼儿园的教具和教育方法。

三、20世纪法国的学前教育

（一）20世纪上半叶的法国学前教育

进入20世纪以后，受新教育思潮和民主化思潮的影响，法国对母育学校进行了系列改革。法国教育部长批评了母育学校过于强调传授知识的倾向，认为母育学校主要是照顾家境不良的儿童，满足他们体、智、德三方面发展的要求。法国政府又详细规定了母育学校必须具备的校舍以及设施标准。

到20世纪上半叶，法国的学前教育已经奠定了坚实的基础，取得了重大发展成就。表现为学前教育机构的管理方面已初步形成制度，母育学校或其他学前教育机构可以满足95%以上的学前儿童的教育需求。学前教育机构主要是母育学校。母育学校分为公立和私立两种，受教育部或地方当局管辖。公立母育学校实行免费制，由国家和地方自治团体开办并支付经费，但不属于义务教育。私立母育学校多由慈善团体、联合产业、商会及私人开办，所占比例极小。其他教育机构包括幼儿班与幼儿园。幼儿班大多附设于农村小学，分为公立、私立两种。幼儿园是一种私立的学前教育机构，数量极少。

（二）20世纪下半叶的法国学前教育

在第四共和国时期（1944～1958年），法国提出了郎之万——瓦隆教育改革计划，首次提出了"教育民主化"的思想，被称为一个真正"以儿童为中心"的教育改革计划。该计划强调教育必须照顾儿童的个别差异，要顺应儿童的年龄、能力和心理特点。该计划对战后法国学前教育的改革和发展产生了很大影响。

进入 20 世纪 70 年代，法国政府更加重视公立学前教育的发展。1975 年，法国政府颁布了《哈比教育法》，对学前教育的目标作出了规定。根据此法令，法国的学前教育实际上发挥着四重作用，即教育、补偿、诊断治疗以及与小学衔接的作用。

20 世纪 80 年代以来，法国政府继续把发展学前教育看成是实现教育机会均等、开发人力资源、加强科技国防竞争、增强综合国力的重要因素之一。法国政府采取了中央、省和市镇三级政府分摊经费的办法，保证了学前教育经费有稳定可靠的来源。

20 世纪 90 年代，法国开始尝试学前教育的改革，使之与初等教育的改革紧密联系，试图在包括母育学校和小学的整个初等教育中，打破传统的年级概念，建立起新的教学组织形式"学习阶段"，意在更加重视儿童的个别差异和幼小衔接，并以儿童为中心来组织教学。

第三节　德国的学前教育

统一的德意志帝国的建立是在 1871 年，在这之前，德国是一个有众多诸侯邦国的封建制国家。德国的近代学前教育的发展比英国和法国晚，19 世纪初出现了一些慈善性质的保育机构，19 世纪 20 年代以后开始接受英国学前教育的影响，学习英国幼儿学校的办学经验，发展学前教育。1840 年福禄培尔幼儿园的产生，极大地推动了德国学前教育的发展，从而使德国的学前教育走在了世界前列，成为其他国家学习的榜样。

一、19 世纪上半期的学前教育

（一）巴乌利勒保育所

19 世纪初期，德国已经有了一些幼儿教育设施，其中最早出现的是由巴乌利勒侯爵夫人（Pauline，1769—1820 年）设立的巴乌利勒保育所。巴乌利勒夫人从慈善家立场出发，致力于贫民救济工作。出于对贫穷母亲们的理解和对穷苦孩子健康的关心，在法国帕斯特莱夫人创办育儿院的启示下，于 1802 年在多特蒙德设立保育所，作为其救济设施的组成部分。

巴乌利勒保育所招收的对象是 1~4.5 岁的农村孩子，是季节性的托儿所，从初夏开始，到晚秋结束。每天的保育时间从上午 6 点到下午 8 点。保育所的工作由 12 名贵妇人来承担。此外，还有一些从孤儿院和职业介绍学校招来的 12～16 岁左右的女孩子做保姆。巴乌利勒保育所把婴幼儿的健康摆在工作的首位，教育只是处于附带和从属地位。保育所有良好的卫生条件和营养丰富的饮食，鼓励户外游戏。教育内容有语言训练、唱歌、社会道德训练和生活规律的教养。保育方式是经常对孩子进行监督，但不给他们任何束缚，而让孩子们每天都在游戏中度过。巴乌利勒保育所为孩子们安排的这些有规律的生活，促进了孩子的健康成长。

在巴乌利勒保育所之后的 1819 年，德国的幼儿教育家瓦德切克创立了柏林最早的托儿所。招收 9 个月～2 岁的婴儿，实行 24 小时保育。同前面的巴乌利勒季节性托儿所不同，它面向的是城市劳动阶级的子弟，是常设托儿所。

以上提到的这些幼儿教育设施，都是为了帮助父母安心工作而设的，以保护婴幼儿的健康为主，教育为次，这与英、法托儿所不同；设施所需费用主要靠慈善捐助；担任保育工作的大多是一些老妇人和从孤儿院和职业学校介绍招来的女孩子。

（二）弗利托娜的幼儿学校运动

弗利托娜（Theodor Fliedner，1800—1864 年）是阿尔萨斯州威尔特城新教派牧师，曾经两次前往英国访问，参观了英国的多所幼儿学校。1835 年，她在自己的教区设立了奥柏尔林式的编织学校，一年之后改名为"幼儿学校"，招收贫穷工人的幼儿 40 人。教学内容包括宗教、道德、读、写、算、图画、军事活动、直观练习、手工劳动等。在教学方式上，她要求以"愉快的、有益于孩子身心发展的方式"来教导孩子，即采取"游戏式的教学"，为此还在学校设有游戏场。要求教师不要去干涉孩子们的游戏活动。还规定，上课时间不得超过 15 分钟，如发现孩子疲倦了，注意力不集中了，教师应随时停下来，不必刻板地遵守规定的时间。弗利托娜的幼儿学校除了重视幼儿游戏活动之外，还重视幼儿的知识、宗教教育和道德教育。总之，幼儿学校力图使幼儿养成礼貌、节制、服从命令、勤劳和卫生等习惯。

为了培养更多的幼儿师资，弗利托娜的幼儿学校还附设了幼教师资培训机构，通过 3～4 个月的培训，教师能承担音乐、算术、博物、德语和地理等课程的教学。这种培训不仅提高了幼儿教育的质量，而且扩大了幼儿学校运动的影响。在她的影响下，1842 年以莱茵省为中心的地区共设立了 38 所幼儿学校。到 1851 年，培训女教师累计达 400 多人。

（三）福禄培尔幼儿园的产生

1837年，福禄培尔在勃兰根堡开办一所教育机构，专门招收3～7岁儿童，1840年，他把这所学校命名为"幼儿园"。从此，他全身心地投入到学前教育工作中。他重视游戏，创制出一套称做"恩物"的教学用品，注重幼儿语言发展，为儿童安排多种作业活动，形成了一整套学前教育理论体系，对后来世界各国的幼儿教育产生了深远的影响。

（四）德国各邦的学前教育政策

19世纪初，一些幼儿保育设施先后在各地设立，再加上多种介绍英国幼儿学校的著作的出现，使得德国各邦政府开始注意学前教育，并制定了诸多政策。最典型的代表是1825年黑森·卡塞尔选帝侯的指令。该指令申明：幼儿教育的目的在于保证孩子的安全和健康，并使其父母能安心工作。费用主要依靠有慈善心的富有居民捐助，在未能得到捐助时，就从市、镇的金库中支付。

1827年，普鲁士政府教育部颁发文件，号召各地"迅速建立幼儿学校"。之后，普鲁士政府对以贫民子女为对象的幼儿教育设施采取了一些保护措施。如1838年，承认了为援助柏林托儿所由私人捐款设立的"中央基金"。

1839年，拜恩政府内务部还制定了在当时德国各邦中最为详细的有关学前教育的规定，它代表了当时德国各邦的学前教育政策。这个规定有以下特点：第一，贯彻控制但不予以支持的政策；第二，坚决反对在托儿所里进行读、写、算等方面的知识教学；第三，鼓励儿童在室外进行轻松愉快的游戏活动；第四，强调宗教教育和道德教育。

可见，德国各邦对贫民幼儿所采取的教育政策，目的都是维护社会治安和统治秩序，想控制但又不想提供实际的支持。但毕竟吸收了一些英国幼儿学校的做法，如注重儿童的室外游戏等，这给当时德国沉闷的学前教育带来了一股新鲜的空气。

二、19世纪下半期的学前教育

1848年的革命失败后，普鲁士政府趋于保守和反动，开始镇压自由民主运动，把福禄培尔为发展幼儿教育而从事的宣传活动，以及他呼吁政府支持幼儿园的言论，看成是反政府的行为，并于1851年下令禁止福禄培尔幼儿园的开办。这项禁令一直到1860年才被废除。随后，各地纷纷成立福禄培尔幼儿园团体，将幼儿园运动推向深入。

（一）福禄培尔幼儿园在德国的推广

幼儿园禁令废除之后，德国各地相继出现了许多幼儿园协会。在这些协会的领导下，德国的福禄培尔幼儿园迅速推向了全国各地。其中影响较大的团体有两个：一个是1860年成立的以玛伦霍尔兹·别劳夫人（Marenholtz Buelow，1810—1893年）为名誉会长的"柏林福禄培尔主义幼儿园促进妇女协会"。此协会成立以后，便积极地设立幼儿园。到1864年为止，这个协会已有会员272人。另外一个是别劳夫人于1863年在柏林设立的"家庭教育和民众教育协会"，这个协会是依据福禄培尔的思想，以进行学前教育的全面改革为最终的目标。主要工作有设立幼儿园、设立幼儿园女教师养成所、改造托儿所向民众幼儿园方向发展、设置以福禄培尔方法为指导的男女儿童游戏场所、把福禄培尔的方法引进女子学校等。第二年，这个协会的会员人数很快就达到了410人。到1869年，这个协会所设立的幼儿园数目增加到7所。到1870年，这个协会培养教员200多人，且分布在德国及世界各地。1874年，上述两个协会合并成为"柏林福禄培尔协会"，进一步推动了福禄培尔幼儿园运动。

在推广福禄培尔幼儿园运动中，别劳夫人做出了重要贡献。作为运动的领袖，她积极地创办"福禄培尔协会"，尽量多地设立幼儿园。不仅如此，她还周游其他国家，在伦敦、巴黎进行多次演讲宣传，并在英国的幼儿学校和法国的托儿所里试行福禄培尔的教育方法。她还应邀到比利时、荷兰、意大利宣传福禄培尔方法。正是因为别劳夫人及其他福禄培尔信徒的努力，才使福禄培尔幼儿园教育思想和实践传播到世界各地，在世界范围内流行起来。

（二）19世纪下半期德国的学前教育政策

这一时期的学前教育政策，主要是1860年德国政府撤销了对幼儿园的禁令。另有个别的地方性措施出台，如慕尼黑的地方公共团体积极支持幼儿园的发展等。这种情况一直持续到20世纪以后，普鲁士政府才开始关注福禄培尔幼儿园的发展，学前教育政策也有了一定的发展。

三、20世纪德国的学前教育

1920年的全国"学校会议"和1922年颁布的《儿童福利法》在很大程度上影响了20世纪德国学前教育的基本方针：幼儿园不是教育制度的一环，而是社会福利制度的一环。这个特点一直影响着德国现代幼儿教育的发展模式。

（一）"二战"前德国的学前教育

20世纪初，德国的学前教育政策有一定的进步性。德国的幼儿园继续向着多轨的方向发展，呈现出多元化的趋势，除幼儿园外，还有收容幼儿的慈善机构和幼儿学校等。

第一次世界大战以后，德国建立了魏玛共和国，开始按照民主的原则对教育进行改革，强调德国所有儿童都享有受教育的权利，使他们在身体、精神和社会方面都得到发展，成为有才干的人。同时设立公共儿童保护机构——儿童保护局，该局负责监督和指导民间儿童福利事业，设立公立的幼儿园，鼓励民间慈善团体和宗教机构开办幼儿教育机构，承担给婴幼儿、学童等提供福利设施的任务。

1922年，德国政府制定了《儿童福利法》，强调建立"白天的幼儿之家"，包括幼儿园、托儿所及幼儿保护机构等，提出训练修女担任看护工作，加强幼儿师资的培训。为了适应幼儿园已经发展成为德国学前教育主流的情势，政府颁布了幼儿园条例，指出凡招收2～5岁儿童的学前教育机构，均可称为幼儿园。政府还规定对幼儿园的政府监督隶属于教育、卫生两部，学校教养儿童均须得到儿童局许可。

1933年，德国建立了纳粹的法西斯政府，实施中央集权的学校管理体制，在幼儿教育中贯彻种族教育，宣扬对纳粹法西斯的崇拜和盲从，强调对领袖的"感情"。

（二）"二战"后德国的学前教育

"二战"后，德国一分为二：德意志联邦共和国（西德）与德意志民主共和国（东德）。两个国家遵循着不同的发展路线。在东德，学前教育被纳入统一的学校教育系统，成为公立教育制度的一个重要组成部分。而在西德，学前教育又恢复了魏玛共和国时期的传统。统一后的德国保持了西德的学前教育传统。在此主要介绍联邦德国学前教育概况。

1. 学前教育机构的主要类型

联邦德国的学前教育机构主要有幼儿园、学校附设幼儿园（或学前班）设施及其他辅助幼教机构。

其中幼儿园分为全日制和半日制两种，招收3～5岁儿童，每班25～40人。大多由地方政府、教会、企业、社会团体或私人开办，并未纳入国家教育计划。对于儿童是否入园，国家不作强制规定，但要求不入园者，必须保证家庭教育的内容与幼儿园一致。学校附设幼儿园于1939年在汉堡创立，招收已到入学年龄但身心发展滞后的儿童，进行小学预备教育。

"白天的母亲"是由联邦青年、家庭、健康部于1974年核准设立的新型的幼儿保教机构。主要做法是由政府提供少量经费，经过短期培训，将一些年轻妇女作为"白天的母亲"在照管好自己的孩子之余,帮助邻近的职业妇女在白天照管1~2个小孩,以解决其实际困难。

托儿所主要接收双职工的0~3岁的年幼子女,实行保育。

特殊幼儿园是专门为身体有残疾、智力发育不正常或聋哑儿童开设的学前教育机构,承担着治疗与教育的双重职能。

2. 学前教育政策的进展

"二战"后,联邦德国废除了各项法西斯教育政策,改为地方分权制。在学前教育上,一方面,由各州自行处理,无统一的学前教育规定;另一方面,继续实施传统的"控制但不援助"政策。学前教育由市民或民间团体自行管理,宗教团体异常活跃,成为私立幼儿园的主导力量。各类幼儿园中,公立的仅占1/3,远低于教会(包括天主教和新教)所办的幼儿园。这种情况直到20世纪60年代才有所改善。

20世纪60年代后,受美国的影响,联邦德国开始日益重视学前教育。1970年,联邦教育审议会公布了全国性教育制度方案《教育机构计划》,将整个教育体系划分为初等、中等、继续教育三个领域。要求大力发展学前教育,将其列入学校教育系统:3~4岁的幼儿教育被列入教育体系的基础部分,属于初等教育范围,其中5~6岁的幼儿教育被列入义务教育,作为初等教育中的入门阶段。此后,不仅5岁以上儿童普遍入学,3~5岁儿童的入园率也不断提高。

第四节 俄国的学前教育

与西欧各国相比,俄国的经济和文化都比较落后。在俄国农奴制废除之前,幼儿教育的设施主要有两种:一是沙皇政府为解决弃婴和孤儿的收容问题而办的教养院,另一种是社会慈善团体为因母亲外出谋生而无人照管的幼儿而办的收容所和孤儿院。1861年,俄国农奴制废除后,伴随着社会政治和经济各方面的改革,学前教育也出现了新气象。与此同时,福禄培尔幼儿园运动对俄国的学前教育起了推动作用。著名教育家乌申斯基的"教育的民族性"思想对19世纪下半期俄国的学前教育理论的发展产生了重要影响。

一、18世纪下半期至19世纪上半期的幼儿教育

（一）别茨考伊与"莫斯科教养院"

18世纪下半期，俄国女皇叶·卡德琳娜二世（1762～1796年在位）执政期间，在教育上实行了一些开明政策，任用进步教育家伊·别茨考伊（1704—1795年）来从事教育改革活动。别茨考伊曾旅居法国多年，对医院和慈善机关的事务较熟悉，也曾撰写过儿童教育方面的著作。1763年，向女皇叶·卡德琳娜二世上呈奏折，要求在莫斯科开办"教养院"，收容弃婴和孤儿，同时他还要求为贫民开办一所产科医院，附设于教养院内。别茨考伊的请求获得了女皇的批准，他被委托负责此事。1763年，俄国的第一所教养院和产科医院在莫斯科成立，别茨考伊任教养院院长。1770年，在彼得堡开设了一所分院。后来，这所分院成为独立的彼得堡教养院。此后，教养院在各省市都开办起来。

别茨考伊负责的教养院收容2～14岁的弃婴和孤儿，分成3个年龄阶段实施教育：2～7岁的儿童主要是参加适龄的游戏和劳动；7～11岁的儿童主要是学习识字和计算，另外，男孩子还要学习园艺和其他手艺，女孩子要学习编织、纺织和刺绣；11～14岁的青少年主要是学习算术、地理、教义问答和图画等，男孩子还要学习菜园、花园里的工作，女孩子要学习烹饪、缝纫、家政管理等工作。

别茨考伊的教养院不只是单纯的慈善机构，他还非常重视对儿童的教育工作，因为他希望通过教育改善社会。为此，别茨考伊很重视教养院的道德教育，特别注重给儿童灌输"敬畏上帝"的思想，还注意培养他们热爱劳动、勤俭、整洁的良好习惯，力图把他们培养成为有礼貌的、富有同情心的新人。在知识教育方面，别茨考伊指出，学习过程对儿童来说应当是愉快的，不能强迫儿童学习知识，而应根据儿童的爱好去进行。他还主张在学习活动中绝对禁止体罚。别茨考伊也很重视儿童的体育锻炼，他主张让儿童多呼吸新鲜空气，多参加"无害的"娱乐和游戏，以保持心情的愉悦。别茨考伊的这些教育主张不仅在他创办的教养院中得到了实施，而且还收录在《从初生到少年期的儿童教育论文选集》中，从而推动了俄国儿童教育事业的发展。

（二）葛岑教养院

为了降低婴幼儿的死亡率，改善更多儿童的生活环境，1802年，彼得堡教养院在彼得堡近郊葛岑村开办了葛岑教养院。自1808年起，教养院中7岁以下的儿童由保护人看管。鉴于这些孩子的教育无法保证，1832年，俄国进步教育家奥波多夫斯基、古里耶夫和古格里等向教养院领导人提出建议：在教养院内附设幼儿

学校。凡是留在保护人家中的 7 岁以下儿童,白天都应到幼儿学校来上学。由于教养院主持未采纳此建议,古格里和古里耶夫便自筹资金,在葛岑教养院内设立了一所很小的实验幼儿学校,招收了 10 名在葛岑村居民家中寄养的儿童。

实验幼儿学校建立后,为使各项管理更为规范,古格里又在原幼儿学校工作经验的基础上,制定了新的葛岑村教养院组织的计划。自 1837 年起建立了如下制度:儿童 4 岁前交给保护人养育;4~8 岁的儿童住在寄宿舍内,每间房子住 5~6 人,男女儿童分住;儿童日间就学于教养院内为他们建立的幼儿学校,学校分为两班,4~6 岁的儿童在小班,6~8 岁的儿童在大班。儿童满 8 岁起即可升入葛岑村与彼得堡教养院。古格里分别为小班和大班规定了不同的教育任务:小班内没有严格的作业和上课时间表,主要任务是发展幼儿的感受性与观察力,使之获得初步的道德概念,培养良好的行为习惯;大班则按照课表进行学习,主要任务是直观地研究外部世界的物体、智力练习、掌握朗读、计算和书写方面的熟练技巧。

除了以上的教养院之外,19 世纪上半期,俄国的一些进步人士组成的各种慈善团体,又开办了一些"收容所"和"孤儿院"。1837 年,彼得堡的一所慈善机构"劳动妇女救济院"为因母亲外出谋生而无人照看的儿童开办了一个"收容所"。主要教儿童学习神学、阅读、书写、计算、唱歌、体操和手工等。后来又开了 4 个分所。类似的"孤儿院"在其他城市也出现多所。到 1841 年,彼得堡有 6 所孤儿院,共收容 920 名儿童。后来,沙皇政府把这些儿童慈善教育机构都收归政府管辖。

二、19 世纪下半期至俄国十月革命前的幼儿教育

(一) 福禄培尔幼儿园运动的发展

19 世纪中期,福禄培尔幼儿园运动也波及到俄国。1860 年,在俄国建立了第一所幼儿园。1866 年,在彼得堡发行了俄国最早的学前教育杂志——《幼儿园》,在此之后,在彼得堡还出版了以宣传福禄培尔的学前教育思想体系为主的教育杂志——《家庭和学校》。

1870 年,"福禄培尔协会"在彼得堡、基辅等地成立,这些组织一方面宣传了福禄培尔的学前教育理论,另一方面负责幼儿师资的培训工作。1872 年,彼得堡福禄培尔协会又建立了"福禄培尔学院",这是一所专门培训学前教育人员的私立学校。此后,类似的机构在俄国其他一些地方相继成立。它们是当时俄国唯一的培养学前教育人员的机构,为俄国的幼儿教育培养了一批合格的幼儿教师,推动了俄国学前教育的发展。1908 年,以培养高级幼儿教师为目的,在基辅福禄培尔

协会的领导下，又开办了三年制的学前教育专科学校，设置了教育学、心理学等课程，并配有实验室，还有供教育实习的幼儿园，这是当时俄国规模最大的一所学前教育师范学校。

（二）慈善教育继续发展

19世纪后半期特别是到19世纪90年代，俄国资本主义发展迅速，大工业急剧增长。参与劳动的妇女日益增多，但同时婴幼儿的保育及死亡问题严重，这引起了整个社会的关注。在这种情况下，俄国政府继续兴办孤儿院。1891年开始设立农村孤儿院。据统计，到1901年，全俄已建起80所这种孤儿院。各教区在19世纪后半期也开始设立孤儿院。至19世纪末，在莫斯科和彼得堡有50余所教区孤儿院。

此外，在俄国各地出现一些由资产阶级慈善团体建立的各种慈善机构，如育婴堂、育婴孤儿院和平民幼儿园。1845年，在彼得堡开办了第一个乳婴期儿童的托儿所。1880年，在莫斯科纳门纺纱厂附设第一个工厂托儿所。1894年，在彼得堡开设了最早的免费平民幼儿园。1896年，皮尔穆省自治机关首先为乡村儿童设立托儿所。1900年，在莫斯科开办了第一所以聋哑儿童为对象的纳费的寄宿幼儿园。1902年和1904年，先后在彼得堡和基辅开设了聋哑幼儿园。到1903年，全俄共有纳费幼儿园84所。

总的来看，这一时期沙皇政府还没有把学前教育纳入国民教育系统。政府对学前教育的经费补助也很少。因此，这一时期俄国的学前教育的发展水平要明显落后于同时期的西欧。

三、苏联时期的学前教育

（一）十月革命初期至19世纪20年代末学前教育的发展

十月革命以后，苏维埃政府改变了沙皇政府轻视学前教育的做法，明确将学前教育纳入国民教育体系中。1917年11月12日，苏俄教育人民委员部学前教育局成立，11月20日，教育人民委员部在《关于学前教育的宣告》中指出：苏维埃共和国的学前教育制度是整个学校制度中的一个组成部分；儿童的公共免费教育，从儿童的初生时期开始。1918年10月16日，苏维埃政权颁布的《统一劳动学校规程》规定：在统一学校中（包括幼儿园），对所有6~8岁的儿童实行统一的、免费的幼儿园义务教育。在1919年3月通过的俄共八大党纲中规定苏俄学前教育的两大任务：①儿童的公共学前教育是学校教育事业的基础之一，必须按照儿童的年龄特征来实现儿童全面发展的共产主义教育任务；②改善公共教育和使妇女们获得解放。根据苏维埃政权关于学前教育的基本方针和政策，在教育人民委员部学前教育局的统一领导下，国立的学前教育机构在全国范围得到了快速的建立和发展。至1920年，苏俄已有4723所学前教育机构，共收有254527个儿童。

（二）20世纪30年代至40年代中期学前教育的发展

1930年6月，苏共召开第16次代表大会，规定全国工矿企业、城镇地区都有义务设置托儿所和幼儿园，接收3岁以下婴幼儿；所需经费采取国家拨款与吸收社会资金两条腿走路的方针筹措。此后，各种类型的学前教育机构迅速出现与发展，如托儿所、幼儿园、夏令班、农忙班、长日班、晚夜班等幼儿教育机构不断涌现，满足了不同类型家长的需求。

1932年，苏联颁布了第一部国家统一的《幼儿园教育大纲草案》。大纲第一次明文规定了幼儿园的工作任务与教育内容，对于幼儿园管理正规化、提高幼儿教育质量具有重要意义。1938年，苏联教育人民委员部制定了《幼儿园规程》和《幼儿园教养工作指南》。《幼儿园规程》规定了幼儿教育的目的、任务、组织幼儿园的基本类型及对儿童的营养和幼儿园房舍的要求等。《幼儿园教养工作指南》则根据儿童的年龄特征，将幼儿园工作的任务、内容和方式等具体化。

1938年，教育人民委员部制定了新的《幼儿园规程》，对幼儿园的教育对象、幼儿园的性质和任务、幼儿园教育的内容和方式以及幼儿园的开设等问题作了规定。《规程》的制定表明苏联的学前教育制度至此已基本确立，具有苏联特色的学前教育制度基本形成。

（三）"二战"后苏联的学前教育改革与发展

1．托幼一体化

1959年5月21日，苏共中央和苏联部长会议公布了《关于改革学前教育制度的决定》，宣布学前教育的改革重点是在全苏建立统一学前教育机构，将托儿所和幼儿园合并，正式命名为"托儿所——幼儿园"；将"托儿所——幼儿园"的管理和监督权统一于各共和国的教育部，儿童的保健工作由各共和国卫生部负责；凡是有条件的地方，均须在1960年1月1日以前，完成幼儿园和托儿所的合并工作。

1962年，在《幼儿园教养员工作指南》的基础上，以俄罗斯联邦教育科学院学前教育研究所所长乌索娃为首，在医学科学院教授洛万诺夫教授的协助下制定了《托儿所—幼儿园统一教学大纲》，这是世界上第一部综合性的婴幼儿教育大纲。

20世纪70年代，《托儿所—幼儿园统一教学大纲》被屡次修订。1970年版的教学大纲加强了婴儿期的护理和教育，加强了入学预备班的教育内容向初等教育过渡的衔接性，逐级下放了有关教育内容。1978年版的教学大纲将学前期儿童分成四个年龄阶段：学前早期（0~2岁）、学前初期（2~4岁）、学前中期（4~5岁）、学前晚期（5~7岁），对各年龄阶段幼儿的德、智、体诸方面发展提出了统一要求。1984年版的该大纲是第10次修订，改名为《幼儿园教育和教学标准大纲》。该大纲在体、智、德、美、劳各项教育任务以及为入小学作准备等问题上都增加了深度。要求给幼儿的知识内容能反映出事物的本质联系，并要求通过更为系统的教育、教学活动，促使幼儿个性全面协调地发展。

2.《学前教育构想》的制定

1989年，苏联国家教育委员会通过了《学前教育构想》，指出了新的、个性定向式教育策略的基本特征。这种教育策略在其目标、手段和结果上都不同于传统的教学——纪律式儿童教育观。新的教育模式的制定既服从于整个社会的改革思想，也服从于当时苏联正在进行的教育科学改革。之后，《学前教育构想》与《中学教育构想》一起被整合在更为广阔的《继续教育构想》之中，学前教育阶段被看作整个继续教育体系中的第一个环节。

为了更好地实现《学前教育构想》的基本精神，苏联国家教育委员会还制定《学前教育机构章程》《学前机构教育过程的科学方法原理》《教师培训和再提高师范大纲》等相关具体文件。但由于苏联于1991年底解体，有关构想及文件未能完全拟定出来或付诸实施。

第五节 美国的学前教育

一、19世纪美国的学前教育

19世纪初，伴随着产业革命及资本主义的发展，美国的学前教育也开始起步了。美国最初的学前教育受欧洲学前教育发展的影响，最早的学前教育机构是在英国欧文影响下创办的幼儿学校，在当时曾一度掀起过"欧文幼儿学校运动"，出现了许多欧式的幼儿学校。19世纪中期以后，福禄培尔幼儿园传入美国，出现了私立的福禄培尔特色的幼儿园，这是美国幼儿园的创建时期。随着美国资本主义的深入发展，它的学前教育也进入飞速发展时期，到20世纪初，美国学前教育已形成了以公立幼儿园为主体，私立幼儿园和慈善幼儿园多种形式并存的体制。

（一）幼儿学校的兴办

英国教育改革家欧文于1816年创设的幼儿学校，对美国的学前教育产生了重要影响。1818年，幼儿学校传入美国。1824年，欧文在美国印第安纳州建立"新和谐村"，1826年在此开办示范幼儿学校，以传播他的幼儿学校的思想。此后，多所幼儿学校在美国成立。幼儿学校的招收对象是上层家庭的4~8岁的儿童，在教育上强调幼儿的健康保护和户外活动。这对当时的美国影响很大，有些方法甚至被初等学校所借鉴。但好景不长，由于当时美国教育政府把主要精力放在初等教育上，对学前教育重视不够，不愿为幼儿学校提供经费，这使得只靠收费和慈善团体捐助的幼儿学校难以长期维持。再加上后来幼儿学校的教育忽视对幼儿特点的研究，致使幼儿学校很快就衰落了。虽然幼儿学校在美国只存在了较短的时间，但却对美国的学前教育产生了影响，改变了美国人的思想观念，使他们开始重视幼儿教育。

（二）私立幼儿园的建立

美国的资本主义在1861~1865年的南北战争之后获得了飞速发展，到19世纪末，美国的经济和科技的发展都在世界处于领先地位。经济的繁荣一方面为美国幼儿教育的发展提供了条件，另一方面也向美国教育提出了要求，引起了美国政府对公共教育事业的重视。另外，为了促进美国教育的发展，19世纪中叶，一些教育工作者开始通过各种途径引进欧洲的教育理论，福禄培尔的教育思想就是在这种情况下引进美国的。福禄培尔式的幼儿园也在此时期美国的幼儿教育领域中占主导地位。

（三）慈善幼儿园的兴起

美国工业革命在促进美国经济飞速发展的同时，也加剧了贫富分化。众多的贫民儿童体质羸弱，无人照管，沦落街头，沾染恶习，形成了严重的社会问题。面对这种局面，19世纪后期，美国出现了一种慈善幼儿园。这些幼儿园大部分由个人、教会和社会慈善团体开办，招收的主要对象是贫穷家庭的儿童，免收学费。这种慈善幼儿园发展得很快，到19世纪末，几乎所有的大中城市都办起了慈善幼儿园。

美国历史上的第一所慈善幼儿园是由弗利克斯·阿德勒（Felix Adler）于1877年在纽约创办的。此后，由昆西·肖夫人（Mrs. Quincy Shaw）资助，开展了免费幼儿园运动。不久，肖夫人又亲自创建一所幼儿师范学校。在她的努力下，到1883年，建立起了由30所免费幼儿园组成的幼儿园网。

美国教会出于人道主义精神，把兴办幼儿园当作教区的一项事业，希望通过幼儿园来扩大教会的影响，宣传宗教信仰，使儿童从小就接受基督教思想，也热衷于兴办慈善幼儿园。最早兴办幼儿园的教会是1877年俄亥俄州托利多的托雷尼特教会。1878年，纽约市的安东纪念教会也设立了幼儿园。到1912年，全美已有108所教会幼儿园。

在教会兴办幼儿园的同时，社会团体也纷纷开办幼儿园。1870年，在密尔沃基成立了第一个幼儿园协会。该协会在当地3所德英混合学校建立了幼儿园。到1897年，美国已有400多个幼儿园协会成立。其中以旧金山金门幼儿园协会影响最大。到1896年，该协会已拥有40所慈善幼儿园，接收儿童达18 000名。

慈善幼儿园的兴起推动了美国幼儿园的发展，在一定程度上为公立幼儿园的发展奠定了基础。一些慈善幼儿园后来转变为公立幼儿园。慈善幼儿园还对美国的社会发展起了重要作用。慈善幼儿园的兴办，使贫民儿童的身体健康和安全得到了保护，社会秩序也有了好转。

（四）公立幼儿园的产生和发展

从19世纪30年代开始，以新英格兰为中心，在美国掀起了一场规模宏大的，以发展初等教育为目标的公立学校运动，这场运动建立起一大批由政府开办并提供经费的公立小学。这场公立学校运动也波及到学前教育领域。19世纪70年代，公立幼儿园运动在美国的中西部地区开始兴起，到19世纪90年代，公立幼儿园运动在美国各地都得到了蓬勃发展。

1873年，美国第一所公立幼儿园在密苏里州的圣路易斯市建立，这实际上是在一所公立小学里附设的幼儿园，创建者是当时的圣路易斯市教育局长威廉·哈里斯（William Harris，1835—1909年）。哈里斯是公立学校运动积极的支持者，他受到伊丽莎白·皮博迪的影响，崇拜福禄培尔的教育思想，非常关心学前教育的发展，曾向圣路易斯市的教育委员会提交了一份报告，要求把学前教育作为学校教育制度的一个组成部分，他的报告最终得到批准。幼儿园最初招收了20名儿童，聘请苏珊·布洛女士担任第一任教师。她曾在德国视察过许多幼儿园，运用福禄培尔的教育思想与方法对幼儿进行实际指导。

由于哈里斯与布洛女士的努力，这所幼儿园取得了很大的成功，并在美国产生很大影响，促进了公立幼儿园的迅速普及和推广，一些私立幼儿园和慈善幼儿园逐步被纳入公立学校系统。到1878年，圣路易斯市已有53所公立幼儿园。

公立幼儿园运动是美国学前教育史上的一件大事，从此美国学前教育成为公共教育制度的一部分；公立幼儿园的建立，保证了学前教育的机会均等；它在一定程度上改变了幼儿园和小学脱节的状况；促进了福禄培尔理论与美国的幼儿教育实践的结合，推动了美国学前教育理论的发展。

二、20 世纪上半期美国的学前教育

（一）进步主义幼儿园运动

19 世纪末至 20 世纪二三十年代，在杜威的实用主义教育思想、哲学思想的影响下，美国发起了进步主义幼儿园运动，对福禄培尔幼儿园运动进行了反思与批判，希冀加强教育与社会生活的密切联系。杜威是美国进步主义教育运动的精神领袖，他肯定了福禄培尔关于儿童的自我活动和游戏以及社会参与等原则，但反对神秘的神学色彩，反对恩物和作业脱离儿童的生活经验的形式主义做法，为进步主义幼儿园运动提供了理论依据。

进步主义幼儿园运动主要领导人是安娜·布莱恩和帕蒂·希尔。布莱恩是该运动的先驱，他公开批评福禄培尔式幼儿园的缺陷，并在 1890 年依据实用主义的原理对幼儿教育进行大胆的改革尝试。希尔曾就读于杜威的门下，也深受布莱恩的影响。从 1893 年开始经过 12 年的努力，她将路易斯维尔免费幼儿园协会和路易斯维尔师范学校发展成为进步主义幼儿园运动的中心，并通过培养大批学生，把进步主义幼儿园运动引向深入。值得一提的是希尔设计发明了一组被称为"希尔积木"（Hill Blocks）的大型积木玩具。

（二）保育学校运动

1915 年，美国的"芝加哥大学教授夫人团体"，以集体经营的形式开设了美国第一所保育学校，自此掀起了一个以芝加哥为中心向全国扩张的"保育学校"的热潮。到 1933 年，全国设立的保育学校已达 600 多所。在这场运动中，伊利奥特、怀特成为 20 年代美国保育学校运动的主要领导人，他们分别在波士顿创办了"拉格街保育学校"以及在底特律麦瑞尔—柏尔玛母亲学校创办了附属保育学校。

"二战"期间，联邦政府对保育学校实行经济援助，使保育学校数量猛增。到 1945 年 2 月底，全美共有 1481 所保育学校，收容幼儿 69000 名。"二战"结束后，政府停止了对保育学校的经济援助，致使公立保育学校的经营困难重重。私立的收费保育学校却急速发展起来，且占绝对优势。这种保育学校收费昂贵，招收对象只限于认识到早期学前教育意义的少数知识分子阶层的子女。

（三）日托所的发展

20 世纪 30 年代，建立和开展日托所形成一项新兴运动。其背景在于美国受经济危机的影响，劳资纠纷和社会矛盾增多，美国政府为稳定政局和缓和矛盾，于 1933 年 10 月批准建立日托所，专门为失业人员和劳工子女提供免费照顾和学前教育服务，主要招收 2~4 岁的幼儿。托儿所主要以保育为主，教育因素很少，主要

223

是作为母亲福利的辅助手段。供应丰富的食物以保证孩子的营养,实施与各年龄组相适应的课程,配备了受过短期培训的幼儿教师,保证孩子受到一定的教育。虽然日托所的影响远逊于保育学校,但仍受到了社会的普遍欢迎。

三、20世纪下半期美国的学前教育

(一)开端计划

20世纪50年代,美国的学前教育顺应教育民主化的潮流,发起了教育机会均等运动。20世纪60年代初,美国政府向贫困宣战,努力消除因贫困带来的各种社会问题。"开端计划"正是在这样的背景下提出的。1965年秋,美国联邦教育总署根据1964年国会制定的《经济机会法》,提出"开端计划",要求对"处于困境者"家庭的子女进行"补偿教育"。开端计划属政府行为,是美国政府为实现幼儿教育机会均等的目标而实行的一项重要措施。计划包括由联邦政府拨款,将贫困而缺乏条件的4~5岁儿童免费收容到公立特设的学前班,进行为期数月至1年不等的保育。

(二)幼儿智力开发运动

1957年,苏联人造卫星成功发射,引起了美国对本国教育的反省,并于20世纪60年代掀起了中小学课程与教学方法的改革运动,目的在于提高中小学的教育质量。中小学的发展影响了学前教育领域,促成了幼儿智力开发运动的兴起。

幼儿智力开发运动模式丰富多彩,蒙台梭利运动的再度兴起和皮亚杰理论的幼儿教育实验可以说是其中的典型。20世纪50年代后期,"蒙台梭利热"再度兴起。蒙台梭利对早期教育的重视、对于智力发展的看法、感官训练的方法,以及强调个别指导和科学研究的态度与方法,在需要智力的时代引起人们的兴趣。

20世纪60年代后,皮亚杰的影响日益扩大,他的认知发展理论不断被应用于美国的幼儿教育实践,设计了种种幼儿教育实验方案。较有影响的是拉瓦特里的儿童早期课程方案和威斯康星大学皮亚杰学前教育方案。

智力开发还有一些重要举措。1963年,美国科学促进协会在科学工作者和教师的共同协助下,出版了适用于幼儿园和小学低年级的《科学教育见闻》。1969年,许多电视台开播儿童电视节目《芝麻街》,每天播放1小时,对儿童进行科学启蒙教育。

(三)学前教育的法规与政策

美国在制定了各种法律法规以保障学前教育的发展。1958年通过的《国防教育法》,在改革义务教育的同时,采取了多种措施推广早期教育,大学前教育的范围，保障了儿童接受学前教育的机会均等。1964年制定了《经济机会法》，提出了学前教育的"开端计划"，基于这一法案，政府加大了对学前教育的投入，解决了低收入家庭子女的学前教育问题，力争为处境不利的儿童赢得公平的起跑线。1975年通过的《伤残儿童教育法》确保了特殊儿童受教育的权利，为特殊教育在美国的发展提供了有利条件。进入20世纪80年代以来，关于学前教育的法规和文件更是层出不穷。如《提前开始法》(1981)、《国家在危急中：教育改革势在必行》(1983)、《2061计划》(1985)、《家庭援助法》(1988)、《儿童保育与发展固定拨款法》(1990)、《全美儿童保护法》(1993)、《美国2000年：教育战略》(1991)、《2000年目标：美国教育法》(1994)、《早期学习机会法》(2000)、《不让一个儿童落后法》(2002)等。以上政策和法规对于保障美国学前教育的经费投入和教育公平发挥着重要作用。

（四）美国的学前教育机构

美国学前教育没有全国统一的教学计划及课程标准，教育计划的实施及教育机构的设立由各州自行决定，因此学前教育机构种类繁多，包括以下几类。

1. 保育学校

保育学校具有托儿所和学校的双重性质，一般以3～4岁儿童为对象，年限为1～2年。因"开端计划"而设的保育学校主要是为贫苦儿童举办的补偿教育。保育学校的主办者各不相同，有的属于各级公立学校附设的，有的是由民间团体、福利机构、基金会、教会、家长和个人举办的。

2. 幼儿园

幼儿园分公立和私立两种，招收4～5岁的儿童。幼儿园的教育计划与教育方法比较灵活，有的采用福禄培尔的方法，有的采用蒙台梭利的方法，还有的采用皮亚杰的理论。幼儿园的任务首先是照顾好幼儿健康，为他们安排好各种小组游戏和集体生活，培养他们独立活动的能力和良好的行为品质；其次是培养幼儿对教育的兴趣。另外手工、绘画、音乐、表演、讲故事、游戏和体育等科目在许多幼儿园也占有一定地位，不少幼儿园也进行一些读、写、算的基础训练。

3. 日托中心

日托所或日托中心作为一种全日制幼教机构，设在私人家庭、大学校园或各类社会机构中，招收1～5岁婴幼儿。每日开放可长达8～12小时。美国政府根据1941年的《兰哈姆法案》，曾拨专款予以扶持。"二战"后，联邦政府不再提供经费，改由地方筹资或私人开办。20世纪60年代后，日托所发展成为照管性质、综合性质、发展性质三种类型。照管性质的日托所收费较低，主要工作是照管儿童，确保其安全。综合性的日托所和发展性的日托所改变了以前仅充当幼儿保姆角色的做法，为儿童提供发展服务、营养、喂养及教学。教学包括诸如理家、艺术、讲故事、沙游戏、水游戏及运动游戏等活动。机构致力于使每个儿童在体力、情绪、社会性及智力方面得到良好的发展。

4. 幼儿家庭教育组织

20世纪80年代以来，美国出现了一种以家庭为基础的学前教育机构。这种教育在儿童自己的家里进行，以儿童的父母为主要对象。其主要目标是把家长（通常是幼儿母亲）培养成为自己孩子的合格家庭教师，并使家庭环境发生持久的变化。这种计划有多种不同的形式，主要有家访型和家长小组会型等。

（五）学前教育师资培训

美国学前教育教师一般要求有大学学历。幼儿园和保育学校的师资通过设有早期儿童教育系的综合大学或师范学院来培养，均为4年制。在4年中，前两年学习共同的课程，后两年分为教育课程和专业课程，并注重到幼儿园进行教育实习。美国幼儿教师的专业训练课程包括：一般的基础课，专业基础课，专业课，教育实习等。学生实习的时间很长，以掌握幼儿园的全部经验。美国在培养幼儿教师方面特别要求学生必须经过幼儿园和小学低年级两次实习，以利于幼小衔接。

1991年，美国师范教育协会和全美幼儿教育协会制定了美国0～8岁儿童教师的任职资格标准，对美国幼儿教师的职业特征、应掌握的知识和能力作了明确的规定。标准强调教师知识面的广博性，注重培养独立思考和判断的能力，强调终身学习过程。

第六节 日本的学前教育

日本真正意义上的学前教育机构的产生，是在明治维新之后，在这之前的幕府统治时期，日本富有的家庭主要聘请家庭教师为孩子进行入学前的教育，普通平民家庭的子女的学前教育则依靠一个专门为平民子弟开设的叫"寺子屋"的简易教育机构进行。1868年明治维新使日本走上了资本主义道路，明治政府在政治、经济、军事、文化领域进行改革的同时，在教育上也进行了各种改革试验，在广泛吸收欧美国家的教育思想和教育制度的基础上，开始了日本教育近代化的进程，日本近代学前教育正是在这种背景下产生并发展起来的。

一、学前教育机构的建立和发展

（一）国立幼儿园的创建

日本学前教育史上的第一所国立幼儿园是东京女子师范学校附属幼儿园。1876 年，根据文部省文部大辅田中不二麻吕提出的建议，仿照美国幼儿园模式，在东京女子师范学校开办了附属幼儿园，直属文部省，首批招收幼儿 75 人，管理人员 6 人。1878 年，附属幼儿园开始招收保姆实习生，后又设立了保姆训练班，通过保育实践为学前教育培养师资，这也成为东京女子师范学校学生的实习基地。1877 年，文部省为附属幼儿园制定了规则，对幼儿园的目的、入园年龄、保育时间、保育科目和保育费用等方面进行了规定。有些规则被后来日本各地成立的幼儿园所仿效，其影响很深远。

东京女子师范学校附属幼儿园虽是文部省开办的第一所国立幼儿园，但却不是按照 1872 年明治政府《学制令》中关于幼稚学校的规定开设的，这所幼儿园园舍精美华贵，设备完善齐全，入园费昂贵，普通平民子女望而生畏。因此，发展速度相当慢，难以普及。

为了增加幼儿园数量，使一般贫民子女能接受学前教育。1882 年，文部省发出建立简易幼儿园的"示谕"，出台了新的办园规定：幼儿园规模不宜过大，提倡设置简易幼儿园，办园的一切费用由政府承担。1892 年，东京女子师范附属幼儿园增设一个分园，以社会低收入阶层的子女为对象，并延长保育时间。这一政策加速了幼儿园的普及，到 1885 年全国已有简易幼儿园 30 所，入园儿童总数达 1893 人。

（二）私立托儿所的建立

19 世纪末，随着日本资本主义工业生产的发展，妇女就业人数增加，政府创办的简易幼儿园不能再满足所有孩子的入园要求。这样，托儿所应运而生。1893 年，民间人士赤泽钟美夫妇在新泻市创立了日本学前教育史上的第一所托儿所，与幼儿园不同，这所托儿所是由私人出于慈善动机开办的私立机构，是专门为看管贫民的子女而开设的。此托儿所实行常设寄托制，并且收费较低，深受年轻父母的欢迎。在它的影响下，1894 年，大日本纺织公司也在工厂内附设了托儿所，1896 年在福冈县还成立了利用民宅建起的邻里托儿所，以照管劳动妇女的子女。从此，日本学前教育事业的发展走上了一个新的轨道，形成了幼儿园和托儿所二元学前社会教育机构并存的格局。

二、近代学前教育制度的建立

（一）明治初期教育法令中关于学前教育的规定

1871年，日本设立文部省负责全国的教育事业。1872年，文部省颁布了日本教育史上非常重要的《学制令》。它的颁布，标志着明治维新后教育改革的开始。《学制令》第二篇"学校"第22章是有关学前教育的规定：幼稚小学可招收6岁以下的男女儿童，实施入小学之前的教育。这是日本有关学前教育机构方面的最早规定。但在当时明治政府把工作的重点放在创建小学以上的各级各类学校建设上，并不重视幼稚学校的发展，所以《学制令》中有关学前教育的规定只是一纸空文。

1879年，明治政府新颁布了《教育令》代替之前的《学制令》。《教育令》的第一条即规定"全国的教育行政由文部卿统辖，学校、幼儿园、图书馆等，不论公立私立都要受文部卿的监督"。这一规定使日本的学前教育从一开始就被置于国家文部行政管理之下，成为国家教育体制的一部分。

1880年12月，文部省公布了《修改学校令》，规定将公立幼儿园划分为府县立和镇村立两种。府县立的幼儿园的设置和废除由文部大臣批准，镇村立幼儿园的设置和废除以及私立幼儿园的设置由府县知事批准，私立幼儿园的废除要呈报府县知事。1890年，文部省又颁布新的《小学校令》，明确规定了市镇村和村镇学校组合可以设置幼儿园。

（二）《幼儿园保育及设备规程》的制定

随着幼儿园和托儿所在全国各地的普遍建立，学前教育迅速发展起来。为了进一步推进学前教育的发展，制定规范和指导学前教育的有关法令也迫在眉睫。

1896年，在东京女子师范学校的附属幼儿园成立了福禄培尔学会。该学会不久便发现，日本的小学以上各级学校都有相应的教育法令，而幼儿园在制度上并没有明文的法律规定。于是，1898年，该学会向文部省大臣提出制订有关幼儿园制度的教育法令的要求。文部省经过审议，在1899年颁布了《幼儿园保育及设备规程》。这是日本政府制定的第一个有关幼儿园综合而详细的法规。它对日本幼儿园的设施、设备、保育内容及保育时间等方面都做出了明确的规定，奠定了日本学前教育体制的基础。其主要内容包括：①阐明了"幼儿园是为年满3岁至学龄前儿童开设的保育场所"。②规定"一所幼儿园可招收100名儿童，个别情况可招收150名儿童"。③保育内容包括游戏、唱歌、谈话、手工作业以及纠正幼儿的不良道德仪表。④保育方法，应以坚持适应幼儿身心发展，难易程度得当，利用幼儿模仿力极强的特点，让他们多接触嘉言懿行。⑤规定了幼儿园所需的设备。该规定是日本学前教育发展史上的一个里程碑，成为以后日本幼儿园制定新章程的基本依据，后虽经多次修订，但其基本内容保存了本来面貌。但是，这个规程没有把幼儿园列入正规的学校体系中，直至1947年在新颁布的《教育基本法》和《学校教育法》中，才把幼儿园明确规定为学校教育制度的最初阶段。从此，幼儿园在学制体系中的地位才正式确立下来。

三、"二战"后日本的学前教育

"二战"后，日本进行了一系列的民主改革，教育改革是其中的重要组成部分，学前教育由此获得了迅速发展。

（一）1946～1955年学前教育的整顿改革

这一时期，日本政府颁布了一系列有关学前教育的法令、大纲、标准和规则等，日本的幼儿园教育和保育所教育都有了明确的规范，不断朝着法制化和制度化的轨道发展。

1.《保育大纲》的颁布

1947年日本颁布了《学校教育法》，明确规定幼儿园是受文部省管辖的正规学校，是学校教育体系的一个组成部分。法令规定：①幼儿园以保育幼儿、提供适宜环境以促进其身心发展为目的。②幼儿园的目标是使幼儿养成日常生活所需要的习惯；通过集体生活培养幼儿的协作、自立和自律精神；培养幼儿正确理解周围的社会生活和事物的态度；引导幼儿正确地使用语言，培养对童话和画册的兴趣；通过音乐、游戏、绘画以及其他方法培养幼儿对创造性的兴趣。③幼儿园招收3岁以上学前儿童。④幼儿园应设立园长和教谕，规定了其主要职责。以上规定反映了美国学前教育理念对战后日本学前教育的影响，以后颁布的《保育大纲》（1948年）和《幼儿园教育大纲》（1956年）都是根据它的精神制定的。

1948年文部省颁布了《保育大纲》。该大纲以儿童中心主义和自由教育为指导思想，注重幼儿的本能需要和直接经验，把广泛的生活内容作为儿童的教育内容。在教育方法上主张幼儿生活应以游戏为主，要求教师必须细心观察儿童，给予必要的指导和启发，以保证幼儿在身体、情感和社会方面得到合理发展。大纲还规定了运动场的选择、园舍的结构与设备、玩（教）具、游戏器材的配备等。《保育大纲》并不是以文部省法令的形式颁发的，因此没有法律效力，只供幼儿园、保育所和家庭参考。尽管如此，《保育大纲》是第一个由国家制定的学前教育大纲，它彻底清除了军国主义和极端国家主义在学前教育中的影响，充分尊重了儿童的权利，总结了自明治维新以来学前教育的丰富经验和研究成果，对"二战"后日本学前教育的发展有着重要影响。

1949年，文部省公布了《教谕许可法》和《教谕许可法施行令》，法令将幼儿园的保姆改为"教谕"和"助教谕"，并对教谕的资格和任免作了具体规定。凡接受高等教育，在大学修完一般教养学科和专门科目规定的学分，具备开阔的视野、深厚的专门知识和良好资质的一般大学的学前专业本科毕业生，都可以获得一级任职证书，短期大学毕业生可取得二级任职证书。没有任职证书，不能从事教育工作。1953年修订的《教谕许可法》进一步规定：必须在经文部大臣认定的大学、短期大学及其他培养机关修完规定的学分方可申请获得教谕资格证书。

2. 《保育所经营大纲》的颁发

第二次世界大战给日本带来了深重灾难，也给日本的托幼教育带来诸多问题。为此，日本政府加强了对托幼事业的支持。1946年9月，文部省公布了《主要地方流浪儿保护要纲》。1947年3月，厚生省成立了儿童局，主要职责是保障儿童福利。1947年12月公布《儿童福利法》，规定保育所是对缺乏保育条件的幼儿进行保育，并规定了保育所的目的、设置者、保姆资格、经费来源及使用，明确保育所由厚生省管辖。《儿童福利法》被誉为日本尊重儿童权利和国家负有养育儿童责任的宣言。

1948年厚生省先后公布了《儿童福利法施行令》《儿童福利法施行规则》《儿童福利实施最低标准》，进一步规定了设置保育所的目的、对象、设置者、保育时间和内容、经费来源以及保姆与婴幼儿的比例等事项。1950年9月，厚生省参照文部省的《保育大纲》发布了《保育所经营大纲》，全面阐述了保育所的目的、对象、任务、内容、职员及设备。至此，日本的保育所基本上完成了法制化和制度化。

（二）1956年以后学前教育的稳步发展

1956年以后，日本不断改革学前教育的内容和方法，数次修订《幼儿园教育大纲》。日本的学前教育得到稳步发展。

1. 修订《幼儿园教育大纲》

随着战后日本人口出生率的增加和对学前教育重视程度的提高，日本对学前教育不断提出新要求。为适应发展不断的变化，文部省屡次做出政策调整。

1956年修改《保育大纲》并改称为《幼儿园教育大纲》，但修改后的幼儿园课程内容与小学的分科教学十分接近，使幼儿园教育严重小学化。这种幼儿教育小学化的倾向与日本的学前教育传统产生了不可避免的矛盾，在日本学前教育界引发了激烈的争论。

1964年，文部省再次修订了《幼儿园教育大纲》，正式作为国家标准，使之具有法律效力。大纲纠正了幼儿园教育小学化的偏差，要求根据幼儿身心发展特点进行全面教育，保持幼儿园教育的独特性，注意幼儿园和小学的区别，要求结合幼儿的生活经验和兴趣实施全面教育，并与家庭教育配合，力求使幼儿身心协调发展。但该大纲明显走向另一个极端，即对智育认识不足，不重视幼小衔接。

1989年，日本又颁布了新的《幼儿园教育大纲》，规定幼儿园教育是通过环境来进行的，必须努力促进幼儿主动活动，以游戏指导为中心，指导方法必须适合幼儿的个体特点。幼儿园的教学内容由原来的六个领域改为五个领域，即健康、人际关系、环境、语言和表现。该大纲的特点是比较简明扼要，更具宏观性。

为迎接新世纪的挑战，文部省再一次对《幼儿园教育大纲》进行了全面修订，这是日本20世纪末整体教育改革的重要组成部分，是日本学前教育改革的重大举措，新大纲自2000年开始实施。与原大纲相比，新大纲在结构上没有明显变化，但进一步强调了要实现幼儿主体、主动和可持续的发展，突出了家庭在幼儿教育中的重要性，鼓励幼儿园在课程建设中发挥创造性。

2. 出台振兴学前教育计划

1962年，日本文部省根据政府提出的"培养人才"政策，制定了从1964年开始的《幼儿教育七年计划》，其目标是使1000人以上的市、镇、村学前儿童入园（所）率达到60%以上。

1972年，文部省制定了《振兴幼儿教育十年计划》，其目标是实现4～5岁儿童全部入园（所）。为推动此计划的实施，对低收入家庭实行减免保育费的奖励制度，日本学前儿童入园（所）率逐年提高。

1991年，日本文部省又制定了"二战"后第三份振兴幼儿教育计划，其目标是确保在今后十年中3～5岁儿童有充分的入园（所）机会。由于4～5岁学前儿童已经基本普及，新的计划将重点放在进一步推动3岁幼儿的保育上，并为此划拨了专项经费，采取奖励措施以鼓励低收入家庭的子女入园。

日本的三次幼儿教育振兴计划把幼儿教育作为人才培养的基础环节来抓，以提高幼儿入园率为落脚点，彻底改变了以往家庭和社会不重视幼儿教育的观念，有力地促进了日本幼教事业的发展。

跨入到21世纪，日本颁布了《21世纪教育新生计划（彩虹计划）》，该计划以"促进学校、家庭和社区的复兴，学校变好，教育变样"为目标，强调要"自觉认识教育的起点缘于家庭"，重建家庭和社区的教育能力。

思考题

1. 简述欧文幼儿学校产生的原因及教育内容和方法。
2. 分析福禄培尔幼儿园对法国近代学前教育的影响。
3. 分析俄国近代学前教育机构的发展历程。
4. 分析美国各类幼儿园产生的意义。
5. 日本明治维新后近代学前教育制度是如何确立的?

第十章 外国近现代学前教育思想

【学习目标】
1. 了解洛克、杜威、罗素的生平及主要学前教育思想。
2. 理解卢梭的自然教育理论。
3. 掌握福禄培尔的学前教育思想及恩物理论。
4. 全面理解蒙台梭利的学前教育思想。

近代是学前教育思想发展的重要时期。继夸美纽斯之后,近代教育家们进一步发展了世俗的、理性的新教育。除政治、经济和学前教育实践等因素以外,唯物主义感觉论、近代启蒙思想、德国古典哲学以及空想社会主义思想等对近代学前教育思想的发展都有重要影响。自然教育、自由教育、生活教育和教育心理化成为这一时期学前教育思想的基调。近代教育思想家们日益认识到学前儿童教育的相对独立性,重视探讨学前儿童身心发展的规律,逐渐明确地把学前教育与一般学校教育区别开来又联系起来。在这个时期产生了洛克、卢梭、裴斯泰洛齐、欧文、赫尔巴特和福禄培尔等著名教育家,他们都对近代学前教育思想的发展做出了卓越的贡献。卢梭的近代儿童观为学前儿童的教育找到了出发点,裴斯泰洛齐由此开启了19世纪教育心理化运动。他们的主张成为福禄培尔学前教育理论的重要思想渊源。

第一节 洛克的学前教育思想

约翰·洛克(John Locke,1632—1704年)是17世纪英国著名的思想家,资产阶级自由主义最早的代表之一。1688年"光荣革命"以后,在英国确立了资产阶级立宪君主制度。洛克深受革命胜利的鼓舞,在几年里连续发表了一些重要的政治、哲学和教育方面的著作,为新政权提供理论依据。1692年出版的《教育漫话》，系统表述了新兴资产阶级在教育方面的要求，成为从西欧中世纪的宗教教育发展到近代为现实生活服务的世俗教育的中间环节。

洛克在《人类理解论》（1690年）中阐述的唯物主义经验论是他研究社会政治问题和教育问题的理论基础。他批判了天赋观念论，详细论证了基于感觉经验基础上的人类认识的发展过程。洛克认为，人的心灵最初就像一块白板，一切知识和观念都是从经验中获得的。经验来源于感官对外界事物的感觉和对心理活动的"反省"。人的观念大部分来源于感官，同时人的认识应由特殊上升到一般。洛克强调理性认识的可靠性和重要性，但他把对心理活动的"反省"看成知识的一个独立源泉，反映出他的唯物主义的不彻底性。

一、教育的作用和目的

从"白板说"出发，洛克高度评价了教育在人的形成中的作用。他认为，教育使人类千差万别。人们品行的好坏、能力的大小，百分之九十都是由他们所受的教育决定的。洛克尤其强调幼年教育的重要性。在他看来，幼童好像一张白纸或一块蜡，我们可以随心所欲地做成什么式样。幼时所得的印象哪怕极其微小，都有极重大和极长久的影响。洛克指出，教育上的错误正和错配了药一样，其影响是终身洗刷不掉的。错误的早期教育会给儿童日后的发展带来无法弥补的损失。他强调教育不只是父母关心的事情，"而且国家的幸福与繁荣也靠儿童具有良好的教育"。

洛克把培养"绅士"作为教育的目的。绅士是有德行、有用、能干的人，善于处理自己的事务，使自己成为国内著名的和有益于国家的人才。洛克所要培养的绅士是一种贵族式的资产阶级新人。他提出的纯世俗的教育目的论较之夸美纽斯前进了一大步，而绅士教育的理想对英国教育的影响也是深远的。洛克坚信，一旦绅士受到教育，上了正轨，其他人自然很快就都能走上正轨了。但他看到当时的英国学校存在种种弊端，无益于绅士德行的培养和才干的增长，因而主张通过家庭教育来培养绅士。

二、体育

洛克重视体育的意义。他指出，精神固然是人生的主要部分，可是心外的躯壳也是不可忽略的。健康的精神寓于健康的身体。事业的成功和生活的幸福都是以身体的健康为前提的。

身体健康的主要标准是什么呢？洛克认为是"能忍耐劳苦"。他提出了一套适应当时科学水平的健康教育计划。首先，他反对娇生惯养，强调及早锻炼。儿童应多在户外生活，惯于忍受冷热晴雨。其次，应多运动，多睡眠。洛克主张学习游泳，认为这既是一种能应付急需的技能，对于健康亦有很多好处。他称睡眠是自然给予人们的"甘露"，它最能增进儿童的生长与健康，是儿童可以充分享受的。最后，儿童的食物要清淡、简单，除了饥饿以外不用别的调味品。要少用或不用药物。

洛克发展了蒙田关于"锻炼"的思想。此外，他曾获得医学学士学位，当过家庭医生和家庭教师。他以自己的医学知识和教育经验为依据提出的上述体育思想，在当时是有相当的科学性的。从中世纪的禁欲主义发展到健康教育是历史上的一大进步。但洛克的有些观点在今天看来是成问题的。例如，他主张"千万别给儿童任何药物去为他预防疾病"。

三、德育

经验论与功利主义是洛克道德观的基础。他认为，善恶观念是后天的。人的本性就在于追求幸福。德行越高的人，其他一切成就的获得也越容易。因此，在绅士所应具备的各种品性中，德行应是第一位的。

（一）绅士应有的美德与幼年德育的任务

洛克认为，一切德行与美善的原则在于克制理智所不容许的欲望的能力。我们人类在各种年龄阶段有各种不同的欲望，这不是我们的错处。我们的错处是不能使得我们的欲望接受理智的规范与约束。因此，儿童自出生起就应习惯于克制自己的欲望，及早培养管束欲望的能力。在洛克看来，绅士的第二种美德是良好的礼仪。它的功用或目的在于获得别人的尊重与好感，进而有助于自己事业的成功和生活的幸福。绅士应具备的第三种品德是智慧，它能使一个人有远见地能干地处理自己的业务。洛克认为，"智慧"是一种善良的天性、心灵的努力和经验结合而成的产物，所以不是儿童所可企及的。儿童对于智慧最能做到的一件大事就是，要尽力阻止他们变狡猾。

洛克指出：幼年德育的任务是要在儿童身上打好德行的最初基础，敬仰上帝、说话真实和善以待人。他反对迷信，主张宗教宽容，信奉自然神论，承认上帝的存在，因而要求儿童从小做祷告，读圣经。洛克认为，撒谎是一种极坏的品质，是许多恶德的根源和庇护者，是一种和绅士的声名与品格绝不相容的品质。因此，儿童说话绝对要真实不说谎话。洛克主张应用尽一切想象得到的方法使儿童成为善良的人。他认为，一切不公道的事情通常都是由于我们太爱自己，太不知道爱人的缘故。所以，要及早教儿童爱别人，善良地对待别人。

洛克的道德观以经验论为基础，反对先验论，有一定的进步意义，但其核心是资产阶级的个人主义。他要求绅士具备的品德都是以获得个人的幸福为目的的。

（二）德育方法

在如何进行道德教育的问题上，洛克提出了许多宝贵的意见。他关于德育方法的意见是他从事家庭教师工作的经验的总结，具有许多合理的因素。

"及早"是洛克的一个重要的教育原则。他主张通过练习及早培养习惯。在他看来，儿童不是用规则可以教得好的。规则总是会被他们忘掉。克制不合理的欲望的能力的获得和增进靠习惯，而使这种能力容易地、熟练地发挥则靠及早练习。习惯的力量比理智更加有恒，更加简便。但在习惯的培养上应注意两件事：和颜悦色地劝导以及同时培养的习惯不可太多。

洛克把"爱"与"畏"看作是儿童走上重道德与爱名誉的大道的"大原则"。他指出，儿童年岁越小，理智越少的时候，越应受到管理者的绝对权力的约束。而待其年岁稍长，则要用友爱使儿童对父母或教师产生爱慕的心情，达到教育的目的。

在洛克看来，尊重与羞辱对儿童的心理是一种最有力量的刺激。"善有奖，恶有罚，这是理性动物的唯一的行为动机，它们不啻是御马的缰索和鞭策。"但他认为，以身体上的痛苦与快乐作为支配儿童的奖惩方法是不会有好结果的，只会助长和加强欲念。

洛克重视榜样的教育力量。他指出，人类是一种模仿性很强的动物，是染于青则青，染于黄则黄的。伴侣的影响比一切教训、规则和教导都大。所以，学习的方法与其依从规则，不如根据榜样，父亲与导师都应以身作则，绝不可以食言，除非是存心使儿童变坏，还应把儿童应该做或是应该避免的事情的榜样放在他们的眼前。

因材施教也是洛克教育儿童的重要方法。他强调："照料儿童的人应该仔细研究儿童的天性和才能。""人类的心理构造与气质之彼此不同，并不亚于他们的面孔与体态方面的区别。"在洛克看来，强悍的或懦弱的，温驯的或顽强的，敏捷的或迟钝的，这些特性正如人们的体态一样，稍微改变一点点是可以的，但是很难把它们完全改成一个相反的样子。在许多情形之下，我们所能做的或所该做的，乃在尽量利用自然的给予，使人的天生的才智尽量得到发展。为此，我们应趁儿童不注意的时候去考察他们，以了解他们的个性，然后采用相应的方法对待他们。

洛克把玩具看成德育的手段。他认为儿童应有玩具。但应注意几个问题。首先，应教育儿童爱护玩具，否则他们就会漫不经心，变成一些浪费的人。其次，玩具最好不是购买得来的。买的玩具种类太多，徒然养成他们见异思迁、贪多务得的心理，结果使儿童差不多在能说话以前就因此学会了骄傲、虚荣和贪婪。儿童的玩具要自己做，至少也得努力自己试着去做。他们因此就可以学得一点减低欲望、专心、努力、用思想、设计和节俭等品质。

说理也是重要的德育方法。洛克认为，儿童希望被人看作具有理性的动物是比人们想象得到的年岁还要早的。他们这种自负的态度是应当得到鼓励的，我们应在可能的范围内尽量利用这种态度，把它当作支配儿童的最好的工具。洛克所提倡的说理，是以适合儿童的能力与理解力为限的。一个3岁或7岁的孩子，不能把他们当作成人一样去和他辩论。长篇大论的说教和富有哲学意味的辩难，充其量不过使得儿童感到惊奇与迷惑而已，并不能给他们以教导。如果要用道理打动他们，那种道理便须明白晓畅，适合他们的思想水平，而且应该能够被接触到和被感觉到才行。

四、知识教育

洛克认为：学问是应该有的，但是它应该居于第二位，只能作为辅助更重要的品质之用。一个有德行或有智慧的人比一个大学者更加无限可贵。对心地良好的人来说，学问对于德行与智慧都有帮助；而对那些心地并非良好的人来说，学问就徒然使他们变成更愚蠢、更坏的人。

洛克为绅士教育提供了广泛的内容：阅读、书写、绘画、本族语、法语、拉丁语、地理、算术、几何、天文学、年代学、伦理学、历史、法律和簿记等，甚至还有骑术、舞蹈、手工艺。总之，绅士所需要的是事业家的知识。每一门学科应给学生带来一定的益处，训练他去应付实际。

在教学方法上，洛克提出了许多积极、正确的主张。他提出："教导儿童的主要技巧是把儿童应做的事也都变成一种游戏似的。"儿童天性好动、做事疏忽并爱好快乐。他们喜欢变换、喜欢自由，所以就喜欢游戏。游戏是儿童自动去做的，劳累也出于自愿。因此，我们不应该把书本和别的我们要他们去学的事物当作一种任务或工作去强加给他们，而要当作他们的一种娱乐或一种消遣。例如，可以采用游戏的种种方法教儿童认识字母、学习阅读等。

激发兴趣，鼓励好奇心也是非常重要的。在洛克看来，正当的方法是使儿童对于他们要学习的东西发生喜爱，然后他们自然便会去用功。儿童兴致好的时候，学习效果要好两三倍。而勉强被迫去做的就要花费加倍的时间与劳苦。他把儿童的好奇心视为一种追求知识的欲望，认为应加以鼓励。具体方法是：认真答复儿童的一切问题，按照他的年龄和知识的能量，使他尽量懂得；采用一些特殊的称誉的方法；不可虚妄地答复儿童的问题；故意使他们看到新奇的事物，使他们发生问题，自己去求得了解，以引起他们的好奇心。

洛克指出，教师的重大作用和技巧就在尽力使得一切事情变得容易。对于年龄大一点的学生我们可以故意提出一些困难，去激发他们的努力，使他们的心理习于竭尽全力去推理，但在儿童年纪极小的时候却不能这样做，对他们来说一切事情的本身都是困难的。教师应帮他们扫清道路，在他们遇到阻难的地方应该立刻帮助他们前进。

教员的巨大技巧还在于集中并保持学生的注意。洛克指出，一旦办到了这一点他就可以在学生力所能及的范围内尽速前进了。为达到这个目的，教师应使儿童尽量明白他所教授的东西的用处。除此之外，教师还应和蔼，使儿童知道教师是爱自己的，是为自己好，这种爱就可以鞭策儿童去尽自己的责任，使他们乐于服从教员的吩咐。洛克把这种爱看作是使儿童肯去听课并爱好教师所教导的事项的唯一方法。儿童必须具有这种心情或心理，才能接受新的知识，接受新的印象。

洛克继夸美纽斯之后进一步发展了世俗的、理性的新教育。他高度评价了教育在人的形成中的作用。他的"白板说"和功利主义的道德观对18世纪法国启蒙思想家的教育观点发生了深刻的影响。洛克十分重视儿童的早期教育，强调教育者必须考虑儿童的年龄特点和个性差异，并在体育、德育和智育方面都提出了许多有价值的主张。他的锻炼说和儿童养护的观点对卢梭有很大影响。

第二节　卢梭的学前教育思想

让·雅克·卢梭是18世纪法国启蒙思想家、哲学家和教育思想家。卢梭虽然是启蒙运动的一员，但当其他启蒙思想家为理性、文明和进步高唱赞歌之时，他却敏锐地意识到自然与文明之间、自然状态与社会状态之间、道德与理性之间的深刻矛盾，从更深层次对自然、社会和人生进行思考。"回归自然"既是卢梭政治、宗教和伦理思想的基本原则，也是其教育思想的主要根据，从性善的观点出发，卢梭提出了自然主义教育原则，以此为依据，将儿童划分为四个年龄阶段，并指出了各阶段身心发展的特点及相应的教育任务。

一、生平和世界观

卢梭（Jean Jacques Rousseau，1712—1778年），祖籍巴黎，父亲是瑞士的一位钟表匠。他没有进过学校读书，靠自学成才。1740年曾任家庭教师，激发了对教育的浓厚兴趣。1742年，卢梭结识了启蒙学者狄德罗、伏尔泰等人，参加《百科全书》的撰写活动。1749年因撰写《论科学与艺术》一文获奖而赢得了极大声誉。以后，相继发表《论人类不平等的起源和基础》（1753年）、《新爱洛绮丝》（1761年）、《社会契约论》（1762年）和《爱弥儿》（1762年）。

卢梭基本上是一位自然神论者。他把上帝作为宇宙运动变化的始因，但认为上帝并不能随意创造或消灭物质。一方面，卢梭承认感觉是认识的来源。另一方面，他认为由于上帝的恩赐，人生而秉有自由、理性和良心，构成了人的善良的天性。他把私有制看作社会罪恶的根源；并提出社会契约论作为以暴力推翻封建专制的理论依据。卢梭希望建立以劳动和小私有制为基础的社会，以确保广大小资产阶级的利益。他的社会政治学说对法国革命的历史进程以及西方资产阶级政治制度的建立，都发生了巨大的影响。

二、自然主义教育观

（一）自然教育的含义与近代儿童观的确立

"回归自然"既是卢梭政治、宗教和伦理思想的基本原则，也是其教育思想的主要根据。从性善的观点出发，卢梭提出自然教育的原则作为批判旧教育和建树新教育的理论依据。他认为，人类的教育来源于三个方面：自然、人和事物。他说："我们的才能和器官的内在发展，是自然的教育，别人教我们如何利用这种发展，是人的教育，我们对影响我们的事物获得良好的经验，是事物的教育。"只有使这三种不同的教育保持一致，才能使学生受到良好的教育。但是，自然的教育完全是不能由我们决定的，事物的教育只是在有些方面才能由我们决定，只有人的教育才是我们真正能加以控制的，所以就要设法使其他两种教育配合我们无法控制的那种教育。卢梭把"自然"又称为"原始的倾向"或"内在的自然"。他要求教育适应人的内在自然发展的要求，促进人的身心的自然发展。卢梭也因此而被认为是"主观自然主义"的典型代表。

旧教育把儿童看作小大人或各种原始罪恶的体现者，而卢梭根据教育适应自然的原则，要求以新的观点看待儿童。他说："教育孩子，在表面上看来好像很容易，而这种表面的容易，正是贻误孩子的原因。"在卢梭看来，成人对儿童一点也不理解。他们总是把小孩子当大人看待,而不考虑孩子们按其能力可以学到些什么。由于对儿童的观念错了,所以越走越误入歧途。他在《爱弥儿》序言中强调,他的这本书就是要在解决这个问题方面做出尝试。卢梭要求尊重和研究儿童,把孩子看作孩子:"大自然希望儿童在成人以前就要像儿童的样子。如果我们打乱了这个次序,我们就会造成一些年纪轻轻的博士和老态龙钟的儿童。"他呼吁让天真烂漫的儿童享受那稍纵即逝的时光,强调充分度过儿童时代的重要意义,并要求教育者考虑儿童的年龄特征、个别差异以及性别特征。尊重并研究儿童,在此基础上决定教育的程序、内容与方法,这就是卢梭教育思想的主线,也是他对于教育发展的主要贡献。

(二)自然教育的培养目标

卢梭在《爱弥儿》中提出了通过家庭教育或自然教育培养"自然人"的设想。他所要培养的"自然人"不是封建国家的公民或国民,不是局限于某种阶级和某种职业的人,也不是脱离社会的孤独的野蛮人,而是一个"有见识、有性格、身体和头脑都健康的人"。卢梭的教育目的论充满了反封建的民主主义精神,他反对封建的等级教育制度,反对培养封建贵族及依附于封建权贵的各种专业人员。"自然人"是自食其力的人。他能迎接命运的挑战,适应各种客观形势发展变化的要求。卢梭理想中的"自然人"实质上是资产阶级新人的形象。

(三)自然教育的基本要求

1. 自由教育

卢梭认为人具有自由的天性。他所说的自由,指的是由人的意志产生的自动的动。在卢梭看来,在所有的财富中最为可贵的不是权威而是自由。在偏见和人类的习俗没有改变人的自然倾向以前,人之所以幸福,完全在于他们能够运用自己的自由。既然自由是人的天性,那么自然教育的首要要求就是自由教育。卢梭充分肯定了自由教育的重要意义:能使人保持自己善良的天性而免于罪恶;有助于教师了解学生;能适合儿童活泼的性情,使他们快乐。他强调:"这就是我的第一个基本原理。只要把这个原理应用于儿童,就可源源得出各种教育的法则。"卢梭反对把自由与放纵混为一谈,而主张"有节制的自由"。在他看来,童年的自由会受到体力柔弱的限制。应使儿童依赖于物而不要依赖于人。因为物的隶属是属于自然的,不含有善恶的因素,因而不损害自由,不产生罪恶。"你使孩子只依赖于物,就能按照自然的秩序对他进行教育"。

2. 消极教育

卢梭把从出生到12岁称作"人生当中最危险的一段时间",认为如果在此期间不采取摧毁种种错误和恶习的手段的话,它们就会发芽滋长,及至以后采取手段去改的时候,它们已经扎下深根,以致永远也拔不掉它们了。同时,在儿童的心灵还没有具备种种能力之前,不应当让他们运用他们的心灵,因为,当它还处在蒙昧状态时,你给它一个火炬它也是看不见的。"所以,最初几年的教育应当纯粹是消极的。它不在于教学生以道德和真理,而在于防止他的心沾染罪恶,防止他的思想产生谬见。"卢梭要求教育者或采取自己不教也不让别人教的方针,或只锻炼他的身体、器官、感觉和体力,而尽可能让他的心闲着不用,能闲多久就闲多久。要放任无为方可一切有为,不仅不应当争取时间,而且还必须把时间白白地放过去。

3. 身心调和发展

卢梭认为,教育的最大的秘诀是使身体锻炼和思想锻炼互相调剂。因为多病的身体会损害精神的陶冶;身体太舒服了,精神就会败坏。所以,如果你想要培养你的学生的智慧,就应当先培养他的智慧所支配的体力。卢梭强调指出,人类真正的理解力不仅不是脱离身体而独立形成的,而是有了良好的体格才能使人的思想敏锐和正确。

4. 活动教育

卢梭指出,上帝赋予人以活动的自发性。"我有一个身体,其他的物体对它发生作用,而它也对其他的物体发生作用,这种相互作用是无可怀疑的。"因此,人不只是一个消极被动的有感觉的生物,而是一个主动的有智慧的生物。卢梭肯定,生活就是活动,就是要用我们的感觉、我们的才能以及一切使我们感到我们的存在的本身的各部分。他强调教育者必须为儿童提供活动的机会和自由。只要他想做什么,就应该让他做什么。必须让儿童使用大自然赋予他们的一切力量。皮亚杰高度评价了卢梭关于活动教育的主张。他指出:"儿童具有他自己的真实活动,而且不真正利用这种活动并扩展它,教育就不能成功。的确,这个公式使卢梭成为教育界的哥白尼。"

5. 行动多于口训

卢梭认为:"真正的教育不在于口训而在于实行。"在任何事情上,我们的教育都应该是行动多于口训。"因为孩子们是容易忘记他们自己说的和别人对他们说的话的,但是对他们做的和别人替他们做的事情,就不容易忘记了。"在卢梭看来,凭一些空洞的格言和不合理的清规,并不能约束孩子的心灵,反而会使他们产生极其危险的偏见。正是由于孩子所学的第一个词、所学的第一件事物,全是照别人的话去了解,而自己根本就不明白它的用途,所以才丧失了他的判断的能力。

卢梭的自然教育思想有明显的社会动机，反映了新兴资产阶级对教育的要求。他力图使年青一代摆脱封建制度的束缚，免受封建权威、习俗和偏见的毒害。从这种意义上说，他的自由教育和消极教育的主张，有其进步性。但卢梭似乎夸大了社会环境对人的消极影响，轻视社会对儿童的积极教育作用。其次，卢梭强调尊重儿童和研究儿童，考虑儿童身心发展的需要，确立了儿童在教育中的主体性地位，揭示了儿童身心发展规律对教育的内在制约性。但受当时科学发展水平的影响，卢梭对儿童早期发展的可能性和必要性是估计不足的，具有一定的保守倾向。最后，卢梭一方面主张身心锻炼应相互调剂，相互促进，但另一方面又认为可以只锻炼身体和器官，而让心闲着不用，在某种意义上陷入了自相矛盾。上述种种情况的出现是与卢梭政治上的激进与保守共存，哲学上的唯物主义与唯心主义并行，以及理论与实践相脱离和追求浪漫而不考虑逻辑等特点的一个必然结果。

三、儿童教育的阶段、内容与方法

卢梭指出，每一个年龄阶段，人生的每一个阶段，都有其适当的完善的程度，都有其特有的成熟时期。他要求教育者要按照学生的年龄去对待他。他说："我的方法……它是根据一个人在不同的年龄时的能力，根据我们按他的能力所选择的学习内容而进行的。"如果教育的方法不太适合学生的个性、年龄和性别的话，要想取得成功是令人怀疑的。

根据上述思想，卢梭提出自己对于教育年龄分期以及各时期的教育任务的主张。他把受教育者划分为 4 个年龄阶段，并提出了各个阶段身心发展的特征及相应的教育任务与方法。婴儿期（出生至 2 岁）以身体的养护为主；儿童期（2～12岁）以体育锻炼和感官训练为主；青年期（12～16岁）以智育为主；青春期（16～20岁）以道德教育为主。

下面主要讨论前两个时期的教育。

（一）儿童不应只跟从一个向导

卢梭受到古罗马学者瓦罗（公元前 116—公元前 27 年）的影响，认为教育、教训和教导是三样事情，它们的目的也像保姆、塾师和教师的一样，是各不相同的。但这些区别并没有被人弄清楚。"为了要受到良好的教育，儿童是不应该只跟从一个向导。"我们的第一个教师便是我们的保姆。卢梭理想中的保姆必须是一个身心两健的人。保姆不应当不断更换，因为这会影响保姆的威信，对儿童的教育就会失败。

卢梭更强调父母的责任："真正的保姆是母亲，则真正的教师便是父亲。"他要求母亲亲自哺育自己的孩子,这是她们的头等责任。这不仅有利于儿童身心健康,而且能使社会风气自行好转。父亲在儿童的教育中也有重要的作用。"由明理有识而心眼偏窄的父亲培养,也许比世界上最能干的教师培养还好些,因为,用热心去弥补才能,是胜过用才能去弥补热心的。"卢梭强调父母之间的亲热感情在儿童教育中的重要性,认为家庭生活的乐趣是抵抗坏风气的毒害的最好良剂。

教师的责任是十分重大的。卢梭主张一个孩子的教师应该是年轻的,他能成为学生的伙伴,在分享学生的欢乐中赢得学生对他的信任。教师应教学生做人的天职。"我宁愿把有这种知识的老师称为导师而不称教师,因为问题不在于他拿什么东西去教孩子,而是要他指导孩子怎样做人。他的责任不是教给孩子们以行为的准绳,他的责任是促使他们去发现这些准绳。"

(二)儿童身体的养护与锻炼

卢梭十分重视婴儿时期身体的养护。因为在婴儿时期,他们差不多都是在疾病和危险中度过的。出生的孩子有一半不到8岁就死了。他主张在乡村中养育孩子,认为空气对儿童的体格健康作用很大,尤其在生命开始的头几年更为显著。卢梭把城市称作"坑陷人类的深渊",认为乡村能更新人类。他反对把新生婴儿捆绑在襁褓之中,认为这会阻碍血液和体液的流通,妨害孩子的成长,损伤其体质。卢梭反对给孩子请医生、用药。他认为,人们只想到怎样保护孩子这是不够的,还应该教育孩子成人后怎样保护自己,教他经受得住命运的打击。要锻炼他们的体格,使他们能够忍受各种艰难困苦。卢梭反对溺爱和娇惯孩子。在锻炼儿童的具体方法方面,他受到洛克等人的深刻影响,并认为自己在这些方面所说的理由和方法都不如洛克的书中所说的理由好,不如洛克所说的方法更切实际。

(三)论感觉教育

卢梭把人的认识过程分为感觉和判断两个阶段,认为"知觉,就是感觉;比较,就是判断","可以感知的客观事物给我以印象,内在的感觉使我能够按照我天赋的智慧去判断事物的原因"。人的智力无非就是比较和判断的能力。我们的感觉力无可争辩地是先于我们的智力而发展的,我们先有感觉,而后有观念。有感性的理解做基础,理智的理解才得以形成。"所以说,我们最初的哲学老师是我们的脚、我们的手和我们的眼睛。"因此,我们必须锻炼我们的感官,通过它们学习正确的判断。

卢梭把感觉教育分为5个方面:触觉、视觉、听觉、味觉和嗅觉。他很重视触觉,认为它发展较早,并且有较多的正确性,所以它的判断是最可靠的。训练触觉的方法一是试用触觉代替视觉,二是试用触觉代替听觉。此外,应经常保持和增进皮肤的敏感,避免由于不断接触粗糙坚硬的物体而迟钝。卢梭注意到,视觉容易发生错误,这是因为它延伸的地方太远,并且总比其他的感觉先接触物体。所以训练视觉的方法,主要是用触觉来辅助视觉的发展。用触觉来鉴定视觉所获得的印象。此外,学习绘画、几何等,能培养和发展儿童敏锐的观察能力。卢梭也谈到"第六感觉"的问题,认为它是由各种感觉很好地配合使用产生的,它能通过事物的种种外形的综合而使我们知道事物的性质。

卢梭论证的感觉教育的重要意义和实施方法,在教育史上是空前的。他认识到感觉在人的认识发展过程中的重要价值,把感觉教育视为儿童时期主要的教育任务,这是继培根和夸美纽斯之后对于崇尚理论灌输的传统教育的又一次改造。但卢梭的感觉训练与知识学习相脱离,并且从时间上来说也过于漫长,一直到12岁以后才进入知识教育阶段,显然有失偏颇。

(四)童年时期的德育奠基工作

1. 良心与理性

卢梭认为,在人的灵魂深处生来就有一种正义和道德的原则,它能使我们不差不错地判断善恶。他把这个原则称作"良心"。它的内容是对自己的爱、对痛苦的忧虑、对死亡的恐惧和对幸福的向往。人是通过跟他的同类息息相关的固有的情感才成为合群的。"良心之所以能激励人,正是因为存在着这样一种根据对自己和对同类的双重关系而形成的一系列的道德。"卢梭虽然把良心的直接本原解释为天性的结果,是独立于理智的,但他又认为:"只有理性才能指导我们认识善和恶。使我们喜善恨恶的良心,尽管它不依存于理性,但没有理性,良心就不能得到发展。"既然人人都有良心这种天赋的道德本能,罪恶又是如何产生的呢?卢梭认为这是后天毒害所致,或出于个人的原因,或由于社会的缘故。尤其是腐朽邪恶的社会对于天性的戕害造成的,错误的教育使自爱心变成自私心。

2. 德育的奠基工作

在卢梭看来,童年时期是理性睡眠时期。在达到理智的年龄以前,我们为善和为恶都不是出于认识,在我们的行为中无所谓善恶,对精神的存在和社会关系是没有任何概念的。因此,在这个阶段进行德育是超越自然的安排。真正的道德教育是青春期的工作,在童年时期只能进行一些德育的奠基工作。这种工作的基本精神是:少让他们养成驾驭人的习惯。自己多动手,少要别人替他们做事情。卢梭认为,由于儿童本身柔弱,起先是想依赖他人,随后是想驾驭和役使别人。结果他的需要日益增多,又经常将自己和别人进行比较,因而从来没有满意的时候。体力柔弱和役使人的心连在一起,是必然要产生妄念和痛苦的。因此,如果让儿童尽早养成自己多动手和少要别人替他们做事的习惯，使能力与欲望保持平衡，就可以把他们的欲念导向为善，防止自爱心变成自私心。根据上述根本思想，卢梭把童年期的德育奠基工作的内容规定为：培养博爱精神和为人忠厚的品质，绝不损害别人；让儿童从小知道简朴，而不要让他习于奢侈；坚韧不拔也是孩童时期应学习的美德。卢梭反对实行过分讲究礼仪的教育和功利主义的所谓"慷慨""大方"的教育，认为这样做会把儿童教育成虚伪的人。在这些问题上他和洛克的意见分歧是明显的。

3．德育方法

卢梭根据自己所理解的童年时期的发展特点，提出了一整套德育方法，内容包括：反对向儿童说理，主张用榜样的力量激励儿童去模仿善行，用"自然后果"的方法去遏止和纠正儿童的恶行；利用游戏和其他活动的方式教育儿童；在研究和了解儿童个性的基础上因材施教。

卢梭认为，童年德育方法中的首要因素是教师的榜样。他指出，善于模仿是人类的一种良好的天性。像孩子那样的年龄，心灵还处在懵懵懂懂的状态，所以需要使他们模仿我们希望他们养成习惯的行为。教师要为人公正和善良，把自己的榜样刻画在学生的记忆里，深入到他们的心中，以便儿童最终能够凭他们自己的判断和对善的喜爱去实践这些行为。

"自然后果律"与洛克的"恶有罚"是异曲同工的。卢梭认为，上帝在使人自由的同时，对人的力量也施加了极其严格的限制，以致即使人滥用给予的自由也不能扰乱总的程序，即人做了坏事，就自受它的恶果。尤其在理性处于睡眠的童年时期，儿童是不懂道理的，与其说理无异于对牛弹琴。正确的方法是应当尽量用可以感觉得到的事物去影响他们。如果儿童有冒失的行为，你只需让他碰到一些有形的障碍或受到由他行为本身产生的惩罚，就可以禁止他。他打坏他所用的家具，你别忙着给他另外的家具，让他感觉到没有家具的不方便。他打破他房间的窗子，你就让他昼夜都受风吹，别怕他受风寒。总之，"我们不能为了惩罚孩子而惩罚孩子，应当使他们觉得这些惩罚正是他们不良行为的自然后果。"

卢梭反对儿童学习寓言，反对儿童读书，因为这样做只能教我们谈论我们实际上是不知道的东西。他把读书称作孩子们在童年时期遇到的"灾难"。卢梭认为，无论怎样努力把寓言写得很简单，但由于你想通过它去进行教育，就不能不在其中加上一些小孩子无法理解的思想。"只要你长期同曾经学过寓言的孩子在一起，你就可以发现，当他们有机会把所学的寓言拿来应用时，他们的所作所为差不多同寓言作者的意图完全是相反的；对于你想纠正或防止的缺点，他们不仅满不在乎，而且还偏偏喜欢为非作恶。"

卢梭的儿童德育理论以性善论为基础，以博爱和自食其力为内容，而以事物的影响为其方法。他把道德品质的形成视为天性与环境共同作用的结果，兼具唯心主义与唯物主义的成分。卢梭重视教师的示范和人格感化以及儿童的善行，但在关于说理的问题上，则偏激并自相矛盾。一方面，他认为儿童不懂道理，因而反对向儿童说理，以为是把目的误当为手段，结果害多于利。但在反对儿童学习寓言时，又说应对孩子直截了当地"讲真理"。

四、结语

卢梭的教育思想充满了新兴资产阶级自由、平等和博爱的精神。他抨击封建制度，对于封建教育给予沉重的打击。在法国大革命的前夜，具有解放思想的重要意义。

卢梭是世界教育史上一位划时代的教育思想家。他的教育主张被视为新旧教育的分水岭。"变抑制天性的教育为尊重天性的教育，是教育上的巨大变革。在这个历史转折点上，卢梭是关键性的人物。"卢梭首先提出了研究儿童的原始状态的主张，给教育找到了出发点。他被认为是历史上第一位直接深入研究儿童教育的思想家。他关于尊重儿童天性的主张成为许多现代教育原则的源泉。他本人则被视为"新教育方法"的一个光辉的先导。

卢梭对欧美教育产生了深远的影响。康德、裴斯泰洛齐、巴西多、福禄培尔、杜威和蒙台梭利都曾受到卢梭的深刻启发。卢梭关于生来具有学习能力的婴幼儿不是通过语言和文字，而是通过经验并利用自己尚未成熟的器官进行学习的主张，被认为是近代幼儿教育思想的萌芽，并在以后的许多教育家如裴斯泰洛齐、福禄培尔、杜威和蒙台梭利等人的教育理论中得到进一步发展。

在卢梭的教育思想中，正确性、深刻性与偏激性和片面性共存。他的理论往往缺少实践基础，存在着空想的成分，因而在许多问题上漏洞百出，矛盾重重。在成功地构成一门教育科学方面，卢梭主义所缺少的就是一种关于儿童心理发展的学问。虽然卢梭经常反复地强调儿童不同于成人，每一年龄阶段都有其本身的特征和恒常不变的心理发展的法则，但受科学发展水平的局限，以及他本人世界观和教育经验的限制，他无法科学地阐明或揭示这些特征和法则。历史事实证明：对于卢梭的教育理论我们只能从精神实质上领会和把握，而不能在具体方法上刻舟求剑式地盲目照搬。

第三节 福禄培尔的学前教育思想

弗里德里希·威廉·奥古斯特·福禄培尔（Friedrich Wilhelm Froebel，1782—1852年）是德国近代著名的教育家、幼儿园的创始者，近代学前教育理论的奠基人。他的教育活动和教育思想对19世纪后半期乃至20世纪初期的世界幼儿教育产生过广泛而深远的影响。

一、生平与教育活动

福禄培尔出生于德国中部图林根地区一个路德派牧师家庭。他在出生仅10个月时母亲病逝。父亲终日忙于教务，他也没有得到继母的爱。童年时期的福禄培尔是孤寂和不幸的，10岁时才被舅父送到教区学校接受正规教育。15岁起，他花了两年时间学习林务，但收获甚微。1799～1801年，他进入耶拿大学学习数学和自然科学，受到德国古典哲学的影响。

1805年，福禄培尔在教育家格鲁纳的影响下开始从事教育工作，同年去瑞士伊佛东学校学习裴斯泰洛齐的教育方法。1806～1811年，他在法兰克福贵族冯·霍尔茨豪林男爵家任家庭教师。其间，1808～1810年再次到瑞士师从裴斯泰洛齐学习。以后，他先后入哥丁根大学（1811年）和柏林大学（1812年）学习物理学、化学、矿物学以及哲学和人类学等。1816年，福禄培尔在格利斯海姆创办"德国普通教养院"。1826年，他发表其教育代表作《人的教育》，阐述关于教育原理和对教育各时期的观点。1834～1835年，福禄培尔在瑞士布格多夫孤儿院任职期间，日益重视家庭教育和儿童早期教育，进一步计划和研究各种玩具、游戏、歌曲和动作等。

1837年，福禄培尔完全转向学前儿童的教育。这一年，他在德国勃兰根堡开办了一所学校，专收3～7岁的儿童，并把以往发明的教具材料付诸实用。1840年，他把这所学校命名为"幼儿园"。1843年，他出版了风行一时的家庭必读作品《母亲与儿歌》。1849年，他举办幼师训练所。福禄培尔还创办一些刊物如《教育周刊》等，撰文积极宣传幼儿教育的重要性，并介绍他的幼儿教育方法。在他的影响下，当时德国境内出现了40多所幼儿园。

1851年，由于宗教和政治的原因，普鲁士政府禁止设立福禄培尔式的幼儿园。他因此受到沉重打击。次年离开人世。1860年，普鲁士自由主义新内阁上台。新政府取消了幼儿园禁令。1861年，福禄培尔的生前好友将他在1838~1840年撰写发表的有关幼儿教育的论文编辑成书出版，名为《幼儿园教育学》。

【小故事】

　　福禄培尔4岁时，父亲续弦。起初继母很喜欢他，这段时间是他一生中最幸福的日子。可是不久继母生了一个男孩，从此，福禄培尔的日子起了变化，继母开始待他如外人。小福禄培尔被继母和忙于工作的父亲所忽视，度过孤独的童年。曾有一次，继母把他关在地窖里，不许吃晚饭，后来又忘记放他出来。当她早晨开门时，发现小福禄培尔居然非常整洁，头发也梳过了，感到非常惊讶。继母问他为何关在地窖里一夜还能如此整洁，他回答说，"当你把我关到地窖里以后，我真正的母亲来和我度过了这一夜。早晨她还梳理我的头发，平整我的衣服。"继母被这个事件所震惊，便允许福禄培尔去他的舅舅家生活。

二、论教育的主导原则

　　福禄培尔教育思想的主要理论基础是德国古典哲学，尤其是谢林、费希特和克劳泽的哲学。早期进化思想以及自然科学的发展成果，也被他利用来解释儿童的发展问题。此外，席勒、歌德等人的浪漫主义文学和美育的观点，也对福禄培尔产生一定的影响。在幼儿教育的内容和方法上，他更多地受到裴斯泰洛齐的启发和影响。

（一）统一的原则

　　"上帝是万物的统一体"的思想是福禄培尔教育思想的哲学依据。他认为："有一条永恒的法则在一切事物中存在着、主宰着。这条法则，无论在外部，即在自然中，或在内部，即在精神中，或者在两者的结合中，即在生活中，都始终同样地明晰和确定……这个统一体就是上帝。"在福禄培尔看来，他的这个观点不同于泛神论，因为他并不认为世界是上帝的躯体或居所，而是强调上帝的精神存在于一切事物之中。他指出："一切事物只有通过上帝的精神在其中发生作用才能存在。在每一事物中发生作用的上帝的精神就是每一事物的本质。"

　　福禄培尔试图用"力"来说明"上帝的精神"的本质。他认为，"力"作为上帝的力量，"是一切事物的最终原因"，是一切事物的本质。但事物除了这个内在的"力"的本质以外，还有其外部的形式与结构，福禄培尔称之为"物质"。"力"与"物质"构成了事物，它们是不可分割的整体。万事万物虽然在外观上复杂多样，在内部本质上却统一于上帝的精神。或者说，万事万物都是上帝精神的体现者。在人类，上帝的精神表现为一种躁动的和激荡的精神力量，它是人类不断进化、发展的根本原因和内在动力。

从上述观点中，福禄培尔引申出教育的本质和任务。在他看来，一切事物的命运和使命就在于展现它们的本质，即展现它们内部存在的上帝的精神。人亦不例外。但不同的是，人是有自觉和自决意识的最高贵的生灵。他能感受、理解和认识存在于自身的上帝的精神。通过教育使人能自由和自觉地表现他的本质，即上帝的精神，这就是教育的本质。但福禄培尔进一步指出，对上帝的精神即"统一"的认识须有一个过程。人类必须首先认识自然，进而认识人类，最终才能认识上帝的统一，这就是教育的任务。

（二）教育顺应自然原则

以人性来源于神性为根据，福禄培尔断言人性是善的。他认为，人天生具有完美性和健全性。因此，教育、教学和训练的最初的基本标志必须是容忍的、顺应的、保护性的和防御性的。一切专断的、干预的教育必然会毁灭存在于人身上的上帝的精神自由与自决。而自由与自决正是全部教育和全部生活的目的与追求。

人性本善，错误与罪恶又是如何产生的呢？与卢梭一样，福禄培尔认为，儿童生活中的种种不良现象正是由于最初的教育违背自然的结果。由于错误的教育，人的善良的品性和良好的追求遭到了压制或扭曲，儿童的良好愿望被误解，他们被往错误的方向引导。早期的错误教育使得后来的教育性质发生了变化，人们不得不采取强制性的手段来进行艰难的再教育的工作。

（三）发展与对立调和的原则

在教育史上，福禄培尔第一次把自然哲学中"进化"的概念完全而充分地运用于人的发展及其教育。他认为，人的发展过程也和自然界的进化过程一样，经历了一个从不完善到完善、从低级到高级、从简单到复杂的前进序列。并且这种发展是分阶段的、前后相继和相互联系的。福禄培尔不同意那种认为人的发展的不同阶段是相互割裂的观点，强调"每一个后继的阶段以一切和个别先行的生命阶段的强有力的、完全的和特有的发展为基础"，"因为只有每一个先行的发展阶段上的人的充分发展，才能推动和引起每一个后继阶段上的充分和完满的发展"。在福禄培尔看来，一个人未必由于到达成年期而成为成年人。只有当他真正符合了他的幼年期、少年期和青年期的要求时，才成为成年人。那种希望儿童可以跳跃少年期和青年期，在各方面表现得像一个成年人的想法，只会给后面的教育带来不可克服的困难。

受当时科学发展水平的限制，福禄培尔试图从自然发展的规律中，去寻找人的发展的规律。他认为，人的精神和性情的发展与矿物结晶过程有着十分奇特的一致性，即开始时是片面的、个别的和不完全的，到后来才上升到各方面均一的、协调的和完全的。并且如同万物生长的规律一样，人的成长也必须服从两条互相补充的原则：对立的法则和调和的法则。相反调和法则是一切运动的原因，亦是人的发展的原因。教育过程中基本的对立物是儿童的天性与环境的矛盾。儿童一方面接受外界的刺激，即所谓"变外部为内部"；另一方面又通过活动把自己对事物的认识表现出来，即所谓"变内部为外部"。教育总是从内因和外因的矛盾入手，在两者之间发现调和的东西，克服差异，最终达到两者的统一。

（四）创造性活动原则

福禄培尔认为，上帝是富有创造精神的。上帝按照自己的形象创造了人，因而人也应当像上帝那样从事创造性的活动，以认识和表现存在于自身的上帝的精神。为此，应及早地为年青一代提供从事外部工作和生产活动的训练机会，使他们通过劳动、生活和行动来学习。并且这比任何其他方式的学习更能为儿童所深入、容易地理解，从而对人的发展产生强有力的影响。

从上述观点出发，福禄培尔对当时学校教育脱离社会生活的弊端提出了尖锐的批评。他指出："学生被排除出一切家庭业务之外，排除出一切以制造外部产品为目的的业务之外，乃是我们当今存在的学校，特别是所谓拉丁学校和高级中学的最大缺点之一。"他充分肯定了创造性活动作为教育的方式在人的身心发展过程中的重要意义，认为这种方式的教育不仅能够加强身体，而且能够在极大的程度上加强精神。经过这种"劳作浴"，儿童能够以新的生命去投入新的智力活动。

（五）社会参与原则

福禄培尔深切意识到儿童之间的社交关系在其发展中的重要性。他试图从整体与部分的道理来说明社会与儿童的关系。他认为，儿童本身是一个整体，同时他们又是社会这个大整体的有机组成部分。儿童只有通过与他人的交往，才能认识自己与他人的关系，进而认识人性。在1837年设想的赫尔巴计划（Helba-plan）中，他主张让儿童在团体的活动中来接受教育。在以后的幼儿园教育实践中，福禄培尔要求教育幼儿使之充分适应小组生活。"相互帮助"成为福禄培尔幼儿园的座右铭。西方学者普遍认为，福禄培尔为儿童个性的发展开辟了新的领域。社会合作、社会参与成为福禄培尔的重要教育原理，也是他对近代教育的不朽贡献。

福禄培尔力图运用德国古典哲学的一些观点及自然科学的研究成果来论证和说明教育的本质问题。虽然其哲学观从本质上说是唯心主义的，并充满了神秘主义色彩；他利用矿物结晶等自然科学的研究成果来说明人的发展，也是不恰当的，但他试图探索教育发展的规律的努力却是应当肯定的。同时，在他尝试运用德国古典哲学中的辩证法思想来看待教育问题时，也表现出许多积极的特征。福禄培尔从"上帝是万物的统一体"的观念中引申出教育的本质，强调人的主观能动性和教育的必要性，提出培养有自由、自觉和自决精神的、有理性、有智慧的新人的教育理想，表达了德国新兴资产阶级对教育的要求，在当时具有进步的意义。尤为可贵的是，福禄培尔用辩证的眼光看待儿童教育，把教育过程描述为一个由内外因矛盾决定的、分阶段又相互联系的、由低级向高级不断发展的过程，从而将人类对于教育心理学化的认识推向一个新的阶段。福禄培尔重视儿童的创造性活动，重视儿童社会性的发展，这些主张反映了近代社会发展对人的素质的要求，对后世教育实践和教育理论的发展，都产生了积极而深远的影响。

三、教育分期与各时期的任务

与赫尔巴特一样，福禄培尔受到当时学术界普遍流行的文化纪元理论的影响，认为"在个人内部生活的发展中复现着人类精神发展的历史，整个人类就其总体上说可以看作一个人，并且在他身上可以看到个人所必须经历的各个发展阶段"。福禄培尔也把人类的发展分成若干阶段，但反对硬性划定精确的年龄界限，而认为每一阶段并不是由年龄限度而定，而是由某种显著的特征决定的。这种特征支配这一阶段的其他发展，并成为确定这一阶段教育任务的依据。在《人的教育》中，福禄培尔把人类初期的发展分成4个阶段：婴儿期、幼年期、少年期和青年期，并详细讨论了前3个时期的教育。

（一）婴儿期

这一时期的人类从外界吸收富有多样性的事物。因此，应重视感官的发展。福禄培尔认为，婴儿首先得到发展的是听觉器官，以后视觉也获得发展。借助于听、视觉，成人有可能引导儿童进一步观察和认识事物。"在发展了的感官、身体和四肢活动到了儿童开始自动地向外表现内在变质的程度时，人的发展的婴儿期也告终止，并开始了幼儿期。"

（二）幼儿期

真正的人的教育从这一时期开始。相对前一时期来说，身体的养护和保育减少，而智育却加强了。福禄培尔指出："游戏和说话是儿童这时生活的要素。"借助于语言和游戏的方式，儿童开始把他的内在本质向外表现。他强调家庭尤其是母亲在这一时期教育中的重要作用，要求母亲们始终如一地把言语同行动结合起来对幼儿进行教育。其内容应包括情感的激发、自制习惯的养成、由观察事物引向图画和对数目的认识。

（三）少年期

这时人的发展进入更高一级的"吸收"阶段，即学习的时期开始了。主要是让儿童懂得事物的特殊关系和个别事物，以便他们以后能从中引出事物的内在的统一性。福禄培尔把借助于实例和语言进行的教学看作达到这一目的的途径和手段。同时，他认为游戏与家庭生活仍是教育过程中的要素。幼儿的活动本能到这时发展为塑造的冲动。相对前一时期来说，少年更关心活动的成果而非过程。应给予机会让孩子分担父母的工作，并在室内开展诸如纸工、厚纸工和模型制作等作业活动。寓言、童话、故事和唱歌也是这一阶段教育儿童的重要方式。这些活动不仅能表达儿童的内心世界，而且对于他们的发展也是大有裨益的。

受当时生理学和心理学发展水平的限制，福禄培尔用一种反省的方法来说明人的发展的各阶段的特征，尚无法科学地揭示儿童发展的内在规律。但他根据自己对童年生活的回忆、对儿童生活的观察和自己丰富的教育经验，以及受裴斯泰洛齐的启发，十分强调家庭生活的教育作用，并认为早期教育应以感官和语言的发展为主要内容，而以实物教学、游戏和手工作业为主要方式，并通过激发幼儿对父母兄妹的感情和自制力的培养，为道德的发展奠定最初的基础。

四、幼儿园教育学

（一）幼儿园工作的意义与任务

福禄培尔受到夸美纽斯和裴斯泰洛齐的影响，十分重视家庭教育在人的发展尤其是早期教育中的作用。但他也意识到，仅靠母亲本能地自发地教育自己的孩子是不够的。她们往往缺乏相当的训练，并且很多母亲忙于各种事物，没有充分的时间教育自己的子女。因此，继裴斯泰洛齐之后，福禄培尔也意识到必须采取有效的措施来帮助母亲教育自己的孩子。早在1829年，福禄培尔就指出，必须为3~7岁的儿童设立专门的教育机构，以协助家庭更好地教育孩子。1837年，他更将这一设想变为现实。

在福禄培尔的思想中，并非要以幼儿园教育来代替家庭教育，而是力图以这种社会教育机构来弥补家庭教育的不足。他始终肯定，幼儿园教育与家庭教育的一致性，是完善的教育的首要的和不可缺少的条件。因此，他的幼儿园采取半日制。他希望留下半天的时间使幼儿有机会和母亲待在一起接受家庭的教育。

福禄培尔为幼儿园确定的教育任务是，通过游戏与各种活动，培养儿童的社会态度和民族美德，使他们认识人和自然，发展其体力与智力以及做事或生产的技能技巧，从而为他们升入小学做好准备。此外，培训幼儿园教师和推广幼儿教育的新方法和新经验，也应是幼儿园的重要任务。

（二）自我活动与游戏

福禄培尔幼儿园教育的基本原则是自我活动（self-activity）。在他看来，自我活动是一切生命的最基本的特性，因而也是人类生长的基本法则，是人类自动地向外表现存在于自身的上帝的精神的主要方式。在这个问题上，福禄培尔继承了裴斯泰洛齐重视自我活动在教育过程中的意义的思想，并进一步以德国古典哲学，尤其是费希特的"行动哲学"为主要理论依据，给予深化和发展。他指出，正是通过自我活动的方式，个体得以认识自然，认识人性，最终认识上帝的统一。因此，他在裴斯泰洛齐直观教学方法的基础上，又提出"自我表现"作为对前者的补充和发展。福禄培尔进一步指出了自我活动在教育实践中的重要意义，认为自我活动能表现出儿童的发展程度，激发他们对新知识的兴趣和注意，鼓励自信心与自尊，并引导儿童了解各种知识之间的关系。

游戏被福禄培尔看作儿童自我活动的集中体现。他高度地评价甚至夸大了游戏的教育价值。他指出，游戏是幼儿期人的发展的最高阶段、一切善的根源和整个未来生活的胚芽。它给儿童以欢乐、自由和满足，又有培养儿童的意志力和自我牺牲的精神。福禄培尔强调，游戏作为儿童内在本质的自发表现，是一种精神产物。游戏不是简单地等同于"外部活动"，而更多的是指儿童的心理态度。在福禄培尔看来，从游戏中得到充足滋养的不仅仅是肉体的力量，也不断增长着精神的和道德的力量。游戏是一种创造性的自我活动和本能的自我教育方式。基于上述观点，福禄培尔不仅主张把游戏作为幼儿园的教育方式，更提出要在市镇设立公共游戏场，以发展儿童的公民品质与社会参与的精神。

图10-1 福禄培尔式幼儿园（1880年）——儿童们正在进行运动游戏（圆圈游戏）

（三）幼儿园课程与教材

福禄培尔将其后半生的主要精力放在幼儿园课程的研究和教材的发展上。在夸美纽斯的《母育学校》中的有关主张以及裴斯泰洛齐有关思想的启发和影响下，福禄培尔确信并非所有的活动和游戏都具有教育上的价值。必须对儿童的活动与游戏的内容和材料加以选择和精心的研制，并善加指导，才能使其在幼儿教育中发挥应有的作用。依据发展、创造、实物教学和自我活动等原则，福禄培尔拟定了一个以儿童的活动和游戏为主要特征的幼儿园课程体系，并精心创制出有关的教具材料。

1. 游戏与歌谣

1843年，福禄培尔在《母亲与儿歌》中，系统地介绍了通过歌谣及其相关的游戏活动教育婴幼儿童的方法。他指出，编写这本书的目的是要帮助母亲以及其他代替母亲的人意识到她们对孩子的教育责任，并且这本小册子奠定了他的教育原则的基本思想，诸如母亲和家庭的重要意义、自然教育、活动与游戏教育、博爱情感的激发以及自我意识的唤起等，都在这本书中得到比较全面的反映。福禄培尔在《母亲与儿歌》中选了7首"母亲的歌"和50首"游戏的歌"。前者反映母亲对孩子的情感，当她看到孩子身心发育时所产生的担忧和希望。后者中的每一首歌都由4个部分组成：（1）指导母亲的格言；（2）儿歌；（3）与这首儿歌的内容相联系的图画；（4）每首儿歌的下面附有适合儿童身心发展的运动方式的说明。福禄培尔认为，指导母亲和保姆的方法，应同样用来作为激励和指导幼儿园孩子的手段。因此，《母亲与儿歌》也是他后来进行幼儿园教师训练的重要内容。

2. 恩物

"恩物"（gift）是福禄培尔对他创制的一套供儿童使用的玩具或教学用品的称谓，意为上帝的恩赐。他认为，通过这些恩物，可以帮助儿童由易到难、由简及繁、循序渐进地认识复杂的大千世界，了解自然及其内在规律。1836年，福禄培尔就创制出5种恩物。至1844年，恩物的体系才基本建立。1850年，他在《教育周刊》上正式公布恩物体系时，主要提到10种恩物，其余只是笼统叙述。对于恩物的种类和数目，福禄培尔并未做出明确规定。尤其对于恩物与作业之间的区别，他未作清楚的解释。于是后人根据自己的理解，演绎出各种体系。

3. 作业

作业（occupation）主要体现福禄培尔关于创造的思想，要求将此前所学的恩物的知识运用于实践。因此，作业是以恩物教学为自己的前提的。

作业的材料包括各种大小和色彩不同的纸及纸板，可用来剪裁或折成各种不同的形态。还有供绘画、雕塑、编织一类工作的材料。此外，还有一些沙、黏土和泥土等。做这些手工需要较高的技巧，比较适合幼儿园中大一些的孩子。与恩物中的立体相对应的有泥塑、纸板、折纸和木雕等。与恩物中的平面相对的有织纸、织席、编条、缝纫、穿珠及图画等。恩物游戏不改变物体的形态，作业则要改变材料的形态。

4. 运动游戏

福禄培尔继承了裴斯泰洛齐重视体操的思想，并将这种思想付诸实践，发明了一种团体游戏。这是一种在户外进行、围成圆圈并伴随着歌曲进行的运动活动。运动游戏的各种动作是建立在儿童模仿他们在自然界和周围生活中所观察到的各种动作的基础上的，如"小河""蜗牛""磨坊"和"旅行"等。运动游戏的根本原理是"部分—整体"，有助于了解个体与团体的关系。所以，福禄培尔运动游戏的积极特征是寓德育于体育之中。他重视在体育活动中发展儿童相互合作、团结友爱的品质和精神。

5. 自然研究

福禄培尔幼儿园课程中的"自然研究"发展了裴斯泰洛齐的有关主张。福禄培尔认为，自然研究虽然主要是学校的任务，但在幼儿园可以从事一些奠基的工作。所以，他为幼儿园的孩子安排了一些观察自然的徒步旅行、园艺和饲养动物等活动。福禄培尔指出，这些研究自然的活动将有助于养成儿童爱护花木、禽兽的品性，满足他们的好奇心，培养自制力和精神，促进知识的学习与智力的发展，激发研究自然科学的兴趣与热情。他的这些活动和有关思想对后世幼儿教育产生深远影响。

（四）从幼儿园向普通学校的过渡

福禄培尔很早就意识到幼小衔接问题的重要性。他一直感到从幼儿园的以活动和游戏为主要形式的方法到普通学校的抽象方法的转变，具有突变的倾向。这种状况不仅令儿童难以适应，导致了对儿童心灵的直接损害，也给普通学校的教学工作带来严重的困难。因此，必须设法改变这种局面。幼小衔接问题成为福禄培尔晚年关注的教育问题的一个焦点。直至1852年逝世前四周，他还写了一封长信给自己的学生埃玛·伯瑟曼，探讨"中间学校"的问题。

福禄培尔认为，从幼儿园到小学必须有一个中间阶段，使儿童有时间去做好准备，逐步地去适应新的环境和新的方法，把非连续性降低到最小的程度。这种中间阶段的转折方法就是，说服学校在低年级阶段继续使用幼儿园的某些方法。他进一步提出了设立一种介于幼儿园和普遍学校之间的"中间学校"（intermediate school）的构想，以实现从感觉和直观到抽象思维的顺利转折。在生命的最后一年，福禄培尔甚至打算专门发明一种新的恩物（14块立方体）来作为中间阶段的特殊教学用品。

五、地位与影响

福禄培尔是近代学前教育理论的重要奠基者，幼儿园的创始人。在借鉴前人有关思想和长期从事学前教育实验的基础上，他总结出一整套教育幼儿的新方法，建立起幼儿园教育理论体系，在促使学前教育学成为教育理论领域的一个独立部门方面，做出了卓越的贡献。福禄培尔在积极宣传公共学前教育思想，广泛扩展幼儿园，以及培训幼教师资方面，也做出了不懈的努力。

福禄培尔的教育活动在客观上顺应了工业革命以来要求发展学前社会教育的历史趋势，并给予这种潮流以很大的推动。他的幼儿园和学前教育思想对19世纪后半期直至20世纪初期的世界幼儿教育产生积极影响。1851年，幼儿园首先传入英国，1855年又传入美国，1876年传入日本，1903年传入中国。幼儿园作为学前教育机构的一种重要形式被沿用至今。福禄培尔关于融玩具、教具、教材于一体的思想以及他为学前儿童设计的各种玩具和教材，至今仍具有参考和借鉴的价值。

福禄培尔的影响不限于学前教育。他重视家庭生活与社区生活在儿童教育过程中的重要作用，要求教育与社会生活密切联系；他强调儿童的自我活动和想象力、创造力的培养，推崇游戏和手工作业的教育价值，这些主张不仅得到后来的许多教育家如杜威、孟禄和蒙台梭利等人的肯定和接受，而且对小学乃至中学的课程设置也产生深刻影响，因而被人们誉为教育方面的"真正的预言家"。

由于唯心主义世界观和科学发展水平等因素的局限，以及受当时德国一般政治、社会条件的制约，福禄培尔的教育理论有着浓厚的神秘主义色彩和明显的形式主义倾向。在他生前已有人要求他进一步简化幼儿园教育方法，以便从哲学、数学和象征主义的解释中解脱出来。以后，人们又批评他过于强调有组织的游戏，忽视对儿童个体的研究，等等。在后来的福禄培尔主义幼儿园运动中，他的继承者更把其方法推至形式主义化的极端，陷入所谓的"恩物主义"。正是由于这些原因，20世纪初期的美国进步主义幼儿园运动，提出了"回到福禄培尔基点"的口号，要求重视福禄培尔方法的原理，反对拘泥于其形式。

第四节　蒙台梭利的学前教育理论

意大利幼儿教育家玛利亚·蒙台梭利（Maria Montessori，1870—1952年）最初研究智力缺陷儿童的心理和教育问题，后来致力于正常儿童的教育实验，创办了举世闻名的"儿童之家"（Casa dei Bambini）。她撰写幼儿教育理论著作，开设国际训练班，对现代幼儿教育的改革和发展产生了深刻的影响。

一、生平活动与"儿童之家"的创立

蒙台梭利1870年8月31日生于意大利安科纳省的希亚拉瓦莱镇。她父母对独生女蒙台梭利要求严格，特别是母亲对她个人的志向一直给予支持和鼓励。6岁时，蒙台梭利进入当地的公立学校读书，被大家认为是一个温柔但并不十分聪明的小女孩。但是，在早期的学校生活中，她已萌发了关心和照顾未来儿童的念头。12岁时，父母为了使她能有一个更好的教育环境而迁居罗马。

1886年，蒙台梭利进入高等技术学院学习，决心像班上的男同学一样成为一名工程师。然而在毕业前夕，由于对生物学的浓厚兴趣，她又产生了学医的想法。1890年秋天，蒙台梭利进入罗马大学医学院，成为意大利历史上第一个学医的女生。在学习的同时，她又在附属儿童医院当助手并获得一些临床经验。1896年蒙台梭利毕业，成了意大利第一位女医学博士。

获得博士学位后，蒙台梭利担任了罗马大学附属精神病诊所的助理医生。对许多不幸的白痴儿童，她深表同情，并开始阅读一些有关精神缺陷儿童的书籍。尤其是美国精神病医生塞甘（E.Sequin）的《白痴的精神治疗、卫生及教育》和法国医学家伊塔（J.ltard）的《关于野生儿阿维龙的报告和回忆录》，使她在思想上受到了影响并尝试在实践中应用这些原理。为了弥补教育理论知识的不足，她又去旁听教育课程和阅读主要的教育理论著作。

1897年在都灵召开的国际医学大会上，蒙台梭利建议要加强对智力缺陷儿童的研究工作。同年9月，她又出席在都灵召开的全国教育会议，并作了题为"精神教育"的讲演，强调指出智力缺陷儿童应当和正常儿童一样享有受教育的权利。第二年年底，意大利全国智力缺陷儿童教育联盟成立，蒙台梭利是一个很活跃的成员。

1900年春天，全国智力缺陷儿童教育联盟在罗马开办了一个医学教育机构。

它附设一所实验示范学校，蒙台梭利受聘担任校长两年时间。这使她有了一个从事智力缺陷儿童教育工作的机会。这所学校后来以"国立特殊儿童学校"著称。

此后，蒙台梭利一直希望有机会把智力缺陷儿童教育的方法应用于正常儿童。1906年底，这种机会终于来了，罗马优良建筑协会会长塔莱莫（E.Talamo）设想在圣洛伦佐贫民区的公寓里开办学校，并聘请蒙台梭利负责。蒙台梭利的朋友建议把这所学校命名为"儿童之家"，意为"公寓中的学校"，带有家庭的含义。1907年1月6日，第一所"儿童之家"在罗马圣洛伦佐区玛希大街58号公寓里正式成立。它招收了50多名3～6岁的儿童。

在儿童之家里，所有的一切都有助于儿童的发展。在蒙台梭利的努力下，儿童之家的实验是成功的，儿童的心智发生了很大的变化。越来越多的访问者去那里参观并给予赞扬。接着，在罗马和米兰又相继成立了一些儿童之家。在友人的建议和鼓励下，蒙台梭利写成了《蒙台梭利方法》（原名为《应用于儿童之家幼儿教育的科学教育方法》），记述了儿童之家的实践及其理论，于1909年出版，在世界上产生了广泛的影响。

为了进一步传播自己的教育理论，蒙台梭利不仅在国内开设训练班，而且在英国、法国、巴基斯坦和印度等国开设国际训练班。尤其是从1919～1937年在伦敦开设的两年一期的国际训练班，每期6个月，培养了许多蒙台梭利学校教师。1929年，国际蒙台梭利协会在荷兰成立，蒙台梭利去世前一直亲自担任该协会的主席。

在从事教育实践的同时，蒙台梭利还撰写了许多论述幼儿教育理论的著作，主要有《蒙台梭利方法》（1909年）、《蒙台梭利手册》（1914年）、《童年的秘密》（1936年）、《有吸收力的心理》（1949年）等。

1952年5月6日，蒙台梭利在荷兰的诺德魏克去世。

二、儿童观

从发展的观点出发，蒙台梭利认为，儿童是一个发育着的机体和发展着的心灵；儿童发展的时期是人的一生中最重要的时期。幼儿处在不断生长和发展变化的过程之中，而且主要是内部的自然发展。在这个连续的自然发展过程中，幼儿的发展包括生理和心理两方面的发展。蒙台梭利强调说："存在一种神秘的力量，它给新生儿孤弱的躯体一种活力，使他能够生长，教他说话，进而使他完善，那我们可以把儿童心理和生理的发展说成是一种'实体化'。"在生理方面，幼儿刚诞生时处于一种明显的孤弱状态，表现出一副令人怜悯的样子，在相当长的一段时间里，他孤弱而不能自助，不能说话，不能站立，不断地要人留心。他唯一能发出的声音就是哭泣或叫喊，让人奔过去帮助他。但是，幼儿的个体是在不断发展的，并使潜伏着的生命力量逐渐显现出来。在蒙台梭利看来，幼儿身体内含着生机勃勃的冲动力。正是这种本能的自发冲动，赋予他积极的生命力，促使他不断发展。一是主导本能。这种本能对处于生命初创时期的婴儿提供指导和保护，拯救既没有力量也没有拯救自己手段的孤弱生物，甚至决定物种的生存。二是工作本能。这是人的基本特征。幼儿正是通过不断的工作在进行创造，使他自己得到充分的满足，并形成自己的人格。它既能使人类更新，又能完善人类的环境。

在心理方面，幼儿的心理发展既有一定的进程，又有隐藏的特点。蒙台梭利认为，幼儿是一个"精神（心理）的胚胎"。因为每一个婴儿都有一种创造本能，一种积极的潜力，能依靠他的环境，构筑起一个精神世界，所以，幼儿不仅作为一种肉体的存在，更作为一种精神的存在。只是他的精神深深地隐藏着，不立即表现出来；而且，每个幼儿的精神也各不相同，各有自己的创造性精神。

在蒙台梭利看来，幼儿开始一无所有，经过适宜的环境的刺激，逐渐表现出令人惊叹和不可思议的心理活动，显现出自己特有的个性。而且，幼儿的精神生命是独立于、优先于和激发所有外部活动的。幼儿具有一种下意识的感受能力，积极地和有选择地从外部世界中进行吸收，成为他自己心理的一部分。因此，蒙台梭利把幼儿的心理称为"有吸收力的心理"。一个人在童年时期所获取和吸收的一切会一直保持下去，甚至影响其一生。

蒙台梭利还认为，在幼儿的心理发展中会出现各种"敏感期"。她说："正是这种敏感性，使儿童用一种特有的强烈程度去接触外部世界。在这时期，他们对每样事情都易于学会，对一切都充满了活力和激情。"而人的智力发展正是建立在幼儿敏感期所打下的基础上的。

秩序的敏感期。幼儿对秩序的敏感从出生第一年就出现并一直持续到第二年，甚至在他出生后的第一个月里就可以感觉得到。这是幼儿的一种内部的感觉，以区别各种物体之间的关系，而不是物体本身。

细节的敏感期。幼儿在1～2岁时会表现出对细节的敏感，他的注意力往往集中在最小的细节上。例如，一块肥皂被放在脸盆架上，而没有被放在肥皂盒里。这表明幼儿的精神生活的存在，以及幼儿和成人具有两种不同的智力视野。

行走的敏感期。这是在幼儿的发展中最容易观察到的一个敏感期。幼儿行走第一步，通常标志他从1岁进入2岁。这时候，似乎有一种无法抗拒的冲动驱使幼儿去行走。幼儿通过个人的努力学会走路，并逐渐取得平衡和获得稳健的步伐。

手的敏感期。幼儿会朝着外界的物体伸出小手。这个动作的最初推力代表幼儿自我要进入外部世界之中。大约在1岁半至3岁之间，幼儿经常抓握物体，特别喜欢把东西打开，随后又把它关上。蒙台梭利认为，正是通过手的活动，幼儿才能发展自我，发展自己的心灵。随着年龄的增长，幼儿的手将能按照他所看到的成人那样，以一种清晰的合乎逻辑的方式行动。

语言的敏感期。幼儿开始学习说话，他所获得的语言是他从周围环境中听到的。当他说第一句话时，并不需要为他准备任何特殊的东西。幼儿开始是喁喁学语，然后说单词，接着将两个单词组成句子，再就是模仿更复杂的句子。这些阶段是以连续的方式出现的，而不会截然分开。在蒙台梭利看来，语言能力的获得和运用，是幼儿智力发展的外部表现之一。

蒙台梭利强调指出，应该注意幼儿的心理发展和生理发展之间的密切关系。她说："如果说心理的压抑会影响新陈代谢，并因此降低了一个人的活力的话，那可以肯定，相反的情况也会发生：富有刺激的一种心理体验能够增加新陈代谢的速度，并因而促进一个人的身体健康。"

她特别指出，如果幼儿在他的心理发展过程中，遇到一个有敌意的和不相容的环境，加上成人的盲目压抑和干涉，往往会在人们毫无知觉的情况下出现各种心理畸变。例如，幼儿会坐立不安地乱动，表现出心灵神游的现象；幼儿过分依附于成人，使自己的创造性能力衰退；幼儿把自己依附于某种物质的东西，表现出强烈的占有欲；幼儿的权力欲使他想通过利用成人，以满足自己无止境和变化无常的欲望；幼儿会产生沮丧和缺乏自信的情绪，表现出自卑感；幼儿会出现说谎的现象；等等。在幼儿身上，这些心理畸变并不是孤立存在的，而是相互联系的。由于随着一种心理畸变的产生，往往又会产生另一种相关的心理畸变，因此，在一个幼儿身上就可能会同时出现几种心理畸变的情况。在蒙台梭利看来，心理畸变作为一种功能性的失调，会使幼儿的心理处于紊乱的状态。幼儿一旦出现了心理畸变的征兆，也就失去了保护自己并保证自己处于健康状态的敏感性，同时也会引起身体的失调。所以，对于这种功能性的失调，必须进行精心的治疗，才能使幼儿的心理正常地发展。如果不消除幼儿的心理畸变，这些心理畸变将会伴随他终生。

三、幼儿教育的原则及环境

蒙台梭利尖锐地批评传统的学校教育和旧的家庭教育，指出它们忽视儿童的内在因素和压抑儿童个性的发展，其结果必然阻碍儿童生理和心理的正常发展。

在蒙台梭利看来，儿童教育是人类最重要的一个问题。它的目的是两重性的：生理的和社会的。从生理方面来看，是帮助个人的自然发展；从社会方面来看，是使个人为适应环境做好准备。为了促使儿童生理和心理的良好发展，儿童的教育应该始于诞生时。

在幼儿的教育中，要注意两条原则：

一是自由的原则。根据蒙台梭利的儿童观，幼儿的内在冲动是通过自由活动表现出来的，他能根据自己的心理需要和倾向以及自己的特殊爱好选择物体进行活动。蒙台梭利曾举了这样一个例子：有一天，儿童之家的老师到校较迟，而且事先又忘记关上小柜子的门，因此等老师到校时，发现许多幼儿站在小柜子的周围，有些幼儿已取出了自己所需要的教具去活动。这件事情使她认识到，这些幼儿已能识别教具，并做出自由的选择。蒙台梭利强调说："科学教育学的基本原理将是学生的自由：允许个人的发展和儿童天性的自由表现。"

但是，幼儿有充分活动的自由并不意味着他可以为所欲为，想做什么就做什么。蒙台梭利认为，幼儿必须在自由的基础上培养纪律性。例如，儿童之家的幼儿要遵守以下的规则：保持个人的整洁；服从教导；表现良好的品行等。在她看来，自由并不是放纵，自由和纪律是同一个事物不可分离的两个方面。自由活动是形成真正的纪律的重要方式，而真正的纪律也必须建立在自由活动的基础上。

二是工作的原则。蒙台梭利认为，使幼儿身心协调发展的活动就是"工作"。如果儿童能全神贯注地工作，正说明这种工作能满足他内在的需要。在敏感期，给幼儿满足其内心需要的活动，他就能专注地和独自地反复进行练习。这个过程也就是幼儿生理和心理实体化的过程。这不仅使幼儿得到了心理上的满足，而且也使他获得了独立的能力。蒙台梭利曾列举这样一个例子：一个大约3岁的女孩在玩圆柱嵌入物时，尽管她周围有许多干扰，但仍专心致志地一遍一遍重复"放进"和"取出"的动作，处于忘却外部世界的状态，一直重复工作到第42遍时才停下来，仿佛从梦中醒来并高兴地微笑着。因此，蒙台梭利强调说："每次当儿童经历这种体验之后，他们就像经过休整的人，充满着活力，仿佛感受到某种极大的欣喜。"她又说："人之所以成为人，不是因为教师的教，而是因为他自己的工作。"总之，工作对于幼儿来说是极有帮助的，能有助于他的肌肉的协调和控制，能使他发现自己的潜力，能有助于他培养独立性和意志力，能使他在生命力不断展现的神秘世界中练习自己并进一步完善自我。

蒙台梭利还强调指出，对于幼儿生理和心理的正常发展来说，准备一个适宜的环境是十分重要的。她说："必须注意为儿童期设置一个适当的世界和一个适当的环境，这是一个绝对迫切的需要。"因为正在"实体化"过程之中的儿童需要自己特殊的环境，需要外界环境的保护，这正如胚胎在母亲子宫这样一个适宜的环境中发育成熟一样。在这样的环境里，应该充满着爱和温暖，有着丰富的营养，所有的东西都不会对幼儿有害。虽然幼儿心理的发展是受其内在本能所引导的，但外部环境为幼儿心理的发展提供了媒介。只有给儿童准备一个适宜的环境，才能开创一个教育的新纪元。因此，蒙台梭利说："我首先把注意力集中在环境的问题上。""我们教育体系的最根本特征是对环境的强调。"对环境的注重，既是蒙台梭利方法的特点，也是她倡导的新教育的 3 个要素之一。因为旧教育只包括教师和儿童两个要素，而新教育包括了教师、儿童和环境 3 个要素。在蒙台梭利教育体系中，除了教师和儿童发生关系外，教师和儿童都要和环境发生关系。

蒙台梭利认为，给幼儿提供的那种环境应该是一个自由发展的环境。在那里，尽可能地减少障碍物，使幼儿自然地得到发展，有助于幼儿创造自我和自我实现。它应该是一个有秩序的环境。在那里，幼儿能安静而又有秩序地生活，有规律地生活，减少生命力的浪费，以便不断地完善与发展他自己的生理和心理。它也应该是一个生气勃勃的环境。在那里，幼儿充满生气、欢乐、真诚和可爱，毫不疲倦地工作，精神饱满地自由活动，并不断地完善各种活动。它还应该是一个愉快的环境。在那里，几乎所有的东西都是为幼儿设置的，适合于幼儿的年龄特点和身体发育，对幼儿具有极大的吸引力。给幼儿提供一个适宜的环境，也就是提供最有利于幼儿生长和发展的外部条件。因为幼儿的生长和发展有赖于不断地使幼儿和他的环境之间的关系变得密切起来，有赖于良好的外部条件。可以说，幼儿正是利用他周围的一切塑造了自己。所以，蒙台梭利始终强调，一个适宜的环境，实际上为幼儿开拓了一条自然的生活道路。"如果儿童没有这种环境，他的精神生命就不能发展，而一直处于虚弱、乖戾和与世隔绝的状态。"

【小故事】

有一天，一群孩子们又说又笑地围成一个圈，圈中间是一盆水，水里浮着一些玩具。我们学校（"儿童之家"）有一个两岁半的小男孩，他独自一个人呆在外围。很显然，我们看到他充满了好奇。我（蒙台梭利）在远方很有兴趣地观察着他。他首先走近那群孩子，试图挤进去。但是他不够强壮，接着他站在那里看了看周围，他脸上的表情非常有趣。我希望有一架照相机把这个情景照下来。他看到了一张小椅子。很显然，他打算把它放在这群孩子的后面，然后爬到椅子上。他开始向椅子走去，脸上闪烁着希望。但是，这个时候，教员用双手残酷地（或者说是轻轻地）抱起孩子，把他举过其他孩子，让他看到这盆水，说："来，可怜的孩子，你也可以看到的"。

毫无疑问，小男孩看到了浮在水中的玩具，但他却没有享受到用自己的力量解决困难的乐趣。看到那些玩具并不算什么，而他所做的努力将开发他的内心智慧。在这个事例里，教员阻碍了孩子的自我教育，没有给他任何的补偿机会。这个小家伙打算让自己成为一个征服者，但他发现自己被压制在一双手臂之间，无能为力。让我（蒙台梭利）感兴趣的是孩子脸上那高兴、焦急和充满希望的表情，但是现在它们慢慢消失了，留在脸上的只是孩子知道别人会为他做任何事情的傻傻的表情。

（引自：蒙台梭利著作《蒙台梭利早期教育法》）

四、幼儿教育的内容和方法

在蒙台梭利的教育体系中，幼儿教育的内容和方法是一个重要的组成部分。蒙台梭利指出，在儿童之家中对幼儿的教育应该包括以下四个方面：

（一）肌肉训练

对于幼儿身体的正常发展来说，肌肉训练是十分重要的。蒙台梭利作为一位医生，很强调幼儿的身体发育以及体操活动的作用。她认为，幼儿期是肌肉训练的一个重要时期，应该为幼儿设计各种有助于肌肉训练的体操。医学解剖学表明，在幼儿的身体发育中，躯干比下肢长得快，在早期两者不成比例，而且腿部较短而无力。因此，要让幼儿自然发展，给他自己踢和爬的机会，或者以其他方式使他不把身体重量放在腿上，以免腿部肌肉过度紧张。因此，要鼓励幼儿多做些体操练习，但又要注意避免压制幼儿的自然活动。

为了帮助幼儿进行肌肉训练，蒙台梭利设计了一些专门的器械和设施，例如，平行木栅、摇椅、球摆、螺旋梯、绳梯、跳板、攀登架等。以绳梯为例，由于儿童攀登用麻绳做的带有横木棍的梯子爬上爬下，就可以锻炼上下肢、手的抓握以及身体的平衡等。

她还设计了有音乐伴奏的走步、跑步和跳跃练习，既使幼儿感到有兴趣，又锻炼了幼儿肌肉的力量，还发展了幼儿的节奏感。

此外，幼儿还可以利用球、铁环、棍棒、豆袋、手推车等开展自由的活动性游戏。这对幼儿的肌肉训练也有很大的作用。但是，蒙台梭利反对福禄培尔提出的象征性游戏，并把玩具看成是儿童不喜欢的东西。这显然是片面的。

蒙台梭利强调指出，肌肉训练不仅有助于幼儿的身体发育和健康，而且有助于幼儿动作的灵活、协调和正确，还有助于锻炼幼儿的意志和发展幼儿之间的合作关系。

（二）感官训练

在儿童之家，感官训练占有突出的地位。蒙台梭利认为，必须对幼儿进行系统的和多方面的感官训练，使他们通过对外部世界的直接接触，发展敏锐的感觉和观察力。这是幼儿高级的智力活动和思维发展的基础。在她看来，3~6岁是幼儿生理和心理迅速发展的时期，也是感官训练的重要时期，幼儿的各种感觉也先后处于敏感期。而且，感官训练也应该在整个教育阶段进行。感官训练不仅关系到感官能力的发展，也关系到智力的发展。蒙台梭利指出：感官训练的"目的不在于使儿童认识颜色、形状和物体的不同性质，而在于通过注意、比较和判断的练习，改善他的感官。……这种智力体操将通过各种教具的合理指导，有助于智力的形成。"

为了对幼儿的每一种感官单独进行专门训练，感官训练应该包括视觉、听觉、嗅觉、味觉和触觉的训练。每种感官又可以按其性质和形式分别进行训练。

触觉训练在蒙台梭利的感官训练中是最主要的方面。蒙台梭利说："幼儿常常以触觉代替视觉或听觉。"触觉训练按其性质的不同，可以分为辨别物体是光滑的还是粗糙的滑度触觉训练，辨别温度冷热的温度触觉训练，辨别物体轻重的重量触觉训练，以及辨别物体大小、长短、厚薄和形体的实体触觉训练等。

视觉训练包括识别物体度量、形状和颜色的训练。听觉训练包括辨别和比较极其微弱的声音，并对噪音产生反感。嗅觉训练包括提高嗅觉的灵敏度。味觉训练包括识别各种味道的训练。

在进行感官训练时，可以先让幼儿识别物体的相同属性，再识别物体的不同属性，最后识别相差较小的物体属性。

蒙台梭利认为，应该将外部世界对幼儿感官具有吸引力的刺激系统地组织起来，设计和制成教具材料，并利用这些教具材料引导幼儿进行有目的和有秩序的感官训练活动。这些教具材料要符合幼儿心理发展的特点，又能激起幼儿的兴趣，还能使幼儿的注意力保持集中。例如，训练触觉的教具材料有"粗滑板"（在长方形木板上各贴一半光滑和粗糙的纸或交错贴光滑和粗糙的纸）、"轻重板"（用3种不同质地的木料制成的光滑小板，漆上不同的颜色）；训练视觉的教具材料有圆柱嵌入物、各种几何图形的嵌板、64种颜色和色调深浅不同的丝线卷板等；训练听觉的教具材料有6个分别装着不同小东西和摇动时会发出不同声音的有盖木盒、外形相同但敲打时会发出不同音色的小铃铛串等。蒙台梭利还认为，每种教具材料都配合一系列的固定动作，各训练一种特殊的感觉。在由易到难地有次序使用教具材料进行感官训练时，应该使幼儿的注意力集中于一种感觉的刺激，并能在观察、辨别、比较和判断的基础上，找出错误并自我更正，以增进实际的感觉经验。例如，在训练触觉时，要求幼儿蒙着眼睛进行，以排除视觉的干扰。

（三）实际生活练习

蒙台梭利十分重视幼儿的实际生活练习。实际生活练习可以分成两大类：一类是与儿童自己有关的，另一类是与环境有关的。与儿童自己有关的实际生活练习主要是自我服务，包括穿脱衣服、梳头、刷牙、洗手、洗脸、刷鞋、洗手帕等。与环境有关的实际生活练习主要是管理家务的工作，包括卷小毯子、扫地、拖地板、擦桌子和椅子、擦亮门手柄、打扫走廊、削土豆、剥豌豆、摆餐桌、端菜、洗盘子、开关门窗、整理房间等。通过实际生活练习，幼儿可以培养独立生活和适应环境的能力。

为了有利于幼儿参加实际生活练习，蒙台梭利认为，儿童之家应该摆设着与幼儿身材相适应的小型家具，小桌子、小扶手椅，以及幼儿自己可以方便地打开的小橱；还应该备有小扫把、彩色缤纷的抹布、小刷子、小肥皂和轻便的清洁卫生用具等。室内应有足够的空间，让幼儿自由地活动和练习。她还设计了专门的教具，使幼儿通过反复练习，学会结纽扣、系鞋带、打结等动作。等到这些动作熟练后，幼儿们就会想到自己穿衣服或帮其他人穿衣服来试一试。

此外，园艺活动和手工作业不仅符合幼儿的兴趣，而且有助于他的生理和心理的发展。应该让幼儿多参加户外的园艺活动，例如，刨土、下种、浇水、植花、喂养小动物等。通过园艺活动，可以使幼儿产生对自然的热爱，获得新的生活经验，并促进智力的发展。蒙台梭利还主张幼儿进行专门的手工作业，例如，绘画、泥工等。幼儿可以先用手指触摸各种几何图形的轮廓，再把这些形体放在纸上，把它们的轮廓勾画出来，然后用颜色笔给形体轮廓涂色。经过一段时间的练习之后，幼儿会由涂得不规则变成涂得正确和均匀整齐。对于这样的绘画工作，儿童往往乐此不疲。这也为写字作了准备。另外，幼儿也可以用泥土做常用的生活用品和各种物品的小模型。这时应该让幼儿按照自己所喜欢的方式去做。但蒙台梭利反对通过绘画等工作来培养幼儿的想像力。

在蒙台梭利看来，幼儿的实际生活练习除了培养他们的独立性和掌握技能外，还可以练习各种动作，使自己更完善起来。从动作练习这一点来说，实际生活练习与肌肉训练是密切联系的。蒙台梭利曾这样指出："我们的方法最重要的实用方面之一，就是在儿童生活中训练肌肉，乃至紧密地联系他们的实际生活。"

（四）初步知识教育

蒙台梭利认为，3~6岁的幼儿天生具有学习初步知识的能力，完全可以教他学习阅读、书写和计算。她说：儿童之家的儿童"一向生活在孤独的环境里，没有机会去学习或掌握什么。一旦有了机会，就会像饥饿的狮子一样猛扑过去，渴望学习文化知识"。蒙台梭利还认为，初步知识教育与感官训练是相联系的，正确的感官训练有助于初步知识的教育。

在学习阅读和书写时，书写的练习一般先于阅读的练习。通过触觉的训练，幼儿可以自然地进行书写练习：给幼儿一支笔，他就会在描摹的基础上"爆发"出写字的能力，不断地写，任意地写，到处去写。蒙台梭利还设计了简单的字母教具让幼儿进行练习，使视觉、触觉、听音和发音结合起来。对此，幼儿很感兴趣，并很快就能辨认和记住字母的形体，学会辨别语音和拼音、阅读单词和理解短句。蒙台梭利在儿童之家的实践中发现，幼儿学习书写的年龄是3.5~4.5岁。

在学习计算时，可以先利用幼儿日常生活中接触到的物体，帮助他们练习计数。由于它与日常生活联系，因此，幼儿很感兴趣。然后，再用图形数字进行认数和记数的练习。最后，教幼儿学会1到20的加减乘除。蒙台梭利根据自己的实际经验指出，6岁以前的幼儿对此不会有什么困难。

瑞士著名心理学家皮亚杰曾这样指出："蒙台梭利对于智力缺陷儿童心理机制细致的观察便成了一般方法的出发点，而这种方法在全世界的影响是无法估计的。"但是应该看到，蒙台梭利的教育方法也带有机械的和形式主义的性质，因而受到了一些教育家的批评。

五、论教师

在蒙台梭利的教育体系中，蒙台梭利把"教师"改称为"指导员"。她说："应用我的方法，教师教得少而观察得多；教师的作用在于引导儿童的心理活动和他们的身体发展。基于这一点，我把教师的名称改成指导员。"在蒙台梭利看来，教师是儿童的观察者和引导者，主要职责是给幼儿准备一个适宜的环境，给他们开个头和作些必要的指导，其余的应该让幼儿自己去发展。教师还应该是个心理学家，能真正理解儿童和了解儿童的内在需要，不压抑儿童的兴趣和自由活动。1925年7月，在伦敦的国际训练班上，蒙台梭利曾强调说："每一所蒙台梭利学校都是一个科学实验室，教师准备了实验的条件，允许各种现象的发生。"

在儿童的生长和发展中，儿童和包括教师在内的成人往往会发生冲突。蒙台梭利认为，这种冲突主要是由于成人引起的，因为成人始终像一个拥有惊人力量的巨人站在儿童旁边，等待着猛扑过去并把儿童压垮。要消除这种冲突，就必须在包括教师在内的成人中间进行一次剧烈的变革，对儿童采取一种新的态度。她强调指出：必须"根除潜藏在我们心中的偏见：……我们必须消除可能会阻碍我们理解儿童的那种成人所特有的思想观念"，真正认识到"儿童是成人之父。"

为了使儿童的生理和心理得到正常的发展，对于教师来说，"所面临的最紧迫的任务，就是去了解这个尚未被认识的儿童，并把他从所有的障碍物中解放出来"。要完成这个任务，教师就必须去掉自己内心里的傲慢和发怒等脾性，放弃过去被认为是教师"神圣权利"的那些特权，使自己不仅在仪表上具有吸引力和令儿童喜爱，而且具备沉静、谦虚、慈爱、耐心、机智等品质。他们应该为幼儿的发展和教育以及形成良好的人类而献出一切。他们应该耐心地对儿童进行观察，对儿童的困境进行反思，引导儿童自己去进行活动并提供必不可少的帮助和指导。蒙台梭利强调说："教师和儿童之间的积极关系是教育成功的唯一基础。"但是，这种积极关系绝不是说教师可以代替儿童自己去活动。

尽管蒙台梭利强调教师的主要任务是观察和引导，但是，她也指出："这并不意味着我们必须完全避免评价儿童，或者我们必须赞成他们所做的每一件事，或者我们可以忽视他的心理和情感的发展。相反，教师永远不能忘记他是一位教师以及他的使命就是教育。"

蒙台梭利还认为，教师应该接受专门的训练，从精神上做好准备，熟悉心理学的原理和方法，熟悉教具的性质和使用，掌握教育的方法，成为适宜的环境的保护人。她强调说："指导员的作用比一般人所理解的重要得多，她不仅是一位教师，还要是位心理学家，因为她指导儿童的生活和心灵。"她还说："如果没有一位受过训练的教师，那么，适宜的环境将是无用的，甚至可以说比无用还要糟糕。"所以，蒙台梭利开办甚至亲自主持国际训练班，注重教师的培养工作。在这种训练班里，除必要的课程外，每个学员还要在蒙台梭利学校中进行实际观察，训练结束时要经过书面考试和口试并写出研究报告，才能获得"指导员"文凭。

蒙台梭利的教育学说与"儿童之家"的实践，使她在幼儿教育方面成为自福禄培尔时代以来影响最大的一个人，被称为"幼儿园的改革家"。蒙台梭利强调探索儿童的心灵，尊重热爱儿童，重视儿童的早期教育，精心设计各种教具材料，促使儿童生理和心理的自然发展，许多观点是符合现代幼儿发展与教育理论的，具有一定的科学性和合理性。蒙台梭利方法也成为现代幼儿教育的主要方法之一。但是，她的教育学说中也存在着一些片面的观点，连蒙台梭利本人也明确表示过，她的学说体系还不够完善。

第五节 杜威的学前教育理论

美国哲学家、教育家约翰·杜威（John Dewey，1859—1952年）是实用主义教育理论的创始人，也是实用主义哲学最具有影响力的代表人物之一。他的教育理论不仅对美国，而且对许多国家的幼儿教育和学校教育产生了巨大而深刻的影响。

一、生平活动与著作

杜威1859年10月20日生于美国佛蒙特州柏林顿的一个杂货商家庭。在父母的影响下，杜威自幼养成了阅读书籍的习惯。但他不满当时公立学校的传统教育方法，十分喜爱课余阅读和户外活动。

1875年，杜威进入佛蒙特大学。在大学期间，达尔文的进化论使他开阔了眼界。哲学教授托里（H.A.P.Torrey）使他对哲学产生了兴趣。1879年大学毕业时，杜威由于学习成绩名列前茅而成为美国大学优秀生全国荣誉组织的会员。

1882年4月，杜威的第一篇哲学文章《唯物论的形而上学假设》在美国的《思辨哲学杂志》上发表。同年秋天，杜威进入了刚开办的约翰·霍普金斯大学当研究生。在那里，霍尔（G.S.Hall）教授和从密执安大学来的客座教授莫里斯（GS.Morris）对杜威的影响很大，尤其是后者使他对黑格尔哲学产生了极大的兴趣。

1884年获得哲学博士学位后，杜威到密执安大学任教，一直到1894年（其中1888~1889年在明尼苏达大学任教）。在此期间，杜威开始对教育感兴趣。作为俱乐部的成员，他积极参与了中等学校师资的培训工作。此外，美国心理学家詹姆士（W. James）1890年出版的《心理学》一书对杜威的思想产生了很大的影响。杜威逐渐认识到流行的教育方法是与儿童发展的心理学原理不相协调的。这激起了杜威进行教育实验的想法。

1894年，杜威接受了新成立的芝加哥大学的聘请，担任哲学、心理学和教育学系的系主任，并从事研究生的教学工作。正是在这一时期，杜威开始形成了有特色的哲学思想并进行了影响极大的教育实验活动。1896年1月，杜威创办了芝加哥大学实验学校，一般通称为"杜威学校"（Dewey School）。它招收4~14岁的儿童，进行课程、教材和方法的改革实验活动，有效地把教育理论和实际结合了起来。作为一个教育实验室，"它的任务是要按照近代心理学所揭示的智力活动和发育过程的原则来观察儿童教育"。杜威在这期间发表了许多重要的教育论著。

从1904年到1930年退休，杜威一直在哥伦比亚大学哲学系和师范学院任教。除了在国内做演讲旅行外，他还到过日本、中国、土耳其、墨西哥和苏联等国进行访问和讲演。1930年以后，杜威是哥伦比亚大学的名誉教授。

杜威曾担任过美国心理学会的主席、美国哲学学会的主席以及美国大学教授联合会的第一任主席。由于杰出的学术成就和名望，杜威曾被法国巴黎大学、中国国立北京大学、挪威奥斯陆大学和美国的一些大学授予名誉博士学位。

1952年6月1日，杜威因肺炎在纽约去世。

杜威一生在哲学、教育和心理学等方面写了约40本著作和700多篇文章。其中主要的教育著作有：《我的教育信条》（1897年）、《学校与社会》（1899年）、《儿童与课程》（1902年）、《民主主义与教育》（1916年）和《经验与教育》（1938年）等。

二、实用主义经验论

杜威继承和发展了美国哲学家皮尔斯（C.S.Peirce）和詹姆士的实用主义哲学，并把它具体应用到社会事务和教育领域中。关于哲学和教育之间的密切关系，他明确指出："哲学就是教育的最一般方面的理论。""教育乃是使哲学上的分歧具体化并受到检验的实验室。"

杜威认为，"经验"是人的有机体与环境相互作用的结果（或称统一体），是人的主动尝试行为与环境的反作用形成的一种特殊的结合。这样，行动和结果之间的连续不断的联系和结合就形成了经验。但是，杜威所说的"经验"具有无所不包的性质，把人（经验的主体）和环境（经验的客体）以及经验的过程都包括在内，并把它们看成是同一过程的两个侧面，相互联系以至合而为一。他说："精神和物质两者属于同一个东西，这就是那些构成自然的事件的复合。"在杜威看来，"存在即被经验"，人的主观经验是客观世界存在的基本前提。没有人的兴趣和愿望构成的主观经验，也就谈不上客观世界中一切事物的存在。杜威还说："经验包含一个主动的因素和一个被动的因素，这两个因素以特有的形式结合着。……在主动的方面，经验就是尝试。……在被动的方面，经验就是经受结果。"例如，一个儿童要认识手伸进火焰会灼伤手指，他就必须亲自去尝试一下，把手伸进火焰中去，只有当这个行动和他遭受的疼痛联系起来时，他才知道手伸进火焰意味着灼伤。这就是所谓的"从经验中学习"。杜威认为，没有这种真正有意义的经验，也就没有学习。

杜威曾给教育下了一个专门的定义:"教育就是经验的改造或改组。这种改造或改组,既能增加经验的意义,又能提高指导原来经验进程的能力。"到晚年时,他又把自己的教育哲学概括成一句话:"教育以经验为内容,通过经验,为了经验的目的。"可以说,"经验"是杜威教育哲学中最重要的一个词,也是他教育理论体系的核心。

三、儿童观

杜威认为,儿童是具有独特生理和心理结构的人。儿童的能力、兴趣和习惯都建立在他的原始本能之上,儿童心理活动实质上就是他的本能发展的过程。如果没有促使儿童本身发展的潜在可能性,那么儿童就不可能获得生长发展。

人的本能与冲动是潜藏在儿童身体内部的一种生来就有的能力,基本上是原封不动一代代传下去的。这些本能与冲动就是儿童教育最根本的基础。杜威强调指出,儿童身上潜藏着以下四种本能:

1. 语言和社交的本能

这种本能是在儿童的交谈和交流中表现出来的。儿童能很有兴趣地把自己的经验说给别人听,也能很有兴趣地去听取别人的经验。语言本能是儿童社交表现的一种最简单的形式。

2. 制作的本能

这是一种建造性的冲动。儿童开始总是对游戏活动和动作感到兴趣,进而就有兴趣把各种材料制作成各种具体的形状和实物。

3. 研究和探索的本能

这是一种探究性的冲动。尽管在儿童时期还谈不上什么科学研究活动,但儿童总是喜欢观察和探究。

4. 艺术的本能

这是一种表现的冲动。儿童会在绘画、音乐等活动中表现出艺术方面的能力。

在儿童的这四种本能中,杜威认为,最重要的是制作的本能。这四种本能会表现出四个方面的兴趣。儿童的每一方面的兴趣都产生于每一种本能。杜威强调说:"这四方面的兴趣是天赋的资源,是未投入的资本,儿童的生动活泼的生长是依靠这些天赋资源的运用获得的。"尽管儿童处于"未成熟的状态",但他具有一种积极的、向前发展的能力。它具有两个主要特征:一是"依赖性",依赖周围环境而生长;二是"可塑性",人所具有的各种能力都不是一成不变的。

杜威又认为，儿童与成人在心理上存在着很大的差别。成人是在社会生活中已有一定职业和地位的人，负有特定的责任，已养成了某些习惯；但是，儿童的主要任务是生长，养成不定型的各种习惯，为他以后生活的特定目标提供基础和材料。因此，儿童的心理不是一个固定的实体，而是一个生长的过程。在生长的过程中，天生具有好奇心的儿童能利用环境养成某种习惯，形成某种倾向。

尽管儿童生活在个人接触显得十分狭隘的世界，但这个世界是一个儿童具有个人兴趣的世界，而不是一个事实和规律的世界。归根到底，它是儿童自己的世界。它具有儿童自己生活的统一性和完整性。为了使儿童更好地生长，杜威认为，关键是提供适当的环境以及适当的新刺激，提供儿童生长的条件，使儿童的各种能力不断地发展。

杜威所说的"生长"，就是指儿童本能发展的各个阶段。他以心理学为基础，把儿童发展的过程分为3个阶段：一是游戏期（4~8岁）。这是儿童通过活动和工作而学习的阶段。儿童所学的是"怎样做"，方法是"从做中学"。二是自发的注意时期（8~12岁）。这个阶段的儿童能力逐渐增强，可以学习间接知识（但间接知识必须融合在直接知识之中），并按解决问题的需要控制自己的行动。三是反射的注意时期（12岁以后）。这个阶段的儿童开始学习系统性和理论性的科学知识，并掌握科学的思维方法。

杜威强调："教育必须从心理学上探索儿童的能量、兴趣和习惯开始。它的每个方面，都必须参照这些加以考虑。"在他看来，人的长成就是各种能力慢慢生长的结果。儿童期实际上就是儿童的本能生长和发展的时期。儿童的教育也就是儿童天赋能力的正常生长。成熟需要经过一定的时间和一定的阶段。因此，杜威认为，尊重儿童发展的过程，就是尊重儿童生长的需要和时机。如果急于得到生长的结果，而忽视了生长的过程，那是极端错误的。

四、教育即生活与学校即社会

早在1897年发表的《我的教育信条》一文里，杜威就明确指出："教育过程有两个方面：一个是心理学的，一个是社会学的。它们是平列并重的，哪一个也不能偏废；否则，不良的后果将随之而来。"由此出发，他提出了两个口号："教育即生活"与"学校即社会"。

首先，杜威提出了"教育即生活"。他说："生活就是发展，而不断发展，不断生长，就是生活。"但是，没有教育就不能生活，所以教育即生活。在他看来，最好的教育就是"从生活中学习"，"从经验中学习"。教育就是给儿童提供保证生长或充分生活的条件,而不问他们的年龄大小;教育就是儿童现在的生活过程,而不是将来生活的预备。当儿童出生时,教育就在无意识中开始了。这种教育不断地发展儿童个人的能力,熏染他的意识,形成他的习惯,锻炼他的思想,并激发他的感情和情绪。

杜威还认为,生活就是生长,儿童的发展与成长就是原始本能生长的过程。他说:"生长是生活的特征,所以教育就是生长;在它自身以外,没有别的目的。"这样,杜威就把生物学上的一个名词"生长"搬用到教育上来了。在他看来,教育绝不是强迫儿童去吸收外面的东西,而是要使人类与生俱来的能力得以生长。儿童教育的目的就在于,通过组织保证继续生长的各种力量,以便使教育得以继续进行。

在杜威的教育理论体系中,"教育即生活"、"教育即生长"、"教育即经验的改造"实际上都是同一个意思。尽管在论述这一基本观点时,杜威批判了传统教育的弊病,但在一定程度上忽视了教育和生活两者之间的区别。

其次,杜威提出了"学校即社会"。他说:"学校应该成为一个小型的社会,一个雏形的社会。……使得每个学校都成为一个雏形的社会生活,以反映大社会生活的各种类型的作业进行活动,……当学校能在这样一个小社会里引导和训练每个儿童成为社会的成员,用服务的精神熏陶他,并授予有效的自我指导的工具,我们将有一个有价值的、可爱的、和谐的大社会的最深切而最好的保证。"

杜威还认为,学校不应该仅仅被作为一个传授某些知识的场所,但也不是社会生活在学校中的简单重现。"学校即社会"的具体要求为:一是学校本身必须是一种社会生活,具有社会生活的全部含义。二是校内学习与校外学习连接起来,两者之间应有自由的相互影响。学校作为一种特殊的环境,其功能就在于简化和整理所要发展的倾向的各种因素;把现存的社会风俗纯化和理想化;创造一个比儿童任其自然时可能接触的更广阔、更美好、更平衡的环境。

尽管杜威提出的"学校即社会"是针对传统学校弊病的,但它在一定程度上取消了学校与社会两者之间的界线。

五、思维与教学

(一)思维五步与教学五步

针对传统教育忽视儿童思维能力培养这一点,杜威强调指出,教学活动应该要能激起儿童的思维,培养他们的思维习惯和能力。他认为,思维就是明智的学习方法,就是在教学过程中明智的经验的方法。"所谓思维或反省,就是识别我们所尝试的事和所发生的结果之间的关系。……没有某种思维的因素，不可能产生有意义的经验。"

杜威还认为，思维的过程包括了感觉问题的所在、观察各方面的情况、提出假定的结论并进行推理、积极地进行实验的检验等。具体来说，它可以分成五个步骤：①疑难的情境；②确定疑难的所在，并从疑难中提出问题；③提出解决问题的种种假设，引起观察和其他心智活动以及搜集事实材料；④推断哪一种假设能够解决问题；⑤通过实验，验证或修改假设。这种思维过程一般被后人称为"思维五步"。杜威指出，这五个步骤的顺序并不是固定的，在实际生活中有时两个步骤可以结合起来，有时几个步骤可以匆匆掠过。

从"思维五步"的观点出发，杜威指出，教学过程也相应地分成五个步骤：

（1）教师给儿童准备一个真实的经验情境，一个与实际经验相联系的情境，同时根据儿童的本能需要和生活经验给予一些暗示，使得儿童有兴趣了解某个问题，以便去获得某种为现在的生活所需要的经验。

（2）在这个情境中须能产生真实的问题，作为思维的刺激物。在这个阶段，儿童要有足够的资料，更多的实际材料，以便应付在情境中产生的问题。这些资料和实际材料首要是儿童本人现在的生活经验、活动或事实。

（3）从资料的应用和必要的观察中产生对解决问题的思考和假设。在这个阶段，儿童要进行设计、发明、创造和筹划，以找到问题的答案。

（4）儿童自己负责一步步地展开他所设想去解决问题的方法，同时把这些方法加以整理和排列，使其有条不紊。

（5）儿童通过应用来检验他的想法，验证假设的价值，在个人亲自动手做的过程中，自己去做出判断。

杜威所说的这种教学过程，在教育史上一般被称为"教学五步"。杜威认为，在这种教学过程中，儿童通过发现式的学习，可以学到创造知识以应付社会生活需求的方法。但他也指出，这实在不是一件容易的事。

（二）"从做中学"

杜威认为，儿童出生后几乎对每一件事情都要学习，例如，看、听、伸手、触摸、保持身体平衡、爬、走等。但他要达到精通熟练，就需要练习，需要观察，需要选择有效的动作。在《民主主义与教育》一书中，他还明确指出："人们最初的知识和最牢固地保持的知识，是关于怎样做（how to do）的知识……应该认识到，自然的发展进程总是从包含着从做中学（learning by doing）的那些情境开始。"在杜威看来，儿童应该有机会运用他的身体，并由此使他的自然冲动有表现的机会。对儿童来说,"做事"本身就是一种最好的教育。教育应该以儿童的本能和冲动为出发点,通过活动(即做事的过程)使他得到新的发展。学校应该采取与儿童校外活动类似的形式。这样,"从做中学"就使得学校中知识的获得与儿童在共同生活的环境中所进行的活动或工作联系了起来。由于杜威相信一切真正的教育都从经验中产生,一切学习都来自经验,因此,他所说的"从做中学",实际上也就是"从活动中学"、"从经验中学"。

对于传统学校教育,杜威进行了尖锐的批判。他指出,传统学校教育方式是与实际的经验情境相脱离的,是与儿童现在的生活相脱离的;它不仅使儿童很少有进行活动的余地,而且企图用各种方式压制儿童的一切身体活动,因此,必然会阻碍儿童的自然发展。

杜威明确指出,儿童生来就有一种要做事和要工作的愿望,对活动或工作具有强烈的兴趣。在他看来,游戏是儿童幼年期一种主要的、几乎是唯一的教育方式。在游戏时,儿童会用扫帚来当作马,用椅子来当作火车,把一块石头当作桌子,把树叶当作盘子等。杜威强调说:"为了使儿童的游戏态度不终止于恣意的幻想,并在建造一种想像的世界时,能认识现存的、真实的世界,就有必要使游戏的态度逐渐转化成为工作的态度。"当儿童准备进行工作时,如果不引导他从事工作,那就是蛮横地阻挠他的发展。因此,如果注意使儿童从那些真正有教育意义和有兴趣的活动中进行学习,那也许标志着对于儿童整个一生有益的一个转折点。但是,如果忽视了,那机会一去就不会再回来了。

从智力活动的意义上看,工作具有极大的教育价值。工作作为儿童的一种活动方式,是指使用各种材料和工具以及使用各种技巧的一切活动,包括任何形式使用工具和材料的表现活动和建造活动,任何形式的艺术活动和手工活动等。杜威认为,随着儿童的心智在能力和知识上的生长,这种工作不仅成为一种愉快的事情,而且越来越成为理解事物的媒介、工具和手段。如果离开了工作,那不仅取消了兴趣的原则在教育中的地位,而且也不能在经验的理智方面和实践方面之间保持平衡。但是,杜威也明确指出:"儿童在座位上如果闲着就要淘气。为防止他淘气,叫他做些作业或练习,这不是我所指的工作的含义。"他还强调指出,儿童参与工作不同于所谓功利性的职业教育。学校里各种形式的活动的重要意义是使儿童在社会和个人两方面之间保持一种协调。

杜威提出的"从做中学"是从批判传统教育的弊病出发的,但同时也过分强调了活动或工作在教育中的地位。

六、儿童与教师

在儿童与教师的关系方面，杜威批判了传统教育的做法。他强调说：传统教育的"重心是在儿童之外，在教师，在教科书以及在其他你所感兴趣的任何地方，唯独不在儿童自己即时的本能活动之中。在那样的条件下，就谈不上关于儿童的生活"。在他看来，在传统教育中，来自教师的刺激和控制太多，而对儿童的兴趣和经验的需要考虑太少，甚至忽略了儿童这个教育对象。

由此出发，杜威认为，学校生活组织应该以儿童为中心，一切必要的措施都应该是为了促进儿童的生长。因为是儿童，而不是教学大纲决定教育的质和量，所以，教学内容、计划和方法以及一切教育活动都要服从儿童的兴趣和经验的需要。杜威曾这样说："现在，我们教育中将引起的改变是重心的转移。这是一种变革，这是一种革命，这是和哥白尼把天文学的中心从地球转到太阳一样的那种革命。这里，儿童变成了太阳，而教育的一切措施则围绕着他们转动，儿童是中心，教育的措施便围绕他们而组织起来。"在杜威看来，教育以儿童为中心是与儿童的本能和需要协调一致的。心理是一个生长的过程，教育必须从心理学上由探索儿童的能力、兴趣和习惯开始，而以儿童为中心正体现了这一点。所以，杜威强调说："学习是主动的，它包含着心理的积极开展。它包含着从心理内部开始的有机体的同化作用。毫不夸张地说，我们必须站在儿童的立场上，并且以儿童为自己的出发点。"在杜威看来，儿童的发展，儿童的生长，就是教育理想的所在。

杜威还认为，对于教育过程来说，它是儿童和教师共同参与的过程，也是真正合作和相互作用的过程。在这个过程中，儿童和教师两方面是作为平等者和学习者来参与的。学校需要有一种儿童和教师在情感上、实际上和理智上共同参与的现在的社会生活。

因此，杜威在论述教育以儿童为中心的同时，也指出教师不应该采取"放手"的政策。教师应该把儿童的兴趣和需要转变成他们发展的手段和使他们的能力进一步发展的工具，既不予以压抑，也不予以放任。在杜威看来，如果在学校生活中教师只是问儿童喜欢做什么，然后就告诉他们去做，教师既不动手，也不动脑，不给儿童以必要的指导，那就不能促进儿童的生长和发展，不能引导儿童有一种生动的和个人亲身的体验，就会使儿童所做的事情仅仅成为一时的冲动和兴趣的表现而稍纵即逝。这里杜威所说的"必要的指导"，就是选择对儿童的本能和冲动进行适当的刺激，以便使儿童更好地去获得新的经验。

杜威指出："经验生长的连续性应是教师的座右铭。"教师的首要任务是为儿童提供一个实际的经验情境和适宜儿童生长的机会。因此，教师必须经常耐心地观察儿童，了解儿童的兴趣和能力，注意儿童的哪些冲动在向前发展。只有这样，教师才能够进入儿童的生活，才能知道儿童要做些什么以及用什么教材才能使儿童工作得最起劲、最有效果。

对于传统教育中教师的地位和作用，杜威进行了尖锐的批判，但他并没有否定教师的作用。与传统教育相比，其区别在于教师应该如何发挥作用。然而，在论述儿童与教师的关系时，杜威过分强调了儿童在教育过程中的地位。正如美国心理学家和教育家布鲁纳指出的："教育必须从心理上探索儿童的能力、兴趣和习惯开始，但是，一个出发点并不就是整个旅程。为了儿童去牺牲成人或为了成人去牺牲儿童，其错误是相同的。"

杜威作为现代西方教育史上最有影响的一位教育家，顺应时代和工业发展的趋势，对传统教育的弊病进行了批判，强调儿童心理的发展和研究以及思维能力的训练，主张教育的一切措施都应该有利于儿童的成长，这不仅有一定的合理因素，而且对现代教育理论（包括幼儿教育理论）的发展起了促进作用。然而，也很少有教育家像杜威那样在受到那么多赞扬的同时，又受到了那么多的批评和攻击。这除了由于杜威教育著作的晦涩和他人的误解外，也由于他的教育理论体系自身确实也存在着不足之处。

第六节　罗素的学前教育理论

英国哲学家、教育家伯特兰·罗素（Bertrand Russell，1872—1970年）曾创办皮肯希尔学校，进行教育实验活动。他所撰写的《教育和美好生活》一书，论述了改革教育特别是儿童早期教育的思想和方法，对于20世纪以后世界幼儿教育的改革和发展具有较大的影响。

一、生平活动与著作

罗素1872年5月18日生于英国威尔士蒙默思郡的一个贵族家庭。幼年时，他的父母先后病故，由祖母抚养长大。他从小接受保姆和家庭教师的教育，喜欢在祖父的图书室里阅读伟人的作品，并静静地思考问题。这不仅使他养成了独立思考和认真探索的习惯，也为他后来的著述活动打下了一定的基础。

1890年10月，罗素考取了剑桥大学三一学院。先学数学，后改学哲学，对黑格尔主义很感兴趣，但后又转向新实在论。1900年，罗素转向研究数理哲学，曾与他的老师怀特海（A.N.Whitehead）合著《数学原理》三卷，赢得了世界性的声誉。

第一次世界大战爆发后，罗素把他的主要精力从学术研究转向社会政治活动，积极从事反战活动，曾受控而被罚款和监禁。1916年，他出版了《社会改造原理》一书，全面阐述了对国家、战争和教育等问题的看法，提出教育是通过改造人性达到改造社会和消除战争的重要方法。

1920年春，罗素作为英国工党代表团的非正式成员访问了苏联，还受到列宁的接见。同年8月，罗素又来中国访问和讲学，在中国哲学界和社会上引起了轰动。孙中山先生曾说："罗素是唯一了解中国的英国人。"

1921年9月罗素第二次结婚后，生了2个孩子。此后，他开始把注意力集中在儿童教育问题上，对儿童教育问题的关注超过了其他所有问题。在《教育和美好生活》（1926年）一书中，他系统地论述了对儿童教育的看法。

随着自己孩子的长大，罗素为了给孩子提供一种真正的现代教育，帮助他们独立思考和独立活动，使他们能解决在成长过程中必然会遇到的各种问题，于1927年9月22日创办了皮肯希尔学校（Beaconhill School）。这所实验性的寄宿学校设在伦敦郊区的一个山坡上，风景极为秀丽。入学儿童的年龄最小者为2岁左右，最大者10岁左右。学校倡导自由，反对压制，使儿童能够根据他们自己的天性充分地发展。儿童的兴趣和活动受到鼓励，可以独立活动和独立思考，可以自由回答各种各样的问题。可以说，学校基本上采用了蒙台梭利的方法，但也吸取了福禄培尔的一些做法。然而，由于财政上的困难，加上罗素的教育方法过于理想化和缺少合适的教师，皮肯希尔学校并没有取得完全的成功。

1938~1944年，罗素前往美国，担任过芝加哥大学和加利福尼亚大学的客座教授。其间，他完成了广为流传的《西方哲学史》一书。1944年，罗素回到英国，受聘在剑桥大学三一学院任教。

1949年，罗素被选为英国科学院荣誉院士。次年，他又获得英国荣誉勋章。1950年底，他获得诺贝尔文学奖。从1953年起，他在从事著述活动的同时，致力于世界和平运动以及核裁军运动，得到了世界人民的支持。

1970年2月2日，罗素在威尔士去世。

二、论自由教育

从对理想的社会与理想的人的分析出发，罗素论述了教育的目的和作用。他认为，教育的目的和作用就在于引导和改造人的本性，培养理想的人及其理想的品格，以达到改造社会以及创建理想社会和美好生活的目标。只要顺应自然法则，使儿童的本能或冲动得到良好的引导和充分的发展，就能培养出理想的人，并建立一个理想的社会，使每一个人都能过上美好的生活。

罗素强调指出，理想的人也就是具有理想品格的人。他说："我将提出在我看来共同组成一种理想品格之基础的四种特性：活力、勇气、敏感和智慧。"在他看来，活力就是正常的健康人所具有的精力，是形成理想品格的首要基础。它存在于每个身体健康的人的身上，随着人的年龄增长而逐步衰退直至消失。勇气就是人在内心深处真正彻底克服恐惧的品性。它是积极的和出乎天性的，而不是消极的和被迫的。敏感就是对单纯的勇气的矫正。就好的方面而言，它是指由许多事物并由正常的事物而引起的愉快的或是相反的感情。智慧就是实际的知识和接受知识的能力。在一个人的教育中，训练智慧占有相当重要的地位，但智慧生活的本能基础是好奇心。

为了达到这样的目的，罗素强调指出，应该对儿童的身体、情感和智力予以恰当的处理，也就是说，应该对儿童实施自由教育。在儿童教育中，必须遵循更多地发展个人自由的原则，采取给予儿童有更多自由的方法，使儿童自由自在地、无拘无束地成长。这也是皮肯希尔学校所遵循的教学基本原则。

罗素认为，自由教育对于儿童情感和理智的发展来说是十分重要的。一方面，儿童情感的发展需要很大程度的自由。缺乏自由的儿童常常会同成人发生冲突，并对周围的一切怀有敌意和仇恨，最后导致一系列恶果。另一方面，儿童理智的发展需要创造性和理智兴趣。缺乏自由的儿童就会使他们天生的好奇心和求知欲及兴趣毁灭。正如"被强迫进食的儿童将会对食物产生厌恶感，同样，被强迫学习的儿童也会厌恶知识"。

罗素提倡的教育上的自由主要包括两个方面：一是学和不学以及学什么的自由，二是见解和行动的自由。罗素认为，所有的儿童（除低能儿童外）都有必要学会读写，因此，学和不学的自由只能部分地给予儿童。然而，儿童应有更多的学什么的自由。他又认为，见解的自由既关系到教师也关系到学生。在各种教育上的自由中，它是最重要的，也是唯一没有任何限制的自由。当然，行动的自由也是重要的。只要儿童的行动是有益的或至少是无害的，儿童就应该有行动的自由，但他决不能干涉别人的自由。

但是罗素不主张毫无纪律的绝对自由。他提倡的自由教育并不是意味着儿童想做什么就做什么。在他看来，自由必须有具体的范围：凡是对别人或者本人有损害的自由都要受到限制。因此，实施自由教育的关键，在于自由和纪律之间的一种巧妙的结合。罗素说:"虽然教育中也要尊重自由,……但是,显然不能给以完全的自由。……权力,在教育上,在某些程度上是不可避免的……"总之,教育者应该尽可能给儿童以更多的自由,更好地尊重儿童个人的自由,同时伴随必要的权威与纪律,但要按照自由的原则来行使权威与运用纪律。皮肯希尔学校在规定必要的纪律的同时,更强调的是儿童的自律。罗素指出,在儿童教育工作中,压制是一个坏方法,它从未真正成功过,而且会造成儿童心理失常。

三、论教育年龄分期

根据儿童生理和心理的发展及其特点,罗素把儿童教育过程分成两个阶段:一是品格教育阶段;二是智慧教育阶段。

(一)品格教育阶段(0~6岁)

罗素认为,6岁以前的幼儿期是对儿童进行品格教育的最佳时期。在这一阶段,儿童极易受外界塑造。按照儿童身心的发展,品格教育阶段又分为两个时期:

1. 0~1岁

在这一时期,人生的习惯开始形成,儿童的智慧和道德开始萌芽。这是儿童全部教育的开端。

罗素认为,儿童出生时只具有一些原始的本能和反射,因此,可以利用环境使儿童养成各种习惯,从而可以形成各种品格。从儿童出生起,就需重视对他的教育。罗素强调说:"品格的培养必须从出生时开始,……一定的教导可以开始得比以前认为的早。"

罗素认为,婴儿有很强烈的学习欲望,对于这种欲望,父母只需提供机会,剩下的就让婴儿自己去做。不要企图教婴儿什么,他会按自己的步骤学习。父母要做的事情,就是向儿童作示范。例如,婴儿第一次以哭泣来呼唤父母或成人的照管就是智慧的萌芽。

2. 1~6岁

这一时期是儿童性格和道德品质发展与形成的关键时期。教育的任务是训练儿童的本能和反射,使之向良好的方向发展。在这一时期,教育者努力培养儿童的优良品格是最有希望的。通过这一时期的教育,儿童的基本品质已经定型,以后就难以改变了。

(二)智慧教育阶段(6~22岁)

罗素认为,智慧教育应该在6岁以后才正式进行。因为儿童经过恰当的早期教育,到6岁时身体健康,品格也基本定型,所以,品格教育就应该让位于智慧教育。按照儿童身心的发展，智慧教育阶段又分为三个时期：

1. 6~14岁

在这一时期，实施初等教育。首先，学习内容应以基础学科为主，课程设置范围应包括人人都需具备的基本常识；其次，科目的学习应该循序渐进，由易到难。罗素认为，除了正规的课堂教育外，课外教育也不应该忽视。

2. 15~18岁

在这一时期，实施中等教育。由于儿童生理和心理发展日趋成熟，教育者应重视发展他的智力、培养他的探索精神以及自主地思考问题和解决问题的能力。

3. 19~22岁

在这一时期，实施高等教育。罗素认为，高等教育的目的：一是培养适合一定职业的男女青年，二是培养追求学问和研究而不顾及眼前利益的学者和科学家。

四、论学前儿童的教育

在《教育和美好生活》一书中，罗素具体论述了学前儿童的教育问题。

（一）形成良好的习惯

罗素认为，从儿童出生起，不仅应该十分重视他的身体健康，更为重要的是，应该开始培养他的良好习惯，例如，有规律地睡眠、饮食和排泄等。为了使儿童形成良好的习惯，父母应该正确处理好他们与儿童的关系，使儿童懂得儿童生活中的一系列常规，尽量满足有利于儿童健康的必要条件，鼓励儿童的自发活动和自己娱乐，并及时为儿童提供活动和求知识的机会。

（二）防止和克服恐惧心理

罗素认为，在儿童生命的第二年里，儿童逐渐学会了行走和说话。这为儿童带来了自由感和权力感。儿童表现出无限的好奇心，增加了儿童的乐趣，但同时也容易使儿童受到恐吓而产生恐惧的心理。

通过观察和分析，罗素把恐惧分为两种：一是非理性恐惧，指儿童对无危险事物表示出的恐惧，例如，对影子和机械玩具的恐惧等。二是理性恐惧，指对危险事物表示出的恐惧，例如，对悬崖的恐惧等。他强调指出，无论哪种恐惧，都应该逐渐克服。因为长期恐惧的心理不仅会使儿童养成一种懦弱胆怯的性格，而且会使儿童很快就泯灭他的好奇心，不利于儿童的品格形成和智慧发展。

为了避免儿童产生恐惧心理，与儿童接触的成人不要恐惧，并鼓励儿童和增加儿童的勇气。即使成人有恐惧的心理，也不要在儿童面前表现出来，以免把恐惧由暗示而传染给儿童。如果儿童已经产生了恐惧心理，就应该采取一切无害于身体和品格教育的方法尽早加以克服，培养战胜恐惧的勇敢精神。

（三）游戏

罗素认为，爱好游戏是儿童的天性。游戏活动既给儿童带来无穷的乐趣，也有助于儿童的身体健康，还可以使儿童获得新的经验和新的能力。

在罗素看来，游戏可以分为两种：一是训练儿童能力的游戏，在于使儿童获得新的能力；二是假想性游戏，在于使儿童发展想像力。他特别指出，儿童在假想性游戏中的"幻想"不是一种病态现象，而是正常的，是对现实生活的一种补偿。儿童决不会把"幻想"当作现实的、永远替代的，相反，他会努力希望把幻想转化为事实。罗素还批评蒙台梭利学校的教师不喜欢儿童把教具想像为火车、轮船之类的东西，而认为它是一种"混乱想像"以及会使儿童丧失与现实世界交往的能力。他强调说："只要给儿童以必要的知识和技能，就不必担心儿童会停留在幻想水平上。"他甚至说："消灭儿童时代的幻想，必将造成现存事物的奴隶和束缚于地球上的动物。"

儿童之所以喜爱游戏，是因为游戏满足了儿童的多种好奇心，在"幻想"中得到了安全感。同时，游戏也是儿童"权力欲"的表现。权力欲作为一种本能欲望，是儿童发展的主要本能动力。因为"儿童时期人的主要本能不是性，而是想成为大人的欲望，换一个更正确的说法，是权力意志"。

（四）培养建设性

罗素认为，建设性和破坏性都是儿童本能的特性，与权力意志密切相关。他说："用心理学术语来说，产生预先设计的结构，就是建设；让自然的力量随意变更现存的事物，就是破坏。"在罗素看来，这两种相反的品质，可以同时存在于一个儿童身上。培养建设性的品质，减少和消除破坏性的品质，是儿童教育的一个重要方面。一般地说，儿童的游戏常以破坏开始，到后来的发展阶段才转向建设。这种由破坏性向建设性的转化对儿童具有重要的意义。正是在建设中，儿童形成了许多美德，增强了自尊心，并养成了忍耐性、坚持性和观察力等。

对于儿童来说，建设性是重要的品格之一，对其他品格起着良好的作用。罗素指出："许多美德的最初开始是由体验到建设性活动的愉快引起的。"为了更好地培养儿童建设性的品质，应该使儿童从小就感到生命的价值，教他获得多种建设性技能，鼓励他的创造性想像的积极活动。

（五）培养公平的意识

罗素认为，儿童都具有自私的本能。因此，在儿童教育中，克服利己心与占有欲是经常碰到的十分普遍的问题。否认或回避这个问题是不可能的，关键在于认清儿童利己心与占有欲的性质，并加以恰当的引导。

为了帮助儿童克服利己心与占有欲，应该把公平的意识教给儿童，使他具有公平的意识。但这绝不是采用各种手段使儿童做出自我牺牲。罗素说："我们应该努力将公平的意识注入到儿童的思想与习惯中去。"在他看来，应该使儿童懂得，每个人都有权在世界上占有一定的位置，拥有一定的权利和财物，并有理由享有他自己的权利和财物。但是，他不应该占据他人的位置和财物，要求不应该属于他的东西。罗素认为，如果一味地要求儿童自我牺牲，那么，不是引起儿童的愤怒和反抗，就是导致儿童虚伪的利他行为。

为了把公平的意识教给儿童，罗素认为，应该在儿童群体中进行公平的教育。因为只有在年龄相近和兴趣相似的儿童之间，才能进行真正的平等交流、相互理解和尊重。教育者应该不偏不倚地对待每个儿童。

（六）同伴的交往

罗素认为，同伴的交往在儿童教育中是十分重要的。培养儿童的公平意识和合作精神都需要同伴。他强调说："有许多事情没有其他儿童的帮助是不可能做到的。随着儿童年龄的增长，这一点越来越突出。"

在罗素看来，儿童可以分为三类：一是年长儿童，二是同龄儿童，三是年幼儿童。罗素指出，年长儿童的作用是为年幼儿童提供可以达到的努力的目标。年长儿童的行为举止在年幼儿童面前十分自然，没有什么顾虑和伪装，也不完善，并易于为年幼儿童模仿。在这个过程中，年长儿童乐意表现和教导，年幼儿童乐意服从；年幼儿童得到了教导，年长儿童也学到了一些重要的美德。但是，当儿童到了4岁以后，在他的生活中就更需要同龄儿童，同龄儿童的重要性和作用也越来越突出。一个儿童在与同龄儿童的交往和共同活动中，最容易学会公平思想和养成合作精神。

（七）培养诚实的精神

罗素认为，儿童天生是诚实的，不诚实是后天形成的，而且实际上几乎总是恐惧的结果。他强调说："如果儿童是毫无恐惧地教育出来的，那他总会是诚实的。"

为了培养儿童诚实的精神，罗素指出，关键在于教育者要诚实地对待儿童，尽可能诚实地回答儿童提出的一切问题，而不能对儿童撒谎。在儿童说谎时，不要责骂和威吓，而要说服并讲明说谎的坏处，让儿童慢慢地认识到诚实的合理性和必要性。如果儿童一说谎就给予严厉处罚，那只能加深他的恐惧，从而加强他说谎的动机。

（八）培养爱心和同情心

罗素认为，爱心与知识是儿童教育的两个重要条件，也是儿童教育的良好结果。因此，教育者应该以自己的爱心和同情心来培养儿童的爱心和同情心。他说："我们不否认儿童需要成人作保护，但我们主张这种保护必须表示出爱心和帮助，而不是引起儿童的恐惧。"在罗素看来，给予儿童的爱应该是一种自然的纯真的本能的爱，而不要把儿童对爱的反应作为有意识追求的目的。没有任何方法可以强迫儿童产生爱心和同情心，唯一可能的方法是观察自然产生爱心和同情心的条件，然后努力创造这些条件。

在培养儿童爱心和同情心的过程中，罗素强调指出，可以通过讲述历史故事，使儿童认识到世界上的美与丑、善与恶，增加他们对受苦难的人们的理解和同情。教育者在讲述故事时应该注意方法，选择好恰当的教育时机，运用教育机制，仔细选择一些事件，使儿童同情受难者和憎恨邪恶者。

（九）奖励和惩罚

罗素认为，在儿童教育中，奖励和惩罚是需要的。他说："没有赞扬和责备，进行教育是不可能的。"但是，在运用奖励和惩罚时，必须谨慎从事，例如，避免把两个儿童的优缺点作对比，运用惩罚必须少于运用奖励，对于理所当然应该做的事情不应该奖励，惩罚不应该使受罚者感到有罪而感到他正在错过别人享受的快乐，严格禁止体罚，等等。

在对儿童运用惩罚时，教育者一定要公平。也就是说，当儿童确实犯有错误时才给予惩罚。罗素强调说："我相信惩罚在教育中有某种极小的位置，但是，我怀疑，惩罚是否总是要那么严厉。"罗素坚决反对对儿童施行体罚。在他看来，轻微形式的体罚虽不致有害，但也没好处；严厉形式的体罚则会产生残忍与暴虐。

（十）幼儿园教育

罗素十分重视幼儿园的作用。他认为，儿童在家庭里受教育，由于缺少同伴，使得他渴望交往的本性得不到发展，往往会形成孤独的心理，对进入社会后的进一步发展是极为不利的。在罗素看来，为了使儿童养成良好的品格，就要尽量让学前儿童进入幼儿园接受教育。随着现代科学技术的进步和现代儿童心理学的研究，学前儿童的教育已成为正规教育中一个不可缺少的重要阶段，幼儿园已成为介于早期家庭品格训练和以后学校传授知识之间的一种机构。

在《教育和美好的生活》一书中，罗素介绍了蒙台梭利等教育家的幼儿教育实验以及幼儿教育的方法，并预言幼儿园在儿童早期智力发展中的地位将越来越受到整个社会的重视。

罗素作为一位社会思想家和教育家,从改造社会和改造人性的角度出发,批判地吸收了现代心理科学的研究成果,结合自己的教育实践探讨了教育问题,并在幼儿教育方面提出了许多颇有启发性的见解。他的教育思想在一定程度上顺应了当时的教育思潮。

思考题

1. 洛克的儿童家庭教育思想的主要内容及其意义。
2. 卢梭的儿童教育思想及其对后世的影响。
3. 阐明福禄培尔论教育与儿童发展的基本观点。
4. 福禄培尔幼儿园教育理论述评。
5. 论福禄培尔在世界学前教育史上的地位。
6. 杜威的幼儿教育理论主要包括哪些方面?
7. 评述蒙台梭利的幼儿教育思想。
8. 评述罗素的自由教育思想。

第十一章 当代西方学前教育的发展

【学习目标】
1. 熟悉当代西方主要国家学前教育发展概况。
2. 了解对当代学前教育发展影响较大的学前教育实施方案。
3. 掌握当代西方学前教育的研究重点与发展趋势。

第一节 当代西方学前教育的现状

21世纪需要向未来学习,教育必须迎接未来挑战。联合国教科文组织在《学会学习——教育世界的今天和明天》中指出,"教育在历史上第一次为一个尚未存在的社会培养新人"。幼儿教育是"任何教育政策和文化政策的先决条件",是"教育策略的主要目标之一"。世界各国纷纷加大教育的投入,把幼儿教育纳入到终身教育制度中。在当代,世界上主要发达国家的幼儿教育事业取得了显著的发展,纷纷把学前教育作为整个教育的基础,加强学前教育正成为世界未来教育的主要目标之一。幼儿教育新局面正在形成,表现为学前教育日益受到重视,并趋于普及;国民教育向下延伸,学前教育逐步被纳入到义务教育和终身教育体系;学前教育职能有所扩大;学前教育改革不断推出,在学前教育的目标、制度、内容、方式和方法等方面,都出现了一些新的趋势。

一、学前教育由"智育中心"转向幼儿个性的全面发展

20世纪80年代以来,世界发达国家学前教育目标有一个明显的变化,即从"智育中心"转向幼儿个性的全面发展。20世纪60年代,美、日、苏等国在"冷战"和"知识爆炸"等因素的压力下,受布鲁姆关于儿童早期智力发展的观点,在推进本国的教育改革过程中,都将加强早期智力开发作为其重要内容之一。从而导致了"智育中心"的产生,将早期教育误解为早期智力开发,忽视了幼儿的整体

性发展。20世纪80年代以来，各国教育工作者逐渐意识到教育之间是相互联系的，社会和情感问题应被看成智能发展的一个重要组成部分，纷纷呼吁学前教育要纠偏。1985年6月日本召开了"日、美、欧幼儿教育、保育会议"，明确提出学前教育要从"智育中心"转向幼儿个性的全面发展。如日本在1990年开始实施新的《幼儿园教育要领》，明确地将人际关系、环境、表现列入幼儿园的教育内容中，以纠正偏重智育的倾向，促使儿童在天真、活泼、幸福的气氛中得到良好的发展。美国普遍重视通过社会教育促进幼儿智力、社会交往能力、价值观和自我意识的发展。

二、多元开放的学前教育

（一）多形式和多功能的学前教育机构

各国学前教育事业在"第二次世界大战"后出现了较大发展，除了正规的学前教育机构如幼儿园和保育学校以外，各国的学前教育机构办学形式日益多样化和灵活化，极大满足了社会上对学前教育的各种不同需要。

一是扩大幼儿园服务社会的功能。如日本，除实行全日制和半日制保育以外，还发展临时保育事业；为未入园儿童及家长提供活动条件；为低龄学童提供放学后的托管服务；开展家长培训和利用假期为社区的各种活动提供服务等。

二是学前教育机构微型化和家庭化。如瑞士和挪威等国的"日间妈妈"，美国的"日托之家"都被称为家庭式微型幼儿园。把家庭视为幼儿教育的主体，其他组织形式是家庭的补充。许多美国人认为家庭是教养儿童的合适场所，他们珍视"日托之家"那种温馨的家庭气氛。这种幼儿园一般都设在开办人自己家里，除自己的孩子以外，另外招收少量其他人家的孩子。

三是社区学前教育机构。学前教育社区化是当今世界发达国家学前教育发展的一个重要趋势。美国、日本、英国和澳大利亚等国的社区学前教育都较为发达。社区学前教育的基本特点有非正规性、开放性、综合性和地域性等。

（二）倡导多元化教育

人类的多样性，教他们认识人类之间具有相似性与相互依存性。该委员会建议从幼儿时期开始，就应利用各种机会开展多元化教育。一方面，在一个多民族的国家中，应让本国儿童了解各民族文化，允许和保障各民族的文化共同平等发展，以丰富整个国家文化的教育，促进民族团结。

另一方面，要加强对儿童全球观念的培养。为适应未来世界各国之间联系和交往日益频繁的趋势，教育家提倡在婴幼儿时期开始多元文化教育。这要求教师在教育教学活动中尽量体现多元文化的要求，教育儿童尊重所有的人及其文化，尊重来自不同文化背景的儿童，促使他们同来自不同文化背景的人们愉快地交往。

三、国家财政支持学前教育的发展

20世纪学前教育逐渐由原来的私人性质发展成为公众的责任，政府介入本国的学前教育发展越来越成为一个世界性的趋势。

欧洲经合组织国家主要是通过公共财政来支持幼儿教育的。一些国家不论父母的就业状况和收入如何，幼儿教育都是免费的；另外一些国家则是采用国家财政支持和根据父母收入交费并行的方式，父母所支付的部分一般不多于费用的30%。

其他一些发达国家也通过多种支持方式承担起政府对幼儿教育的责任。如美国等将国民教育向下延伸；美国和英国等国通过开端计划的途径，由国家通过专项拨款资助对社会处境不利幼儿实施早期补偿教育；一些国家的政府或是举办一定数量的公办幼儿园或是对政府认可的非营利性私立幼教机构提供财政补助；通过返还个税、发放补助等方式为幼儿家庭提供保育和教育资助等。

澳大利亚联邦政府从1991年开始对各类学前教育机构进行资助，也对那些低收入家庭进行资助，数额接近于学前教育所需要的全部费用，同时也对其他家庭进行有弹性的资助。目前，联邦政府的资助政策力图鼓励单亲家庭、特殊需要儿童和少数民族儿童接受学前教育。与此同时，家庭日托中心、课后班、居民家庭中心等也受到政府资助，单亲家庭日托中心所受的资助比临时或全日制的日托中心受到的资助更多。

四、努力促进学前教育的民主化

（一）促进幼儿教育民主化的重要性

儿童的受教育权和发展权是儿童权利的重要组成部分。20世纪中叶以来，"教育机会均等""保证每个孩子都能享受到有效地促进其身心和谐发展的良好教育"成为一种社会需求，教育民主化的问题已经日益成为世界教育改革与发展的一项重要任务。而因科技进步带来的社会生活、社会意识的变化以及对教育提出的挑战，终身教育受到了社会的空前关注。幼儿教育是终身教育的起始阶段，幼儿教育的民主化更加迫切。

（二）幼儿教育民主化的基本内容与策略

教育机会均等是教育民主化的基本内容，促进幼儿教育的民主化已经成为世界各国制定本国学前教育政策和发展方针的重要目标。世界上主要的发达国家为了实现"人人享有同等教育机会"的目标采取了多种多样的策略，主要是对环境不利儿童的早期补偿教育及实施幼儿教育券计划。

1. 对环境不利儿童的早期补偿教育

在教育民主化的浪潮中，如何从学前期开始，让不分种族、阶层、文化背景的儿童能够有接受平等教育的机会，成为各国共同的理想。各国纷纷通过多种途径发展多样化的学前教育，建立了适应各种文化背景的，适应贫困、单亲家庭和各种"社会处境不利"儿童的学前教育机构，以"补偿"这些儿童因家庭照顾和教育不足而带来的发展缺失。

20 世纪 60 年代，发达国家出现了教育民主化的呼声，这为环境不利阶层享有同等的受教育机会带来了契机，尤其为解决环境不利儿童的受教育问题带来了希望。在促进教育民主化的行动中，影响最大的是美国从 1965 年开始实施的、旨在为贫穷、环境不利和少数民族儿童提供补偿教育的"开端计划"。这一计划是在当时的民权运动的推动下出台的。美国政府提出了"向贫穷开战"的口号企图通过对贫困家庭的幼儿进行早期补偿教育，使这些家庭走出代代贫穷的恶性循环圈。

20 世纪 70～80 年代，越来越多的国家开始关注社会处境不利儿童的教育。1982 年，法国制定了"优先教育区"政策，规定国家在学前教育和基础教育方面，优先考虑地理位置和社会环境不利的儿童，采取特别扶持的政策提高那里儿童的入园、入学率，以达到国家规定的水平。日本在发展基础教育时首先重视的不是精英教育而是普及教育，以提高包括低收入家庭儿童在内的国民基础教育的水平。俄罗斯在 1992 年通过《俄罗斯联邦教育法》宣布凡本国公民均可接受教育，不让每一个儿童因贫困、疾病、身体缺陷等原因失学或辍学，保证每个儿童享有平等的教育权。

2. 幼儿教育券政策的提出与实施

20 世纪 90 年代以来，教育民主化发展到了一个新阶段，基础教育阶段的"教育机会均等"进一步发展提升为"教育公正"，在原有要求享有入学机会均等的基础上，发展为对"教育选择的自由""资源分配的公平""教育机会均等"（减少或消除因补助经费悬殊而带来的学校教育水平和质量的差距以及"教育的层级化"）的要求。

为了逐步实现基础教育阶段的"教育公正"，美国在 20 世纪 70 年代到 90 年代期间逐渐开始实施"教育券计划"，在一些州以立法的形式确立了教育券制度。这一制度逐渐在不少西方国家得到推广与应用。

五、通过立法促进学前教育的发展

许多国家根据《儿童权利公约》的基本精神和本国的实际情况，不断推出各种法律法规，以保证和促进学前教育的发展。其内容涉及学前教育的各个领域，包括教育目标、内容、形式、管理、师资及学前教育的地位等。一些发达国家与地区开始逐步把学前教育纳入义务教育体系，如美国 1995 年 9 月开始将 5 岁儿童的教育纳入学校公立教育中，使全国 90010 名以上的 5 岁儿童接受学前教育。法国政府规定，学前教育属于初等教育的基础性或准备性教育。比利时、英国等国家，将学前教育作为一种不完全意义上的义务教育，国家对学前教育给予师资、设施财政上的保证，并要求家庭保证 5 岁以后儿童接受教育的义务。

第二节 当代西方的学前教育模式

在 20 世纪，世界学前教育出现了一系列的发展变化。在 60 年代，受苏联卫星上天的影响，兴起"天才教育运动"，强调智力开发；进入到 70 年代，强调思维训练和知识的难度；80 年代以后，人文主义教育思潮兴起，学前教育中心转向人的情感、社会性的培养，关注人的整体性及和谐发展。在各国学前教育的发展中，出现了众多在世界范围内产生深远影响的学前教育课程模式。下面以高瞻教学模式、瑞吉欧幼儿教育模式、幼儿多元智力教学模式为例说明当代西方广泛应用的学前教育模式。

一、高瞻（High Scope）教学模式

高瞻教学模式，又称为高瞻远瞩课程，是由美国心理学家戴维·韦卡特于 1970 年创立的，源于对处境不利儿童的干预计划，基本目的是帮助儿童能在未来的学校学习中获得成功。

1. 以主动学习为教学目标

高瞻模式最主要的目的在于有效地促进幼儿的智力和认知能力的发展，为今后的学习成功奠定基础，与正式学校教育联结。主动学习是高瞻模式的核心，该模式坚信幼儿只有在其兴趣与需求的基础上进行学习，其效果才是最佳的。主动学习就是在一天的生活中，幼儿按照自己的兴趣与需要自由选择各种材料和玩具，不受干扰地去操作这些材料。这种主动学习就是幼儿通过思考自己亲身体验到的

学习经验来了解世界，是幼儿探索世界的自然过程，教师无法强迫其发生，但是教师能创造一个可以促使其发生的环境。

2. 以关键经验为教学内容

关键经验是该模式的重要部分，是学前儿童一系列社会的、认知的和身体发展情况的描述，也是幼儿在其真实生活中应该出现的东西，是幼儿正在做的事情。关键经验共有10类58条，包括创造性表征6条、语言和文字6条、主动性和社会性9条、运动8条、音乐5条、分类7条、序列3条、数概念3条、空间6条、时间4条，这些关键性经验是幼儿接受教育的内容，是教师努力促使幼儿发展的方向。

3. 日常规的建立

高瞻教学将幼儿的一日生活划分成几个固定的环节：计划—实施—回顾时间、小组活动时间、大组活动时间、户外活动时间、过渡时间。每个环节都有一个固定而灵活的活动内容，各环节之间的转换是顺畅而自然的。其中计划—实施—回顾时间是最重要的一个环节，包括在教师的帮助下幼儿自主自由地做好计划、实施计划、分组讨论回顾并展示工作成果三个组成部分。高瞻教学模式通过这样的一日常规安排去引导、协助幼儿的主动学习，同时提供教师了解幼儿学习发展的信息。

4. 教学活动区设计

高瞻教学模式采用"开放教育"的做法，共设置了九个"兴趣区"或"活动区"，包括积木区、娃娃家区、美工区、安静区、木工区、音乐区、沙水区、动植物区和运动区。这些活动区及其中的材料都能很好地体现出关键经验，可以根据实际需要灵活调整活动区的个数及内容。幼儿在活动区中充分与材料、环境、他人互动以获得学习与发展。

5. 注意发挥教师和家长的作用

高瞻教学模式强调幼儿是学习主体，但也强调成人的作用。其中教师的角色基本上是辅导者、支持者、观察者和引导者，教师不是幼儿的管理者和监控者。教师要从幼儿的角度去看问题、去和幼儿交谈，鼓励幼儿去完成自己计划好的工作；要努力观察并研究幼儿的经验、独特技能和兴趣。教师要对每个家庭做家访，关注母亲和幼儿，从家长处搜集孩子、家庭文化语言及目标等方面的信息，这与高瞻教学模式的成功实施并在不同背景下能够适用是十分重要的。

二、瑞吉欧幼教模式

瑞吉欧·埃米利亚（Reggio Emilia）是意大利北部的一个小城市，自20世纪60年代以来，瑞吉欧经验的创始人和推行者马拉古兹（Loris Malaguzzi）发起和领导该城市的教育工作者、家长和社区成员发展了一套独特而具有变革性的幼儿教育教学理论，形成了继蒙台梭利之后、在意大利兴起的具有世界级影响的学前教育实验和模式。瑞吉欧成为欧洲幼教的变革中心，该市黛安娜幼儿园曾被美国的《新闻周刊》评为"世界上最富创意、最先进"的幼儿园。

（一）瑞吉欧的教育目标

瑞吉欧的幼教模式深受杜威"教育无目的论"的影响，认为教育的目的和过程是统一的，教育的目的体现在过程中，是教育者在不同阶段根据不同的教育内容而制定的，是发展的。

方案教学是瑞吉欧幼教课程的主要部分，这是一种"弹性计划"——一个弹性而又复杂的基本框架。教师在活动前先做出假设形成弹性目标，在活动中再确定活动的发展方向和课程目标。教育目的是变化的、发展的。一个目标的达成将会有新目标的产生，活动是联系前后目标的纽带。这种教育目的观要求教师具备开放的教育思想，能认识到活动的发展存在很多可能性，确保儿童在一个自由和开放的氛围中拥有创造自己的活动目标的自由。

（二）合作式的方案教学

方案教学包括三个阶段，即开始、发展和结束阶段，这三个阶段都是由教师和儿童共同协商而成的。教学是一个非常复杂的同时很难预料结果的过程，儿童的学习不是一个孤立的过程，需要教师与儿童、儿童与儿童之间很好地互动协商，共同对某个问题进行研究。教师和儿童之间是平等的合作关系，他们共同主动地参与到学习活动中，共同探索、共同研究。在开始阶段，通过教师和儿童之间的讨论，教师帮助儿童提出有待探索的问题。在发展阶段，儿童以多种方式展开调查，并表达自己的理解，教师通过不断给儿童提供材料，观察和记录儿童，协商共同发展活动。在结束阶段，儿童以多种形式发表自己的见解，教师则帮助孩子回顾和评价整个活动。

（三）儿童的一百种语言

"语言"是指儿童学习和表现的工具，它不仅指文字语言，还包括许多非文字语言，如动作、绘画、建构、雕塑、拼贴画、戏剧表演、音乐等方式。一百种语言意味着儿童用多种不同的方式或多种不同的符号系统，在不断探索的过程中，记录、理解并表现自己在活动过程中经历的记忆、想法、预测、假设、观察和情感以及最终问题的解决。这种学习和表现方式是瑞吉欧幼教体系中最具有变革性的特色,瑞吉欧之所以能赢得世界性的声誉,主要原因在于瑞吉欧幼儿园鼓励和支持儿童以各种语言来创造性地表达自己的思维、情感、态度。

(四)记录与评估

瑞吉欧特别重视记录儿童在活动过程中反映出来的经验、记忆、想法。如孩子的作品、活动过程中的照片、成人的评语,儿童在活动中的讨论、评语和解释。这种记录贯穿于儿童活动始终。记录能够让教师根据儿童个体的参与程度和发展程度对活动进行不断计划、评估和再计划,它还能够让家长了解儿童在幼儿园的生活,从而共同参与到子女的教育中。

评估主要是根据方案发展的不同阶段来进行的。评估是在真实的情境下、在活动的过程中开展的,是动态的、形成性的而不是诊断性的。

(五)环境的创设

瑞吉欧环境的创设有两大特色。一是他们把幼儿园看作是一个促进社会互动、探索、学习的"容器",一个能促进交互性体验和建构性学习的环境,努力使环境成为"第三位教师",努力寻求一种"我们的墙能说话"的境界。瑞吉欧的幼儿园建筑与众不同,其中最有特色的是全园设有一个大的艺术工作室,其中提供充分的复杂材料和工具,让儿童发现自己擅长用哪种语言进行沟通;帮助教师理解儿童,家长和学校之间便于交流。

二是社区参与。1971年,社会参与管理在有关学前教育的国家法律中得到确立,其主要形式是通过建立咨询委员会,负责该市幼教事业的管理和发展。家长通过各种形式具体参与到有关幼儿园的政策、儿童发展、课程设计和评估的讨论中。这种管理方式促进了教育者、儿童、家庭和社区的互动和交流,发挥教育的一致性和一贯性作用,有利于儿童的健康成长。

三、幼儿多元智力教学模式

幼儿多元智力教学模式来源于美国多彩光谱项目,该项目始于1984年,主要用以评估幼儿的智力状况和表现方式,并实施相应的教育。认为每个儿童都有不同的智力组合,适宜的教育机会能加强而不是决定儿童的智力,一旦确定了儿童的智力强项,教师就可以为儿童设计个别化的教育方案。幼儿多元智力教学模式深受加德纳多元智力理论的影响。加德纳认为智力是解决问题或创造具有某种文化价值产品的能力,他提出了八种智力,包括语言智力、数理逻辑智力、视觉空间智力、身体运动智力、音乐智力、人际关系智力、内省智力及自然智力。每个儿童都具有这八种智力,但会在不同儿童身上表现出不同的特点。

(一) 教学目的

在教学过程中,教师首先要为儿童提供多领域并存的环境,充分了解儿童的智力特点。一些学业上有困难的儿童,未必在所有领域都缺乏能力。教师要为他们提供展现这些才能的机会,认可和培育各种智力。多领域并存的环境能够帮助儿童具有自主选择的权利,教师则可以充分了解儿童。其次,教师要识别和培育儿童的智力强项。每个儿童都有相对于其他智力而言相对的强项。教师要全方位观察了解儿童,确认儿童的智力强项,并进一步帮助其突出这些强项,使强项更强。再次,教师要带动儿童全面发展。教师应关注儿童的全面发展,利用儿童在强项领域的经验引导其进入更广泛的学习活动。

(二) 教学内容及关键能力

多彩光谱项目为幼儿的多元智力发展设计了 7 个领域的教学活动及相应的关键能力。

	教学活动	关键能力
语言活动	让儿童通过真实而有意义的活动来发展儿童的听说书写的能力,分讲述、报道、诗歌和读写四类	有创意地讲故事、描述性语言及报道、运用诗歌的巧妙语言
数学活动	鼓励儿童自己思考一些数学问题,在教室设置教学活动区,提供常见的工具给儿童使用	数字推理、空间推理、解决逻辑问题
视觉艺术活动	发展儿童的空间智力,包括艺术感知活动与制作艺术作品活动	感知、创作表征、艺术性、探索性
音乐活动	考虑儿童身体运动的发展顺序,发展儿童基本的身体技巧,通过身体表达情绪情感	身体控制、节奏感、表现力、产生运动创意、对音乐做出呼应
社会理解活动	着眼于培养儿童对人际关系的知觉和理解能力	音乐感知、音乐演奏与演唱、音乐创作
科学活动	通过丰富多彩的活动满足儿童对科学的好奇心、引导其探索世界	观察技能,区别相似和不同、假设和检验,对自然现象表现出兴趣
机械构建活动	教师要提供活动让儿童练习操作工作,提高解决问题的能力,加深他们对世界的理解	理解结构与功能的关系,空间知觉能力,利用机械解决问题的方法

(三) 教学评价

多元智力理论认为每个儿童具有多种不同的智力,这要求教师必须转变评价观，对幼儿的评价应逐步转向动态、多元与实际。对儿童的评价应注重在活动过程中的评价，要关注儿童身心和学习状况的变化与成长。教师的评价要注意形式的多样化，可以与生活和环境相结合，让儿童在现实中更愿意表现自己的智力特点和兴趣爱好。

第三节 当代西方学前教育研究的主要趋势

"第二次世界大战"后，学前教育研究在西方受到了前所未有的重视并得以大力推进，从而对西方的学前教育改革特别是幼儿园课程改革起到了重要作用，促进了西方学前教育事业的整体发展。概括起来，西方学前教育研究有以下几个明显特点，值得我国幼儿教育研究工作者关注和借鉴。

一、理论研究和实践研究相结合

西方的学前教育研究历来非常重视理论研究和实践研究的结合——既指导实践，又寻求实践的支持。以美国为代表的西方学前教育理论的发展和研究在很大程度上是建立在发展心理学研究成果的基础之上的，经历了行为主义、建构主义、多元智力理论、后现代主义等的影响。众多研究者纷纷把儿童发展理论运用到学前教育领域，以探索适合幼儿发展的学前教育方案和课程模式。

20世纪中叶，"行为目标"和强化理论应用到了学前教育领域。到了70年代，皮亚杰的儿童认知发展理论影响并促进了高瞻教学模式的产生与发展。作为开放教育领先者的早期教育方案以及蒙台梭利课程模式等都有目标、内容、方法和评价的理想化结构，是学前教育理论与实践的结合。进入到80年代，美国哈佛大学加德纳教授提出了"多元智力理论"，该理论很快进入实践层面，在美国迅速出现了一些在该理论指导下的课程改革方案，如"光谱方案"等，成为理论研究走向实践研究的典范。瑞吉欧幼儿教育模式更多的则是实践研究的总结和提升，在该模式初步成型以后，主动寻求理论的支持，如加德纳教授和美国一些著名的学前教育专家都曾给予多方面的理论指导，提升了"瑞吉欧教育方案"并推动了它在世界范围内的广泛传播。

20世纪90年代以来，随着脑科学的新进展和持续半个世纪以来的关于婴幼儿的认知发展和学习能力的研究，对学前教育的研究兴趣从"课程"（Curriculum）向"教学法"（Pedagogy）领域扩展。如何为幼儿"提供高质量的学与教的经验，从而提高学与教的质量,为幼儿未来的学习建立坚实的基础"成为当前人们普遍关注的问题。"怎么教"是教学法领域的核心问题,西方的学前教育研究者的思维方式正趋向于辩证而非极端、全面而非片面。近年来出现了把皮亚杰、布鲁纳和维果茨基等人的观点整合起来,用社会建构主义的观点修正极端的儿童中心主义和行为主义观点的趋向。既不是纯粹的教师支配,也不是纯粹的儿童支配的教学,才是有效的发展适宜性教学。

二、影响托幼机构教育质量的研究

20 世纪下半叶以来,随着婴幼儿在园率的迅速增长和托幼机构类型的增多,学前教育的研究开始关注托幼机构尤其是全日制托幼机构对婴幼儿身心发展的影响。一些研究者认为,长时间与母亲分离会引起幼儿的不安全依恋感的发生,而且对婴幼儿的语言、认知和社会性等方面的发展也可能带来不利的影响。

20 世纪 70 年代末 80 年代初开始,研究者开始注意到不同的托幼机构自身的性质和内部因素问题,从托幼机构的内部去考察影响托幼机构的教育质量的因素。研究表明:①托幼机构对婴幼儿身心发展的影响是好是坏,主要取决于托幼机构保育与教育的质量。②成人与幼儿的比率、班级规模和师资特征等,是影响托幼机构教育质量的静态因素或结构变量。要保证托幼机构教育的高质量,成人与幼儿的比率不能过低,班级规模不能过大,教师必须经过专业培训,教师队伍相对稳定,教师的流失率或变动率较低。③托幼机构内部的人际关系(包括师幼关系、成人之间的关系等)、物质环境的应答性等,都影响托幼机构教育质量。总之,高质量的托幼机构教育应当注意婴幼儿在各个方面(包括社会性、情感和智力等)的整体的、和谐的发展。

为了普遍提高托幼机构保育和教育的质量,一些国家的政府或专业团体纷纷发表指导托幼机构教育工作的文件。2000 年 3 月,英国颁布了第一个关于基础阶段教育(3~5 岁)的国家课程指南,并于同年 9 月起在全国实施。新西兰等国政府也在 90 年代制定了旨在提高托幼机构教育质量的托幼机构课程指南。在 1984 年,美国最大的幼儿教育学术团体——美国幼儿教育协会(NAEYC)颁布了关于高质量的托幼机构的认证标准,指出,高质量的托幼机构教育应当是发展适宜性的教育(Developmentally Appropriate Practice),即应当是适宜于婴幼儿身心发展的年龄特点和个体发展水平的教育,而不应当是小学教育的下放或提前开始。

三、在开发课程中促进教师发展的研究

20世纪80年代以来,随着课程理论和教师发展理论的发展,越来越多的学者开始研究课程开发与教师发展之间的关系,认为教师应该参与课程开发,要求"把课程还给教师",教师在课程开发中获得的专业发展又会有助于他们更有效地投入新的课程开发过程中。到了90年代西方出现了一个重要的发展趋势,即专家指导下的以教师为中心的新模式。一种课程的开发能成就一个(或几个)专家,培养出一批得到了专门化发展的"研究型"或"反思型"的教师。

蒙台梭利教学法、高瞻教学模式、瑞吉欧幼儿教育模式作为当代颇具影响力的三种早期教育方案,在课程开发方面各具特色,都强调教师发展对课程开发的重要意义与作用,并通过不同途径和方式促进教师在课程开发过程中的专业发展,从而促进课程的深入开发。当然这三者之间也有不同之处。蒙台梭利教学法中的教师必须接受专门的职前培训并经过一定学时的理念学习与教学实践才能获得专业资格。高瞻教学模式的教师也必须接受一定的在职培训,并将学习与教学相结合,开展教育研究项目。瑞吉欧模式的教师接受的专门培训相对较少,但在课程开发与教育教学过程中必须不断丰富自己的知识,与研究人员和教学辅助人员共同研究,寻求自身的专业发展。

四、学前教育指标体系的建设与研究

系统地研究并实施针对整个学前教育系统的指标体系,源于联合国教科文组织全民教育运动的推动。从1990年开始,全民教育运动陆续发布了涉及幼儿教育的多项指标,其他颇有影响的国际组织的相关研究也对学前教育指标体系的建立起到了推波助澜的作用。例如,联合国儿童基金会在1992年就呼吁通过建立有关指标体系和数据库监测全球儿童的状况。正是在这些有重大影响力的国际组织的影响和相关教育项目的大力推动下,很多国家开始试图建立一套学前教育指标体系,追踪收集数据建立国家数据库,为国家决策服务。

就学前教育指标体系的建设主体而言,基本可以分成三类:第一类是由国际组织倡导建立的,主要是基于政策倡导和国际比较的目的;第二类是以国家的力量为主导,众多政府部门参与建设,主要用于政策分析、评价与督导;第三类是以具体的实践项目为依托,着眼具体的政策任务,围绕核心指标收集数据,为进一步的政策实施提供建议。

学前教育指标体系的建设受多种因素的影响,没有一个所谓最好的理论基础

和内容框架,只有最适合的。例如,如果要了解联合国签约国落实《儿童权利公约》的状况,那么可能选择的指标就有可能和儿童的营养、健康等内容有关;而如果要了解儿童入学准备的状况,那么可能选择的指标就和儿童的认知发展、社会性发展等内容有关。美国的学前教育指标体系和国家数据库是全球领先的,主要分为学前教育背景、学前教育投入、学前教育参与、学前教育机构与组织服务、学前教育产出五个部分。

思考题

1. 简析当代西方学前教育发展的现状。
2. 高瞻课程模式包含什么样的理念与思想?
3. 简析瑞吉欧教育模式的目的和特点。

南开大学出版社网址：http://www.nkup.com.cn

投稿电话及邮箱： 022-23504636　　QQ：1760493289
　　　　　　　　　　　　　　　　　　QQ：2046170045(对外合作)
邮购部：　　　　022-23507092
发行部：　　　　022-23508339　　Fax：022-23508542

南开教育云：http://www.nkcloud.org

App：南开书店 app

　　南开教育云由南开大学出版社、国家数字出版基地、天津市多媒体教育技术研究会共同开发，主要包括数字出版、数字书店、数字图书馆、数字课堂及数字虚拟校园等内容平台。数字书店提供图书、电子音像产品的在线销售；虚拟校园提供 360 校园实景；数字课堂提供网络多媒体课程及课件、远程双向互动教室和网络会议系统。在线购书可免费使用学习平台，视频教室等扩展功能。